포퓰리즘 이성

ON POPULIST REASON

에르네스토 라클라우 지음 | 이승원 옮김

빨간소금

일러두기

· 저자의 표현 방식을 최대한 존중해 번역했다.

· 본문에 굵은 글자로 강조한 부분은 저자가 한 것이다.

· 독자의 이해를 돕기 위해 옮긴이의 판단으로 각주를 넣고 (옮긴이)라 표시했다.

샹탈에게,

30년이 지난 지금

서문

이 책에서 다루는 주요 쟁점은 집합적 정체성 형성의 본질과 논리다. 전체적으로 내 접근법은 어떤 사회학적 관점에 대한 기본적인 불만족에서 비롯되었다. 그것은 사회 분석의 기본 단위로 집단(group)을 고려하거나, 더욱 확장된 기능주의 또는 구조주의의 패러다임 안에 집단을 위치시킴으로써 그 집단을 초월해 버리려는 관점이다. 내 생각에 이러한 사회적 활동 유형들이 전제로 내세우는 논리들은 너무 단순하고 균일해서 정체성 구성과 관련한 다양한 운동을 포착할 수 없다. 말할 필요 없이, 합리적 선택을 포함한 방법론적 개인주의는 내가 문제를 제기하는 여러 패러다임에 대한 어떠한 대안도 제시하지 못한다.

이 쟁점을 해결하기 위해 내가 쫓은 경로는 두 갈래다. 한 갈래는 집단이라는 통일체를 우리가 **요구**(demands)라고 부르는 더 작은 통일체들로 나누는 것이다. 내가 보기에 집단이라는 통일체는 요구들의 접합이 만들어 낸 결과다. 그러나 이 접합은 통일된 전체로 파악될 수 있는 안정적이고 실정적[1]인 배열(configuration)에 상응하는 것이 아니라, 특정한 기성 질서에 주장(claim)을 제기하려는 모든 요구 같은 것이다. 그러므로 이 접합은 기성 질서의 내부와 외부에 존재하면서 기성 질서와 특이한 관계에 있다. 기성 질서는 요구를 완전하게 받아들일 수 없기 때문에, 자신을 일관된 총체성으로 구성하지 못한다. 하지만 요구가 '시스템'에 하나의 주장으로 기입될 수 있는 어떤 것을 통해 결정화되고 있다면, 이 요구는 총체화되어야 한다. 즉 모호하고 모순적인 이 운동은 차이 논리와 등가 논리 사이에서 다양한 접합 형태에 이르게 된다. 나는 이 부분을 4장에서 논의할 것이다.

4장에서 주장하듯이 **개념적으로** 파악할 수 있는 대상에 사회구성체의 통일성을 고정시키는 것이 불가능해지면, 통일성을 구성하는 과정에서 **명명(naming, 이름 붙이기)**이 중심을 차지하게 된다. 동시에 이 질적인 요소들을 조합하기 위한 사회적 접착력의 필요성은 이 요소들의 (기능주의적이거나 구조주의적인) 접합 논리가 더 이상 작동하지 않게

---

1 영어 'positive' 또는 'positivity'는 한국어로 주로 '실증적' 또는 '실증성'으로 번역된다. 실증주의(positivism) 차원에서 초월적인 영역을 부정하며 경험적 사실을 근거로 하는 이론, 가설, 명제 등의 '검증 가능한 것'이라는 뜻이다. 그러나 이 책에서, 그리고 라클라우 사상 전반에서 'positivity'는 실증주의가 아닌 푸코와 헤겔의 사상과 연결되어 있으며, 실정법처럼 '개인의 주체성에 대한 외부의 권위, 관습, 지식 권력의 작용에 의한 타율적인 상태, 주어진 조건, 이미 정해지고 자리 잡은 것'을 의미한다. 외부의 개입으로 주체적 개인의 타율성과 연결되었는데도 역설적으로 '실정적'이란 그런 타율성이 이미 주어진 어떤 자연적이고 객관적인 것처럼 인식되어 원래 그런 것으로 받아들여진 상태를 말한다. 이는 이 책 중반에서 설명하는 '차이의 논리'와 같은 의미라 할 수 있다(옮긴이).

되면, 곧 바로 **정동(affect)**이라는 접착력에 중심성을 부여한다. 프로이트는 이것을 분명히 이해하고 있었다. 사회적 유대는 곧 리비도적 유대다.[2] 내 연구는 4장에서 정교하게 다룬 차이와 등가 논리, 비어 있는 기표, 헤게모니와 같은 범주들을 더 넓은 정치 현상으로 확장함으로써 완성된다. 따라서 나는 5장에서 떠다니는 기표와 사회적 이질성 개념을, 6장에서 대표(representation)와 민주주의 개념을 논할 것이다.

　그렇다면 왜 포퓰리즘에 대한 논의를 통해서 이 쟁점들을 다루는가? 그 이유는 내가 오랫동안 품어 왔던 의심, 즉 포퓰리즘을 기각하는 과정에는 주변 현상들을 사회적 설명의 가장자리로 격하하는 것보다 훨씬 더 많은 것들이 관련되어 있다는 의심 때문이다. 내 생각에 그러한 경멸적 거부 반응은 분명히 정치에 대한 기각이며, 공동체 관리를 행정 권력의 관심사로 단정하는 것이다. 여기서 행정 권력이 지닌 정당성의 원천은 '선한' 공동체란 무엇인가에 대한 적절한 지식이다. 수 세기에 걸쳐 이 지식은 플라톤이 처음 도입했던 '정치철학'의 담론이었다. '포퓰리즘'은 항상 위험한 과잉과 연결되었으며, 이 과잉은 합리적 공동체라는 명확한 틀에 의문을 제기했다. 내가 구상한 것처럼, 나의 임무는 이 과잉에 내재한 특정한 논리들을 밝히고 (이것을 주변 현상과 동일시(identification)하는 태도와 달리) 모든 공동체주의적 공

2　여기서 라클라우는 명명과 정동을 같은 차원에서 언급하고 있다. 명명이란 특정한 이름, 즉 기표에 리비도적으로 유대하는 것이고, 이는 곧 정동적 운동을 말하기 때문이다(옮긴이).

간이 실제로 작동하는 과정에 이 논리들이 기입되어 있다고 주장하는 것이다.

그래서 나는 '군중'에 관한 이러한 특징들이 집단심리학에 대한 19세기 논의들에서 어떻게 점진적으로 내재화되었는지를 보여줄 것이다. 이 특징들은 처음에는 (예를 들어 이폴리트 텐(Hippolyte Taine)[3]의 작업이 보여주듯이) 동화될 수 없는 과잉으로 보였다. 그러나 프로이트의 집단심리학이 보여준 것처럼, 이 특징들은 모든 사회적 정체성의 구성 과정에 고유한 것이다. 나는 1부에서 이것을 해 보고자 한다. 7장은 인민적 정체성(popular identity)의 출현 조건을 보여주는 역사적 사례들을 다루고, 8장은 인민적 정체성의 구성 과정에서 드러나는 한계를 살필 것이다.

이런 개입의 결과 중 하나는 '포퓰리즘'의 지시 대상이 흐려진다는 사실이다. 왜냐하면 전통적으로 포퓰리즘적인 것으로 여겨지지 않았던 많은 현상이 우리 분석에서는 포퓰리즘의 우산 밑으로 들어오기 때문이다. 여기서 내 접근 방식에 대한 비판이 가능한데, 이 비판에 대해 나는 사회 분석에서 '포퓰리즘'의 지시 대상은 언제나 애매모호했다고만 대답할 수 있다. 1장에서 논의한 것처럼 포퓰리즘에 관한 문헌들을 간략히 살펴보면, 이 문헌들은 개념의 소멸과 그 한계의 부정확성에 대한 준거들로 가득 차 있다. 내 시도는 포퓰리즘의 정확한

---

3 이폴리트 텐(1828~1893)은 19세기 프랑스 철학자, 역사가, 문학비평가, 미술사학자다. 프랑스혁명에 관한 그의 저서는 이후 군중심리학, 특히 귀스타브 르 봉의 연구에 큰 영향을 끼쳤다(옮긴이).

지시 대상을 찾는 것이 아니라, 그 반대를 수행하는 것이다. 포퓰리즘은 범위 설정이 가능한 현상에서가 아니라 많은 현상을 가로지르는 사회적 논리에서 기인하기 때문에, 아무런 지시적 통일체가 없다. 이를 보여주는 것이 나의 시도다. 간단히 말하면, 포퓰리즘이란 정치적인 것을 구성하는 하나의 방법이다.

수년 동안 자기 작업이나 나와의 개인적인 대화를 통해, 이 주제들에 대한 나의 견해 형성에 기여한 이들이 많다. 나는 이들을 나열하지 않을 것이다. 어떤 목록도 언제나 불완전할 뿐이다. 나는 본문에서 여러 인용을 하면서 가장 중요한 지적 채무를 알아차리게 되었다. 하지만 생략할 수 없는 몇몇 사람이 있다. 이러한 나의 생각들을 수년 동안 논의하고 발전시키는 데 특히 유익했던 두 가지 맥락이 있다. 하나는 알레타 노발(Aletta Norval), 데이비드 하워스(David Howarth), 제이슨 글리노스(Jason Glynos)가 이끈 에섹스대학교의 이데올로기와 담론 분석에 관한 박사과정 세미나다. 다른 하나는 내가 동료 조운 콥젝(Joan Copjec)과 함께 이끌어 온 뉴욕주립대학교 버펄로에 있는 비교문학과의 수사학, 정신분석학, 정치학에 대한 대학원 세미나다. 또한 내 글에 대한 격려와 논평으로 끊임없이 내 작업을 자극한 샹탈 무페(Chantal Mouffe), 이번뿐 아니라 아주 많은 일에서 내 원고의 틀을 잡는 데 자신의 기술적인 능력이 너무도 소중했음을 입증한 에섹스대학교 이론연구센터의 노린 하버트(Noreen Harburt)에게 감사한다. 마지막으로 내 원고의 영어를 매우 뛰어나게 고쳐 주고 편집 관련 업무에서 큰 도움을 준 교열 담당자 질리언 보먼트(Gillian Beaumont)에게도 감사를 전한다.

2004년 11월, 에반스톤에서
에르네스토 라클라우

차례

1부

대중
비하

1장
포퓰리즘:
모호함과 역설

우리는 정치 분석의 한 범주인 포퓰리즘을 통해 다소 특이한 문제에 직면한다. 왜냐하면 포퓰리즘은 다양한 정치 운동에 대한 설명의 일부로 널리 사용될 뿐 아니라, 정치 운동에서 핵심적인 무언가를 포착하려고 시도하는 반복적인 개념이기 때문이다. 설명적인 것과 규범적인 것의 중간에 있는 '포퓰리즘'은 그것이 가리키는 정치적·이데올로기적 현실에 대해 매우 중요한 무언가를 파악하고자 한다. 이 개념이 모호하다고 해서, 여기에 귀속된 기능의 중요성을 의심해야 하는 것은 아니다. 하지만 그 귀속된 내용이 아직 명확하지는 않다. 포퓰리즘에 관한 문헌들의 특징은 이 개념에 정확한 의미를 부여하는 것을 꺼린다는, 또는 어렵게 여긴다는 점이다. 포퓰리즘에 관한 영역에서 (정의(definition)는 말할 것도 없고) 개념적으로 명확한 것은 아무것도 없다. 대체로 포퓰리즘에 대한 개념적 이해는 사실상 언어화되지 않은 직관에 기대거나, 여러 '관련 특징'을 나열하는 방식으로 대체되고는 한다. 그런데 이러한 관련성은 그 관련성을 주장하는 과정에서 예외가 늘어 날수록 점차 약해진다. 다음은 기존 문헌에서 '포퓰리즘'을 다루는 지적 전략의 전형적인 사례다.

포퓰리즘은 우파/좌파 이분법으로 동일시되거나 분류되는 것을 거부하는 경향이 있다. 여러 계급이 참여하는(multiclass) 모든 운동을 포퓰리즘이라고 하지는 않지만, 포퓰리즘은 여러 계급이 참여하는 운동이다. 포퓰리즘은 어떤 포괄적인 정의로도 온전히 설명되기 어렵다. 이 문제는 잠시 제쳐 두자. 일반적으로 포퓰리즘은 평민(common people)이 카리스마적 지도력 아래서 일종의 권위주의와 융합한 채 평등한 정치적 권리와 보편적 참여를 주장하는 대조적인 요소들의 융합을 포함한다. 또한 사회주의적 요구(또는 적어도 사회정의에 관한 주장), 소규모 재산에 대한 적극적인 옹호, 강력한 국민주의적 요소, 계급의 중요성에 대한 부정 등을 포함하기도 한다. 그리고 보통 사람들과 민족에게 적대적인 것으로 여겨지는 특권적 이익 집단에 대항해 보통 사람들의 권리를 주장하는 것을 수반한다. 이 요소 중 하나가 문화적·사회적 조건에 따라 강조되기도 하지만, 모두가 대부분의 포퓰리즘 운동에 존재한다.[1]

---

1   Gino Germani, *Authoritarianism, Fascism and National Populism*, New Brunswick, NJ, Transaction Books, 1978, p. 88.

독자들은 지노 제르마니(Gino Germani)[2]의 관련 특징 목록을 확장하거나, 반대로 몇 가지 특징이 빠진 포퓰리즘 운동을 찾는 데 어려움을 느끼지 않을 것이다. 여기서 우리에게 남는 것은 이 용어를 정의할 수 없다는 사실뿐이다. 이는 사회 분석에서 그리 만족할 만한 상황은 아니다.

나는 처음부터 우리의 이론적 탐구를 안내할 가설을 제기하고자 한다. 포퓰리즘과 관련한 정치 이론이 경험하는 곤란함은 우연이 아니라, 정치 분석에 현재 사용할 수 있는 존재론적 도구의 한계에서 비롯된다는 가설이다. 그리고 이론적 걸림돌의 장소로서 '포퓰리즘'은 사회적 행위자들의 모든 정치적 경험을 어떻게 '총체화'할 것인지에 접근하는 정치 이론의 방식이 지닌 한계를 반영하고 있다는 가설이다. 이 가설을 발전시키기 위해, 나는 포퓰리즘에 관한 질문에 내재한 매우 난해한 점을 다루는 동시대 문헌에 담긴 몇 가지 시도를 고려하면서 시작한다. 마거릿 캐노번(Margaret Canovan)[3]의 초기 연구,[4] 그리고 기타 이오네스쿠(Ghita Ionescu)와 어니스트 겔너(Ernest Gellner)가 편집한 책의 일부 연구물을 사례로 들겠다.[5]

---

2 지노 제르마니(1911~1979)는 이탈리아 출신 사회학자다(옮긴이).

3 마거릿 캐노번(1939~2018)은 영국 출신 정치학자다. 한나 아렌트의 사상, 포퓰리즘과 민족주의에 관한 중요한 연구 업적을 남겼다(옮긴이).

4 Margaret Canovan, *Populism*, London, Junction Books, 1981. 이 시점에서 나는 이 초기의 포괄적 연구만을 언급한다. 이 책의 두 번째 부분에서 캐노번의 최근 작업을 참조할 것이며, 이 작업은 다양한 새로운 관점을 열어 준다.

5 Ghita Ionescu & Ernest Gellner (eds), *Populism: Its Meaning and National Characteristics*, London, Macmillan, 1969.

포퓰리즘 선행 연구에 남겨진 쟁점들

포퓰리즘 개념의 '모호성'과 그 꼬리표 아래 들어 있는 다양한 현상을 고려하면, 첫 번째로 가능한 지적 전략은 이 다양성 자체를 넘어서지 않는 것이다. 즉 다양성 안에 머물면서 그 다양성이 포용하는 전반적인 경험적 사례들을 분석하고, 그 사례들 사이의 제한적이고 서술적인 비교를 통해 가능한 모든 결론을 도출하는 것이다. 이것이 바로 미국의 포퓰리즘, 러시아의 나로드니키(narodniki), 제1차 세계대전 이후 유럽의 농촌 운동, 캐나다의 앨버타사회신용(Alberta Social Credit), 아르헨티나의 페론주의(Perinism) 등 이질적인 현상을 다루는 캐노번의 작업에서 시도하는 방식이다.

캐노번이 이러한 다양성을 다루는 방식(유형 분류 체계를 통해 다양성을 관리하려는 방식)과 이 방식으로부터 도출한 결론에 잠시 집중하는 것이 중요하다. 캐노번은 다양성의 진정한 차원들을 완벽하게 인식하고 있으며, 이 차원들은 캐노번의 문헌 속 포퓰리즘에 대한 여러 정의에서 드러난다. 다음은 캐노번이 제공하는 목록이다.

① 근대화 문제에 직면한 후진 농민 국가에서 (등장하는) 사회주의.

② 기본적으로 산업 및 금융자본의 침투로 위협받는 작은 농촌 지역 인민의 이데올로기.

③ 기본적으로 (중략) 변화하는 사회에서 전통적 가치를 실현하려는 농촌 운동.

④ 인민의 다수 의견을 엘리트주의의 소수 의견이 견제한다는 믿음.

⑤ 미덕은 압도적 다수인 소박한 인민과 그들의 집단적 전통에 존재한다는 것을 주요 전제로 하는 모든 신조나 운동.

⑥ 포퓰리즘은 인민의 의지 그 자체가 다른 모든 기준보다 우위에 있다고 선언한다.

⑦ 도시 노동자계급 그리고/또는 소작 농민의 지지를 누리지만, 이 두 부문의 사율석 조직력에 기인하지 않는 정치 운동.[6]

이러한 다양성을 다뤄야 하는 상황에서, 캐노번은 '인민'과 엘리트 사이의 관계에 기초해 '농업 포퓰리즘'과 '반드시 농촌 지역은 아니지만 본질적으로 정치적인 포퓰리즘'을 구분하는 것이 중요하다고 생각한다. 이러한 구분을 출발점으로 삼으면서 그는 다음과 같은 유형 분류 체계를 도출한다.

농업 포퓰리즘

① 농민의 급진주의(예: 미국 인민당).

② 소작 농민운동(예: 동유럽 그린라이징(Green Rising)).

③ 지식인 주도 농업사회주의(예: 나로드니키).

정치적 포퓰리즘

④ 포퓰리즘 독재(예: 페론(Perón)).

---

6 Canovan, *Populism*, p. 4.

⑤ 포퓰리즘 민주주의(예: 국민투표와 '참여' 요구).

⑥ 반동적 포퓰리즘(예: 조지 월리스(George Wallace)[7]와 그의 추종자).

⑦ 정치인들의 포퓰리즘('인민'에 대한 통합적 호소에 기반한 광범위한 비이데올로기적 연합 구축).[8]

가장 먼저 주목해야 할 것은 이 유형 분류 체계에 그 구분을 설정하는 아무런 일관된 기준이 없다는 점이다. 어떤 의미에서 농업 포퓰리즘이 정치적이지 않다는 것일까? 그리고 농업 포퓰리즘과 다른 정치적 동원 모델을 만들어 내는 '정치적' 포퓰리즘의 사회적 측면과 정치적 측면 사이에는 무슨 관계가 있을까? 모든 것이 마치 캐노번이 무작위로 선택한 일련의 운동에서 인상적인 특징들을 뽑아내고, 이 특징들의 차이점에서 독특한 유형을 만들어 낸 것처럼 보인다. 그러나 이것이 곧 제대로 된 유형론을 구성한다고 보기는 어렵다. 캐노번이 분류한 농업 포퓰리즘과 정치 포퓰리즘에 속한 유형들이 (캐노번 자신도 인정하듯이 사실 정확하게 나타나고 있는) 서로 배타적이고 겹치지 않는다는 것을 과연 무엇이 보장할 수 있을까?

캐노번이 제공하는 것은 강한 의미의 유형론이 아니라, '포퓰리

---

7 조지 월리스(1919~1998)는 미국 정치인으로 앨라배마 주지사를 네 번 지냈다. 그는 1960년대 미국 남부의 인종차별 정책을 강력하게 옹호했다(옮긴이).

8 Ibid., p. 13.

20 · 포퓰리즘 이성

즘'이라는 용어의 사용을 지배해 온 언어적 분산에 대한 지도(map)라 할 수 있다. 비트겐슈타인(L. Wittgenstein)의 '가족유사성(family resemblances)'에 대한 캐노번의 언급은 어느 정도 이 방향을 가리키는 것처럼 보인다. 그러나 이때도 분산을 지배하는 논리는 캐노번이 제공하는 것보다 훨씬 더 정밀해야 한다. 포퓰리즘 증후군을 구성하는 특징들을 논리적으로 통일된 모델로 환원할 필요는 없지만, 적어도 각각의 예에서 순환하고 있는 개념을 지배하는 가족유사성이 무엇인지는 이해할 수 있어야 한다. 예를 들어 캐노번은 미국 포퓰리즘 운동이 농민들의 농업 운동일 뿐 아니라, 잭슨식 민주주의(Jacksonian democracy)에서 영감받은 "엘리트와 금권정치, 그리고 정치인과 전문가에 맞선 풀뿌리 반란으로서의 중요한 정치적 측면"을 지니고 있다고 지적한다.[9] 그렇다면 캐노번이 이 운동을 '포퓰리즘적'이라고 말하는 이유는 운동의 (농업) 사회적 기반 때문이 아니라, 특수한(사회적으로 말하면 매우 다른 운동들에 존재하는) 정치적 논리가 그 기반에 미치는 굴곡 때문이 아닐까?

여러 분석 지점에서 캐노번은 포퓰리즘의 고유한 특이성을 사회적 내용물 그 자체보다, 모든 사회적 내용물을 조직하는 정치적 논리에 귀속시키려는 듯한 경향을 보인다. 예를 들어 캐노번은 포퓰리즘에 보편적으로 존재하는 두 가지 특징을 인민에 대한 호소와 반엘리

9 Ibid., p. 58.

트주의(anti-elitism)라고 주장한다.[10] 캐노번은 두 가지 특징 중 어느 것도 특정한 사회적 또는 정치적 (이데올로기적) 내용에 영원히 귀속될 수 없다고까지 주장한다. 그렇다면 누군가는 사회적 내용이 아닌 정치적 내용 측면에서 두 특징 모두를 결정할 수 있는 길이 열릴 수 있다고 생각할 것이다. 그러나 이런 일은 일어나지 않았다. 왜냐하면 캐노번은 포퓰리즘에 사회적으로 결정된 것이 결여되어 있다는 점이 오히려 자신이 제시한 포퓰리즘의 두 가지 보편적 특징, 즉 인민에 대한 호소와 반엘리트주의라는 범주의 활용 가치를 상당히 떨어뜨린다고 여겼기 때문이다. 따라서 "이 모호한 '인민'에 대한 찬양은 다양한 형태를 띨 수 있다. 그 형태는 페론주의의 수사적 기교가 가진 냉소적인 조작에서부터 나로드니키의 겸손한 자기 비하에 이르기까지 모든 것을 포용하기 때문에, 포퓰리즘 개념을 충분히 정의하지 못한다."[11] 그리고 반엘리트주의의 상황은 약간 더 괜찮은 정도다.[12]

캐노번의 분석은 그나마 포퓰리즘이 역사적으로 취해 온 형태의 다양성을 없애지 않으려는, 그리고 그런 의미에서 최악의 환원주의를 피하는 장점을 어느 정도 가지고 있다. 그러나 이 분야의 대부분 문헌은 포퓰리즘에 특수한 사회적 내용을 부여하려는 유혹을 이기지 못했다. 예컨대 도널드 맥레이(Donald MacRae)[13]는 다음과 같이 썼다.

10 Ibid., p. 294.

11 Ibid., p. 294.

12 Ibid., pp. 295-6.

13 도널드 맥레이(1921~1997)는 영국 런던정경대학교 사회학교 교수를 지냈다(옮긴이).

그러나 우리는 근대화와 산업화 또는 뭐라고 부르든 그것들의 어떤 위협 아래서, 사회의 대다수를 차지하는 농업 부문이 다음과 같은 신념을 자신들의 정치 행동 헌장으로 내세울 때 자동으로, 그리고 정확하게 포퓰리즘적이라는 용어를 사용할 것이다.

- 공동체와 (보통) 국민(Volk)만이 미덕을 갖추고 있으며
- 평등주의를 지향하고, 모든 엘리트에 반대하며
- 현재를 재생하기 위해 신화적 과거를 바라보고
- 찬탈과 외세의 음모를 동일시하며
- 사회적·정치적·역사적 불가피성의 어떤 교리도 받아들이기를 거부하고
- 결과적으로 새로운 리쿠르고스(Lycurgus)[14]와 같은 영웅적 지도자와 입법자의 카리스마를 통해 매개된 즉각적이고 임박한 시대의 종말에 대한 믿음으로 향한다. 이 종말을 믿을 때 우리는 자동으로, 그리고 정확하게 포퓰리즘적이라는 용어를 사용할 것이다. 이 모든 것과 함께, 실제로 진지한 정당이 아닌 국가 개입으로 정치적 목적을 달성하려는 단기적 연합(association) 운동이 있으면 포퓰리즘은 가장 전형적인 형태를 띨 것이다.[15]

---

14 고대 스파르타의 전설적인 입법자이자 이상적 법률 제정자의 상징(옮긴이).

15 Donald MacRae, 'Populism as an Ideology', in Ionescu & Gellner (eds), *Populism*, p. 168.

참된 포퓰리즘에 대한 상세한 설명 뒤 맥레이가 '실제로 존재하는' 포퓰리즘에 자신의 범주를 적용하는 데 어려움을 겪는 것은 전혀 놀랍지 않다. 결과적으로 맥레이는 현대 포퓰리즘이 자신의 이상적 모델과 거의 공통점이 없다는 사실을 받아들여야 했다.

내 생각에 20세기 후반의 포퓰리즘은 크게 중요한 정도로 러시아나 미국에서 전파되지 않았다. 오히려 유럽 사상계의 요소들이 독립적으로 확산되고 재결합되어 다양한 토착 포퓰리즘을 형성했다. 이러한 기존 포퓰리즘의 모호성이 원시주의적 요소 및 진보주의적 요소와 뒤섞였다. 그리고 인종(예: 네그리튀드(Négritude))과 네 가지 종교(특히 이슬람, 그러나 불교, 천년왕국적 기독교, 힌두교도 포함)가 옛 덕목과 모범적 인격의 혼합물에 더해졌다. 농업 원시주의는 약해진 힘이다. 비록 인도에서는 여전히 번성하는 것처럼 보이지만 말이다. 음모와 찬탈은 신식민주의와 CIA의 행동에 대한 다양한 이론들 속에서 혼합되었다. '시민 원칙의 비대칭성'은 포퓰리즘적 '직접 행동'의 규범이 되었다. 자발성과 진실성이 칭송받지만, 이제 그것들은 특히 젊은이들과 동일시된다. 따라서 이상적인 청년(신화에서 익숙한 인물)이 예전의 자유농민이나 교육받지 못한 농민을 대체해 숭배의 대상이 되었다. 현대 마르크스주의는 '젊은 마르크스'를 향한 방향 전환 속에서 포퓰리즘적 성격을 띠었다. '신좌파(New Left)'의 합의적 관심사와 확산된 비정치주의 속에도 포퓰리즘이 있다.[16]

16 Ibid., p. 164.

물론 이 혼란스러운 열거가 지닌 문제는 맥레이가 에세이에서 정의한 포퓰리즘의 특징을 위에서 언급한 운동들이 거의 또는 전혀 갖고 있지 않다는 점이다. 그런데도 이들이 포퓰리즘적이라고 불리는 이유는 고전적 포퓰리즘과 무언가를 공유한다고 가정되기 때문이다. 그러나 그 무언가의 본질에 대해 우리는 아무것도 모른다.

이는 포퓰리즘에 관한 문헌의 일반적인 특징이다. 일반 개념에 포함된 결정 요소가 많을수록 그 개념은 구체적 분석을 헤게모니화할 능력을 잃는다. 극단적인 예는 피터 와일스(Peter Wiles)[17]의 에세이 〈독트린이 아니라 증후군이다(a Syndrome, not a Doctrine)〉로,[18] 포퓰리즘 개념을 매우 상세하게 설명한다. 이 에세이는 포퓰리즘이 혁명적이지 않고 계급투쟁에 반대한다는 것부터 소규모 협동조합을 경제적 이상형으로 채택하고 종교적이지만 종교적 기성세력에 반대한다는 것까지, 포퓰리즘의 다양한 차원을 포괄하는 24가지 특징을 소개한다. 와일스는 당연히 에세이의 두 번째 부분을 포퓰리즘의 예외에 대한 분석에 할애할 수밖에 없었다. 포퓰리즘의 24가지 특징과 다른 예외가 너무 많아서, 와일스의 모델에 있는 24가지 특징을 모두 갖춘 단 하나의 정치 운동이 존재하는지 의심스러울 정도다. 그는 심지어 자기모순도 피하지 않는다. 예를 들어 176쪽에서는 "포퓰리즘

---

17 피터 와일스(1919~1997)는 영국의 경제학자로, 런던정경대학교에서 교수로 일하면서 사회주의 국가 경제와 포퓰리즘을 연구했다(옮긴이).

18 Peter Wiles, 'A Syndrome, not a Doctrine: Some Elementary Theses on Populism', in Ionescu & Gellner (eds), *Populism*, pp. 163-79.

이 프롤레타리아적이기란 어렵다. 전통적 사고는 프롤레타리아보다 장인들 사이에서 더 흔하다. 그들의 작업은 대규모 규율에 종속되며, 이는 사실 주요 전제와 모순된다"라고 알려 준다. 그러나 두 쪽 뒤에서 "사회주의는 파시즘보다 훨씬 더 멀리 있다. 마르크스, 웹 부부(the Webbs, 페이비언협회 창립 회원이자 이론가), 스탈린과 같은 본질적인 사회주의자들로부터 알 수 있듯이 말이다. 그러나 레닌은 나로드니키와 포퓰리즘의 사상과 방식이 대거 유입되는 것을 인정했다. 그리고 레닌을 다른 공산주의자들, 특히 안토니오 그람시(Aldo Gramsci라고 이름도 틀리게 쓰면서)와 마오쩌둥이 뒤따랐다"라고 말한다. 레닌과 그람시가 프롤레타리아 헤게모니를 구축하려 했던 것 외에 무엇을 했는지 궁금해진다.

와일스의 작업에 나타나는 커다란 부조리는 그가 포퓰리즘적이라고 간주하는 운동을 나열하려 할 때 더 명확히 드러난다. "이 사람들과 운동들은 포퓰리즘적이며 많은 공통점이 있다. 수평파(Levellers), 디거스(Diggers), 차티스트(도덕적·물리적 힘), 나로드니키, 미국 포퓰리스트, 사회주의-혁명가들, 간디, 신페인(Sinn Fein),[19] 아이언가드(Iron Guard),[20] 앨버타사회신용, 카르데나스(Cárdenas), 아야 데 라 토레(Haya de la Torre), 서스캐처원의 CCF(Co-operative Commonwealth

---

19 아일랜드 통일과 독립을 목표로 하는 민족주의 정당. "우리 스스로"라는 뜻의 아일랜드어(옮긴이).

20 20세기 초 루마니아의 극우 파시스트 조직(옮긴이).

Federation in Saskatchewan), 푸자드,[21] 벨라운데,[22] 니에레레.[23,24] 물론 와일스는 이 지도자들과 운동들이 공유한다는 '많은 공통점'에 대해 아무것도 알려 주지 않는다. 이 지도자들과 운동들에 대한 최소한의 지식만 있어도, 이렇게 많은 공통점이 와일스가 에세이 초반에 설명한 증후군일 수 없다는 사실을 충분히 알 수 있다. 따라서 그의 마지막 언급인 "어떤 역사가도 이해의 도구로서 (포퓰리즘이라는) 개념을 무시할 수 없다"는 어떤 개념을 무시하기 위해서는 우선 그 개념을 가지고 있어야 한다는 우울한 논평을 불러일으킨다.

지금까지 다룬 모든 문헌에서 포퓰리즘의 특수성(포퓰리즘을 정의하는 차원)은 **체계적으로** 회피되어 왔다. 우리는 그 이유가 정치 분석가들의 마음을 이끄는 어떤 비공식적인 정치적 편견에 있는 것은 아닌지 스스로에게 물어보기 시작해야 한다. 잠시 후 나는 포퓰리즘의

---

21 피에르 푸자드(Pierre Poujade, 1920~2003)는 프랑스의 정치인이다. 1950년대 프랑스에서 조세 저항 운동을 이끌며 포퓰리즘 정치 세력인 상인과장인을위한방어연합(UDCA)을 창설했다. 그의 이름을 딴 푸자드주의(Poujadism)는 기득권 정치 엘리트에 대한 반감, 반의회주의, 소상공인과 서민층의 이익 옹호 등을 특징으로 하는 우파 포퓰리즘의 대명사가 되었다. 장마리 르펜(Jean-Marie Le Pen)이 이 운동을 통해 정계에 입문했다(옮긴이).

22 페르난도 벨라운데 테리(Fernando Belaúnde Terry, 1912~2002)는 페루의 정치인이다. 두 차례(1963~1968, 1980~1985) 대통령을 지냈다. 중도 우파 정당인 인민행동당(Acción Popular)을 창설했으며, 아마존 개발과 도로 건설 등 대규모 인프라 사업을 통한 국가 통합과 근대화를 추진했다. 라틴아메리카의 대표적인 개혁적 민족주의 지도자 중 한 명으로 꼽힌다(옮긴이).

23 줄리어스 니에레레(Julius Nyerere, 1922~1999)는 탄자니아의 초대 대통령(1964~1985)이다. 스와힐리어로 선생님을 뜻하는 음왈리무(Mwalimu)라는 존칭으로 불린다. 아프리카 고유의 공동체주의에 기반한 사회주의 모델인 우자마(Ujamaa)를 제창하고, 아루샤선언(1967)을 통해 자립 경제와 평등 사회를 추구했다. 제3세계 비동맹 운동의 주요 지도자이기도 했다(옮긴이).

24 Ibid., p. 178.

특이성과 정의에 관한 논쟁에 피터 워슬리(Peter Worsley)[25]가 이바지한 것의 주요 장점이 이러한 전제에서 벗어나기 시작했음을 지적할 것이다. 그러나 그 전에 이러한 전제들 자체에 대해 언급해야 한다. 이는 이오네스쿠와 겔너의 책에 있는 또 다른 에세이인 케네스 미노그(Kenneth Minogue)[26]의 〈정치 운동으로서의 포퓰리즘(Populism as a Political Movement)〉을 참조함으로써 가능하다.[27]

미노그의 분석은 두 가지 구분에 기반한다. 첫 번째는 **수사(rhetoric)**와 **이데올로기(ideology)**의 구분이다. "우리는 운동의 구성원들이 사용하는(운동의 필요에 따라 어디서나 무작위로 차용될 수 있는) **수사**와 운동의 깊은 흐름을 표현하는 **이데올로기**를 신중하게 구분해야 한다."[28] 두 번째는 운동과 그 이데올로기의 구분이다. 미노그가 이러한 구분을 일관되게 사용하지는 않지만, 그에게는 규범적 등급이 있다. 가장 낮은 수준은 수사이고 더 높은 수준은 운동이다. 이데올로기는 운동의 제도화된 형태의 일부로 존재하는 것과 단순한 수사로 퇴화하는 것 사이에서 불안정한 중간 상태로 남아 있다. 이데올로기는

---

25 피터 워슬리(1924~2013)는 영국의 사회인류학자이자 사회학자로 맨체스터대학교에서 교수로 일했다. 포퓰리즘을 특정한 이데올로기라기보다 다양한 정치 운동에 내재할 수 있는 '정치 문화의 한 차원'으로 분석했다(옮긴이).

26 케네스 미노그(1930~2013)는 오스트레일리아 출신의 영국 정치 이론가로, 런던정경대학교에서 오랫동안 정치학 교수로 재직했다. 보수주의적 자유주의 시각에서 민족주의, 자유주의, 이데올로기 개념을 비판적으로 분석했다(옮긴이).

27 Kenneth Minogue, 'Populism as a Political Movement', in Ionescu & Gellner, *Populism*, pp. 197-211.

28 Ibid., p. 198.

본질적으로 일시적인 정치 구성체인 포퓰리즘의 명백한 운명이다. 미국 포퓰리즘에 대해 미노그는 다음과 같이 주장한다.

여기서 우리는 두 가지 중요한 특징을 지닌 운동을 본다. 조건이 변하자 매우 빠르게 사라졌고, 그 이데올로기는 차용된 요소들의 잡동사니였다. 사실 1장에서 사용한 용어를 강하게 압박하자면, 그 운동은 심각한 의미에서 이데올로기가 없었다. 단지 수사만 있었다. 그 운동은 뿌리를 깊이 내리지 못했는데, 왜냐하면 성장할 여지가 거의 없었기 때문이다. 단지 어려운 시절을 합리화하기 위해 급조된 것이었고, 상황이 나아지면 버려질 것이었다.[29]

그러면서 그는 제3세계 이데올로기에 대해 다음과 같이 말한다.

확립된 유럽 이데올로기와 대조적으로, 이러한 믿음들은 순간의 필요에 따라 펼쳐졌다가 상황이 바뀌면 후회 없이 버려지는 우산 같은 모습을 하고 있다. 그리고 산업화된 세계의 주변부 빈민들이 경험해야 하는 절망과 희망의 교차에 대한 반응으로서 전적으로 합리적인 것처럼 보인다. 그들은 독단적일 여유가 없으며, 실용주의가 그들 행동의 유일한 실타래여야 한다. (중략) 따라서 나는 다양한 운동을 포괄하기 위해 '포퓰리즘'이라는 용어를 점점 더 많이 사용하는 경향을 이러한 특징에 대한 현대 정치사

29 Ibid., p. 208.

상의 인식이라고 합리화할 수 있다고 생각한다. 포퓰리즘은 자신이 산업 시스템의 가난한 주변부에 속한다고 생각하는 이들 사이에서 발견되는 일종의 운동이다. 이러한 의미에서 포퓰리즘을 산업주의에 대한 반응이라고 말할 수 있다. 그러나 포퓰리즘은 종종 산업화를 추진하려는 가장 깊은 충동을 지닌 사람들의 반응이기도 하다. 그들과 합류할 수 없을 때, 그리고 합류할 수 있을 때까지 그들을 공격하는 수단인 것이다. 이러한 양가성이 포퓰리즘 운동의 지적 공허함을 설명한다.[30]

이러한 구분과 이를 뒷받침하는 지적 전략에 집중해 보자. '이데올로기'를 정치 행동에 관여한 수사와 구분할 수 있다. 그런데 이 구분은 전달하는 내용에 전혀 영향을 끼치지 않는 순수한 언어적 장식으로서 수사를 이해할 때만 가능하다. 이는 수사를 **논리**와 구분하는 가장 고전적인 개념이다. 수사에 반대되는 사회학적 등가 개념은 잘 정의된 이해관계를 중심으로 구성되고 외부 환경과 합리적으로 협상하는 사회 행위자다. 널리 퍼져 있는 포퓰리즘적 상징을 중심으로 정체성을 구성한 사회 행위자의 이미지는 사회에 대한 비전이 있는 이들에게는 단지 비이성의 표현일 수 있다. 미노그의 에세이에 반영된 윤리적 비하는 사실 포퓰리즘에 관한 많은 문헌에서 나타난다. 그러나 논리의 영역이 폐쇄된 질서로 구성되지 못해, 그 폐쇄를 이루기 위해 수사적 장치가 필요할 때는 어떻게 될까? 이때 수사적 장치들 자

30 Ibid., p. 209.

체, 즉 은유, 환유, 제유, 남유(catachresis)[31]는 확장된 사회적 합리성의 도구가 된다. 그리고 우리는 더 이상 이데올로기적 호출을 **단순히** 수사적이라고 무시할 수 없게 된다. 따라서 포퓰리즘 정치의 상징들이 지닌 불명확성과 비어있음(emptiness)을 쉽게 무시할 수 없게 된다. 모든 것은 그러한 비어있음이 가져오는 수행적 행위에 달려 있다. 예를 들어 미국 포퓰리스트에 대해 미노그는 다음과 같이 주장한다.

미국 포퓰리스트들은 가장 직접적으로 농촌의 빈곤과 농업 생산물의 낮은 가격이라는 구체적 상황에 반응하고 있었던 것으로 보인다. (중략) 요점은 어떤 운동이든 동맹을 획득하기 위해 적을 선택할 것이며, 포퓰리스트들은 '산업적 미국'에 반응한다고 선언함으로써 도시 자유주의자, 도시 사회주의자, 아나키스트와 같은 미국 사회의 다른 비포퓰리즘적 집단들과 동맹을 맺을 가능성을 얻었다는 것이다.[32]

그러나 명백히 수사적 작업을 통해 인구의 많은 부문을 가로지르는 광범위한 인민적 정체성을 구성했다면, **그들은 실제로 포퓰리즘적 주체를 구성한 셈이다.** 이것을 단순히 수사로 무시할 이유는 없다. 수사는 이데올로기의 기생충이 아니라 이데올로기적 세계의 해부학이다.

---

31 비유의 남용으로서, 책상'다리', 컴퓨터 '마우스', 차가운 '불'처럼 기존 의미가 왜곡된 채 새로운 의미나 인상을 만들어 내는 수사법(옮긴이).

32 Ibid., p. 199.

'이데올로기'와 '운동' 사이의 구분 또한 미노그의 주장에서 중요한데, 그는 운동을 연구하는 학생들에게 "그 이데올로기에 항복하는" 위험에 관해 경고한다.[33] 그러나 어떻게 이데올로기와 운동을 이토록 엄격하게 구분할 수 있을까? 이 구분은 사람들의 머릿속에 있는 아이디어와 그들이 참여하는 행동 사이의 오래된 차이를 너무나 명확하게 떠올리게 한다. 하지만 이 구분은 유지될 수 없다. 우리는 비트겐슈타인 이후에 언어놀이(language games)[34]가 언어적 교환과 그 교환에 내포된 행동을 모두 포함한다는 사실을 알게 되었다. 그리고 화행이론(speech-act theory)[35]은 사회적으로 제도화된 삶을 구성하는 담론적 연속체 연구에 새로운 기반을 제공했다. 이러한 의미에서 샹탈 무페와 나는 언어적·비언어적 요소를 모두 연결하는 구조화된 총체로서 담론을 정의했다.[36] 이러한 관점에서 운동과 그 이데올로기 사이의 구분은 희망적이지도 않고 관련도 없다. 중요한 것은 사회 세력이나 운동이 자신의 총체적인 정치적 행동, 역할, 영향력을 형성하는 일련의

---

33 특히 pp. 204-8을 참조하라.

34 언어란 고정된 논리적 구조가 아니라 구체적인 삶의 맥락 속에서 그것이 사용되는 맥락과 행위의 형태에 따라 의미가 정해지므로, 언어는 본질적으로 놀이라는 의미다. 따라서 단어의 의미도 본질적인 정의보다는 특정 맥락에서 그 단어가 어떻게 사용되는가에 따라 달라진다(옮긴이).

35 언어철학과 언어학의 한 분야로, '말하기(speech)'를 단순한 정보 전달이 아니라 '행위(action)'로 간주하면서 그 행위의 종류와 구조를 분석하는 이론이다. 화행이론은 언어가 명제에 제한되지 않고 사회적 상호작용과 관계를 맺는 강력한 도구임을 밝혀냈으며, 사회언어학, 화용론, 인공지능 등 광범위한 영역에 영향을 끼쳤다(옮긴이).

36 에르네스토 라클라우·샹탈 무페, 이승원 옮김, 《헤게모니와 사회주의 전략》, 후마니타스, 2012, 제3장을 참조하라.

담론적 과정을 결정한다는 점이다.

미노그의 구분(이는 포퓰리즘과 관련해 널리 퍼진 태도의 단면에 불과하다)을 문제 삼는 나의 목적은 상당 부분 분석적 관점을 전환하는 데 있다. 즉 포퓰리즘이 결여한 것을 지칭하는 용어들(모호성, 이데올로기적 비어있음, 반지성주의, 일시적 성격) 안에서 포퓰리즘을 바라보는 정치적 합리성 모델로부터 출발하는 대신, 일반화된 수사학(앞으로 보겠지만 '헤게모니'라 부를 수 있는 것)의 관점에서 합리성 모델을 확대해 바라보는 것이다. 이렇게 하면, 포퓰리즘은 정치적 삶을 구조화하는 독특하고 항상 존재하는 가능성으로 나타난다. 포퓰리즘을 비정상성, 일탈, 조작의 관점에서 접근하는 방식은 우리의 이론적 전략과 양립할 수 없다.

이것이 내가 피터 워슬리의 에세이 〈포퓰리즘의 개념(The Concept of Populism)〉[37]을 특히 신선하게 느끼는 이유다. 비록 그의 개입이 주로 기술적인 작업이다 보니 포퓰리즘의 특수성을 개념적으로 파악하려는 시도로까지 나아가지 않았지만, 그 방향으로 향하는 그의 모든 초기 신호는 근본적으로 타당하다고 생각한다. 그중 세 가지 접근 방식이 특히 유망하다.

① 워슬리는 단순히 사상의 내용을 분석하는 것을 넘어, 사상이 특정 문화적 맥락에서 수행하는 역할(이 역할은 그 사용뿐 아니라 사상의

---

37 Peter Worsley, 'The Concept of Populism', in Ionescu & Gellner (eds), *Populism*, pp. 212-50.

지적 내용 자체를 수정한다)을 분석한다.

> (전략) 사상들은 생성되었거나 지금까지 번성했던 맥락과는 다른 문화적 맥락에 흡수되는 과정에서 (그 사상들이 새로운 행동의 틀 속에 통합됨으로써 다르게 **사용되는** 한) 사회학적으로 다른 의미를 가질 뿐 아니라, 그 자체도 수정될 것이다. 왜냐하면 그 사상들은 수용되는 환경의 일부인 기존 '이해관계', 인지적 요소와 구조, 정서적 성향 등 다른 심리적 기제들과 접합되어야만 하기 때문이다. 따라서 '원래의' 사상들은 그 과정에서 본질적으로 수정되어 **다른** 사상이 되어야 한다.[38]

이는 매우 중요하다. 우리의 과제는 사상 체계를 사상 자체로 비교하는 것이 아니라 그 수행적 차원을 탐구하는 것이다. 예를 들어 포퓰리즘의 상대적인 이데올로기적 단순성과 비어있음은 대부분 엘리트주의적 폐기의 서곡이 되지만, 이러한 단순화와 비우는 과정이 수행하려는 것, 즉 사회적 합리성 관점에서 접근되어야 한다.

② 워슬리는 포퓰리즘을 자유주의, 보수주의, 공산주의, 사회주의 같은 다른 **유형**의 이데올로기나 조직과 비교할 대상으로 보지 않고, 상당히 다른 이데올로기적 성격을 가진 운동들 속에 존재할 수 있는 **정치 문화의 한 차원**으로 본다.

---

38 Ibid., p. 213.

포퓰리즘 증후군은 (중략) 특정 정책이나 전반적인 이데올로기 체계 또는 정치체제(민주주의, 전체주의 등)의 형태나 맥락에서의 특정한 표현보다 훨씬 더 넓다. 이 말은 포퓰리즘을 전반적인 정치 문화의 강조점 또는 차원으로 보는 것이 더 낫다는 뜻이다. 물론 모든 이상형과 마찬가지로, 이렇게 보면 지금까지 '포퓰리즘적'이라고 불려 온 일부 정치 문화와 구조에 매우 근접할 수 있다.[39]

이 접근은 결정적이다. 만약 워슬리가 옳다면(나는 그가 옳다고 생각한다), 포퓰리즘의 보편적 내용을 식별하려는 모든 작업이 무의미해지기 때문이다. 우리가 보았듯이 포퓰리즘의 사회적 기반을 식별하려는 시도가 반복되었지만, 곧 전혀 다른 사회적 기반을 가진 운동들도 '포퓰리즘적'이라고 부를 수밖에 없었다. 물론 이 함정을 피하려고 포퓰리즘을 이데올로기적이고 사회적인 차이를 가로지르는 차원과 동일시한다면, 그 차원이 무엇인지 구체화해야 하는 과제를 떠안을 수밖에 없다. 워슬리는 이를 충분하고 설득력 있게 수행하지는 않는다.

③ 이 두 가지 접근법이 고전적 접근을 벗어나면, 워슬리는 잠재적으로 유익한 다른 조치들을 취할 수 있다. 나는 두 가지만 언급하겠다. 첫 번째는 제3세계 포퓰리즘에 대해 다음과 같이 주장하는 것이다. "사회경제적 계급은 선진국에서와 같은 중요한 사회적 실체가 아

---

39 Ibid., p. 245.

니다. (중략) 따라서 계급투쟁은 관련성이 없는 개념이다."[40] 물론 워슬리는 제3세계 이데올로기들을 언급하고 있을 뿐 자신의 의견을 말하고 있지 않다. 그러나 그는 러시아 농민층에서 사회경제적 구분과 사회정치적 연대가 중첩되는 것에 대한 레닌 개념의 한계를 비판적으로 분석한다. 이는 제3세계 포퓰리즘이 계급투쟁을 거부하는 문제를 논할 때, 그가 계급투쟁을 단순히 어떤 형태의 '허위 의식'에 대한 민족지적 기록으로 보고 있지 않다는 뜻이다. 오히려 그는 '계급투쟁'을 정치적 동원의 보편적 구호로 일반화하는 데 실질적인 어려움이 있다고 지적한다.

두 번째 조치는 조작이라는 허위적 차원을 포퓰리즘의 필수 구성요소로 간주하려는 모든 손쉬운 환원주의적 시도를 피하고자 하는 노력이다. 워슬리는 다음과 같이 주장한다.

포퓰리즘에 대한 샤일스(Shils)의 정의 일부를 수정하는 것이 바람직하다. 이를 통해 '가짜 참여'(선동, '텔레비전에 의한 선동' 등)를 제거하지 않고도 진정성 있고 효과적인 대중 참여를 포함하고 구별할 수 있도록 해야 한다. 그렇게 하면 '포퓰리즘'은 대중과 지도력 사이의 '직접적' 관계(이는 필연적으로 복잡하고 규모가 큰 사회에서는 대체로 순수한 신비화 또는 상징주의일 수밖에 없다)뿐 아니라, 더 넓게는 일반적인 대중 참여(가짜 참여 포함)

---

40 Ibid., p. 229.

를 가리키게 될 것이다.[41]

이 또한 중요하다. 왜냐하면 이를 통해 포퓰리즘 분석에서 윤리적 비난이라는 **필수적인** 태도를 제거할 수 있기 때문이다. 이 태도는 우리가 보았듯이, 많은 '객관적' 분석의 근간이 되어 왔다.

대안적 접근법 탐색

이 신속하면서도 불완전한 문헌 탐색을 통해 우리는 이제 위에서 설명한 막다른 골목을 피하려는 대안적 관점을 탐색할 수 있다. 이를 위해 그 막다른 골목으로 이끈 분석의 기본 전제를 질문하고, 어떤 경우에는 전환해야 한다. 기본적으로 두 지점을 고려해야 한다.

① 첫 번째로 포퓰리즘을 정의하는 것이 불가능한 (또는 거의 불가능한) 이유가 포퓰리즘의 정치적 논리에 내재한 합리성을 개념적으로 파악하는 것을 사전에 배제하는 방식으로 포퓰리즘을 기술했기 때문인지 자신에게 물어야 한다. 나는 이것이 사실이라고 생각한다. 포퓰리즘을 단순히 '모호성', '불명확성', '지적 빈곤', 순전히 '일시적인' 현상, '조작적인' 절차 등으로만 기술한다면, 포퓰리즘의 **차별적 특성**을 실정적인 용어로 결정할 방법이 없다. 반대로 이 작업 전체는 정치적 행동에서 합리적이고 개념적으로 파악할 수 있는 것을, 그것의 이분법적 대립물(비합리적이고 정의할 수 없다고 간주된 포퓰리즘)로부터 분리

41 Ibid., pp. 245-6.

하려는 것처럼 보인다. 이 전략적인 지적 결정이 내려지면 '포퓰리즘이란 무엇인가?'라는 질문은 다른 질문, 즉 '포퓰리즘이 **적용되는** 사회적·이데올로기적 현실은 무엇인가?'로 자연스럽게 대체된다. 다시 말해 모든 내재적 합리성을 박탈당한 **설명항(explanans)**은 **설명대상(explanandum)**과 완전히 외부적일 수밖에 없으나, 범주 적용은 여전히 그 적용을 정당화하는 어떤 종류의 외부적 연결이 있다고 가정하는 것이다. 따라서 이 질문은 일반적으로 세 번째 질문, 즉 '포퓰리즘은 어떤 사회적 현실 또는 상황에 대한 **표현**인가?'로 대체된다. 이 단계에서 포퓰리즘은 단순한 부수 현상 수준으로 격하된다. 이 접근법에 따르면, 설명이 필요한 포퓰리즘 형태란 없다. 즉 '왜 일부 정치적 대안이나 목표를 포퓰리즘적 수단을 통해서만 표현할 수 있는가?'라는 질문은 아예 생기지도 않는다. 우리는 오직 포퓰리즘이 표현하는 사회적 **내용,** 즉 계급 또는 다른 부문적 이해관계를 말할 수 있을 뿐이다. 왜 그 표현 형태가 필요한지는 어둠 속에 남는다. 이제 우리는 마르크스가 고전 정치경제학의 가치 이론과 관련해 설명한 상황과 유사한 처지에 놓인다. 이 이론은 노동이 가치의 **실체**임을 보여줄 수는 있었지만, 왜 이 근본적인 실체가 등가물 교환의 **형태**로 표현되는지 설명할 수는 없었다.

이 시점에서 일반적으로 우리는 검토한 불쾌한 대안들에 남겨진다. 그 대안들은 포퓰리즘을 그 역사적 변형 중 하나로 제한하거나, 항상 너무 협소해지는 일반적 정의를 시도하는 것이다. 후자의 경우,

연구자들은 일반적으로 위에서 언급한 자가당착적인 작업으로 돌아간다. 즉 포퓰리즘이라는 꼬리표 아래에 상당히 다른 운동을 나열하면서 그 꼬리표의 의미에 대해 아무것도 말하지 않는다.

② 그러나 포퓰리즘에 대한 이 담론적 비하로부터 벗어나는 첫 번째 단계는 비하에 사용된 범주들('모호성', '불명확성' 등)을 의문시하는 것이 아니다. 오히려 이 범주들의 가치를 표면적으로 받아들이면서, 이 범수들을 묵살하는 데 쓰이는 뿌리 깊은 편견을 거부하는 것이다. 즉 '모호성'을 수준 높고 정확한 제도적 결정이 지배하는 성숙한 정치적 논리와 대립시키는 대신, 이와 다른 좀 더 기본적인 질문들을 자신에게 던져야 한다. '포퓰리즘 담론의 "모호성"은 어떤 상황에서는 모호하고 비결정적인 사회적 현실 자체에 따른 결과가 아닐까?' 그리고 이때 '포퓰리즘은 정치적이고 이데올로기적인 서툰 작업이라기보다, 오히려 자신만의 합리성을 가진 수행적 행위, 즉 어떤 상황에서는 모호성이라는 관련된 정치적 의미를 구성하기 위한 전제 조건이 아닐까?' 마지막으로 '포퓰리즘은 정말로 사회적 행위자의 미성숙에서 비롯된 이행기적 계기이며, 이후에 올 단계에서 극복될 운명인가? 아니면 오히려 소위 "더 성숙한" 이데올로기의 작용을 전복하고 복잡하게 만들면서, 모든 정치적 담론에서 (다양한 정도로) 필연적이고 지속적으로 발생되는 정치적 행동인가?' 예를 들어 보자.

포퓰리즘이 차이들과 결정들로 이루어진 복잡한 집합을 '양극이 필연적으로 불명확한 이분법'으로 대체하면서 정치적 공간을 '단순화'

한다는 주장이 있다. 예를 들어 1945년 페론 장군은 민족주의적 태도를 보이며, 아르헨티나의 선택이 브래든(Braden, 당시 미국 대사)과 페론 사이의 선택이라고 주장했다. 그리고 잘 알려져 있듯이, 이 개인화된 대안은 인민 대 과두제, 노동 대중 대 착취자 등과 같은 이분법을 통해 다른 담론들에서도 나타난다. 우리가 볼 수 있듯이, 이러한 이분법에는 정치적 공간의 단순화(모든 사회적 단일성은 이분법의 한 극 또는 반대편 극 주위로 집단화되는 경향이 있다)와 양극을 가리키는 용어들의 필연적인 불명확성(그렇지 않다면, 그들을 재집단화해야 하는 모든 특수성을 포괄할 수 없을 것이다)이 있다. 상황이 그렇다면, 이 단순화의 논리와 일부 용어를 불명확하게 만드는 것 자체가 정치적 행동의 조건 아닐까? 정치가 완전히 행정으로 대체되고 개별화된 차이들을 다루는 단편적 공학이 적대적 이분법을 완전히 없애 버리는, 사실상 현실 불가능한 세계에서만 공적 영역에서 '불명확성'과 '단순화'가 근절될 수 있다. 그러나 이때 포퓰리즘의 고유한 특징이란 그 자체로 모든 정치의 필수 요소인 정치적 논리에 대한 특별한 강조일 뿐이다. 이는 정치에서 당연하다.

우리가 보았듯이 포퓰리즘을 폐기하는 또 다른 방법은 포퓰리즘을 '단순한 수사'로 격하하는 것이다. 그러나 우리가 이미 지적했듯이, 비유적인 운동은 수사적이지 않은 용어로 기술될 수 있는 사회적 현실에 대한 단순한 장식이 아니라 정치적 정체성 구성의 논리 그 자체다. '은유'를 보자. 우리가 알다시피 은유는 **유비**(analogy)의 원칙에 기반해 용어들 사이의 대체 관계를 설정한다. 내가 방금 말했듯이, 모든 이분법적 구조에서 일련의 정체성이나 이해관계는 이분법의 한 극 주위에 동등한 차이로서 재집단화되는 경향이 있다. 예를 들어 다양한 부문의 '인민'이 경험하는 부당함은 '과두제'와 대비해 서로 등가적인 것으로 여겨진다. 그러나 이것은 단순히 인민들이 과두제적 권력과의 대결에서 서로 **유사하다는** 사실을 말할 뿐이다. 이것이 은유적 재집합이 아니면 무얼까? 물론 이러한 등가성의 붕괴는 더 제도주의적인 담론을 구축하는 데 다른, 그러나 등가적인 수사적 장치를 통해 진행될 것이다. 따라서 이러한 장치들은 **단순한** 수사가 아니라, 어떤 정치적 공간이든지 간에 그 공간의 구성과 해체를 주재하는 논리에 내재해 있다.

따라서 우리는 이렇게 말할 수 있다. 우리의 포퓰리즘 이해를 진전시키기 위해서는 **필수적으로** 포퓰리즘을 사회과학 담론(이 담론은 포퓰리즘을 비사유의 영역에 한정 짓고, 완전한 합리성의 지위를 부여받은 정치적 형태의 단순한 대립물로 여긴다)의 주변부에서 구출해 내야 한다. 내가 강조하고 싶은 것은 포퓰리즘 운동을 고려할 때, 처음부터 윤리적 비난이라는 강한 요소가 있어 왔기 때문에 이러한 격하가 가능했다는 사실이다. 포퓰리즘은 단순히 격하된 것이 아니라 비하되었다. 포퓰리즘의 폐기는 특정 정상성, 즉 위험한 논리들을 배제해야 하는 금욕적인 정치 세계를 담론적으로 구축하는 과정의 일부였다. 이 점에서 반포퓰리즘적 공세의 기본 전략은 19세기 사회과학의 '대공포(grande peur)'**42**였던 더 넓은 논쟁, 즉 '집단심리학'에 관한 전체 논의에 새겨져 있다. 이 논의는 우리의 주제에서 전형적이며, 넓게는 정상적인 것과 병리적인 것을 구분하는 사회적 경계의 구성과 해체의 역사로 볼 수 있다. 이 논의 과정에서 '일탈적' 정치 현상(포퓰리즘 포함)에 관한 전체 관점을 조직화한 모체로서 작동할 일련의 구분과 대립이 만들어졌다. 이 모체에 대한 고려가 내 출발점이 될 것이다. 나는 이 지적 역사의 중심에 있었던 고전적 텍스트, 즉 귀스타브 르 봉(Gustave Le Bon)**43**의 《군중(The Crowd)》**44**에 대한 분석으로 시작할 것이다.

---

42 1789년 프랑스혁명 당시 군중 봉기에 의한 대공포에서 유래(옮긴이).

43 귀스타브 르 봉(1841~1931)은 프랑스의 사회심리학자, 사회학자, 물리학자다. 집단행동과 대중심리를 처음으로 체계적으로 분석하면서 사회심리학과 정치학 분야에 큰 영향력을 남겼다(옮긴이).

44 귀스타브 르 봉. 강주현 옮김, 《군중심리》, 현대지성, 2021.

2장
르 봉:
암시와 왜곡된 대표

귀스타브 르 봉의 유명한 저서 《군중》은 지적 교차로에 있다. 이 책은 19세기가 집단심리학의 새로운 현상을 병리학적 영역에 속하는 것으로 다루던 방식을 극단적으로 보여준다. 그러나 이제 이러한 현상들은 더 이상 사라질 운명의 우발적 일탈로 여겨지지 않는다. 이 현상들은 현대사회의 영구적인 특징이 되었다. 따라서 이 현상들은 단순히 기각되고 즉각적으로 비난될 수 있는 것이 아니라, 새로운 권력 기술의 대상이 되어야 한다. "군중은 옛날 우화에 나오는 스핑크스와 약간 비슷하다. 군중심리가 우리에게 제기하는 문제를 해결하든지, 그렇지 않으면 체념하고 그 문제에 잡아먹혀야 한다."[1] 이러한 과학적 탐구를 수행하기 위해 르 봉은 그때까지 제시된 것 중 가장 체계적인 집단심리학의 그림을 그렸다. 이 그림은 즉각적이고 지속적인 성공을

---

[1] 위의 책, 123쪽

거두었으며, 많은 사람들(프로이트 포함)의 찬사를 받았다. 그가 분석하는 핵심은 '암시(suggestion)'라는 개념이었다. 이에 대해서는 나중에 다룰 것이다. 우리의 출발점은 르 봉을 따라서, 암시가 어떻게 '이미지, 단어, 경구'라는 제한된 영역에서 작동하는지를 고찰하는 것이다. 왜냐하면 여기서 그는 《포퓰리즘 이성》의 2부에 담긴 포퓰리즘에 대한 나의 논의에 결정적으로 중요한 문제들을 다루기 때문이다.

르 봉은 단어가 군중 형성에 끼치는 영향의 열쇠를 단어들이 **그 의미 작용과 무관하게** 불러일으키는 이미지에서 찾는다.

> 단어의 힘은 단어에 연상되는 이미지와 관계가 있을 뿐, 단어의 실제 의미와는 무관하다. 때로는 의미를 규정하기 힘든 단어가 막강한 영향력을 발휘할 때도 있다. 민주주의와 사회주의, 평등, 자유 등이 대표적이다. 이 단어들은 의미가 매우 모호해, 그 뜻을 정확히 규정해서 담으려면 두꺼운 책 몇 권으로도 부족하다. 하지만 그 단어들이 마치 모든 문제의 해결책이라도 되는 것처럼, 그 짧은 음절에 마법 같은 힘이 더해진 것은 분명하다. 다양한 무의식적 열망과 그런 열망이 실현되기를 바라는 소망이 그 단어들에 결합되어 있다.[2]

현대 이론적 용어로 말하자면, 르 봉은 여기서 두 가지 잘 알려진 현상을 암시한다고 볼 수 있다. 기표(signifier)와 기의(signified) 관계

---

2 같은 책, 123~124쪽

의 비고정성(unfixity, 르 봉의 용어로는 단어와 이미지 관계)과 특정 단어가 그 주위에 다수의 의미를 응축하는 과잉결정(overdetermination) 과정이다. 그러나 르 봉에게 이미지들의 이러한 연상은 언어의 본질적 구성 요소가 아니라 언어의 오용이다. 단어들은 수많은 무의식적 열망을 종합하는 기능과 양립할 수 없는 진정한 의미 작용을 한다. 언어가 진정으로 무엇인지와 군중에 의한 그 언어의 오용을 분리하는 강력한 경계는 의문의 여지 없이 르 봉의 분석 전체에 담긴 전제다.

단어와 이미지 사이의 연상이 임의적이기 때문에, 이들의 상호 연결에서는 어떤 합리성도 배제된다.

이성과 논증으로는 단어나 경구에 맞설 수 없다. 특정한 단어를 군중 앞에서 엄숙하게 발설하면 군중은 경건한 표정을 짓고 고개를 조아린다. 많은 사람이 이런 현상을 자연의 힘이나 초자연적 마력이라고 여긴다. 군중은 그 단어와 경구를 들으며 장엄하고 모호한 이미지를 떠올리지만, 그런 모호함이 군중을 현혹하고 단어에 신비로운 힘을 더한다. (중략) 모든 단어와 경구에 이미지를 떠올리게 하는 힘이 있는 것은 아니다. 한때 이미지를 떠올리게 했지만, 이제는 힘을 상실해서 더는 군중에게 아무것도 일깨워 주지 못할 수 있다. 그런 단어와 경구는 공허한 소리가 되어, 그 단어를 사용하는 사람이 생각하지 않아도 되는 데에만 쓰인다.[3]

3 같은 책, 124쪽

여기서 우리는 르 봉이 제공할 필요가 있다고 생각하는 설명의 한계를 볼 수 있다. 그의 분석은 (프로이트가 그럴 것처럼) 단어와 이미지 사이의 연상을 지배하는 내적 논리를 탐지하려 하지 않으며, 단순히 순수한 지시적 의미 작용으로 인식되는 합리성과의 차이를 기술할 뿐이다.

단어와 이미지 사이의 연상이 완전히 임의적이기 때문에 이는 시대와 국가에 따라 변한다.

언어를 면밀히 분석해 보면, 그것을 구성하는 단어들이 시대가 바뀌어도 매우 천천히 변한다는 것을 알 수 있다. 그러나 그 단어가 떠올려 주는 이미지와 그 이미지에 부여되는 의미는 끊임없이 변한다. (중략) 군중이 자주 입에 담는 단어들이 민족에 따라 의미 차이가 크다는 사실만 짚고 넘어가겠다. 오늘날 빈번하게 사용되는 '민주주의'와 '사회주의' 같은 단어가 대표적인 예다.[4]

그리고 여기서 르 봉은 진정한 새로운 마키아벨리로서 정치인들에게 한 가지를 조언한다. "정치인이 해야 하는 가장 기본적인 역할 중 하나는 군중이 싫어하는 옛 명칭을 대중적이거나 적어도 중립적인 단어로 바꾸는 것이다. 단어의 힘은 실로 대단해서 지극히 혐오스러운 대상도 신중히 선택한 새 명칭을 붙이면 군중이 받아들일 만한 게

---

4 같은 책, 125쪽, 128쪽

된다."⁵

르 봉에게 이 단어/이미지 변증법과 환상의 출현 사이에는 명확한 연결이 있다. 이 환상은 군중의 담론이 구성되는 바로 그 토대다.

군중은 어떤 대가를 치르더라도 환상을 원하기 때문에 벌레가 불빛으로 모여들 듯이 환상을 보여주는 연설가들에게 본능적으로 끌린다. 민족이 진화하는 주된 요인은 진실이 아니라 오류였다. 오늘날에도 사회주의가 강력한 영향력을 발휘하는 이유는 그것이 여전히 살아 있는 유일한 환상이기 때문이다. (중략) 군중은 예부터 진실을 갈망한 적이 없다. 군중은 불편한 진실을 외면하고 오류가 마음에 들면 그것을 신격화한다.⁶

단어의 '진정한 의미'와 그 단어들이 불러일으키는 이미지 사이를 분리하기 위해서는 이것을 가능하게 하는 몇 가지 수사적 장치가 필요하다. 르 봉에 따르면, 그러한 장치는 세 가지다. 확언(affirmation), 반복(repetition), 전염(contagion). "이성적 추론과 증거가 완전히 배제된 순전한 확언은 군중의 머릿속에 특정 사상을 심는 가장 확실한 방법 중 하나다. 확언이 간결할수록 증거와 증명이 들어설 틈은 줄어들지만 권위는 오히려 커진다."⁷ 그리고 "반복되는 이야기는 우리 행동의 동

---

5 같은 책, 128쪽

6 같은 책, 131~132쪽

7 같은 책, 148쪽

기가 생성되는 무의식 깊은 곳에 자리를 잡는데, 반복의 힘은 여기서 비롯된다. 상당한 시간이 지나면 우리는 누가 그런 확언을 반복했는지 잊어 버리고 결국 그 확언을 믿게 된다."[8] 마지막으로 전염이다.

사상과 감정, 정서, 신념은 군중 안에서 병원균만큼이나 강력한 힘으로 다른 사람에게 전염된다. 이런 현상은 무척 자연스러운 것이라서 무리를 이룬 동물의 세계에서도 찾아볼 수 있다. (중략) 인간의 모든 감정은 군중 사이에 신속히 전염된다. 그런 이유로 별안간 공포에 사로잡히는 것이다. 광기 같은 정신장애도 전염성을 띤다. 정신병 전문의가 정신이상에 시달릴 확률이 높다는 건 널리 알려진 사실이다. 최근에는 광장공포증을 비롯해 다양한 형태의 광기가 인간에게서 동물에게로 전염된다는 연구 결과가 인용되기도 했다.[9]

이 시점에서, 르 봉이 열거한 집단심리학이 지닌 특징들의 기술적 타당성과 그의 담론에서 그러한 특징들과 연관된 규범적 판단을 구별해야 한다. 단어와 이미지 간 관계의 비고정성은 정치적으로 의미 있는 담론적 작동의 전제 조건이다. 이러한 관점에서, 르 봉의 관찰은 통찰력 있고 계몽적이다. 그러나 한 용어의 진정한 의미 작용과 그것에 우연히 연관된 이미지 사이의 구분은 어떠할까? 이 구분은 대체로

---

8 같은 책, 148쪽
9 같은 책, 149~150쪽

외연(denotation)과 내포(connotation)의 구분에 해당하며, 이는 현대 기호학에서 점점 더 의문시되고 있는 구분이다. 기표와 기의가 일대 일로 대응하기 위해서는 언어가 명명법(nomenclature)의 구조를 가져야 한다. 이는 소쉬르(F. Saussure)가 제시한 언어의 기본 원리, 즉 언어에는 실정적 항목이 없고 오직 차이만이 존재한다는 원리에 반한다. 언어는 두 축, 즉 계열적(paradigmatic, 소쉬르가 연상적(associative)이라 불렀던) 축과 통합적(syntagmatic) 축을 중심으로 조직된다. 이는 연상적 경향이 순수한 외연적 의미의 가능성을 체계적으로 전복시킨다는 것을 의미한다.

소쉬르가 제시한 몇 가지 예를 들어 보자. 언어에는 형태의 규칙화 경향이 존재한다. 라틴어의 주격 단어 'orator(연설자)'에는 소유격 'oratoris'가 대응하고, 주격 'honos(명예)'에는 소유격 'honoris'가 대응한다. 그러나 언어 형태의 규칙화 경향은 주격에서 'r'로 끝나는 모든 단어가 소유격에서 'ris'로 끝나도록 만들며, 라틴어 진화 과정의 더 나중 단계에서는 'honos'가 'honor'로 대체된다. 이러한 언어 형태를 규칙화하는 연상적 규칙은 때에 따라 완전히 새로운 단어를 만들어 내기도 한다. 이는 소쉬르가 '**제4비례항(quatrième proportionelle)**'이라 명명한 규칙이다. 'réaction(반동)'에는 형용사 'réactionnaire'가 대응하며 유비에 따라 'répression(억압)'은 'répressionnaire'로 이어지는데, 이는 원래 프랑스어에 없던 단어다.[10]

---

10 소쉬르의 사례는 *Cours de linguistique générale*, Tullio de Mauro의 비판적 판본, Paris,

우리에게 가장 중요한 목적은 이러한 연상 과정이 문법 수준에서만 작동하는 것이 아니라 의미 수준에서도 작동한다는 사실을 강조하는 것이다. 실제로 이 두 수준은 지속적으로 교차하며 다양한 방향으로 나아갈 수 있는 연상을 끌어낸다. 이는 정신분석학이 본질적으로 탐구하는 과정이라는 사실을 알려 준다. 예를 들어 프로이트가 '쥐 인간(Rat Man)'을 연구한 사례에서, '쥐(rat)'는 '성병을 퍼뜨리는' 특성 때문에 '성기(penis)'와 연관된다. 이때 연상은 주로 기의 수준에서 작동한다. 그러나 다른 때에는 단어의 유사성(프로이트가 '언어적 다리(verbal bridges)'라 불렀던 것)에서 비롯된 연상이 원인이 되기도 한다. 예를 들어 독일어에서 'ratten'은 '할부(instalments)'를 의미하며, 따라서 돈이 **쥐 콤플렉스(Rat complex)**에 포함된다. 또 'spielratten'은 도박을 의미하며, 따라서 도박 빚을 진 쥐 인간의 아버지는 이 콤플렉스와 연관되었다.[11] 우리가 볼 수 있듯이, 연상이 기표 수준에서 시작되었는지 기의 수준에서 시작되었는지는 완전히 부차적인 문제다. 어느 쪽이든 그 결과는 두 수준 모두에서 느껴지며, 기표/기의 관계의 전치로 번역될

Payot, pp. 224-5에서 가져왔다. 소쉬르적 접근의 이 측면에 대한 분석은 Claudine Normand, *Métaphore et Concept*, Brussels, Edition Complexe, 1976, pp. 27-37을 참조하라.

11 나는 프로이트의 쥐 인간 연구의 이 측면에 대한 분석을 Bruce Fink, *The Lacanian Subject*, *Princeton*, NJ, Princeton University Press, 1995, p. 23에서 가져왔다. 언어학적 형식주의와 기표/기의의 이원성에서 실질의 문제를 제거하는 것 사이의 관계에 관한 연구는 나의 에세이 'Identity and Hegemony: The Role of Universality in the Constitution of Political Logics', in Judith Butler, Ernesto Laclau 및 Slavoj Žižek, *Contingency, Hegemony, Universality: Contemporary Dialogues on the Left*, London and New York, Verso, 2000, pp. 68-71을 참조하라.

것이다.

이러한 상황에서는 한 용어의 '진정한' 의미(이는 필연적으로 영구적일 것이다)와 그것에 내포적으로 연상된 일련의 이미지를 단순하게 구분할 수 없다. 왜냐하면 연상 네트워크는 언어 구조의 필연적인 부분이기 때문이다. 이 주장이 르 봉이 언급한 연상의 구체적인 특징을 박탈하는 것은 아니다. 하지만 이러한 특수성은 더 큰 연상 집합의 맥락인에 위치해야 하며, 그 수행성(performativity)의 유형에 따라 서로 구분되어야 한다. 언어의 진정한 의미란 오직 통합적 조합만을 필요로 한다고 보면서, 이러한 연상들을 언어의 오용으로 제시하는 것은 잘못이다.

이는 르 봉이 진정한 의미와 유발된 의미 간의 분리를 일으키는 수단으로 설명한 세 가지 '수사적 장치'를 생각할 때 가장 명백하게 드러난다. 르 봉의 주장은 이러한 장치들이 해야 하는 수행적 작동을 상당히 단순화함으로써만 유지될 수 있다. 이를 하나씩 살펴보자.

첫째, 확언(affirmation). 르 봉에게 확언은 확언된 것과 그것을 지지하는 어떠한 추론 간의 연결을 끊는 부당한 작동이다. 그에게 합리적 증명의 가능성을 넘어서는 주장은 어떤 형태의 거짓말일 수밖에 없다. 그러나 과연 그럴까? 우리는 사회적 상호작용을 근거 없는 확언이 존재하지 않는 영역으로 간주해야 할까? 만약 어떤 확언이 모든 사람의 경험 속에 존재하나 기존의 지배적인 사회적 언어로는 형식화될 수 없는 무엇인가를 인정하라는 호소라면 어떨까? 그러한(성 바울

(Saint Paul)의 사례처럼, '그리스인들에게는 미친 것이고 이교도들에게는 스캔들'[12]일 수 있는) 확언은 기존의 사회적 합리성 형태와 비례할 수 없다는 이유로 거짓말로 환원될 수 있을까? 분명히 그렇지 않다. 어떠한 증명도 없이 주장하는 것은 기존 담론의 일관성을 깨는 것으로서만 확언될 수 있는 진리가 출현하는 첫 단계**일 수 있다**. 물론 르 봉이 언급한 경우, 즉 증명 없이 확언하는 것이 거짓말의 한 형태인 경우가 불가능하지는 않다. 하지만 이는 그가 고려하지 않은 다른 가능성 중 하나일 뿐이다.

다음으로, 반복(repetition)에 대해서도 같은 말을 할 수 있다. 우리는 르 봉의 초기 주장 중 일부를 쉽게 받아들일 수 있다. 그것은 반복을 통해 사회적 습관이 생성되며, 이러한 습관은 '우리 행동의 동기가 만들어지는 무의식적 자아의 깊은 영역'에 내재해 있다는 주장이다. 이러한 의미에서 반복은 사회적 관계를 형성하는 데 다양한 역할을 한다고 말할 수 있다. 예를 들어 반복은 시행착오(trial and error)를 통해 공동체가 그 환경에 적응할 수 있도록 한다, 지배받는 집단은 다양한 적대적 경험 속에서 동일한 적을 인식함으로써 자신의 정체성을 획득한다, 일련의 의식, 제도적 장치, 폭넓은 이미지와 상징의 존재를 통해 공동체는 시간적 연속성의 감각을 획득한다 등등. 이러한 의미에서 반복은 사회적이고 윤리적인 삶의 조건이다. 벤저민 프랭클

---

12 사도 바울이 기독교를 전파하는 과정에서 예수를 메시아이자 신으로 주장하는 것이 이성적 철학을 중시하던 그리스인들에게는 미친 이야기처럼 들릴 수 있고, 이교도(여기서는 유대인)에게는 신성모독이 될 수 있다는 뜻이다(옮긴이).

린(Benjamin Franklin)이 말했듯이, "나는 결국 완전한 덕을 갖추는 것이 우리의 이익이라는 단순한 사변적 확신만으로는 우리가 미끄러지는 것을 막기에 충분하지 않으며, 반대되는 습관을 깨뜨리고 좋은 습관을 획득하고 확립해야만 우리가 안정적이고 일관된 올바른 행동에 의존할 수 있다는 결론에 도달했다."[13] 그러나 르 봉은 반복적 실천을 둘러싼 다양한 언어놀이를 탐구하지 않고 그중 하나의 요소만을 유지한다. 그것은 합리적 숙고에 대한 반대다. 르 봉이 배타적 이분법으로 구축하는 것은 일반적인 습관 대 합리성이 아니라, 조작을 통해 생성된 습관과 합리적 결정의 침전(sedimentation)에서 나온 습관이다. 그러나 습관의 합리성이 그 정당성의 보장이기 때문에, 우리에게는 '합리성'과 '비합리성'이라는 범주 외에는 다른 대안이 없다. 따라서 그는 다음과 같이 주장한다.

수준 높은 추론과 마찬가지로 군중의 열등한 추론은 연상을 기초로 이루어진다. 그러나 군중이 연상하는 사상들 사이에는 표면적인 유사성이나 연속성이 있을 뿐이다. (중략) 외적으로 유사한 관계가 있다는 이유만으로 다른 것들을 짝짓고 특수한 사례를 성급히 일반화하는 경향은 군중의 추론 방식에서 두드러진 특징이다. (중략) 군중은 논리적인 증명 과정을 전혀 이해하지 못한다. 그러므로 그들은 이성적으로 추론하지 않거나 엉뚱

---

13 *Benjamin Franklin's Autobiographical Writings*, Carl van Doren edited, New York, Viking Press, 1945, p. 625.

하게 추론하며, 이성적 추론에 영향을 받지 않는다고 말할 수 있다.[14]

따라서 르 봉의 추론이 어떻게 구조화되어 있는지는 명확하다. 즉 단절된(순수하게 연상적인) 내포는 논리적 논증 과정에 반대된다. 그 결과, 우리는 군중 추론의 특정한 방식을 상상할 수 없게 된다. 그리고 그 **작동 방식(modus operandi)**은 엄격하고 협소한 의미에서 합리성의 단순한 부정적 역(reverse)으로 취급된다. 반복이 다양한 사례들에서 거의 비슷하게 존재하는 것, 예를 들어 '다양한 사회 계층이 착취의 공통 경험을 공유한다'라는 감각을 가리킬 가능성은 전혀 고려되지 않는다.

마지막으로 전염. 르 봉에게 전염은 병리적 전달의 한 형태일 뿐이다. 그 설명은 당시 집단심리학 담론 어디에서나 존재하던, 모든 문제를 설명하거나 해결하는 기계적인 신(Deus ex machina)과 같았던 '피암시성(suggestibility)'이라는 일반적 현상에서 찾을 수 있다. 그러나 피암시성 자체를 설명하려는 시도는 거의 어떤 관심도 받지 못했다. 프로이트가 말했듯이 "나는 암시가, 이것은 모든 걸 설명하는데, 그 자체가 설명에서 면제된다는 견해에 대해 저항했다."[15] 여기서도 르 봉의 견해가 가진 독단성을 약화하는 일련의 질문들을 제기할 수 있다.

---

14 르 봉, 위의 책, 78~79쪽

15 Sigmund Freud, *Group Psychology and the Analysis of the Ego*, in James Strachey (ed.), *The Standard Edition of the Complete Psychological Works of Sigmund Freud*, London, 2001, vol. 18, p. 89.

예를 들어 전염이 질병이 아니라, 직접적으로 언어화하기 어려운 집단의 공통된 특징을 표현하는 것이라면 어떨까? 그리고 이것을 어떤 형태의 상징적 대표를 통해서만 표현할 수 있다면?

르 봉은 (암시, 전염과 같은) 자신이 분석하는 각 범주가 지닌 가능성의 지평을 체계적으로 단순화한다. 그렇다면 우리는 이러한 단순화를 어떻게 설명할 수 있을까? 왜 그의 설명은 이렇게 일방적이고 편향적일까? 그 이유는 그의 사고가 집단심리학의 초기 단계를 지배했던 두 가지 중요한 가정에 기반을 두고 있기 때문이다. 첫 번째는 내가 인용한 문단에서도 분명히 드러나듯이, 합리적인 형태의 사회조직과 대중 현상 사이의 경계가 대체로 정상(normal)과 병리(pathological)를 구분하는 경계와 일치한다는 가정이다. 이 가정은 다시 르 봉뿐 아니라, 당시 집단행동에 관한 대부분의 문헌에서 발견되는 또 다른 가정에 들어 있다. 즉, 합리성과 비합리성의 구분은 개인과 집단의 구분과 크게 겹친다. 개인은 집단의 일부가 됨으로써 사회적 퇴행 과정을 경험한다.

개인은 조직된 군중의 일원이라는 사실만으로 문명의 계단에서 몇 단계는 더 내려간다. 혼자였다면 교양인이었을지 모르나 군중이 되면 야만인, 즉 본능대로 행동하는 사람이 된다. 군중 속의 개인은 충동적이고 난폭하며 잔인할 뿐 아니라 원시인처럼 열광하며 때로는 용맹하게 나서기도 한다. 그런 개인은 독립된 개인에게라면 아무런 영향을 미치지 못하는 말과 이미지에 쉽게 휘둘리고 자신의 명백한 이익을 해치면서 본래의 습관과 상반되게 행동하는 등 원시인에 가까운 경향을 보인다.[16]

그가 말했듯이, 이러한 현상은 르 봉 이전에도 오랫동안 관찰되었다. 세르주 모스코비치(Serge Moscovici)의 말을 빌리면 이렇다.

이 현상은 공적 기록에서도 보편적으로 확인된다. 솔론(Solon)에 따르면, 한 명의 아테네인은 교활한 여우지만 아테네인들의 집단은 양 떼와 같다. 프리드리히대왕(Frederick the Great)은 장군 각각을 신뢰했지만, 그들이 전쟁 회의에 모였을 때는 바보라고 묘사했다. 그리고 우리는 로마인들에게서 가장 적절하고 보편적인 격언을 빚지고 있다. **"모든 원로원 의원은 각각 훌륭한 사람들이지만, 로마 원로원은 해로운 짐승이다(Senatores omnes boni viri, senatus romanus mala bestia)."[17]**

3장에서 설명할 지적 역사는 대체로 이 두 가정을 점차 포기해 온 역사다. 이러한 포기는 대중사회의 문제에 대해 더 다채롭고 세련된 접근을 가능하게 했다. 나는 이 지적 전환의 출발점, 즉 이 두 가정이 가장 거칠고 비타협적으로 형식화된 순간에서 이야기를 시작할 것이

---

16 르 봉, 위의 책, 43쪽

17 Serge Moscovici, 'The Discovery of the Masses', in Carl F. Graumann & Serge Moscovici (eds), *Changing Conceptions of Crowd Mind and Behaviour*, New York-Berlin-Heidelberg-Tokyo, Springer-Verlag, 1986, p. 11.

다. 이를 이폴리트 텐의 작업에서 찾을 수 있다. 그리고 이어서 정신의학 이론의 변화와 개인의 '합리성'이 집단으로 점차 이전되면서 대중 행동에 대한 새로운 이해가 열리는 과정을 설명할 것이다. (르 봉 자신도 이미 텐의 이분법에서 어느 정도 벗어나 있다.) 이러한 패러다임이 뒤집히는 정점은 곧 프로이트의 작업으로, 여기서 두 가정은 단호히 포기된다.

3장
암시, 모방,
동일시

군중과 사회 해체

프랑스혁명 과정에서 대중 동원에 대해 이폴리트 텐이 쓴 글 중 무작위로 몇 가지를 인용해 보자. (무작위로 선택한 이유는 《현대 프랑스의 기원 (Origines de la France contemporaine)》의 거의 모든 지면에서 이와 유사한 설명을 찾을 수 있기 때문이다.) 첫 번째 인용문은 지방에서 발생한 소요의 참가자 구성에 관한 것이다.

우리는 밀수업자, 밀수 소금 판매자, 밀렵꾼, 방랑자, 거지, 탈옥수가 얼마나 많이 늘어났는지, 그리고 기근이 든 해에 그 수가 더욱 증가했는지를 보았다. 이들 모두는 폭도의 새로운 구성원이 되었으며, 소란 중에든 소란을 이용해서든 각자 자신의 주머니를 채웠다. 코(Caux) 주변, 특히 루앙(Rouen) 근교의 롱슈롤(Roncherolles), 케브르빌리(Quévrevilly), 프레오(Préaux), 생자크(Saint-Jacques)와 그 주변 지역에서 무장한 불한당들이 집, 특히 성직자의 집에 침입해 뭐든 마음에 드는 걸 집어넣는다. (중략) 농민들은 이 강도떼에게 유혹당해 끌려간다. 인간은 부정직함의 경사로를 빠르게 미끄러져 내려간다. 반쯤 정직한 사람이 무심코, 또는 어쩔 수 없이 소동에 참여했다가 처벌을 받지 않거나 손에 넣은 것에 유혹되어 이를 반복한다. (중략) 모든 중요한 봉기에는 이와 같은 악당들과 방랑자들, 법의 적들, 야만적이고 배회하는 무법자들이 있으며, 이들은 마치 늑대처럼 먹잇감 냄새가 나는 곳이면 어디든 돌아다닌다. 이들은 공적 또는 사적 악의를 실행하는 감독관이자 집행자 역할을 한다. (중략) 이제 이들이 새로운 지도자가 된다. 모든 폭도 중에서 가장 대담하고 양심이 없는 자들이 앞장서 파괴의 본보기를 보인다. 이 본보기는 전염성이 있다. 시작은 빵에 대한 갈망이었지만, 끝은 살인과 방화다. 해방된 야만성은 필요에 따른 제한된 반란에 무제한의 폭력을 더한다.[1]

두 번째 인용문은 폭동을 가능하게 하는 권위 메커니즘의 붕괴를 언급한다.

단지 정부의 겉모습만이 유지되고 있는 해체된 사회에서 분명한 것은 침략이 진행 중이라는 사실이다. 이 침략은 야만인들의 침략이며, 테러로 완성될 것이며, 폭력으로 시작됐으며, 10세기와 11세기의 노르만족 침략

---

1 H. A. Taine, *The Revolution*, London, Daldy, Isbister & Co., 1878, vol. I, pp. 12-14.

처럼 한 계급 전체의 정복과 박탈로 끝날 것이다. (중략) 이것은 베르사유와 파리의 작품이다. 그리고 베르사유와 파리 모두에서, 어디서는 예견과 심취가 부족한 채, 또 어디서는 무지와 우유부단함으로 (베르사유는 폭력으로, 파리는 나약함으로) 모두가 이를 이루기 위해 노력하고 있다.[2]

이 설명에는 몇 가지 특징이 바로 눈에 띈다. 텐은 명확히 진술된 목표를 가진 사회 세력들이 충돌하고, 그 사회 세력들의 양립 불가능성이 결국 폭력을 일으키는 그림을 우리에게 보여주지 않는다. 그의 설명에는 사회적 목표, 즉 '필연적이지만 제한된' 목표가 분명히 존재한다. 하지만 이는 사회 행동을 설명하기에 무력하다. '무제한 폭력'이 이 목표들을 압도하며, 이 폭력은 '방랑자', '불한당', '강도'와 같은 사회적 합리성에서 벗어난 힘들의 행동에서 나온다. 마찬가지로 상황 통제와 관련한 정부의 무능력은 혁명 전야의 군주제라는 객관적 상황과는 거의 관련이 없으며, '예견 부족', '심취', '무지', '우유부단'과 같은 **주체적** 실패의 결과로 제시된다. 텐이 제시하는 프랑스 사회에 대한 전체적인 설명은 해체로 이어지는 힘들의 분출로 위협받는 사회 유기체에 관한 것이다. 그러나 중요한 것은 이 힘들이 자체적인 일관성을 결여하고 있다는 점이다. 이 힘들은 단지 사회적 규범이 통제하던 본능적 충동이 해방된 결과일 뿐이다. 그렇다면 이러한 충동의 본질을

2   Ibid., pp. 79-80.

어떻게 설명할 수 있을까?[3]

우선, 19세기 후반 군중심리학자들이 이 문제를 다루기 위해 사용할 수 있었던 지적 도구가 무엇인지 자문해 보자. 수잔나 배로우스(Susanna Barrows)[4]는 이 상황을 다음과 같이 요약한다. "최면술에 관한 이론으로부터 그들은 집단의 특징적인 자극 메커니즘을 설명했다. 진화론이라는 대중적 교의로부터 그들은 인간 문명의 계층 구조를 구축했다. 의학으로부터 그들은 비정상심리학 모델과 군중 행동에 대한 가장 강력한 은유를 빌렸다. 19세기 후반 프랑스 남성들이 묘사한 군중은 알코올 중독자나 여성과 닮아 있었다."[5]

텐의 접근에서 이 모든 요소가 동일한 비중을 차지하지는 않는다. 후대의 군중 이론에서 매우 중요한 역할을 할 '암시'는 텐에게 중요하지 않았다. 왜냐하면 시간적 이유(최면술은 샤르코(Charcot)가 이를 유효한 과학적 실천으로 채택하기 전에는 중심 문제가 아니었다), 그리고 배로우스가 예민하게 지적한 대로 "오직 사회의 미친 '찌꺼기'들만이 모인 군중을 조종할 수" 있으므로, 지도자들은 "특별한 기술이나 카

---

3 텐과 그의 지적 맥락에 대한 정보는 Susanna Barrows, *Distorting Mirrors: Visions of the Crowd in Late Nineteenth Century France*, New Haven, CT, Yale University Press, 1981, 및 Jaap van Ginneken, *Crowds, Psychology and Politics, 1871~1899*, Cambridge, Cambridge University Press, 1992에 특히 의존한다.

4 수잔나 배로우스(1944~2010)는 미국의 역사학자로 캘리포니아대학교 버클리 역사학과 교수로 재직했다. 19세기 후반 프랑스의 사회·문화사, 특히 군중심리학의 탄생 배경을 다룬 연구로 명성을 얻었다. 르 봉을 비롯한 당시 군중심리학자들이 자신들의 시대적 불안(제3공화국의 정치적 혼란, 노동운동, 여성 참정권 운동 등)을 '군중'이라는 거울에 투영해 왜곡된 이미지를 만들어 냈다고 분석한다(옮긴이).

5 Barrows, *Distorting Mirrors*, p. 43.

리스마적 힘을 갖고 있지 않다"라고 생각했기 때문이다.[6] 그러나 그 밖의 군중 이론의 주요 특징들은 텐의 접근에서 가장 원시적인 형태로 나타난다. 정신적 전염의 법칙에 따라, 인구 중 가장 범죄적인 부분이 군중을 통제한다. 아나키즘적 상태는 군중 행동의 필연적인 결과이며, 이는 야생의 본능만이 지배하는 자연 상태로의 퇴행을 포함한다. 이는 다윈주의적 접근에서 "해체의 메커니즘"으로 불리는 생물학적 퇴행을 전제로 한다.[7] 또한 알코올 중독은 군중 행동과 밀접하게 연관되어 있다. 폭동은 종종 온갖 형태의 술에 취한 향락으로 끝난다.[8]

그러나 텐의 접근은 군중 행동의 비이성적 본질을 강조하는 데 그치지 않았다. 그의 접근은 또한 사회구조 안에서 어떤 계층이 군중으로 퇴화하기 쉬운지를 구체적으로 보여주려는 시도였다. 텐이 제시하는 프랑스 역사의 이미지는 정치체제를 조직하던 관습적 제도들의 해체에 따른 점진적인 쇠퇴다. 이 쇠퇴는 절대주의와 함께 시작되었으며, 끊임없는 중앙집권화를 통해 프랑스 사회 제도를 전통적으로 구조화하던 모든 중간 단체를 파괴했다. 계몽주의가 이 과정을 가속화했으며, 이 과정은 사회적 구속 개념을 약화하는 반란적 사상들이 퍼

---

6   Ibid., p. 86.

7   Van Ginneken, *Crowds, Psychology and Politics*, p. 26.

8   Barrows(*Distorting Mirrors*, p. 80)가 상기시키듯이, George Rudé의 *The Crowd in the French Revolution*(Oxford, Oxford University Press, 1959) 연구는 1789년 4월과 7월 사건에서 알코올 중독이 단지 작은 역할만 했음을 보여준다.

져 나가는 데 이바지했다. 따라서 혁명 과정이 시작되었을 때, 이를 합리적인 한계 안에서 통제할 수 있는 것은 아무것도 없었다. 제3계급은 이 과정을 주도할 수 없었고, 지도력은 빠르게 도시 폭도들(텐에게는 혁명 과정의 진정한 행위자)의 손에 떨어졌다.

이 전반적인 쇠퇴 속에서는 어떤 집단이든 군중으로 퇴화할 수 있다. 텐은 무엇이 군중 이론가들 사이에 확립된 지혜가 될 것인지를 예건한다. 힙리싱은 개인에 속하며, 이 개인은 군중에 참여할 때 많은 합리적 특성을 상실한다. 텐은 군중 행동을 식물이나 동물과 같은 하등 생명체, 또는 원시적인 사회조직 형태와 비교하고자 한다.[9] 현대 사회에서 군중 전염의 위험은 집단에 따라 그 크기가 다르다. 귀족 계급은 인민 계급보다 정신적 전염에 덜 취약하며, 여성과 어린이는 남성보다 더 취약하다. 사실, 여성과 군중 행동 사이의 연결은 텐의 독특한 견해가 아니라 당시 일반적인 견해였다.[10] 이러한 견해의 이면에는 생물학적 진화 과정에서 남성이 여성보다 정신적 능력을 더 발전시켰다는 이론(여성의 머리뼈는 남성보다 덜 커졌고, 두뇌의 힘도 상당히 약했다)이 있었다. 이는 여성이 정신 질환에 더 취약하고 본능적 충동을 억제하는 능력이 더 낮다고 여기도록 했다. 19세기 말로 가면서 군중에 대한 두려움이 커질수록 여성에 대한 묘사는 점점 더 안 좋아

---

9 Van Ginneken, *Crowds, Psychology and Politics*, p. 43.

10 Barrows, *Distorting Mirrors*, pp. 43-71의 'Metaphors of Fear: Women and Alcoholics'를 참조하라. 아래에서 찾을 수 있는 정보는 여기서 가져왔다.

졌다. "1890년대에 쓰인 여성에 대한 많은 묘사에서 여성은 위협적이고, 품격이 낮고, 열등한 모든 것을 구현했다. 정신병자처럼 그들은 폭력을 즐겼고, 어린이처럼 끊임없이 본능에 휘둘렸으며, 야만인처럼 피와 성욕에 대한 탐욕은 끝이 없었다."[11]

이 지점에서 군중 행동에 대한 전체 담론은 정상과 병리 사이의 명확한 경계를 그리는 것에 크게 의존했으며, 그 결과 점점 더 의학, 특히 정신의학(만은 아님)의 부수적인 위치에 놓였다. 야프 판 히네켄(Jaap van Ginneken)[12]은 파리의 국립도서관에 당시 이 연결 고리를 연구하려고 쓰인 수백 권의 책이 소장되어 있다고 말한다. 그 책들의 제목은 매우 의미심장하다. 예를 들어 1872년에 출판된 한 책에는 《병적 심리학 앞에 선 파리 반란의 인간들과 행동들(Les Hommes et les actes de l'insurrection de Paris devant la psychologie morbide)》이라는 제목이 붙어 있다. 이 책은 프랑스에서의 최면술 논쟁과 이탈리아에서 체사레 롬브로소(Cesare Lombroso) 및 그의 학파가 정교화한 '타고난 범죄자' 개념에 관한 논쟁을 다루고 있었다. 이에 대해서는 다음 장에서 이야기한다.

---

11 Barrows, *Distorting Mirrors*, p. 60.

12 야프 판 히네켄(1943~)은 네덜란드의 심리학자이자 과학사가로 암스테르담대학교에서 커뮤니케이션학과 교수로 재직했다. 군중심리학의 역사와 대중 운동, 집단행동을 주로 연구한다(옮긴이).

최면술과 범죄학[13]

군중심리학은 19세기의 마지막 10년 동안 프랑스 정신의학계의 살페트리에르(Salpêtrière)학파와 낭시(Nancy)학파[14] 사이에 벌어진 최면술 논쟁에서 '과학적으로' 고려되기 시작했다. 그러나 이 논쟁은 더 복잡한 지적 역사의 배경에 맞서 이루어졌는데, 그 역사적 배경에는 최종적으로 선택된 선택지보다 더 많은 선택지가 있었다. 선택된 이름, 즉 '군중(crowd)' 자체가 이미 성멸적인 뉘앙스를 담고 있었다. 아펠바움(Apfelbaum)과 맥과이어(McGuire)는 다음과 같이 주장한다.

사실, 군중이라는 개념은 본질적으로 폭력적이고 파괴적인 행동에 대한 완곡한 표현 같았다. 이 용어를 당시 사회주의자들은 전혀 사용하지 않았다는 사실에 주목해야 한다. 사회주의자들은 대중 전염보다 집합주의적 연대에 더 관심이 있었다. (중략) 이러한 파괴적 군중 행동 개념에 대한 신

---

13 프랑스에서 최초의 최면술 단계에 대한 정보의 주요 출처는 Dominique Barrucand, *Histoire de l'hypnose en France*, Paris, Presses Universitaires de France, 1967; Henri F. Ellenberger, *The Discovery of the Unconscious: The History and Evolution of Dynamic Psychiatry*, New York, Basic Books, 1970이다. 이탈리아 범죄학에 대해서는 Barrows, *Distorting Mirrors*; Van Ginneken, *Crowds, Psychology and Politics*를 참조하라. 군중 이론가들에 의한 최면 이론의 수용에 대해서는 Erika Apfelbaum & Gregory R. McGuire, 'Models of Suggestive Influence and the Disqualification of the Social Crowd', in Carl F. Graumann & Serge Moscovici (eds), *Changing Conceptions of Crowd Mind and Behaviour*, New York-Berlin -Heidelberg-Tokyo, Springer-Verlag, 1986을 참조하라.

14 19세기 말, 최면과 히스테리의 본질을 두고 대립한 프랑스의 두 주요 의학 학파. 장마르탱 샤르코가 이끈 살페트리에르학파는 최면을 히스테리 환자에게서 나타나는 특정 병리학적 현상이자 정해진 단계를 밟는 생리학적 상태로 규정했다. 반면 이폴리트 베른하임과 앙브루아즈 리에보가 주도한 낭시학파는 최면이 질병이나 병리 현상이 아니라, 모든 사람에게 나타날 수 있는 '암시'에 대한 민감성이 높아진 순수한 심리적 상태라고 주장했다(옮긴이).

봉은 타르드와 르 봉,[15] 두 저자가 자신들의 연구 대상을 묘사할 때 가치 함축적인 어휘를 사용한 방식에서 충분히 드러났다. 한편으로 군중에 대한 묘사는 1870년대 코뮌 비판 문헌(anti-Commune polemic literature)을 이상하게 떠올리게 했다. (중략) 동시에 최면적 암시라는 은유에 대한 언급은 대중 행동에 참여한 사람들의 자격박탈(disqualification)을 암시했다. 왜냐하면 이 시점에서 최면적 암시는 심리적 병리 현상과 연관되어 있었기 때문이다.[16]

군중심리학자들은 군중 행동 연구에서 자기력(magnitesm)[17]을 호소할 때 기본적으로 세 가지 선택지가 있었다.[18] 하나는 베르가스(Bergasse), 카라(Carra), 브리소(Brissot)의 영적 전통으로, 이들의 '하모

---

15 가브리엘 타르드(Gabriel Tarde, 1843~1904)는 프랑스의 사회학자, 범죄학자, 심리학자로 '모방'을 모든 사회 현상의 근본 원리로 제시했다. 르 봉과 함께 고전적 군중심리학의 핵심 이론가로, 군중 속 개인은 이성을 잃고 암시에 극도로 취약해져 지도자나 주위의 감정을 맹목적으로 모방한다고 주장했다. 종종 이러한 집단행동을 '숨겨진 뇌전증'에 비유하는 등 병리학적 관점에서 접근했다. 사회심리학자인 타르드와 르 봉은 이 글에서 전통적인 군중심리학 개념, 특히 '암시'가 어떻게 군중을 비이성적이고 병리적인 집단으로 규정하는 데 사용되었는지를 비판적으로 분석한다(옮긴이).

16 Apfelbaum & McGuire, *Models of Suggestive Influence*, p. 32. 이 연구물은 *Changing Conceptions of Crowd Mind and Behaviour*에 수록되었으며, 전체 제목은 'Models of suggestive influence and the disqualification of the crowd'다.

17 르 봉과 같은 과거 유럽의 군중심리학자들은 군중 속에서 개인이 이성을 잃고 원시적으로 변하는 현상을 설명하기 위해 '자기력'이라는 유사과학적 개념을 동원했다. 자기력은 군중이라는 집단이 개별 구성원에게 강력하고 비이성적인 최면 효과를 설명하기 위해 동원한 개념이었다(옮긴이).

18 Ibid., p. 44.

니협회(Societies of Harmony)[19]는 일종의 반(半)신비적 아나키즘을 구성했다. 다른 두 가지는 살페트리에르학파의 샤르코(Charcot),[20] 낭시학파의 리에보(Liébeault)[21]와 베른하임(Bernheim)[22]이 대표하는 접근 방식이었다. 우리는 특히 후자의 논쟁에 주목해야 한다. 샤르코에게 최면 현상은 엄격한 생리학적 기반이 있다.

사르코학파의 입장은 (중략) 몇 가지 주요 요소를 강조함으로써 가장 좋은 예시가 된다. 즉 ① 최면은 특정 생리학적 조건들이 동시에 충족될 때만 발생한다. ② 최면적 몽유병(somnambulism)은 무기력(lethargy), 강직(catalepsy), 몽유병이라는 세 가지 뚜렷한 단계를 거친다. ③ 이는 신경병리학과 불가분의 관계에 있다. ④ 특정한 유기적 원인이 있다. 병리적 장애와의 연결은 최면의 존재에 너무나 중요했기 때문에, 오직 병인론적(etiological) 분석만이 최면 상태와 역사적 상태를 구분할 수 있다고 믿었

---

19 하모니협회는 1780년대 파리에서 메스머의 제자들(베르가스 등)이 설립한 일종의 비밀 결사체다. 메스머의 '동물 자기력'을 연구하고 실천했으며, 신비주의적·철학적 때로는 급진적 정치 성향을 띠었다(옮긴이).

20 장마르탱 샤르코(Jean-Martin Charcot, 1825~1893)는 19세기 파리 살페트리에르병원의 저명한 신경학자로 살페트리에르학파를 주도했다. 최면을 히스테리 환자에게만 나타나는 병리학적 현상, 즉 신경계의 생리학적 이상 반응으로 간주했다(옮긴이).

21 앙브루아즈오귀스트 리에보(Ambroise-Auguste Liébeault, 1823~1904)는 프랑스 낭시 지역의 시골 의사로 낭시학파의 창시자로 여겨진다. 최면을 질병이 아니라 암시가 유도하는 자연스러운 심리 상태(수면과 유사한)라 주장하며 치료에 활용했다(옮긴이).

22 이폴리트 베른하임(Hippolyte Bernheim, 1840~1919)은 낭시대학의 의학 교수로 리에보의 연구에 감명을 받아 낭시학파의 주요 이론가이자 대변인 역할을 했다. 샤르코의 '생리학적' 주장을 정면으로 반박하며, 최면 현상이란 전적으로 암시라는 심리적 요인으로만 설명될 수 있다고 주장했다(옮긴이).

다.[23]

반면 낭시학파의 입장은 더 심리학적이었다. 낭시학파는 병리학과 최면적 암시 사이의 필연적 연결을 받아들이지 않았으며, 정상 상태의 누구나 최면적 암시를 경험할 수 있다고 주장했다.

당시 군중심리학자들의 이론적 선택을 지배한 가치들의 특징은 그들이 자신들에게 주어진 다양한 집단행동 모델 중에서 샤르코가 이끄는 학파의 범주들을 선택했다는 것이다. 이 모델은 병리학적 차원을 가장 강조했다. (군중심리학자들이 사용하는 용어는 종종 베른하임의 것(그들은 최면보다는 암시에 관해 이야기했다)이었지만, 개념적 틀은 의심할 여지 없이 샤르코의 히스테리 모델에서 나왔다. 더욱이 여러 저자들이 지적했듯이 군중 이론가들은 다양한 정신의학 학파 간의 논쟁을 거의 언급하지 않으며, 이 학파들의 연구 결과를 마치 차이가 없는 동일한 전체처럼 제시하는 경향이 있다.) 이 작업을 통해 대중 행동은 병리학적 틀 안에 완전히 고정되었다.

여기에는 새롭게 출현하는 대중에 대한 자격박탈 과정이 있다.[24] 즉 병

---

23 Ibid., p. 39.
24 르 봉이나 타르드 같은 19세기 유럽 군중심리학자들이 군중을 합법적이고 이성적인 정치·사회적 주체로 인정하지 않으려는 일종의 이론적 시도로 '자격박탈' 개념을 동원했다. 이들은 파리코뮌이나 노동조합 운동과 같은 대중의 집단행동을 합리적인 요구에 기반한 행동이 아니라 병리적 현상으로 규정하면서, 군중을 '병들고', '비이성적이며', '히스테리적인' 집단으로 낙인찍었다. 따라서 '자격박탈'이란 군중 행동을 정당한 주체로서 자격을 잃고 치료가 필요한 환자의 증상으로 여기는 것을 의미한다(옮긴이).

리적 정신 혼란(pathological disorientation)에 기반한 매우 의도적인 모델의 선택이다. 이 자격박탈이 파리코뮌과 같은 역사적 사건에 의도적으로 적용되었다는 것은 군중 활동을 세 가지 유형의 사회적 격변으로 구분한 타르드의 작업에서 사례로 제시될 수 있다. 이 유형들은 타르드에게 **숨겨진 뇌전증(disguised epilepsy)**을 떠올리게 했다. 이 격변들은 다음과 같다. ① **사회적 경련** 및/또는 내전. ② 열광, 예를 들어 종교, 민족, 종교에 내한 열광. ③ 외부 민족(nations)과의 전쟁. (중략) 이러한 초점은 군중에 대한 묘사 가능성을 고려하면서, 동시에 이미 만들어진 의도된 선택을 강조한다. (중략) 우리는 이미 군중심리학과 생디칼리슴, 긍정적 집단행동에 대한 문헌이 풍부하다는 것을 언급했다. 이 문헌들은 대중을 구성적으로 보았지만, 타르드와 르 봉의 이데올로기와 달랐다.[25]

19세기 후반의 과학주의는 이탈리아에서 다른 양상을 보였다. 프랑스의 최면술 논쟁이 알려지지 않은 것은 아니었고, 몇 가지 큰 영향을 끼쳤다. 하지만 주된 영향은 1876년 《범죄자(L'Uomo delinquente)》를 출판한 체사레 롬브로소의 범죄학적 논제와 융합한 다윈주의(Darwinism)에서 나왔다. 토리노에서 임상정신의학 교수이자 이후 범죄인류학 교수가 된 롬브로소는 이탈리아 군대 지원자들을 측정하며, 그들 안에 잠재적인 범죄적 본성을 발견하려는 군의관으로 출발했다. 상당수 범죄자에 대한 신체, 특히 머리뼈 측정 후 그는 일련의

25 Ibid., p. 45.

구별되는 신체적 특징이 범죄성의 증상이며 유전적으로 전달될 수 있다고 결론 내렸다. 그는 "해로운 특성들은 양의 검은 털처럼 퇴행을 통해 재발하는 경향이 있다. 인류에게 가끔 이렇다 할 이유 없이, 가족 사이에서 나타나는 최악의 성향 중 일부는 우리가 아직 충분히 멀어지지 못한 야만 상태로의 퇴행일 수 있다"라고 주장했다.[26] 그는 이후 자신의 연구를 정치적 격변기(특히 프랑스혁명)의 군중 범죄로 확장했으며, 당연히 텐을 주로 인용했다.

1880년대 초 롬브로소의 영향을 받은 실증주의 범죄학 학파는 자신들의 학술지 《정신의학, 범죄인류학 및 형법과학 기록(Archivio di Psichiatria, Antropologia Criminale e Scienze Penali)》을 발간하기 시작했으며, 이후 《민사학과 형법학에서의 실증주의 학파(La Scuola Positiva nella Giurisprudenza Civile e Penale)》를 발간했다. 주요 논의 주제는 군중 범죄자의 형사 책임에 관한 문제였다. 이 학파의 젊고 유명한 구성원인 시피오 시겔레(Scipio Sighele)는 그의 영향력 있는 책 《범죄적 군중(La Folla delinquente)》에서 "타고난 범죄자"와 "우발적 범죄자"를 구분했다. 타고난 범죄자는 인류학적/생물학적 뿌리를 지닌 강도 집단을 중심으로 조직되며, 우발적 범죄자는 다양한 환경적 요인에 따라 범죄 행동으로 이끌린다. 시겔레에 따르면, 타고난 범죄자는 법에 따라 엄격하게 처벌받아야 하지만 우발적 범죄자는 절반의 형벌만 받으면 된

---

26 L'Uomo deliquente, Part I, Chapter 5, p. 137 (the second edition, 1877). Van Ginneken, *Crowds, Psychology and Politics*, pp. 61-2에서 인용.

다. 이 둘을 구분하는 기준은 범죄자가 이전에 유죄 판결을 받았는지 였다. (자주 지적되었듯이, 이 기준은 상당히 의심스러웠다. 예를 들어 같은 사람이 순전히 상황적 이유로 여러 범죄를 저질렀을 수 있다.)[27] 전반적으로 시겔레는 프랑스 논쟁에 정통했으며, 군중 행동의 원인에 대해 다소 절충적인 설명을 제공했다. 그는 도덕적 전염, 사회적 모방, 최면적 암시와 같은 고전적인 원인과 함께, 원초적 감정 경향과 군중 활동에 참여하는 사람들의 수에서 나온 양적 요인을 추가했다. 시겔레의 멘토인 엔리코 페리(Enrico Ferri)는 범죄자를 다섯 가지 유형으로 식별했다. '타고난' 범죄자, 정신병자, 습관적 범죄자, 우발적 범죄자, 그리고 열정적 범죄자.

그러나 논의가 계속될수록, 롬브로소가 제안한 해부학적 특징과 범죄성 사이의 관계를 의문시하는 경향이 커졌다. 롬브로소 자신도 《범죄자》의 후속판에서 순수한 생물학적 요인보다 환경적 요인의 중요성을 강조했다. 1885년 로마에서 열린 제1회 국제범죄인류학회의(First International Congress on Criminal Anthropology)에서 이탈리아와 프랑스 범죄학자들 사이에 첫 대립이 드러났으며, 프랑스 학자들은 이탈리아 학자들의 해부학적-생물학적 모델을 처음으로 의심했다. 이 대립은 1889년 파리에서 열린 제2회 국제회의에서 이탈리아 학자들의 해부학적 증거 전체가 공격받았을 때 더욱 격화되었다. 1890년대 이후 군중 행동에 대한 생물학적 설명은 명백히 후퇴했다. 이탈리

---

27 Barrows, *Distorting Mirrors*, pp. 129-30을 참조하라.

아 실증주의 학파는 이탈리아 안에서 일부 권력을 유지했으며, 심지어 파시스트 시기의 초기 형법 개혁에서 몇 가지 승리를 거두었다. 하지만 국제적으로 그 영향력은 줄어들었다. 왜냐하면 부분적으로 병리학적 모델의 해체에 따라 군중 행동 연구에 새로운 경향이 출현했기 때문이다.

이 해체는 결정적으로 군중심리학의 전통이 시작된 프랑스에서 일어났다. 19세기의 마지막 10년 동안 샤르코와 베른하임이라는 정신의학 학파 사이의 논쟁은 확실히 해결되었다. 승리는 낭시학파에 돌아갔다. 이 논쟁이 만들어 낸 결과는 우리 연구에 상당히 중요하다. 첫째, 생리학적 모델의 붕괴는 군중심리학의 전통적 뿌리인 병리학적 토대를 해체했다. 대중사회로의 이행에 따른 새로움(심지어 위험)이 무엇이든, 초기 군중 이론을 지배했던 병리학적 접근으로는 다룰 수 없다는 것이 점차 분명해졌다. 대중사회는 사회적 해체의 언어에 의한 지배보다 실정적 특징화가 필요했다. 그러나 더 중요한 것이 있었다. 군중심리학의 단점이 무엇이든, 군중심리학은 사회적이고 정치적인 정체성의 구성에서 몇 가지 매우 중요한 측면을 건드려 **버렸다.** 이것들은 이전에 제대로 다루어지지 않았던 측면이다. 단어와 이미지 사이의 관계, '이성적인 것'에 대한 '감정적인 것'의 우위, 전능감, 지도자에 대한 피암시성(suggestibility)과 동일시 등은 너무나도 사실적인 집단행동의 특징이다. 이것들에 초점을 맞춤으로써 군중 이론은 사회적 행위자와 사회적 행동에 대한 이해를 높이는 데 독창적으로 공헌했다. 그런데 왜 군중심리학자들은 궁극적으로 실패했을까? 그 이유를 찾기는 어렵지 않다. 그들이 가진 이데올로기적이고 반(反)인민적인 편향 때문이고, 자신들의 담론을 엄격하고 무익한 이분법에 가두었기 때문이다. 개인/군중, 합리적인 것/비합리적인 것, 정상적인 것/병리적인 것과 같은 이분법 말이다.

그러나 이러한 경직된 대립에 약간의 탄력성을 도입해 각 극이 서로를 부분적으로 오염시켜 완전히 다른 그림이 나타나도록 하는 것은 충분히 가능하다. 이렇게 하면 군중 이론가들이 묘사한 대중 행동은 사회적 일탈의 목록이 아니라, 다양한 정도로 **모든** 종류의 사회-정치적 삶을 구조화하는 과정의 목록이 될 것이다. 이제 군중심리학자들의 연구 결과는 일탈적인 것, 주변적인 것, 비합리적인 것으로 격하되지 않는 포괄적인 정치 이론에 통합될 필요가 있었다. 이러한 돌파구를 만들기 위해서는 관점의 급진적 변화가 필요했다. 루비콘강을 건너는 듯한 이 급진적 변화는 몇 년 후 빈에서 이루어졌다. 프로이트는 정신병리학이 정상심리학을 이해하는 데 열쇠를 쥐고 있다고 말한다. 그리고 이를 증명하기 위해 텐과 르 봉이 묘사한 **폭도(canaille)**가 아니라, 고도로 조직화된 두 집단(군대와 교회)의 군중심리를 연구한다. 그러나 프로이트로 넘어가기 전에 프로이트적 돌파구를 어느 정도 가능하게 한 몇 가지 다른 발전을 언급해야 한다.

타르드와 맥두걸

사회심리학은 다음과 같은 주요 특징을 가진 패턴을 따라 더 복잡하게 연구되었다. ① 집단유형학이 점점 더 세분되었으며, ② 군중에 관해 르 봉 방식이 규정한 많은 특징이 더 영구적인 집단들로 전이되었고, 이러한 새로운 사회적 실체에 적용될 때 그 특징들이 재정의되었으며, ③ 개인에게만 배타적으로 속하는 것으로 여겨졌던 많은 특징이 집단으로 전이되었다. 그리고 이러한 전이는 초기 집단심리학을 지배했던 집단/개인 간의 엄격한 대립을 흐리기 시작했다. ①과 ②가 주로 가브리엘 타르드의 이론적 개입과 관련이 있다면, ③은 윌리엄 맥두걸(William McDougall)[28]의 작업에서 찾을 수 있다.

타르드의 지적 궤적은 이러한 관점 변화를 징후적으로 보여준다.[29] 초기에 그의 중심 범주인 '모방(imitation)'은 여전히 '암시' 개념에 완전히 지배받는다. 1890년에 출판된 그의 《모방의 법칙(Les lois de l'imitation)》은 모방과 몽유병 사이의 엄격한 유사성을 설정한다. 지도자(최면사에 해당)의 역할이 모방 가능성을 결정하는 데 중심적이다. **발명**과 **모방**은 날카롭게 구분된다. 발명은 새로움의 도입을 수반(지도자의 역할에 해당)하며, 모방은 대중의 사회적 재생산에 대응하는 양식

---

28 윌리엄 맥두걸(1871~1938)은 초기 사회심리학의 발전에 큰 영향을 끼친 영국 출신의 미국 심리학자다. 그는 르 봉과 달리 모든 집단이 비이성적인 '군중'이 되는 것은 아니라고 보았다. 맥두걸은 '집단정신(Group Mind)' 개념을 통해 고도로 조직화된 집단(예: 잘 훈련된 군대, 확고한 전통을 가진 국가)은 단순히 개인들의 합이 아닌, 그 자체의 고유한 정신적 실체를 가질 수 있다고 주장했다(옮긴이).

29 Van Ginneken, *Crowds, Psychology and Politics*, 제5장을 참조하라.

이다. 사회적 응집은 이러한 모방 법칙에서 나오며, 이 법칙은 여러 수준에서 작동한다. 하지만 사회적 응집은 항상 이성적이고 창의적인 계기를 '이성 아래에 있는 무언가와 창의적이지 않은 계기'에 종속시키는 방향으로 나아가는 경향이 있다. 예를 들어 믿음의 인지적 측면(croyances)은 감정적 측면(désirs)에 비해 부차적인 역할을 하며, 모방의 가능성 자체는 상위 정신 기능을 희생하면서 하위 정신 기능을 강화하는 데 달려 있다. 타르드가 이 시기에 제공한 대중 행동에 대한 설명은 초기 군중 이론가들의 "진부한 주장(shibboleths)"[30] 모두를 반복한다. 즉 군중은 이성적 사고가 불가능하고(앙리 푸르니알(Henry Fournial)[31]을 따라 그는 군중을 '척추동물'이라 부른다) 야만인과 여성에 비유되며, 집단적인 어떤 모임도 체계적으로 타락한다.

그러나 이 초기 단계에서도 타르드는 나중의 사상을 예견하는 일련의 차별화를 설정했다. 다음에서는 타르드의 두 에세이를 논의할 것이다. 첫 번째는 1893년에 출판된 〈군중과 범죄적 종파(Les foules et les sectes criminelles)〉이고, 두 번째는 1901년 《여론과 군중(L'Opinion et la foule)》에 실린 〈공중과 군중(Le public et la foule)〉이다.[32] 이 둘을 비교

---

30 특정 집단의 구성원을 식별하는 데 사용하는 독특한 단어, 발음, 관습을 뜻한다. 《구약성서》〈사사기〉12장에서 유래한 용어로, 길르앗 사람들이 에브라임 사람들을 구별하기 위해 'Shibboleth(개울)'이라는 단어를 발음하게 했을 때 에브라임 사람들이 'h'를 발음하지 못해 'sibboleth'이라고 말한 데서 비롯되었다. 현대에는 특정 집단 내부의 암호나 그들만이 공유하는 진부한 신조 등을 비유적으로 가리킬 때 사용된다(옮긴이).

31 앙리 푸르니알(1863~1896)은 프랑스의 의사이자 사회학자로, 르 봉 및 타르드와 동시대에 군중심리학 이론가로 활동했다(옮긴이).

32 Presses Universitaires de France(1989)가 최근에 출판한 판이 있다.

하면 타르드가 도입하는 차별화가 점점 더 미묘해지는 것을 알 수 있다.

타르드는 첫 번째 에세이 〈군중과 범죄적 종파〉에서 다양한 형태의 인간 집합체를 그 집합체들이 도달하는 내적 조직화 정도에 따라 구분한다. 같은 거리를 걷는 사람들, 기차에서 같은 칸을 차지하는 사람들, 레스토랑에서 같은 테이블을 조용히 공유하는 사람들은 가상의 사회적 집단이며, 갑작스러운 사건(기차 탈선, 거리에서의 폭발 등)이 그들을 하나의 감정으로 융합할 때만 실제적이 된다. "이때 첫 번째 수준의 연합이 이루어지며, 우리는 이를 군중이라 부른다. 일련의 중간 단계를 거쳐 군중은 이 초보적이고 일시적이며 무정형의 집합체에서 조직되고, 계층적이며 지속적이고 규칙적인 군중으로 상승한다. 이를 가장 넓은 의미에서 **단체(corporation)**라 부를 수 있다."[33] 이 두 극단(군중과 단체) 중 누구도 반대편을 완전히 압도하지 못한다. 이는 타르드가 기술하는 것이 사회적 조직화의 서로 다른 유형이라기보다,[34] 오히려 사회체의 구조화 과정에서 항상 다양하게 존재하는 서로 다른 사회 **논리** 아니냐는[35] 질문을 만들어 낸다.

그러나 군중과 단체 모두가 공유하는 한 가지 공통된 특징이 있다. 바로, 지도자의 존재가 집단의 기초를 제공한다는 사실이다. 따라

---

33 Gabriel Tarde, 'Les foules et les sectes criminelles', in *L'Opinion et la foule*, Paris, Presses Universitaires de France, 1989, p. 145. 타르드의 모든 인용문을 저자가 번역했다.

34 예를 들어 이것은 '군중', 저것은 '단체'라는 식으로 서로 다른 유형을 기술하기보다는(옮긴이).

35 예를 들어 '군중'을 구성하는 논리와 '단체'를 구성하는 논리처럼 서로 다른 논리(옮긴이).

서 "보이거나 숨겨진 우두머리가 모든 종류의 참된 연합을 만들고 어느 정도 이끈다는 공통적이고 영구적인 특징이 있다. 군중의 우두머리는 종종 숨겨져 있고, 단체의 우두머리는 항상 명백하게 가시적이다.'[36] 이는 집단을 통일하는 지배 사상이 단체에 얼마나 강하게 기입될 수 있는지를 구분하는 몇 가지 기준을 제공한다. "어떤 형태의 인간 연합도 다음과 같이 구분된다고 말할 수 있다. ① 1,000가지 사상이나 의지 중 하나가 지도적이 되는 방식, 또는 그 방식을 승리로 이끄는 사상과 의지의 합류 조건에 따라서 구분될 수 있다. ② 지도 사상과 의지가 얼마나 쉽게 퍼져 나갈 수 있는가에 따라 구분될 수 있다.'[37] 사상에 의한 집단의 헤게모니화 정도는 군중보다 단체에서 분명히 더 높다.

따라서 군중과 단체는 많은 변형과 일시적 집단화가 가능한 연속체의 두 극단이다. 그러나 대중이 참여하는 사건은 어쨌든 군중과 단체 모두가 결합해 행동한 결과다. 단체가 없으면 군중은 지적 방향성이 없어서 단지 폭도들의 폭발 이상이 되지 못할 것이다. 그리고 군중과 같은 이들이 참여하는 사건에서 사상의 전파가 없다면, 단체가 만드는 사회적 효과는 제한될 수밖에 없다(타르드가 상세히 논의한 19세기 아나키스트적 시도를 생각해 보자). 그러나 우리의 목적에서 중요한 것은 한 단체(타르드의 용어로는 종파를 말한다. 범죄 종파든 아니든 간에)에서 비

36 Ibid., pp. 146-7.
37 Ibid., p. 148.

롯된 사상이 전파되는 메커니즘에 대한 강조다. 이 전파는 이를 받아들일 준비가 된 이데올로기적 토대가 사전에 구성되어야 한다. 필수적인 것은 "대화나 독서를 통해, 클럽이나 카페를 정기적으로 방문함으로써 영혼을 준비하는 것이다. 이러한 활동들은 천천히 모방되는 긴 전염 과정을 통해, 새로운 것들을 받아들이기에 적절한 기존 관념들을 그 영혼 위에 도장처럼 찍어 낸다."[38] 사상의 전파가 두 사람 사이의 연합에서 시작되는 초기 단계에도 연합을 공고히 하기 위해서는 암시가 필요하다. 두 구성원 중 한 명(암시 제공자(suggestionnaire))은 적극적인 역할을 하고, 다른 한 명(피암시자(suggestionné))은 수동적인 역할을 한다. 그리고 사상의 전파가 더 큰 집단으로 확장될 때는 두 가지 현상 중 하나를 경험할 수 있다. 암시는 지도자를 포함한 집단의 모든 구성원 사이에 호혜적으로 작용하거나, 지도자에 의한 일방적인 암시 행동으로 나타난다.

여기서 도입해야 할 중요한 차이점은 암시 메커니즘이 어떤 경우에는 두 부분의 물리적 존재를 필요로 하지만, 원거리에서도 작동할 수 있다는 것이다. (타르드가 지적하듯이, 이 마지막 가능성은 사회적 암시를 최면으로 지나치게 동화시키지 말아야 함을 의미한다.) 원거리에서의 암시가 초래한 이 집단 응집을 통해 타르드는 집단 지도력에 관한 또 다른 구분을 설정한다. 초기 단계의 집단은 지도자에게 "철의 의지, 독수리의 시선, 강한 신념, 강력한 상상력, 그리고 꺾이지 않는 자존심"을 요구

38 Ibid., p. 173.

했다. 그러나 이러한 특징들은 지도력과 관련해, 문명화 과정이 미분화된 강함보다 지성과 상상력의 우월성을 특권화하는 경향을 보임에 따라 분리된다. 따라서 대중 행동은 덜 폭력적이고 덜 외상적이며, 더 통제 가능해진다. "문명은 다행히도 책과 신문의 보급을 통해 자신이 미치는 영토적 범위와 메시지를 전달받는 사람의 수를 끊임없이 넓혀 왔다. 그 결과, 다른 이들과 직접 대면하지 않고도 원거리에서 영향을 끼치는 능력이 계속 확대되었다. 이는 문명이 베푼, 수많은 악에 대한 보상으로서 (중략) 문명이 수행하는 절대 작지 않은 공헌이다."[39]

〈군중과 범죄적 종파〉에 대한 이 간략한 요약으로부터 다음과 같은 결론을 도출할 수 있다. ① 모방 메커니즘은 전체 사회적 스펙트럼에 걸쳐 등가 관계를 만들어 내는 경향이 있다. ② 모방을 설명하는 것은 **피암시성**으로 이해되어야 하는 인간의 성향이다. ③ 이 피암시성은 군중 행동이라는 제한된 사회적 현상 안에서만 발견되는 것이 아니라, 모든 인간 제도(넓은 의미에서 단체)에서 작동한다. ④ 문명은 사회적 분화를 점차 심화하며, 그 결과 원거리에서 작용하는 영향의 역할이 확대된다. 이는 암시의 중심성이나 지도자/피지도자라는 한 쌍의 기본 구조를 바꾸지 않지만, 이 둘이 작동하는 방식을 더 복잡하게 만든다. 우리는 분명 르 봉의 단순한 이원론을 벗어나고 있다.

타르드의 모방 개념은 1890년대에 변해 간다.[40] 내가 설명한 두

---

39 Ibid., p. 175.

40 여기서 나는 Van Ginneken, *Crowds, Psychology and Politics*, pp. 217-19에서 설명한 이

가지 형태의 암시, 즉 지도자를 포함한 집단의 모든 구성원 사이의 상호 암시와 지도자에 의한 집단 구성원의 일방적 암시 중 전자가 점차 중심성을 갖는다. 이 중심성은 타르드가 문명 발전의 지배적 노선이라고 간주하는 것에서 나온다. 즉, 원거리에서의 작용이 직접적인 물리적 접촉을 대체하는 사회조직 유형으로 나아가는 것에서 말이다. 판 히네켄이 지적했듯이, 타르드는 "상호(inter)"라는 접두사를 매우 자주 사용한다. "상호-영적(inter-spiritual), 상호-정신적(inter-mental), 상호-심리적(inter-psychological)." 결과적으로 모방은 점점 더 암시의 관점에서 점점 덜 이해된다. 그는 "모인 집단 내 사회적 영향은 암시의 형태로 잘 이해될 수 있지만, 흩어진 집단 내 사회적 영향은 상호작용의 형태로 이해되는 것이 더 낫다고 생각했다. 타르드는 계속해서 강조점을 옮김으로써 군중심리학의 오래된 패러다임에서 벗어나 르 봉의 제한된 연구를 우회하고 초월할 수 있었다."[41]

이 새로운 접근은 타르드의 1898년 에세이 〈공중과 군중〉에서 분명히 드러난다. 타르드는 글의 시작 부분에서 군중과 공중 사이의 대조점을 언급한다. "군중의 심리학은 확립되었다. 이제는 공중(publics,

러한 변화를 따른다. 프로이트의 타르드에 대한 언급은 이 진화를 고려하지 않기 때문에 다소 불공평하다는 점을 강조할 가치가 있다. 프로이트는 《집단심리학》에서 다음과 같이 주장한다. "타르드는 [암시]를 '모방'이라고 부른다. 그러나 우리는 암시의 개념 아래 모방이 오고, 사실상 그 결과 중 하나라는 작가의 항의에 동의하지 않을 수 없다(brugeilles, 1913)."(Freud, *Standard Edition*, vol. XVIII. p. 88). 이는 프로이트가 참조하는 *Les Lois de l'imitation*에는 확실히 해당되지만, 프로이트가 책을 쓰기 훨씬 전에 출판된 타르드의 후기 저작에는 훨씬 덜 해당된다.

41 Van Ginneken, *Crowds, Psychology and Politics*, pp. 217-19.

公衆)을 순수한 영적 집합체로, 완전히 정신적으로 응집되고 물리적으로 분리된 개인으로 보는 공중심리학(psychology of publics)을 확립해야 한다."[42] 이러한 의미에서 공중은 고대 세계와 중세에는 알려지지 않았으며, 그 출현의 전제 조건은 16세기 인쇄술의 발명이었다. 그러나 이 공중 독자들은 줄어들었고, 18세기에 이르러서야 일반화와 분열의 과정을 시작했다. 이 과정은 프랑스혁명기에 정치 저널리즘의 등장으로 심화·공고화되었다. 당시 혁명적 공중은 주로 파리 거주민들이었다. 따라서 정말로 민족적이고, 심지어 국제적인 공중의 출현을 보기 위해서는 20세기까지 빠른 교통과 통신 수단의 발전을 기다려야 했다. 타르드에 따르면, 가족과 함께 가장 오래된 사회적 집단인 군중은 과거에 속한다. 우리 사회의 미래는 공중에게 있다. "따라서 상호작용하는 세 가지 발명품인 인쇄술, 철도, 전신의 공동 작용으로, 오래전 연설자와 설교자의 청중을 믿을 수 없을 정도로 확대한 이 놀라운 전화기와 같은 언론의 엄청난 힘이 만들어졌다. 그래서 나는 우리 시대를 '군중의 시대'라고 주장하는 활발한 르 봉 박사에게 동의할 수 없다. 지금은 공중 또는 공중들의 시대이며, 이는 매우 다르다."[43]

타르드는 공중과 군중의 구조적 차이를 명확히 확정한다. 한 사람은 여러 공중에 속할 수 있지만, 하나의 군중에만 속할 수 있다. 이러한 다원성의 결과는 공중이 "회의주의가 아니라면 관용을 통한 진

---

[42] Tarde, 'Le public et la foule', in *L'Opinion et la foule*, p. 31.

[43] Ibid., p. 38.

전"을 대표한다는 것이다. 그리고 공중에서 군중으로의 퇴행적 운동이 매우 위험할 수 있지만 이 운동은 상당히 예외적이며, "두 공중이 대립하더라도 자신들의 불확정적인 경계를 넘어 연합할 준비가 되어 있다. 분명히 이 공중의 대립은 대립하는 군중의 충돌보다 사회 평화에 훨씬 덜 위협적이다. 공중으로부터 태어난 군중이 공중에 앞서 존재하는 군중보다 덜 잔인한지 굳이 검토하지 않더라도 알 수 있다."[44] 공중은 인종적 요인뿐 아니라 자연적 요인에도 영향을 덜 받는다.[45] 공적 여론 주도자가 자신의 공중에게 끼치는 영향은 지도자가 특정 순간에 자신의 군중에게 행사하는 영향보다 덜 강렬하다. 하지만 장기적으로는 더 깊고 지속적이다. 공적 여론 주도자가 자신의 공중에게 끼치는 영향은 이전에 어떤 담론적 표현도 찾지 못했던 감정의 확산 상태를 표현하고 이미지로 결정화한다.

에두아르 드뤼몽(Édouard Drummond)[46]이 반유대주의를 깨우기 위해서는 그의 동원 시도가 인구에 퍼져 있던 특정 영적 상태에 부합해야 했다. 그러나 그 영적 상태에 공통된 표현을 제공하는 목소리가 들리지 않았기 때문에, 영적 상태는 순전히 개인적이고 그다지 강렬하지 않으며, 더욱

---

44 Ibid., p. 39.

45 타르드는 '인종'이라는 용어를 19세기 의미로 사용한다. '영국 인종', '프랑스 인종', '이탈리아 인종' 등.

46 에두아르 드뤼몽(1844~1917)은 프랑스의 언론인이자 작가다. 19세기 말 프랑스에서 반유대주의를 조직화하고 대중화하는 데 이바지했다(옮긴이).

이 전염성이 없고 스스로 의식하지 못하는 상태로 남아 있었다. (중략) 나는 사람들이 유대인을 한 번도 본 적 없는 프랑스 지역을 알고 있다. 그들은 반유대주의 신문을 읽어 왔기 때문에 반유대주의가 번성하는 것을 막지 못한다.[47]

공중의 출현은 이미 존재하는 사회적 실체에 새로운 사회적 실체를 **추가할** 뿐 아니라, 이미 존재하는 사회적 실체들의 관계를 지배하는 사회적 논리를 바꿔 나간다. 이전의 모든(종교적, 경제적, 미학적, 정치적 등) 집단은 자신들의 언론을 가지고 자신들의 공중을 구성하기를 바란다. 그들은 이를 통해 자신의 정체성, 그리고 다른 집단과의 관계 모두를 완전히 바꿔 나간다. 순수한 직업적 이해관계의 표현에서 벗어나, 그들은 이상적 열망, 감정, 이론적 사상의 관점에서 구상되는 분열들을 표현하는 경향을 보인다. "이해관계는 오로지 그것(언론)에 의해 (중략) 항상 이론과 열정 속에 숨거나 승화하는 것으로 표현될 뿐이다. 언론은 이해관계에 영성을 부여하고 이상화한다."[48] 이와 같은 방식으로 정당은 과거의 안정적인 준거점이 되기를 멈추고 공중이 되면서, 불과 몇 년 만에 분열과 재결합으로 이어지는 다양한 이데올로기적 영향들과 교차한다.

이제 사회 집단의 이러한 전환이 수반하는, 우리의 포퓰리즘 분석

47 Tarde, 'Le public et la foule', p. 41.
48 Ibid., p. 46.

에서도 중요한 주요 함의를 명확히 밝히고자 한다. 이전의 대중 이론 가들은 합리적인 사회조직에 적합한 이 분화들을 해소하고, 개인이 미분화된 대중에 흡수되는 것을 군중이 주도한다고 말했다. 반면 타르드에 따르면, 이 동질화의 논리는 **군중만이 아니라 공중에도 작동한다.**

우리가 지적한 모든 차이에도 불구하고, 사회가 진화할 때 나타나는 군중과 공중이라는 이 양극단에는 다음과 같은 공통 사실이 있다. 군중과 공중으로 통합되어 가는 다양한 개인들은 자신들의 다양성, 그리고 서로에게 유용한 전문성을 통해서 조화하면서 결속하는 것이 아니다. 단순하고 강력한(하지만 군중보다는 대중에게서 훨씬 더 강력한!) 단일성, 그리고 각자의 자유로운 활동 또한 간섭하지 않는 사상과 열정의 교감 속에서 자신들의 선천적이거나 후천적인 유사성을 통해 서로를 반영하고 융합하면서 결속한다.[49]

군중의 다양한 유형과 이 유형에 비교되는 공중의 특징에 대한 타르드의 긴 논의는 생략하겠다. 이 논의는 중요하지만, 우리의 주요 목적에서 너무 벗어나기 때문이다. 타르드가 도입한 마지막 구분 하나가 유일하게 관련성이 높다. 그것은 사랑의 군중과 증오의 군중 사이의 구분이다. 여기서 다시 한번 군중과 공중의 차별화를 강조해야 한

49 Ibid., p. 49.

다. "성난 군중이 요구하는 것은 하나 이상의 머리다. 그러나 공중의 활동은 이렇게 단순하지 않다. 왜냐하면 공중의 활동은 추방, 박해, 약탈의 이상을 향하는 것만큼이나 쉽게 개혁이나 유토피아의 이상을 향해 나아가기 때문이다." 심지어 공중도 증오가 중심적인 역할을 한다. "공중을 위해 새롭고 큰 증오의 대상을 발견하거나 발명하는 것은 여전히 언론의 왕이 되는 가장 확실한 방법 중 하나다."[50] 그러나 타르드의 결론이 비관적인 것만은 아니다. 공중의 장점은 관습을 유행으로, 전통을 혁신으로 대체하는 데만 있지 않다. "그들은 또한 다양한 인간 연합 사이의 명확하고 지속적인 분화를 자신들의 끝없는 갈등으로 대체한다. 그 방식은 끊임없는 쇄신과 상호 침투 과정에서 경계가 흐릿하게 불완전하고 가변적으로 분할되는 것이다."[51]

초기의 군중 이론가들이 군중의 정신적 생활을 개인의 정신적 생활과 대립시켰던 반면, 윌리엄 맥두걸은 군중과 고도로 조직된 집단 사이의 구분을 도입했다. 군중은 개인의 성취를 떨어뜨리고, 집단은 개인의 성취를 높인다. 프로이트가 관찰했듯이, 군중에 대한 맥두걸의 이러한 태도는 르 봉 스타일의 군중 이론가들의 작품에서 찾을 수 있는 태도만큼이나 불쾌하다. 맥두걸은 단순하고 우연한 모임 이상인 군중에서 발견되는 동질성의 차원을 강조한다. "그렇다면 군중을 형성하는 개인들 사이에는 정신적 구성, 관심사와 감정의 유사성, 즉 집

50 Ibid., p. 70.
51 Ibid.

단의 정신적 동질성이 어느 정도 있어야 한다. 그리고 어떤 모임에서든 이 모임의 정신적 동질성의 정도가 높을수록 더 쉽게 심리적 군중이 형성되며, 집단적 삶의 표현이 더욱 두드러지고 강렬해진다."[52]

군중 형성에는 감정의 고양과 강화가 필요하다. 맥두걸은 임박한 위험에 직면했을 때 개인들의 집단이 경험하는 공포를 전형적인 예로 든다. 맥두걸은 군중 안에서 같은 감정이 급속히 퍼지는 이 현상을 그가 "감정의 직접 유도 원리"라고 부르는 것의 결과로 설명한다. "초기 공감적 반응 방식에 따른 감정의 직접 유도 원리를 통해 다음 사실을 이해할 수 있다. 모인 사람들(또는 동물들)은 현장에 있는 개인 중 소수만이 인식할 수 있는 어떤 위협적인 대상에 의해 공포에 질린 군중으로 빠르게 변할 수 있다."[53] 같은 방식으로, 군중 속에서 두드러진 위치를 차지하는 몇몇 용감한 개인은 공포를 멈출 수 있다.

감정의 직접 유도 원리는 다른 감정의 확산을 설명하면서, 그 감정을 공유하는 모든 사람에게 저항할 수 없는 힘의 감각을 제공한다. 이는 군중 심상의 두 가지 특성과 관련 있다.

첫째, 군중의 일원이 된 개인은 자의식, 즉 독특한 개성으로서의 자기 인식을 어느 정도 잃으며, 이와 함께 자신의 명확한 개인적 관계에 대한 어떤 의식도 잃는다. 그는 어느 정도 비개인화(depersonalised)된다. 둘째,

---

52 William McDougall, *The Group Mind, Cambridge,* Cambridge University Press, 1920, p. 23.

53 Ibid., p. 25.

이 변화와 밀접하게 연결된 것은 개인적 책임감의 감소다. 개인은 전혀 통제할 힘이 없는 힘으로 둘러싸이고 압도되고 휩쓸리는 것을 느낀다.[54]

군중은 구성원들의 지능을 낮추는 효과가 있다. 왜냐하면 가장 밑에 있는 군중의 심상이 모든 구성원이 따라야 하는 수준을 설정하고, 군중 구성원의 피암시성이 늘어나기 때문이다. 그 결과는 이미 우리에게 익숙하다.

우리는 조직되지 않거나 단순한 군중의 심리적 특성을 다음과 같이 요약할 수 있다. 군중은 지나치게 감정적이고 충동적이며, 폭력적이고 변덕스럽고 일관성이 없으며, 결단력이 없고 행동에서 극단적이며, 거친 감정과 덜 세련된 감성만을 드러낸다. 극도로 암시에 쉽게 넘어가고, 제대로 숙고하지 않고, 판단을 성급히 내리고, 단순하고 불완전한 형태의 추론만 한다. 쉽게 흔들리고 이끌리며, 자의식이 부족하고 자기 존중감과 책임감이 없으며, 자신의 힘에 대한 의식에 휩쓸려서, 결국 우리가 무책임하고 절대적인 권력에 대해 배워 온 현상을 만들어 내는 경향이 있다.[55]

그 밖에도 많다.
그러나 고도로 조직된 집단으로 가면 상황은 완전히 달라진다.

---

[54] Ibid., p. 40.
[55] Ibid., p. 45.

"일시적이고 조직되지 않은 군중의 행동을 더 높은 수준으로 끌어올릴 수 있는 한 가지 조건이 있다. 바로, 모든 구성원의 심상에 명확하게 정의된 공통 목적이 존재하는 것이다."[56] 이러한 공통 목적의 구조적으로 정의된 특징을 설명하기에 앞서, 맥두걸이 제시한 조직되지 않은 군중의 수준 이상으로 집단의 의식을 높이기 위한 다섯 가지 전제 조건을 간략히 언급하겠다.[57] 첫째, 집단은 일종의 시간적 연속성을 가져야 한다. 둘째, 집단 구성원은 "집단의 성격, 구성, 기능, 능력, 그리고 개인과 집단의 관계에 대해 적절한 관념을 형성해야" 한다. 셋째, 필수적이지는 않지만, 다른 집단과의 상호작용을 통해 구성원들은 자신이 속한 집단에 대한 상대적인 비전을 정교하게 만들어야 한다. 넷째, "집단 구성원의 심상에 있는 전통, 관습, 습관의 체계가 구성원들 간, 그리고 구성원과 집단 전체와의 관계를 결정하는 것이다." 다섯째, 집단 내부의 분화 또는 조직화가 있어야 한다. 이는 넷째 조건에서 명시된 전통이나 관습에 기댈 수도 있고, 외부 권력이 집단에 부과할 수도 있다.

맥두걸은 잘 조직된 집단의 사례로 러일전쟁 당시 일본군을 언급한다. 일본군과 같은 종류의 집단은 개인을 전체 중 일부로 보게 하는 기능적 분화와 가장 능력 있는 구성원(군대에서는 사령관)에게 숙고와 선택의 능력을 부여하는 것을 결합한다. 집단행동이 지닌 최상의 특

---

56 Ibid., p. 48.

57 Ibid., pp. 49-50.

성과 개인의 숙고 및 결정에 대한 이러한 결합은 조직화된 집단의 지적이고 도덕적인 기준을 개별 구성원의 기준보다 훨씬 높인다. 다음은 핵심 구절이다.

이것은 모든 인간 집단의 효과적인 조직이 갖는 본질적인 특성이다. 누구나 집단행동의 공통 목적을 원하지만, 그 수단은 선택적이다. 이것은 숙고와 선택에 가장 적합하고 최상의 위치에 있는 사람이 수단을 선택하도록 보장한다. 그리고 이렇게 선택된 수단을 통해 일부 자발적 행동들의 조화가 공통 목적을 달성하도록 보장한다. 이러한 방식으로 잘 조직된 집단의 집단행동은 집단의 평균 구성원보다 훨씬 높은 수준의 지성과 도덕성 수준을 표현하는 진정한 의지적인 행동이 된다. 이 집단행동은 평균적인 개인의 지성과 도덕성보다 훨씬 열등한 지성과 도덕성을 갖춘 채 충동적이거나 본능적인 행동을 보이는 단순한 군중의 행동과는 다르다. 즉 전체는 평균 구성원의 수준을 넘어서며, 심지어 감정의 고조와 조직된 협력을 숙고함으로써 가장 높은 구성원의 수준을 넘어서기도 한다.[58]

마지막으로, 맥두걸의 '집단의지(collective will)'[59]에 대해 언급해야 한다. 집단 구성원의 심상에 있는 공통 목적 말이다. 그는 일반의

---

58 Ibid., pp. 52-3.

59 그람시의 집합의지도 'collective wil'이다. 이 책에서는 맥두걸과 그람시의 collective will을 구분하기 위해 맥두걸의 경우, 집단의지로 번역한다(옮긴이).

지(volonté générale) 또는 집단의지와 모든 개인의 의지에 대한 루소적 구분과 비슷한 구분에서 시작한다. 공통 목적만으로는 집단의지를 구성하기에 충분하지 않다. 맥두걸은 미국 남부에서 범죄를 저질렀다고 추정되는 흑인을 백인 군중이 구타한 사례를 든다. 비록 집단이 무자비한 결의로 처형을 실행하려는 공통 의지에 지배되더라도, 그것만으로는 집단의지를 구성하기에 충분하지 않다. 무엇이 부족할까? 바로, 그와 같은 집단의 정체성에 고도로 리비도가 집중 투자된 어떤 이미지와의 동일시다. 이는 어떻게 생겨날 수 있을까? 이때 맥두걸의 사회심리학에서 개인적 자유의지(volition)와 집단적 자유의지의 관계를 고려해야 한다. 맥두걸은 자신이 "자기-관련 감성"이라 부르는 자기 정체성의 감성은 다른 대상으로 확장될 수 있다고 주장한다.

자아가 자신을 동일시하는 모든 대상, 즉 자아에 속하거나 더 넓은 자아의 일부로 여겨지는 대상으로 확장될 수 있다. 이러한 확장은 타자가 우리를 그러한 대상과 동일시한다는 사실에 크게 의존한다. 따라서 우리는 우리 자신을 그 대상을 향한 타자의 관심, 태도, 행동의 대상이라고 느끼고, 우리가 개인적으로 향한 유사한 관심, 태도, 행동에 의해 영향받는 방식과 동일하게 타자에 의해 감정적으로 영향받는다. 또한 이러한 감성은 독립적으로 성장한 대상에 대한 사랑의 감성과 융합됨으로써 순수한 자존감보다 더 넓고 감정적으로 풍부해질 수 있다.[60]

60 Ibid., p. 54.

맥두걸은 애국자와 용병 군대를 비교해 이를 설명한다. 그의 개념에서 중요한 것은 자존감과 집단과의 동일시 사이에 엄격한 분리가 없다는 점이다. 왜냐하면 자존감은 항상 그 자아라는 구성물의 일부로서, 대상의 현존을 전제로 하는 이미 사회화된 자아에 대한 것이기 때문이다.

자존감과 발달된 집단 감성 사이의 주요 차이점은 일반적으로 집단 감성이 집단 자체와 동료 구성원에 대한 강한 애착 요소를 지니고 있다는 것이다. 즉 집단 감성은 자존감과 이타적 경향을 서로 지원하고 강화하기 위해 조화를 이루는 이 둘의 종합이다. 강력한 이기적 충동은 자기 복리의 증진을 넘어서는 더 높은 목적을 위해 승화된다.[61]

중요한 점은 맥두걸에게 집단의 통일성은 집단 구성원들을 등가적으로 통일화하는 동일시 과정의 공통 대상에 기반을 둔다는 것이다. 우리는 이미 타르드한테서 이와 유사한 주장을 발견했다. 타르드는 '사상과 열정이 동질화되는 교감', 즉 이 교감이 초래하는 등가는 군중뿐 아니라 공중에도 작동한다고 주장했다. 이러한 등가성 개념은 (맥두걸과 타르드의 이론화를 훨씬 넘어서 발전되었으며) 이 책의 2부에서 제안될 포퓰리즘 개념에서 중요하다. 그러나 그 전에 프로이트의 결정적인 개입을 고려해야 한다.

61 Ibid., p. 87.

프로이트의 돌파구

프로이트의 《집단심리학》(1921)은 의심할 여지 없이(그의 통찰이 지닌 잠재력을 완전히 발휘하지 못하게 만드는 몇 가지 난관에도 불구하고 처음부터 인정해야 할) 지금까지 이루어진 집단심리학에서 가장 급진적인 돌파구였다. 프로이트는 다음과 같이 주장하면서 연구를 시작한다. 태어날 때부터 개인은 "변함없이 모델, 대상, 도우미, 대립자로서 연결되어 있어, 처음부터 개인심리학은 (중략) 동시에 사회심리학이기도" 하다. 따라서 신중히 생각하면, 개인심리학과 사회심리학의 대비는 그 예리함을 대부분 잃는다.[62] 그러나 프로이트는 다음 단락에서 부모, 형제자매, 사랑의 대상, 그리고 의사와의 사회적 연결은 본능의 만족이 다른 사람들의 영향으로부터 일부 또는 전적으로 철회되는 '나르시시즘적'이라고 불리는 다른 과정과 대비될 수 있다고 주장하면서, 이러한 사회적 연결의 구성적 성격을 상대적인 것으로 만든다.[63] 프로이트는 사회적 충동과 나르시시즘적 충동의 차이를 통해 사회심리학과 개인심리학을 구분한다. 우리가 볼 수 있듯이, 이는 중요한 결과를 낳는다. 그는 두 심리학이 병행적으로 진화했으며, 사회적 유대의 다른 측면에 적용된다고 결론짓는다. 집단의 정규 구성원들은 서로

---

62 S. Freud, Group Psychology and the Analysis of the Ego (1921), in *The Standard Edition of the Psychological Works of Sigmund Freud*, Volume XVIII, p. 69, London, Vintage, 2001. 이후의 모든 인용문은 이 판에서 가져왔다. 이 번역서는 지그문트 프로이트, 이상률 옮김, 《집단심리학과 자아분석》, 이책, 2015를 참조했다(옮긴이).

63 Ibid. 같은 책.

연결되는 한 사회심리학의 이름표 아래에 속하지만, 나르시시즘(개인 심리학의 영역)은 집단의 지도자에게만 적용된다.[64] 그러나 이 논의의 초기 단계에서부터 다음과 같은 의문이 들 수도 있다. 나르시시즘에서 충동의 만족이 타인의 영향으로부터 **철회된다면**, 이러한 '철회하기'는 바로 그 거부 속에서 여전히 타인에 대한 참조의 흔적을 유지한다. 이런 의미에서 철회하기는 여전히 사회적 과정의 일부로 남아 있는 것 아니냐는 의문이다.

이 지점으로 다시 돌아가기 전에, 우리는 먼저 프로이트 주장의 주요 단계를 재구성해야 한다. 프로이트는 앞선 연구자들의 사회심리학은 개인이 집단의 일부가 되는 과정에서 경험하는 변화를 설명하는 데 더 관심을 두었다고 주장한다. 그리고 이러한 연결의 본질을 규명하려는 모든 노력의 한계는 '암시'였다. 프로이트는 '암시'라는 용어를 설명이 필요한 용어로 치워 두고, 사회적 유대의 본질을 설명하는 핵심 범주로 **리비도(libido)**를 호출한다. 사회적 유대는 리비도적 유대일 것이다. 따라서 리비도적 유대는 '사랑'과 관련한 모든 것과 연결된다. 그 핵심은 물론 성적인 사랑이다. 하지만 정신분석은 성적인 사랑

---

64 따라서 "조금만 더 숙고하면, 이러한 주장이 어떤 점에서 수정될 필요가 있는지 드러난다. 오히려 개인심리는 집단심리만큼이나 오래되었음이 틀림없다. 왜냐하면 처음부터 두 종류의 심리, 즉 집단 속의 개인심리와 아버지(우두머리, 지도자)의 심리가 있었기 때문이다. 집단 속의 개인들은 우리가 오늘날 보는 것처럼 유대를 맺고 있었다. 그러나 원시 유목 집단의 아버지는 자유로웠다. (중략) 우리가 일관성 있게 추측한다면, 그의 자아는 리비도 유대가 거의 없었다. 그는 자기 외에는 누구도 사랑하지 않았다. 그리고 그가 다른 사람들을 사랑해도, 이는 그들이 그의 욕구에 도움을 주는 한에서만이었다. 그의 자아는 대상에 필요 이상의 것을 주지 않았다." Ibid., p. 123(같은 책, 85쪽).

을 "한편으로는 자기애(self-love), 다른 한편으로는 부모와 자식에 대한 사랑, 우정, 인류애, 그리고 구체적인 대상과 추상적인 관념에 대한 강한 애착(devotion)"과 분리해서는 안 된다는 것을 보여주었다. 충동은 남녀 사이의 성적 결합을 향한다. 하지만 자신들의 정체성을 인식하기 위해 언제나 원래의 본성을 충분히 보존하면서도, "다른 상황에서는 이 성적 목적에서 밀려나거나 그 목적 달성을 저지당한다. 그렇지만 이 본능적인 충동은 그 통일성을 알아볼 수 있을 만큼 언제나 충분히 자신의 처음 특성을 보존한다."[65] 그러면서 프로이트는 교회와 군대에서 작동하는 리비도적 결속에 대해 다음과 같이 설명한다. 한편으로 이 결속은 이러한 기관의 구성원들을 서로 연결하고, 다른 한편으로 구성원 모두를 지도자인 그리스도나 사령관과 연결한다. 그리고 이러한 지도적 인물들의 갑작스러운 소멸로 발생하는 분해 과정에 대한 설명을 덧붙인다.

프로이트는 다른 사람과의 긴밀한 결속 속에 존재하지만, 인식하지 못하도록 억눌려 버린 혐오감 또는 적개심에 대해 논의한다. 이러한 적개심이 우리와 긴밀한 관계에 있는 사람들에게 향할 때 우리는 양가적 감정에 대해 말한다. 이 감정이 낯선 사람들에게 향할 때 우리는 이 감정을 자기애, 즉 나르시시즘의 표현으로 명확히 인식할 수 있다. 그러나 집단 형성에서 자기애는 제한되거나 중단된다. 프로이트에 따르면, "개인들은 같은 방식으로 행동한다. 그들은 다른 사람의

---

65 Ibid., pp. 90-1(같은 책, 41쪽).

독특한 개성을 참아 내고 자신을 그와 같다고 생각하며, 그에게 어떤 반감도 품지 않는다. 우리의 이론적인 견해에 따르면, 이런 나르시시즘의 제한은 오직 한 가지 요인에 의해서만 생겨날 수 있다. 바로, 다른 사람들과의 리비도적 유대다. 자신에 대한 사랑을 가로막는 장애물은 오직 다른 사람에 대한 사랑, 즉 대상에 대한 사랑뿐이다."[66] 이는 집단 구성원들 사이에 형성되는 감정적 유대의 종류를 연구할 필요성을 느끼게 하며, 섬자 사랑에 빠지는 현상을 더욱 자세히 살펴보게 한다. 집단을 하나로 묶는 이러한 감정적 결속은 분명히 원래의 목표에서 벗어난 사랑 충동이다. 프로이트에 따르면 이는 매우 정확한 패턴을 따르는데, 바로 **동일시** 패턴이다.

프로이트가 말하기를 동일시는 "다른 사람과의 감정 유대에서 가장 먼저 나타나는 표현"이며,[67] 오이디푸스콤플렉스의 초기 역사와 연결된다. 동일시에는 세 가지 주요 형태가 있다. 첫 번째는 아버지와의 동일시다. 두 번째는 사랑의 대상 선택과의 동일시다. 세 번째는 프로이트에 따르면, "성 본능의 대상이 아닌 어떤 사람과의 공통점을 새롭게 지각하면 일어날 수 있다. 이 공통점이 중요해질수록 그 부분적인 동일시는 더욱더 성공적으로 일어날 수 있으며, 새로운 유대의 시작이 될 수 있다."[68] 이 세 번째 유형의 동일시를 집단 구성원들

---

66 Ibid., p. 102(같은 책, 56쪽).
67 Ibid., p. 105(같은 책, 59쪽).
68 Ibid., p. 108(같은 책, 63쪽).

사이의 상호 결속에서 찾을 수 있다. 프로이트는 문제가 될 수도 있지만, 결정적으로 이 동일시의 기반을 이루는 공통 특질은 "지도자와의 연결에 본질이 있다"라고 덧붙인다.[69]

지도자와의 결속을 어떻게 이해해야 할까? 프로이트는 이 질문을 '사랑에 빠지는' 다양한 형태로 접근한다. 사랑에 빠지는 주요 방식은 대상에서 성적 만족을 경험하는 것이다. 그러나 대상에 대한 리비도 집중(cathexis)[70]은 만족이 이루어질 때마다 소진된다. 그 결과 욕구가 주기적으로 재발한다는 사실을 의식하게 되면서, 열정 없는 중간기 동안에도 대상에 애착을 느끼는 '애정 어린' 감정으로서의 사랑이 생겨난다. 원래의 성적 충동이 억압된 후 아이의 부모에 대한 사랑은 이 '애정 어린' 본성을 가진다. 개인의 미래는 이러한 감각적 사랑/애정의 이중성에 지배될 것이며, 이 이중성은 동일한 대상에 과잉결정되거나 이 두 극을 다른 대상에 투자할 수 있게 한다. 사랑의 대상에 대한 투자는 나르시시즘적 리비도가 대상으로 넘쳐흐르는 것을 의미한다. 이는 다양한 형태를 취하거나 정도를 보여줄 수 있으며, 그 공통분모는 대상의 **이상화**(idealization)다. 이러한 이상화는 비판에 영향받지 않으므로, 다음과 같은 상황이 발생한다. "사랑의 선택이 나타내는 많은 모습에서 눈에 띄는 것은 그 대상이 자신이 도달하지 못한

---

69 Ibid. 같은 책.

70 리비도 집중(카텍시스)은 프로이트 정신분석학에서 대상에게 리비도를 집중 투자하는 현상으로, 사랑은 가장 강력한 리비도 집중 형태라 할 수 있다. 영어 investment가 같은 의미로 사용되기도 한다(옮긴이).

자아이상을 대신하는 역할을 한다는 점이다. 우리가 대상을 사랑하는 이유는 자신의 자아를 위해 얻고자 애쓴 완전함을 그 대상이 나타내기 때문이다. 우리는 자신의 나르시시즘을 만족시키기 위해 이런 우회적인 방법으로 그 완전함을 얻고 싶어 한다."[71]

논의가 이 지점에 이르면, 프로이트는 그의 이전 대책이 열어 놓은 양자택일 체계를 특히 밀도 높은 세 단락에서 저울질한다. 우리가 사랑에 빠지면 "자아는 점점 덜 까다롭고 겸손해지며, 대상은 점점 훌륭하고 소중해진다. 마침내 대상은 자아의 자기애 전체를 사로잡는다. 따라서 자아의 자기희생은 그 당연한 결과가 된다. 말하자면 대상이 자아를 완전히 소모해 버렸다. (중략) 이 모든 상황을 다음과 같은 공식으로 완전히 요약할 수 있다. **대상이 자아이상의 자리를 대신 차지했다.**"[72] 그렇다면 사랑에 빠지는 것과 동일시는 무슨 관계가 있을까? 여기서 프로이트는 주저하는 듯 주장하지만, 이러한 주저함이 특히 이 물음에 대한 이해를 돕는다. 그는 자신이 '매혹'과 '속박'이라고 설명하는 동일시와 사랑에 빠지는 극단적인 형태의 차이는 다음과 같은 사실에서 알 수 있다고 말한다. 동일시에서 자아는 대상을 자신 속에 투입(introject)하는 반면, 사랑에 빠질 때 "자아는 대상에게 자신을 내주었고, 자신의 가장 중요한 구성 요소를 대상으로 대체했다."[73]

---

71 Ibid., pp. 112-13(같은 책, 69쪽).

72 Ibid., p. 113(같은 책, 70쪽).

73 Ibid. 같은 책.

그러나 여기서 그의 주저함이 시작된다. 프로이트의 이 설명은 "존재하지 않는 대립을 마치 존재하는 것처럼 여기게 한다. (중략) 경제적으로 가난해지거나 풍요로워지는 것이 아니다. 극단적인 사랑의 상태도 자아가 대상을 자신 속에 투입했다는 식으로 기술할 수 있다."[74] 그래서 그는 이 구분을 다른 구분으로 대체하려고 시도한다. 동일시에서는 대상이 상실되어 버리고, 이 대상은 '상실된 대상 모델에 따라' 자신을 변화시킨 자아 안으로 내사(introjected)된다. 반면 사랑에 빠질 때는 자아의 희생을 대가로 자아는 대상에게 리비도를 과잉 투자한다. 그러나 이 대안은 다음과 같은 의문을 품은 프로이트를 완전히 만족시키지 못했다. "동일시가 대상에 대한 리비도 집중의 포기를 전제로 한다는 것은 확실할까? 대상이 그대로 있는 상태에서는 동일시가 일어날 수 없을까?"[75] 여기서 그는 또 다른 양자택일의 가능성을 알아챈다. "즉 **대상이 자아를 대신하는지, 아니면 자아이상을 대신하는지라는 양자택일**"이다.[76]

이로써 우리는 프로이트 주장의 정점에 도달한다. 여기서부터 그는 최면과 '사랑에 빠지는 것'과의 비교를 통해, 지도자에 대한 공통의 사랑(물론 성적 충동이 억제된 사랑)의 결과로 사람들 사이에 형성된 등가적 애착에서 집단 형성을 특징짓는 것으로 옮겨 간다. 그리고 이 분석

---

74 Ibid., pp. 113-14(같은 책, 71쪽).

75 Ibid., p. 114(같은 책, 71쪽).

76 Ibid., p. 116(같은 책, 71쪽).

에서 사회적 유대에 대한 정의를 끌어낸다. "**그러한 일차 집단은 그들의 자아이상 자리에 동일한 대상을 놓았으며, 그 결과 이 일차 집단은 그들의 자아 속에서 자신들을 서로 동일시한 상당수의 개인들이 되었다.**"[77] 우리는 이 분석에 들어 있는 두 가지 결론을 추가 논의를 위해 유지해야 한다. 첫째, 이 지점에서 프로이트의 주장을 엄격히 따른다면 동일시는 따르는 자들 사이에서 발생하지, 따르는 자들과 지도자 사이에서 발생하지 않는다. 따라서 지도자가 **동등한 자 중 첫째(primus inter pares)**가 될 가능성은 닫힌다. 둘째, 모든 동일시의 기반은 오직 지도자에 대한 공통의 사랑일 것이다. 동일시와 '사랑에 빠지는 것' 사이의 구분에 대한 프로이트의 복잡하고 다소 주저하는 듯한 고심 어린 설명은 사회적 유대의 구성에서 기능들이 엄격하게 차별화되는 것으로 해소된다. 형제들 사이의 동일시, 아버지에 대한 사랑. 이제 우리는 사회를 구성하는 무리의 신화로, 그리고 나르시시즘적 행위와 사회 정신적 행위 사이의 차별화 측면에서 개인심리학과 사회심리학 사이의 구분으로 쉽게 이동할 수 있다.

이 놀라운 이론적 연속을 어떻게 생각해야 할까? 한 가지 가능한 것은 미켈 보르크야콥센(Mikkel Borch-Jacobsen)[78]이 도달한 결론이다.[79] 그의 견해에 따르면, 프로이트는 정치적인 것(the political)을 비

---

77 Ibid., p. 116(같은 책, 74쪽).

78 미켈 보르크야콥센(1951~)은 덴마크계 프랑스 출신 철학자이자 정신분석학 역사가, 미국 워싱턴대학교 비교문학및프랑스어학과 교수다(옮긴이).

79 Mikkel Borch-Jacobsen, 'La bande primitive', in *Le Lien affectif*, Paris, Aubier, 1991, pp.

판적으로 접근하기를 멀리하면서 정치적인 것을 사회적 유대의 본질이 소외된 것으로 본다. 그에게 사회적인 것은 정치적인 것에 의해 강하게 영향받으며, 그 구성을 위해 '사랑받는 우두머리'라는 존재가 필요하다. 사회는 오직 지도자의 존재만이 일관성을 보장하는 동질적인 대중으로 인지될 것이다. 분명, 프로이트에게 정치적인 것은 사회적 유대를 복원하는 역할을 한다. 또한 '지도자에 대한 공통의 사랑이란 서로를 동일시하는 사람들이 공유하는 특징'이라는 프로이트의 관점은 보르크야콥센의 독해를 불러들이는 측면이 있다. 나는 프로이트의 결론이 지나치다고 생각한다. 왜냐하면 지도자와의 관계에 대한 일방적인 강조는 그의 텍스트에서 여러 다른 사회적 배열들을 실제 가능성으로 제시하는 모든 부분을 무시하기 때문이다. 이 배열들은 사회적 결속을 수립하는 데 정치적인 것의 역할을 반드시 의문시하지는 않지만, 다른 종류의 정치를 불러낸다. 이 모든 정치가 보르크야콥센이 감지한 권위주의적 함의를 다 담고 있는 것은 아니다. 만약 우리가 이러한 대안적 가능성의 함의를 완전히 발전시킨다면, 사회적인 것에 대한 훨씬 더 복잡한 그림이 나타나며 《집단심리학》의 이론적 개입의 의미가 새로운 빛을 받는다. 자기 모델의 사회적 타당성을 제한하려는 프로이트의 시도는 본질적으로 두 가지 방향으로 진행된다.

먼저, 사회가 조직화를 통해 개인의 특징을 획득할 (사회적 집합의 대안적 양식으로서) 가능성을 프로이트가 열어 두는 구절들이다. 앞서

13-31.

인용한 집단의 정의, 즉 집단은 개인들이 자아이상의 자리에 대상을 두고 자신들의 자아를 통해 상호 동일시함으로써 구성된다는 정의는 다음과 같은 중요한 제한에 앞서 있다. "우리는 집단의 리비도 구조에 대한 공식을 제시할 준비를 완전히 갖추었다. 우리가 지금까지 고찰한 것처럼, 적어도 다음과 같은 집단, 즉 지도자가 있으며 지나친 '조직화'로 이차적인 개인의 특성을 획득하지 못한 집단의 리비도 구조에 대해서는 말이다."[80] 프로이트는 또한 집단의 지적 결함을 "지적 과업의 수행을 집단으로부터 철회하고 이를 집단의 개별 구성원들에게 맡김으로써" 극복할 수 있다는 맥두걸의 주장에 이의를 제기한다. 프로이트가 염두에 둔 대안은 훨씬 더 급진적이다. "문제는 개인의 특징이었다가 집단 형성에 의해 개인에게서 소진된 바로 그러한 특징들을 집단에 어떻게 마련해 주는가다."[81] 프로이트가 이 말을 단순한 유비가 아니라 문자 그대로 의미 부여했다는 점은 1923년 판에 추가한 각주에서, 한스 켈젠(Hans Kelsen)[82]의 비판을 직접 거부한 사실에서 더욱 분명하게 드러난다. 한스 켈젠은 집단 심성에 그러한 조직화를 부여하는 것은 (오직 개인에게 속하는 정신적 기능을 사회의 속성으로 부여하는) 일종의 실체화라고 주장했다.

---

80 Freud., p. 86(같은 책, 74쪽).

81 Ibid., p. 129(같은 책, 35쪽)

82 한스 켈젠(1881~1973)은 오스트리아 출신의 법학자이자 법철학자다. 법을 도덕, 정치, 사회학적 요소와 엄격히 분리해 법체계 자체의 논리적 구조를 분석하려 한 '순수법학'의 창시자로 알려졌다(옮긴이).

그렇다면 우리는 두 개의 사회적 집합 양식(하나는 '조직화'에 기반을 둔 집합 양식으로, 사회가 개인의 부차적 특질을 획득하게 한다. 다른 하나는 지도자와의 리비도적 결속을 기초로 한 집합 양식이다) 사이의 대립을 어떻게 이해해야 할까? 이 두 집합 양식은 집단의 여러 다른 종류에 적용될까? 아니면, 다양한 정도로 모든 사회적 집단의 구성에 관여하는 사회적 논리들일까? 나는 두 번째 가설이 옳다고 생각한다. 내 생각에 완전히 조직화된 집단과 순전히 나르시시즘적인 지도자는 두 사회적 논리가 다양한 방식으로 접합되는 연속체에서 불합리함으로 환원(reductio ad absurdum(귀류법))되는, 즉 불가능한 극단일 뿐이다. 그러나 '조직화'와 '나르시시즘적 지도자'가 프로이트의 텍스트 구조 안에서 그러한 지위를 갖는다는 것을 증명하기 위해, 나는 두 원칙이 그렇게 조합된 텍스트적 사례를 제시해야 한다. 이것이 나의 다음 과제다.

사실 이것은 어렵지 않다. 왜냐하면 프로이트는 그러한 조합의 많은 사례를 제공하기 때문이다. 그는 암시적인 제목의 장인 〈자아 내의 차별화 정도(A Differentiating Degree in the Ego)〉에서 개인의 성취가 군중 속에서 사라지는 경이로움, 즉 "개인이 자신의 자아이상을 포기하고 지도자가 구현한 집단이상으로 자아이상을 대체하는 의미로" 해석되는 경이로움에 대해 논의한다. 그러나 그는 즉시 다음과 같이 덧붙인다.

우리가 수정하면서 덧붙여야 하는 것은 이 놀라운 일이 모든 경우에 똑

같이 나타나지 않는다는 사실이다. 많은 개인에게서 자아와 자아이상의 분리는 별로 진척되지 않으며, 그 둘은 여전히 쉽게 일치한다. 자아는 종종 이전의 나르시시즘적 자만심을 그대로 가지고 있었다. 지도자의 선출은 이런 사정 때문에 아주 쉽게 이루어진다. 지도자는 종종 그 개인들에게 있는 전형적인 속성을 유난히 뚜렷하고 순수한 형태로 갖고서, 좀 더 큰 힘과 더 자유로운 리비도를 지녔다는 인상을 주기만 하면 된다. 그러면 강력한 우두머리에 대한 욕구가 그를 기꺼이 받아들여 그에게 매우 강력한 힘을 부여한다. 그런 인상을 주지 못했다면, 그는 아마도 그런 힘을 요구할 권리가 없었을 것이다.[83]

프로이트가 이 새로운 설명을 통해 우리에게 정확히 말하고자 하는 것은 무엇일까? 단순하게 말하면, 개인이 강한 지도자를 필요로 할 때 지도자는 자신이 이끌 사람들과 함께 공유하는 특징을 드러내야만 비로소 지도자로 받아들여진다는 뜻이다. 달리 말하면, 지도자가 이끄는 자들은 상당한 정도로 지도자와 동질적(in pari materia)이다. 즉 지도자는 동등한 자 중 첫째가 된다.

그리고 이 구조적 변형으로부터 세 가지 중대한 결과가 나온다. 첫째, 집단 구성원들 사이에 동일시를 가능하게 하는 '공통점'은 지도자에 대한 사랑에서만이 아니라, 지도자와 지도자가 이끄는 자들이 공유하는 어떤 실정적 특성에서도 있을 수 있다. 둘째, 동일시는 단순

83 Ibid., p. 134(같은 책, 92쪽)

히 자아들 사이에서만 일어나지 않는다. 왜냐하면 자아와 자아이상의 분리가 완전히 이루어지지 않았기 때문이다. 이는 지도자와의 동일시가 어느 정도 가능해진다는 것을 의미한다. 《집단심리학》〈후기〉에서 프로이트는 군대와 교회를 비교하면서 이러한 가능성을 암시한다. 군대에서 병사가 총사령관과 자신을 동일시한다면 우스꽝스럽겠지만, 교회는 신자에게 다른 기독교인들과의 동일시 이상을 요구한다. "신자는 또한 그리스도와 동일시하고, 그리스도가 다른 기독교인들을 사랑하듯이 모든 다른 기독교인들을 사랑해야 한다. 따라서 두 지점에서 교회는 집단 형성에 따라 주어진 리비도의 위치를 보충해야 할 필요가 있다. 대상-선택이 이루어진 곳에서는 동일시가 추가되어야 하며, 동일시가 있는 곳에서는 대상-사랑이 추가되어야 한다."[84] 셋째, 지도자가 집단의 모든 구성원과 공유하는 특성을 뚜렷하게 나타냄으로써 사람들을 이끈다면, 지도자는 더 이상 순수하게 전제적이고 나르시시즘적인 통치자가 될 수 없다. 한편으로 지도자는 동일시를 가능하게 하는 공동체의 바로 그 실체에 참여하기 때문에, 지도자의 정체성은 아버지이면서 형제 중 한 명으로 분열된다. 다른 한편으로 지도자의 통치권은 자신이 다른 집단 구성원 모두와 분명하게 공유하는 지도자의 특질을 그 구성원들이 인정하는 것에 기반을 두기 때문에, 지도자는 상당한 정도로 공동체에 대한 책임이 있다. 여전히 지도력이 필요할 수 있지만(프로이트가 실제로 탐구하지는 않지만, 우리가 잠시 다

---

84 Ibid., p. 100.

시 돌아갈 구조적 이유 때문에), 그 지도력은 나르시시즘적 전제자라는 개념과 관련한 지도력보다 훨씬 더 민주적이다. 사실 우리는 그람시가 헤게모니라고 불렀던 합의와 강제의 특이한 조합과 그리 멀리 떨어져 있지 않다.

프로이트는 집단 형성 과정을 무리 속 권위적인 지도자의 중심 역할로 소급하는 것이 불가능하다는 사실을 너무나 예리하게 인식했다. 그러므로 《집단심리학》 제6장의 시작 부분에서 그가 다른 가능한 상황들과 사회적 조합들의 목록(사실 이는 지적으로 확보해야 할 미개척지에 대한 일종의 프로그램적 설명이다)을 제공했음을 강조하면서, 이 논의를 마무리하고자 한다. 이것은 충분히 인용할 만한 가치가 있다.

집단의 형태에 관해서는 아직도 연구하고 쓸 것이 많다. (중략) 우리는 자연발생적으로 생겨나 다소 지속성을 유지하는 여러 종류의 집단에 관심을 기울여, 이런 집단이 생겨나거나 붕괴하는 조건을 연구해야 한다. 무엇보다 지도자를 가진 집단이 더 원시적이고 완전한 집단은 아닌지, 지도자가 없는 집단에서는 지도자를 어떤 이념이나 추상적인 관념으로 대체할 수 없는지(보이지 않는 우두머리를 지닌 종교 집단은 이미 이런 상태로 가는 과도기에 있다), 공통된 경향이나 다수의 사람이 공유할 수 있는 소망이 똑같은 대체 역할을 하는지 못하는지에 대해서 몰두해야 한다. 이 추상적인 관념은 말하자면 이차적인 지도자라는 인물 속에서 다시 다소간에 완전히 구현될 수 있으며, 이념과 지도자 간의 관계에서 흥미로운 여러 가지 사실이 나타날 것이다. 지도자나 지도 이념은 소위 부정적인 것이 될 수 있다. 특정한 개인이나 제도에 대한 증오도 긍정적인 애착만큼이나 사람들을 통합하는 데 영향을 끼칠 수 있으며, 또한 그 긍정적인 애착이 불러일으키는 것과 비슷한 감정 유대를 불러일으킬 수 있다. 그렇다면 '지도자가 집단의 본질에 정말로 필수불가결할까?'라는 의문을 비롯한 많은 의문이 생겨난다.[85]

결론: 하나의 출발점을 향해

텐에서 프로이트에 이르기까지 대중사회에 대한 성찰에 일관성을 제공하는 반복되는 주제가 있을까? 나는 그렇다고 생각하며, 그 주제는 사회적 동질성(또는 비차별성)과 사회적 차별화 사이의 이원성(duality)에 대한 점진적인 이론적 재검토 과정에서 발견된다. 이 과정의 시작점, 즉 우리가 대중 행동에 대한 실정적 평가의 '영도(zero degree)'라고 부른 지점에서 이 **이중성**은 사실상 **이원론(dualism)**으로 나타난다. 텐에게 사회는 내적 결속력을 희생하는 대가로만 동질화되는 세력에 문을 열 수 있다. 조건의 평등화는 모든 위계와 차별화의 붕괴, 즉 사회 질서의 붕괴를 의미할 뿐이다. 우리가 보았듯이, 그에게 프랑스혁명이라는 피바다는 절대주의가 불러온 획일성의 직접적인 결과였다. 그리고 절대주의는 개인과 국가를 연결하는 모든 매개체를 제거해 버렸

---

85 Ibid(같은 책, 53-54쪽).

다. 그에게 사회적 동질성은 모든 종류의 사회조직의 붕괴와 동의어였다.

이 단호한 출발점으로부터 내가 서술해 온 이야기는 동질화되는, 또는 등가적인 사회 논리를 실행 가능한 사회체의 실제 작동과 양립할 수 있게 하는 연속적인 노력들에 관한 것이다. 동질화/차별화의 이중성은 유지되었지만, 점점 이원론의 성격을 띠지 않게 되었다. 먼저, 정상적인 것과 병리적인 것 사이의 예리한 구분이 흐릿해졌고, 이전에 개인에게만 속한 것으로 여겨지던 많은 기능이 집단으로 옮겨졌다. 르 봉은 군중을 공동체의 불가피한 부분으로 보았고, 군중을 그 한계 안에서 유지하기 위한 일종의 교리문답식 조작적 질문들을 고안해 냈다. 타르드에게 동질화의 등가적 계기는 그가 '모방'이라고 부른 것에서, 즉 창조 또는 발명의 계기 뒤에 이어지는 반복적 실천에서 발견된다. 따라서 등가적 계기는 사회구조의 접착물 그 자체다. 우리가 보았듯이, 이는 그가 나중에 군중과 공중을 구분할 때 더욱 분명해졌다. 공중은 군중보다 사회의 질서정연한 기능과 더 양립할 수 있지만, 공중은 동일하게 유사성의 동질화 논리에 기반을 둔다. 맥두걸은 한편으로 군중과 조직화된 집단을 예리하게 구분했다. 하지만 다른 한편으로 대상에 대한 공통된 동일시에 기반한 '집단 의지' 개념을 통해, 고도로 조직화된 집단의 구성 조건으로서 등가 원리를 도입했다. 텐에게 서로 대립했던 차별화와 동질성은 더 이상 서로 대립하지 않게 되었다. 이를 통해 우리는 프로이트의 이론화의 경계에 도달한다.

프로이트와 함께 이원론의 마지막 흔적은 사라진다. 그는 지금까지 통약 불가능한 원리들의 이질적인 총합으로 제시되었던 모든 것을 이제는 통일된 이론적 모체로부터 사고할 수 있는 지적 체계를 만들어 냈다. 그의 텍스트에 대한 나의 독해가 옳다면, 모든 것은 동일시라는 핵심 개념을 중심으로 돌아간다. 그리고 다양한 사회-정치적 대안을 설명하기 위한 출발점은 자아와 자아이상 사이의 거리 **정도**에서 발견된다. 만약 그 거리가 넓어진다면(왜? 이것은 우리가 스스로에게 물어야 할 질문이다), 우리는 프로이트가 설명한 중심이 되는 상황을 발견할 것이다. 집단 구성원 동료들이 동일시되고 자아이상의 역할이 지도자에게 옮겨지는 상황. 이때 공동체 질서의 기반 원리는 공동체 질서를 초월할 것이며, 이 원리에 대해 집단 구성원들 사이의 등가적 동일시는 증가할 것이다. 반대로 자아와 자아이상 사이의 거리가 좁다면, 내가 위에서 설명한 과정이 일어날 것이다. 즉 지도자는 집단 구성원들의 대상 선택(object-choice)이 되지만, 동시에 집단의 일부가 되어 일반적인 상호 동일시 과정에 참여할 것이다. 이때 공동체주의적 질서의 기반은 부분적으로 내재화(immanentization)될 것이다. 마지막으로, 자아와 자아이상 사이의 간격이 **완전히** 매워지는 상상적인(귀류법적인) 경우에 우리는 프로이트의 이론이 한계 사례로 신중히 고려한 상황을 맞이할 것이다. 즉, 개인의 기능이 조직화를 통해 공동체로 완전히 옮겨지는 상황이다. 그러면 **완전히** 조화로운 사회에 대한 다양한 신화들(이 신화들은 항상 지도력의 부재, 즉 정치적인 것의 사라짐을 전제로 한다)이 마지막 유형의 비전을 공유할 것이다.

이러한 대안 체계를 통해 우리는 이제 포퓰리즘에 관한 질문으로 돌아갈 수 있다. 우리는 '포퓰리즘이 하나의 정치적 현상으로 기각되거나 격하되는 담론 전략들'을 열거하면서 성찰을 시작했다. 하지만 어떤 경우에도, 특수성 안에서 포퓰리즘을 결코 정치적 유대를 구성하는 여러 정당한 방식 중 하나로 사고하지 않았다. 우리는 포퓰리즘을 기각하는 이유가 내가 '대중 비하'라고 부른 것과 완전히 무관하지 않을 것이라고 강하게 의심할 수 있다. 이 두 경우 모두에서 우리는 주변성, 일시성, 순수한 수사, 모호성, 조작 등과 같은 동일한 비난을 목격한다. 또한 우리 마음속에는 또 다른 의심이 스며든다. 두 경우 모두 기각은 동일한 편견(사회구조화와 제도화의 이름)으로, '군중' 또는 '인민'이라는 미분화된 무차별적 환경에 대한 거부와 연결되어 있다. 포퓰리즘적 동원에는 텐이 묘사한, 형태가 전혀 없는 대중 행동에 관한 표현이 없다. 하지만 텐으로부터 르 봉, 타르드 또는 맥두걸이 묘사한 더 조직화된 현상으로 이동할 때, 포퓰리즘과 집단행동 사이의 차이는 현저히 줄어든다. 그러나 프로이트와 함께 우리는 이러한 변이(variations)를 통일된 이론적 모체 안에서 설명할 대안으로 볼 수 있는 더 복잡하고 기대되는 접근에 도달했다. 이것이 이 책의 2부에서 '포퓰리즘' 개념을 정교화하기 위한 나의 출발점이 될 것이다.

이 과업에 착수하기 전에 두 가지를 언급하고자 한다. 첫째, 프로이트는 자신의 이론을 구성한 정신분석학적 체계의 결과로 자신의 연구 대상에 대해 대체로 발생학적(genetic) 접근을 취한다. 따라서 그의 범주들이 사회·정치적 분석의 도구로서 유용하려면 명백히 구조적 재구성이 필요하다. 우리는 4장의 시작 부분에서 이 방향으로 최소한의 조치를 취하겠지만, 포퓰리즘에 대한 논의 맥락에서 이 과업에 완전히 매달릴 수는 없다. 둘째, 비록 내가 프로이트를 출발점으로 삼지만, 이 책을 '프로이트식' 시도로 이해해서는 안 된다. 왜냐하면 프로이트가 다루지 않은 많은 쟁점과 그가 따라가지 않았지만 우리의 목적에는 매우 중요한 많은 길이 있기 때문이다. 따라서 내 연구는 다양한 지적 전통에 호소해야 한다. 나는 이 상호텍스트성(intertextuality)이 내 연구를 지나치게 절충적으로 만들지 않기를 바란다.

2부

'인민'을
구성하기

4장
'인민',
그리고 비어있음의 담론적 생산

몇 가지 존재론적 통찰

잠시 1장의 마지막 부분으로 돌아가 보자. 1장에서 나는 포퓰리즘에 접근할 수 있는 한 가지 방법을 제안했다. 그 방법은 포퓰리즘에 붙은 경멸적인 꼬리표를 액면 그대로 받아들이면서, 그런 경멸적인 의미는 다소 의심스러운 일련의 가정을 분석의 출발점으로 삼을 때만 유지됨을 보여주는 것이었다. 내가 언급한 두 가지 경멸적 명제는 다음과 같다. ① 포퓰리즘은 그것이 호소하는 청중, 포퓰리즘의 담론, 그리고 정치적 전제가 모호하고 불확정적이다. ② 포퓰리즘은 단지 수사적일 뿐이다. 이에 대해 나는 다음과 같은 이유로 반대했다. 첫째, 모호성과 불확정성은 사회 현실에 관한 담론의 결점이 아니라, 어떤 상황에서는 사회적 현실에 그대로 새겨져 있다. 둘째, 수사적 장치에 호소하지 않고서는 어떤 개념적 구조도 내적 응집력을 가질 수 없다. 따라서 수사는 자기 완결적 개념 구조에 대해 부차적이지 않다. 만약 그렇다면, 포퓰리즘은 '정치적인 것 그 자체의 존재론적 구성에 대한 무언가를 이해하기 위한 왕도'라는 결론에 도달할 수 있다. 이것이 내가 이 장에서 증명하려는 내용이다. 그러나 그 전에 내 분석을 제한할 더 일반적인 존재론적 가정을 명확히 해야 한다. 이러한 측면을 다른 저작에서 예비적으로 살펴봤으므로,[1] 여기서는 이 책의 주장과 관련한 한에서만 이 저작들의 주요 결론을 간략히 요약하겠다.

다음 세 가지 범주가 내 이론적 접근 방식의 핵심이다.

1) **담론(discourse)**. 담론은 객관성을 구성하는 기본 지형이다. 내가 여러 차례 분명히 하려 했듯이, 담론이란 본질적으로 말과 글의 영역에 국한된 것이 아니라 **관계**가 구성적 역할을 하는 요소들의 모든 복합체다. 이는 요소들이 관계적 복합체에 미리 존재하지 않고 관계적 복합체를 통해 구성된다는 뜻이다. 따라서 '관계'와 '객관성'은 동의어다. 소쉬르는 언어에 실정성이란 없고 차이만 존재한다고 주장했다. 어떤 것은 다른 것과의 차별적인 관계를 통해서만 존재 의미가 있다. 그리고 엄밀한 의미에서 이해되는 언어에 참인 것은 모든 의미화(즉 객관적) 요소에 대해서도 참이다. 행동은 연속적이거나 동시적일 수 있는 다른 가능한 행동과 다른 의미화 요소들(단어 또는 행동)과의 차이를

---

1 Ernesto Laclau, 'New Reflections on the Revolution of Our Time', in *New Reflections on the Revolution of Our Time*, London and New York, Verso, 1990; Ernesto Laclau, *Emancipation(s)*, London and New York, Verso, 1996, passim. 에르네스토 라클라우·샹탈 무페, 이승원 옮김, 《헤게모니와 사회주의 전략》, 후마니타스, 2012, 제3장.

통해서만 존재한다. 이러한 의미화 요소 사이에는 조합(combination)과 대체(substitution)라는 두 가지 유형의 관계만 존재한다. 코펜하겐학파와 프라하학파는[2] 언어학적 형식주의를 급진화하면서, 음성적이고 개념적인 실체에 대한 소쉬르 언어학의 제약을 벗어나 이 근본적인 돌파구의 확실한 존재론적 함의를 발전시킬 수 있었다. 지역적이기만 한 언어적 참조는 이 두 학파에 의해 대부분 버려졌다.

내 분석에서 '관계' 범주가 차지하는 중심성을 고려하면, 내 이론적 지평이 동시대 다른 접근 방식과 무엇이 다른지 분명하게 보인다. 예를 들어 알랭 바디우(Alain Badiu)는 집합론을 근본적인 존재론의 지형으로 간주한다. 그러나 외연성(extensionality)[3] 개념이 집합론의 중심이라는 점을 고려하면, 관계 범주는 기껏해야 주변적인 역할만 할 수 있다. 하지만 다양한 전체론적(holistic) 접근법에서도 궁극적으로 내 관점과 양립할 수 없는 것이 있다. 예를 들어 기능주의는 사회적 전체에 대한 관계적 개념을 가지고 있다. 하지만 여기서 관계들은 기

---

2 코펜하겐학파와 프라하학파는 페르디낭 드 소쉬르의 구조주의 언어학을 계승·발전시킨 주요 학파다. 덴마크 언어학자 루이 옐름슬레우(Louis Hjelmslev)가 이끈 코펜하겐학파는 기호 체계의 '구조' 자체에 초점을 맞추면서, 언어학적 형식주의를 극단으로 밀어붙였다. 그리고 체코의 로만 야콥슨(Roman Jakobson)과 니콜라이 트루베츠코이(Nikolai Trubetzkoy)가 이끈 프라하학파는 기능주의적 관점에서 언어가 사용되는 '기능'과 '목적'을 강조하며, 언어를 실체가 아닌 순수한 관계와 기능 체계로 보는 형식주의를 급진화하면서 음운론을 발전시켰다(옮긴이).

3 집합론과 관련해서 '외연성'은 각 집합에 대한 표현 방식이 다르더라도(예를 들어 '3보다 작은 양의 정수의 집합'과 '1, 2, 3을 원소로 가지는 집합') 비교 집합이 정확히 동일한 원소를 가진다면, 그 집합들은 동일하다'라는 원칙을 의미한다. 이는 집합의 동일성이란 집합을 구성하는 원소들의 목록(외연)에 의해서만 결정되며, 원소들이 어떤 방식으로 설명되거나 정의되는지(내포)는 중요하지 않다. 이 맥락에서 '관계'는 '외연'에 비해 상대적으로 덜 중요하다(옮긴이).

능에 종속되어 있고 목적론적으로 구조적 전체에 재통합된다. 이 구조적 전체는 주어진 차별적 접합들에 필연적으로 앞서며, 그 이상이기도 하다. 심지어 레비 스트로스(Lévi-Strauss)처럼 목적론이 확실히 없는 고전적 구조주의 관점에서조차 전체는 차이들의 놀이가 아닌 다른 무언가, 즉 인간 정신의 기본 범주가 되는 것으로서 통일성을 획득한다. 이 기본 범주들은 모든 변이를 '근본적인 대립 집합이 통제하는 요소들의 조합'으로 환원한다. 내 관점에서 차이의 놀이 너머에는 아무것도 없으며, 전체 중 일부 요소가 다른 요소보다 선험적으로 특권적일 아무런 근거도 없다. 어떤 요소가 어떤 중심성을 획득하든, 그것은 차이의 놀이 그 자체로 설명되어야 한다. 어떻게? 이것은 나의 두 번째 범주 집합으로 이어진다.

2) **비어 있는 기표와 헤게모니.** 이 장에서 다시 여러 번 다룰 것이기에, 나는 이 두 범주를 간단히 제시하겠다. 더욱더 발전된 이론적 논증은 내가 쓴 〈비어 있는 기표는 왜 정치에 중요한가?〉에서 찾을 수 있다.[4] 우리의 이중 과제는 다음과 같다.

① 우리는 순수하게 차별화된 정체성들을 다루기 때문에, 어떤 식으로든 이 차별화된 정체성들을 구성하는 전체를 결정해야 한다(물론 우리가 외적으로만 관련된 실정적 정체성을 다룬다면 문제가 발생하지 않을 것이다).

② 우리는 선험적으로 '최종심급에서의 결정' 능력을 부여받은 필

---

4 Laclau, *Emancipation(s)*, pp. 36-46.

연적인 구조적 중심을 가정하지 않는다. 따라서 불안정한 총체성의 지평을 힘겹게 구성할 수 있는 '중심화' 효과는 차이들 자체의 상호작용으로부터 나와야 한다. 어떻게 해야 할까?

나는 〈비어 있는 기표는 왜 정치에 중요한가?〉에서 다음과 같은 단계를 중심으로 구성된 논증을 제시했다. 첫째, 순수하게 차별화된 어떤 집합체가 있다면, 그 집합체의 총체성은 각각의 개별 의미 작용 안에 존재해야 한다. 이 총체성을 개념적으로 이해하는 것이 바로 의미 작용 자체의 조건이다.

그러나 둘째, 이 총체성을 개념적으로 이해하기 위해서는 그 한계를 이해해야 한다. 즉 총체성을 그 자체가 아닌 **다른 어떤 것**과 차별화해야 한다. 그러나 이 다른 어떤 것은 다른 차이일 뿐이다. 우리가 다루는 것은 **모든** 차이를 포용하는 총체성이다. 그러므로 모든 차이를 포용하는 총체성과 관련해서, 이 **다른** 차이는 (우리가 개념적으로 이해하려는 총체성이 구성될 수 있는 외부를 제공하지만) 총체성의 외부가 아닌 내부가 될 것이다. 즉 이 다른 차이는 총체성을 구성하는 역할이 적절치 않을 것이다.

그러므로 셋째, 진정한 외부를 가질 유일한 가능성은 외부가 단순히 또 하나의 중립적인 요소가 아니라 **배제된** 것, 즉 총체성이 자신을 구성하기 위해 자신으로부터 추방한 것일 때다. 정치적 사례를 들자면, 사회가 그 사회의 응집력이라는 감각에 도달할 수 있는 이유는 인구의 일부를 악마화하기 때문이다. 그러나 이것은 새로운 문제를 낳는다. 배제된 요소와 비교하면, 다른 모든 차이는 서로 등가적이다. 여기서 등가적이란 배제된 정체성에 대한 이 차이들의 공통된 거부다. (우리가 기억해야 할 것이 있는데, 등가는 프로이트가 예상한 집단 형성의 가능성 중 하나다. 즉 집단 구성원 사이의 상호 동일시를 가능하게 하는 특징은 어떤 것, 또는 누군가에 대한 공통의 증오다). 그러나 등가는 바로 차이를 전복하는 것이므로, 모든 정체성은 차별화하는 논리와 등가적인 논리 사이의 긴장 속에서 구성된다. 넷째, 이는 총체성의 장소에서는 오직 이 긴장만 발견될 뿐이라는 뜻이다. 궁극적으로 우리가 가진 것은 실패한 총체성, 회복할 수 없는 충만함의 장소다. 이 총체성은 불가능하면서도 필수적인 대상이다. 불가능한 이유는 등가와 차이 사이의 긴장을 궁극적으로 극복할 수 없기 때문이고, 필연적인 이유는 총체성이 얼마나 불안정하든 폐쇄가 없다면 의미 작용도 정체성도 없기 때문이다.

다섯째, 우리는 지금까지 대상을 완전히 결정할 수 있는 어떠한 **개념적** 수단도 없다는 사실만 보여주었다. 그러나 대표는 개념적 이해보다 더 넓다. 이 불가능한 대상이 어떻게든 대표의 영역에 접근해야 할 필요성은 여전히 남아 있다. 그러나 대표는 대표의 유일한 수단으로서 개별적인 특수한 차이들이 있다. 이 지점에서 내가 전개한 논증은 하나의 차이가 특수한 차이로 계속 남아 있으면서 비교 불가능한 총체성의 대표를 상정할 수 있다는 것이다. 이런 식으로, 이 특수한 차이의 구현체는 그것이 여전히 유지하고 있는 특수성과 그것이 담아내고 있는 더욱더 보편적인 의미 작용 사이에서 나뉜다. 비교 불가능한 보편적 의미 작용을 특수성으로 취하는 이 작업을 나는 **헤게모니**라고 부른다. 그리고 우리가 보았듯이 이렇게 구현된 총체성 또는 보편성이 불가능한 대상이라는 사실을 고려하면, 헤게모니적 정체성은 무언가 **비어 있는** 기표의 질서, 즉 도달할 수 없는 충만함을 구현하는 헤게모니적 정체성 그 자체의 특수성이 된다. 이를 통해 총체성의 범주를 제거할 수는 없다. 그러나 이 범주는 근거가 아니라 실패한 총체성이라는 하나의 지평임을 분명히 해야 한다. 만약 사회가 결정된 존재적 내용에 따라 통일된다면, 즉 경제, 인민의 정신, 일관된 체계, 또는 무엇이든 이런 것에 의해 최종심급에서 결정된다면 총체성은 엄밀한 개념적 수준에서 **직접** 대표될 것이다. 그러나 그렇지 않기 때문에 헤게모니적 총체성은 급진적 투자(radical imvestment), 즉 선험적으로 결정될 수 없는 투자, 그리고 순수한 개념적 이해와는 매우 다른 의미화 게임에 대한 관여(engagement)가 필요하다. 앞으로 살펴보겠지만, 여기서 정동적 차원(affective dimension)이 중심적인 역할을 한다.

3) **수사학(Rhetoric)**. 문자 그대로의 용어가 비유적인 용어로 대체될 때마다 수사학적 전치가 발생한다. 위의 논의와 관련성이 높은 수사학의 한 측면만 짚어 보자. 키케로(Cicero)는 수사학적 장치의 기원을 성찰하면서,[5] 언어로 명명될 수 있는 사물이 언어로 유효한 단어

---

5 Patricia Parker, 'Metaphor and Catachresis', in J. Bender와 D. E. Wellberg (eds), *The Ends of Rhetoric: History, Theory, Practice*, Stanford, CA, Stanford University Press, 1990을 참조하라.

보다 더 많아 단어를 문자 그대로의 원초적 의미에서 벗어나 두 가지 이상의 의미로 사용해야 했던 원시 사회 단계를 상상했다. 물론 그에게 이러한 단어의 부족함은 순전히 경험 부족을 대표한 것이었다. 그러나 이 부족함이 경험적인 것이 아니라, 언어가 기능하는 조건으로서 본질적으로 명명할 수 없는 것을 명명해야 하는 언어의 **구성적** 차단(constitutive blockage)과 연결되어 있다고 상상해 보자. 이때 원래의 언어는 문자 그대로가 아니라 비유적이 된다. 왜냐하면 명명할 수 없는 것에 명명해야만 언어가 존재할 수 있기 때문이다. 고전 수사학에서는 문자적인 것으로 대체할 수 없는 비유적 용어를 **남유**(catachresis)라고 불렀다(예를 들어 '책상**다리**'에 대해 이야기할 때). 의미는 문자 그대로의 용어로는 쉽게 전달할 수 없는 것을 표현해야 할 때 그 근간에서부터 왜곡된다는 사실에 직면한다면, 이 논의를 일반화할 수 있다. 그런 의미에서 남유는 특정한 비유를 넘어 수사성(rhetoricity)의 공통분모라 할 수 있다. 이것이 바로 이 논의를 헤게모니와 비어 있는 기표에 대한 나의 앞선 발언과 연결할 수 있는 지점이다. 불가능하면서도 필요한 대상에 명명할 필요성으로부터 '어떤 상황에서도 모든 의미화 과정의 전제 조건인 의미 작용이 시작되는 영도'에서 비어 있는 기표가 발생한다면, 헤게모니 작용은 처음부터 끝까지 남유적일 것이다. 앞으로 살펴보겠지만, 이런 이유로 '인민'을 정치적으로 구성하는 것은 본질적으로 남유적이다.

'인민'을 생산하는 데 개입하는 담론적 장치들을 드러내기 위해서는 앞으로 수사학적인 것에 대해 더 많이 이야기해야 한다. 하지만 일단 이 문제는 잠시 여기까지만 언급하기로 한다. 다만, 한 가지 더 집중해야 할 것이 있다. 나는 헤게모니 관계에서 하나의 특수한 차이는 그 차이를 뛰어넘는 총체성에 대한 대표를 전제한다고 주장했다. 이것은 고전 수사학의 무기고 안에 있는 한 가지 특수한 비유, 즉 (일부가 전체를 대표하는) 제유법(synecdoche)에 확실한 중심성을 부여한다. 이는 또한 제유법이 단지 분류학적으로 은유와 환유 같은 다른 비유들에 추가되는 또 하나의 수사학적 장치가 아니라, 이것들과는 다른 존재론적 기능이 있음을 암시한다. 이 문제는 이 책의 주제를 크게 벗어난 수사학적 분류의 일반적인 토대와 관련되기 때문에, 여기서 이 문제에 대한 논의를 시작할 수는 없다. 수사학의 분류는 고전 존재론의 범주에 부수적인 것이며, 고전 존재론에 관한 질문은 수사학의 원칙에 중요한 결과를 가져올 수밖에 없다는 점 정도만 언급하고 지나가고자 한다.

이제 우리는 포퓰리즘에 대한 우리의 논의에 필요한 전제 조건 대부분을 가지게 되었다.

요구와 인민적 정체성

한 가지를 먼저 결정해야 한다. 우리의 최소 분석 단위는 무엇일까? 모든 것은 이 질문에 대한 답을 중심으로 돌아간다. 우리가 집단 자체를 최소 분석 단위로 삼기로 한다면, 우리는 포퓰리즘을 **이미** 구성된 집단의 이데올로기 또는 동원 유형, 즉 그 집단 자체와는 다른 사회적 현실의 표현(부수현상)으로 보거나 집단의 통일성을 구성하는 한 가지 방법으로 볼 수 있다. 전자를 선택하면 1장에서 설명한 모든 함정에 즉시 직면한다. 후자를 선택하면(내 생각에 그래야 하는데) 그 실제 함의를 받아들여야 한다. 즉 '인민'은 이데올로기적 표현의 본질 중 무언가가 아니라, 사회 행위자들 사이의 어떤 실제 관계다. 다른 말로 하면, 이것은 집단의 통일성을 구성하는 한 가지 방식이다. 물론 이것만이 유일한 방식은 아니다. 사회적인 것 안에 작동하면서 포퓰리즘적인 것과는 다른 유형의 정체성을 가능하게 하는 다른 논리들이 존재한다. 따라서 포퓰리즘적 접합 실천의 특이성을 판단하고 싶다면, 집단보다 작은 단위를 분리해 포퓰리즘이 초래하는 통일성의 종류를 결정해야 한다.

우리가 시작할 가장 작은 단위는 '사회적 요구'라는 범주다. 내가 다른 곳에서 강조했듯이,[6] '요구(demand)'는 영어로는 모호한 개념이다. 이것은 요청(request)을 의미하지만, ('설명 요구(demanding explanation)'와 같이) 주장(claim)을 의미하기도 한다. 그러나 이 의미의 모호성은 우리의 목적에 쓸모가 있다. 왜냐하면 우리가 포퓰리즘을 정의하는 첫 번째 특징 중 하나를 바로 '요청에서 주장으로의 이행'에서 찾을 수 있기 때문이다.

---

6 'Populism: What is in the Name?', in F. Panizza (ed.), *Populism and the Mirror of Democracy*, London and New York, Verso, 2005.

고립된 요구들이 어떻게 발생하고, 이것들이 어떻게 접합되어 가는지에 관한 사례를 들어 보자. 가상이기는 하지만, 이 사례는 제3세계 국가들에서 널리 경험되는 상황과 매우 일치한다. 개발도상국 산업 도시 외곽의 판자촌에 정착한 대규모 이주 농민들을 생각해 보라. 주거 문제가 발생하고, 이에 영향받은 사람들이 집단으로 지역 당국에 해결책을 요청한다. 처음에는 **요청**에 불과한 **요구**가 있다. 이 요구가 충족되면 문제는 끝난다. 하지만 만족스럽지 못하면 사람들은 이웃 또한 만족스럽지 않은 다른 요구들(물, 건강, 학교 교육 문제 등)을 안고 있다는 사실을 인식하기 시작할 수 있다. 상황이 한동안 변하지 않으면, 충족되지 않은 요구가 누적되고 (각각 분리해) 차별적으로 이 요구들을 흡수할 수 있는 능력이 점차 떨어진다. 그러면서 이 요구들 사이에 등가적인 관계가 설정된다. 만일 외부 요인이 이 문제를 해결할 기미가 보이지 않는다면, 사람들과 제도적 시스템 사이의 틈새가 점점 넓어지는 결과가 쉽게 만들어질 수 있다.

이제 우리는 내적 경계의 형성, 만족스럽지 않은 여러 요구의 등가 사슬이 출현하면서 지역적인 정치 스펙트럼이 이분화되는 것을 본다. 요구가 주장으로 바뀌는 것이다. 우리는 만족스럽든 만족스럽지 않든 고립된 채로 남아 있는 요구를 **민주적 요구**(democratic demends)라고 부를 것이다.[7] 수많은 요구는 등가적 접합을 통해서 더 넓은 사회적 주체성을 구성하는데, 이 등가적 접합을 **인민적 요구**(popular

---

7 '민주적 요구' 개념의 '민주적' 구성 요소에 대해서는 이 장의 부록을 참조하라.

demands)라고 부를 것이다. 이 요구들이 구성되는 초기부터 '인민'은 잠재적인 역사적 행위자로 구성되기 시작한다. 여기서 우리는 초기 상태의 포퓰리즘 배열 구성을 본다. 우리는 이미 분명한 두 개의 전제 조건을 알고 있다. ① '인민'을 권력과 결별하게 하는 내부 적대적 경계의 형성, ② '인민'이 등장하도록 하는 요구들의 등가적 접합. ③ 세 번째 전제 조건이 있는데, 그것은 정치적 동원이 더 높은 수준에 이를 때까지 실제로 나타나지 않는다. 이 세 번째 전제 조건은 막연한 연대감 정도로 등가를 이루던 다양한 요구가 안정된 의미 작용 체계로 통일되는 것이다.

우리가 지역적 차원에 좀 더 머물러 있다 보면, 등가 사슬들이 확장되고 이 사슬들이 상징적으로 통일되는 몇 가지 추가적인 단계를 거칠 때 비로소 (포퓰리즘에 꼭 필요한) 이러한 등가가 어떻게 공고화되는지를 분명히 알 수 있다. 조지 루데(George Rudé)[8]가 설명한 산업화 이전의 식량 폭동을 예로 들어보자.[9] 상대적으로 초보적인 수준에서 잠깐이나마 등가를 설정할 수 있게 하는 것은 군중 이론가들의 '전염'에 상응하는 '예시의 힘(force of the example)'이다. 예를 들어 1775년 파리 지역에서 발생한 밀가루폭동(Corn Riots)[10]은 '어떤 통제

---

8 조지 루데(1910~1993)는 영국의 마르크스주의 역사가로, E. P. 톰슨, 에릭 홉스봄 등과 함께 '아래로부터의 역사 작법을 개척한 핵심 인물로 알려졌다(옮긴이).

9 George Rudé, *The Crowd in History: A Study of Popular Disturbances in France and England* (*1730-1848*), New York-London-Sydney, John Wiley & Sons, 1964.

10 1775년 파리 지역의 '밀가루폭동' 또는 '옥수수폭동'은 당시 프랑스 전역에 퍼졌던 '밀가루 전쟁'으로 알려진 대규모 소요 사태의 하나였다. 루이 16세의 재무총감 튀르고가 중농주의

의 중심부에서 촉발된 동시적인 분출과 거리가 멀다. 이것은 지역 차원의 자발적 운동만이 아니라, 예시의 힘이 터뜨린 일련의 작은 폭발이었다. 예를 들어 마니(Magny)에서는 사람들이 "(17마일[11] 떨어진) '퐁투아즈(Pontoise)에서 일어난 반란에 흥분'했다고 보고되었다. 고네스(Gonesse) 남부의 빌몽블(Villemomble)에서 구매자들은 '파리에서는 빵 가격이 동전 2수(sous), 고네스에서는 밀 가격이 12프랑[12]으로 고정되었다'라는 말과 함께 낮은 가격을 주장했다. 그리고 다른 유사한 사례들을 인용할 수 있다."[13] 혁명 기간에 일어난 폭동에 비해 이 초기 폭동들은 성공하지 못했다. 이 폭동들의 등가 사슬은 다른 사회 부문의 요구로 확장되지 않았다. 왜냐하면 소작농들이 자신들의 요구를 등가적으로 새겨 넣을 수 있는 전국민적 반-현상유지(anti-status-quo) 담론이 없었기 때문이다. 이에 대한 루데의 태도는 매우 명확하다.

이것(그들의 실패-옮긴이)은 초기 폭도들의 고립 때문이었는데, 폭도들은 군대, 교회, 정부, 도시 부르주아, 농민 지주들의 힘을 합친 대항에 (중략) 직면했음을 자각했다. (중략) 다시 말하지만, (그리고 이것이 가장 중요하다) 나중에 하층과 중간 계급이 공동의 적에 대항할 '자유', 인민주권, 그

에 따라 곡물 시장의 규제 철폐와 거래 자유화 조치를 시행하자, 곡물가가 폭등하고 투기가 발생했다. 흉작과 맞물려 사람들이 생필품인 빵을 구할 수 없게 되자, 파리와 주변 지역에서 광범위한 폭동이 일어났다(옮긴이).

11 약 27.36Km(옮긴이).

12 당시 1프랑은 20수(옮긴이).

13 Ibid., p. 29.

리고 인간의 권리라는 새로운 관념이 아직 도시와 농촌의 가난한 사람들 사이에 퍼지지 않고 있었다. (중략) 유일한 목표 지점은 농부나 부유한 소작농, 곡물 상인, 제분업자나 제빵사가 아니었다. (중략) 정부와 기성 질서를 전복하거나, 새로운 해결책을 제시하거나, 심지어 정치적 행동으로 불만에 대한 보상을 요구하는 것에는 의문의 여지가 없었다. 이것이 바로 온전한 18세기의 식량 폭동이다. 비슷한 운동이 프랑스혁명에서도 나타나겠지만, 똑같은 정도의 자발성과 정치적 순수성은 절대 없을 것이다.[14]

여기서 우리는 이중적인 패턴을 읽을 수 있다. 한편으로 등가 사슬이 더 확장될수록 그 구성에 들어가는 고리의 본질은 더 혼합적일 것이다. "군중은 배고프거나 그렇게 될 것이 두려워서, 무언가 깊은 사회적 불만이 있어서, 즉각적인 개혁이나 새로운 천년왕국을 갈망해서, 적을 무찌르거나 '영웅'을 찬양하고 싶어서 폭동을 일으킬 수 있다. 하지만 이러한 이유 중 어느 하나만으로는 거의 폭동을 일으키지 않는다."[15] 다른 한편으로 만일 대립이 순전히 일시적인 것에 그치지 않으려면, 대립에 관여하는 세력들은 등가적인 요소 일부에 정박지 기능을 속성으로 부여해 다른 나머지 일부와 구별될 수 있도록 해야 한다. 이러한 관점에서 루데는 폭동의 표면적인 동기와 "그러한 소동에 하찮지 않은 역할을 한 근본적인 동기, 그리고 전통적인 신화 및

<hr>

14 Ibid., p. 31.
15 Ibid., p. 217.

신념(군중심리학자들과 사회과학자들이 '근본적' 또는 '일반화된' 신념이라고 부른)을 구분한다."16 그는 '수평화(levelling)' 본능, 커다란 혁신에 대한 반감, 자기 백성의 보호자 또는 '아버지'로서의 왕과 '정의'의 동일시, 그리고 일련의 반복되는 종교적 또는 천년왕국적 주제에 대해 논의한다. 이 모든 주제는 명확하게 식별할 수 있는 패턴을 보인다. 즉 이 주제들은 요구들의 실제 물질적 내용과 다른 역할을 한다. 그렇지 않으면 이러한 요구의 근거가 될 수도, 일관성을 부여할 수도 없기 때문이다. 예를 들어 루데는 '수평화 본능'에 대해 다음과 같이 주장한다.

그들이 정부 관리, 봉건 영주, 자본가, 중산층 혁명 지도자 누구든 상관없이, 부자와 **귀족**, 권력층을 희생시키면서까지 가난한 사람들이 어느 정도의 기본적인 사회정의를 추구하게 만드는 전통적인 '수평화 본능'이 존재한다. 그 수평화 본능은 경쟁하는 정당의 구호를 넘어, 전투적인 상퀼로트(sans-culotte, 프랑스혁명 당시 급진적 공화주의자)가 '교회와 국왕' 폭도들17이나 자신들의 천년왕국을 찾아가는 소작농을 만나는 공통 기반이다.

---

16 Ibid., p. 224.

17 '교회와 국왕' 폭도는 18세기 말, 특히 프랑스혁명기에 영국에서 발생한 보수적·왕당파적·반혁명적 성향의 군중을 가리킨다. 프랑스혁명의 급진적 사상(공화주의, 반종교주의 등)이 영국으로 확산되는 것에 대한 반감과 공포를 품은 사람 중에서 영국 국교회와 군주제에 대한 충성을 맹세한 무리로, 프랑스혁명을 지지하는 영국인들을 비난하고 공격하는 활동을 했다. 상퀼로트와 정반대의 이념과 활동을 전개했지만, 엘리트에 대한 분노, 수평화 본능과 같은 정신을 공유하고 있다고 볼 수 있다. 다만 상퀼로트의 분노가 봉건 영주를 향했다면, 이들은 전통적 질서를 위협하는 신흥 엘리트에게 향하도록 이용되었다. 이는 '수평화 본능' 자체가 일종의 내용 없는 비어 있는 기표로서 어떤 내용과도 접합될 수 있음을 보여준다(옮긴이).

(중략) 군중의 '수평화' 본능은 급진적 대의에 못지않게 반급진주의에도 쉽게 활용될 수 있다.[18]

그가 언급한 다른 사례들도 똑같이 말하고 있다. 고든폭동(Gordon Riots)[19] 때 군중이 전체 가톨릭 신도들보다 부유한 신도들을 공격하는 동안, '교회와 국왕'의 소요가 있는 동안, 나폴리 사람들은 자코뱅파를 공격했다. 자코뱅파 사람들이 프랑스 무신론자들의 동맹이었기 때문이라기보다, 그들이 마차를 타고 다녔기 때문이었다.[20] 그리고 방데(Vendée)의반란[21] 기간에 만일 소작농들이 혁명이 타오르는 파리에 맞섰다면, 그 이유는 소작농들이 그 지역 지주보다 부유한 도시를 더 증오했기 때문이었을 것이다. 결론은 틀림없다. 만일 이 '수평화 본능'이 가능한 한 더 많은 사회적 내용에 부착될 수 있다면, 이 본

---

18 Ibid., pp. 224-5.

19 고든폭동은 1780년 영국 런던에서 발생한 대규모 반가톨릭 폭동이다. 조지 고든 경(Lord George Gordon)이 이끄는 개신교도들이 1778년 가톨릭교도에 대한 일부 차별을 완화한 '교환주의자법'의 폐지를 요구하며 시위가 시작되었다. 그 뒤 종교적 의미를 넘어 '부와 권력의 상징'에 대한 공격으로 전환되었다. '반가톨릭'이라는 종교적 구호가 일종의 '수평화 본능'을 상징하는 비어 있는 기표로서 반엘리트와 반부유층 정동을 끌어들였다고 볼 수 있다(옮긴이).

20 당시 '마차'는 수평화에 반대되는 특권층의 상징이었다(옮긴이).

21 방데의반란(The Vendée)은 프랑스혁명기였던 1793년 프랑스 서부 방데 지역을 중심으로 일어난 대규모 왕당파와 가톨릭 세력의 반혁명 봉기다. 가톨릭 신앙과 왕정 지지 전통이 강한 방데 지역에서 혁명 정부의 급진적 반교권 정책, 루이 16세 처형, 혁명전쟁을 위한 대규모 징집령에 반발한 농민들이 군대를 조직해 공화국 군대와 맞서 벌인 내전이다. 이들에게 '왕정복고'와 '가톨릭 수호'는 반도시, 반엘리트적 수평화 본능의 비어 있는 기표 역할을 했다고 볼 수 있다(옮긴이).

능은 그 자체로 고유한 내용을 가질 수 없다. 수평화 본능을 인정하고 연속적인 구체적 내용들에 시간적 연속성의 감각을 부여하는 이 이미지와 단어 등은 내가 비어 있는 기표라고 불렀던 것과 정확히 같은 기능을 한다.

이는 우리에게 포퓰리즘에 접근하는 좋은 출발점을 제공한다. 한마디로, 포퓰리즘의 발전된 개념을 정교하게 다듬기 위해 필요한 세 가지 구조적 차원이 내가 방금 언급한 지역에서의 동원에 담겨 있다. 등가 사슬에서 다양한 요구가 통일되는 것, 사회를 두 진영으로 나누는 내적 경계가 구성되는 것, 등가 고리의 단순한 합보다 더 질적으로 나은 인민적 정체성이 구성되면서 등가 사슬이 공고해지는 것. 이 장의 나머지 부분에서는 이 세 가지 측면에 대해 연속적으로 논의할 생각이다. 그러나 우리가 이러한 탐구의 끝에 도달하게 될 포퓰리즘 개념은 잠정적일 것이다. 왜냐하면 이 개념은 두 가지 (경험적으로는 필수적인) 가정이 작동해야 가능해지기 때문이다. 그리고 이 두 가지 가정은 5장에서 순차적으로 제거될 것이다. 그래야만 우리는 완전히 전개된 포퓰리즘 개념을 제시할 위치에 설 수 있다.

등가의 모험

우리의 분석이 지역 차원의 폭동에서 포퓰리즘으로 움직이면, 우리는 분석의 차원을 넓혀야 한다. 고전적 형태에서 포퓰리즘은 더 큰 공동체를 전제로 하므로, 등가 논리는 새롭고 더 이질적인 사회 집단을 가로지른다. 그러나 등가 논리가 계속 확장되면, 이 확장을 제한하려 할수록 숨는 경향을 보이는 등가 논리의 몇몇 특징이 더욱 명확하게 드러난다.

민주적 요구와 인민적 요구에 대해 앞서 확립한 구분으로 돌아가 보자. 우리는 이미 인민적 요구에 대해 알고 있다. 인민적 요구는 여러 요구의 등가를 전제로 한다. 하지만 민주적 요구에 대해서는 거의 언급하지 않았다. 우리가 아는 유일한 사실은 민주적 요구는 고립된 채 존재한다는 것이다. 무엇에 대한 고립? 오직 등가 과정에 대해서 그렇다. 그러나 이것은 단자(monad)적 고립이 아니다. 왜냐하면 다른 요구들과의 등가 관계로 진입하지 않으면, 이 고립은 **충족된** 요구이기 때문이다. (5장에서는 떠다니는 기표 상태와 연결된 다른 유형의 고립에 대해 논의할 것이다). 이제 충족된 요구는 고립된 채로 남지 않고, 제도적/차별화된 총체성 속에 새겨진다. 그 결과 우리는 사회적인 것을 구성하는 두 가지 양식을 알게 된다. 다른 특수성과 본질상 차별적으로만 (우리가 봐 온 것처럼 어떤 실정적 용어도 없이 단지 차이만으로) 연결될 수 있는 특수성, 즉 우리에게는 요구들의 특수성을 주장하는 양식이거나, 모든 특수성이 공통으로 지닌 등가를 강조하면서 각 특수성의 일부를 포기하는 양식이다. 우리가 알다시피 사회적인 것을 구성하는 두 번째 양식은 적대 경계를 그리는 것을 수반하지만, 첫 번째 양식은 그렇지 않다. 나는 사회적인 것을 구성하는 첫 번째 양식을 **차이의 논리**, 두 번째 양식을 **등가의 논리**라고 불렀다. 분명 우리는 포퓰리즘의 출현을 위한 한 가지 전제 조건은 차이 논리를 희생하면서 그 대가로 등가 논리를 확장하는 것이라는 결론을 도출할 수 있다. 이는 여러 측면에서 사실이다. 그러나 이 문제를 그대로 둔다면, 너무 천박하게 논쟁에서 이기는 꼴이 될 것이다. 왜냐하면 이 문제는 등가와 차이가 단순히 서로를 배제하는 제로섬 관계에 있다고 전제하기 때문이다. 상황은 훨씬 더 복잡하다.

이 지점에서 담론적 총체성에 대한 우리의 논의로 돌아갈 수 있다. 우리는 배제 없는 총체성이란 없으며, 이와 같은 배제는 다른 정체성과 연결/분리되는 차별적인 본질, 그리고 다른 모든 정체성과의 등가적 유대 사이에 있는 모든 정체성의 분열을 전제로 한다는 것을 보았다. 헤게모니적 연결 고리가 어렵게 만들어 내는 부분적 총체성은 이 분열을 제거하지 못하지만, 이 분열에서 파생되는 구조적 가능성으로부터 작동해야 한다. 따라서 차이와 등가는 서로를 반영해야 한다. 어떻게 이럴 수 있을까? 나중에 이 둘로부터 이론적 결론을 도출하기 위해 두 가지 상반된 예를 들어보자.

복지국가를 궁극적 지평으로 상정하는 사회는 차이 논리가 사회적인 것을 구성하는 방식이 정당하다고 받아들여지는 사회다. 지속적으로 확장되는 시스템으로 인식되는 이 사회에서는 모든 사회적 필요가 차별적으로 충족되어야 한다. 내부 경계를 만드는 근거는 존재하지 않는다. 다른 어떤 것과도 차별화할 수 없기에, 이 사회는 자신을 총체화할 수 없고 '인민'을 만들어 낼 수 없다. 실제로 이 사회가 만들어지는 동안 확인되는 장애물들, 즉 기업가의 사적 탐욕, 고착된 이해관계 등은 그 지지자들이 적을 규정하고 등가 논리에 기반한 사회 분열 담론을 다시 도입하도록 강요한다. 이런 식으로, 복지국가의 방어를 중심으로 구성된 집단적 주체가 등장할 수 있다. 신자유주의에 대해서도 똑같이 말할 수 있다. 신자유주의 역시 균열 없는 사회를 위한 만병통치약으로 제시된다. 다만 국가가 아니라 시장이 그 역할을 한다는 속임수가 있을 뿐이다. 결과는 같다. 마거릿 대처(Margaret Thatcher)는 '장애물'을 발견하고서, 사회 보장과 이런저런 것들에 대한 기생충을 비난하기 시작했다. 그는 결국 현대 영국 역사상 가장 공격적인 사회 분열 담론 중 하나를 획득했다.

그러나 등가 논리의 관점에서도 상황은 비슷하다. 등가는 약해질 수는 있지만 차이를 길들일 수는 없다. 애초에 등가가 차이를 없애려는 것이 아님은 분명하다. 앞선 사례에서, 처음에 등가가 형성된 원인은 일련의 특수한 사회적 요구가 좌절되었기 때문이다. 만일 요구의 특수성이 사라지면 등가의 근거도 사라진다. 따라서 차이는 등가 안에서 그 근거로서, 그리고 등가와 긴장 관계 속에서 계속 작동한다. 예를 들어보자. 프랑스혁명 과정, 특히 자코뱅 시기의 '인민'은 우리가 알고 있듯이 등가적 구성물이고 이 시기의 전체 정치 역학을 등가 사슬의 보편성과 이 사슬 각각의 요구가 가진 특수성 사이의 긴장이라는 관점에서 보지 않으면, 우리는 이 정치 역학을 이해할 수 없다. 그러한 관점에서 노동자의 요구에 대해 생각해 보자.[22] 전체 혁명 시기는 (다른 것 중 하나인) 노동자의 요구가 만들어 내는 긴장과 급진적 인민민주주의라는 등가적 담론으로 점철되었다. 한편으로 혁명 진영에 속한 노동자들의 요구가 공식 혁명 담론에 모순적으로 반영되었다. 공식 혁명 담론은 노동자들의 요구를 무시할 수 없었고, 이는 일부 인정하고 일부 억제하는 지그재그식 운동으로 이어졌다. 다른 한편으로 노동자들의 행동에서도 약간의 주저함이 보인다. 상퀼로트가 에베르(Hébert)와 그의 동료들을 통해 파리코뮌을 통제하는 동안, 노동자들의 사회적 요구에 대한 정치적 인정이 상당 부분 이루어졌다. 그러나 1794년 4월 상퀼로트가 몰락하고 연이어 이들의 '인민 사회'가 폐쇄되면서, 초기 노동자 조직들은 해체되었다. 그해 말 파리의 새로운 임금률을 정한 '최고가격제(General Maximum Law)'가 발표되면서 노동자들의 시위운동이 다시 등장한다. 이 운동은 로베스피에르(Robespeirre)의 몰락과 이후 코뮌의 몰락에 중요한 요소였다. 파리코뮌 의원들이 처형장에 끌려갈 때, 이들에게 적대감을 품은 노동자 군중들은 이들을 둘러싸고 "빌어먹을 최고가격제!"라고 소리 질렀다. 그러나 나중에 새로운 통치자들은 시장 법칙이 작동하도록 내버려두었고, 이는 급격한 인플레이션과 임금 가치의 악화로 이어졌다. 이번에는 실업 위기 속에서 사회적 시위가 더 전통적인 식량 폭동의 형태로 나타났다.

이 복잡한 역사가 보여주는 것은 혁명 시기에 등가와 차이의 긴장

---

22 Ibid., 제8장.

이 단 한 번도 깨지지 않았다는 사실이다. 국가를 장악한 자들은 노동자들의 요구에 항복하지 않았지만, 그 요구를 무시할 수는 없었다. 그리고 노동자들은 어느 순간에도 혁명 진영을 포기할 정도로 자율성을 밀어붙일 여유가 없었다. 다니엘 게랭(Daniel Guérin)이 지금은 신뢰받지 못하는 저서에서 주장했듯이, 이러한 사실은 독립적인 계급투쟁의 새로운 장을 시작하는 어떤 순간에도 의문의 여지가 없었다.[23]

그렇다면 이 모든 것이 우리를 어디에 놓아 두고 있을까? 나는 등가와 차이는 궁극적으로 양립할 수 없지만, 그럼에도 사회적인 것의 구성을 위한 필수 조건으로서 서로에게 필요하다는 점을 보여주었다. 사회적인 것은 이 환원할 수 없는 긴장의 장소일 뿐이다. 그렇다면 이때 포퓰리즘은 무엇일까? 두 논리 사이의 궁극적인 분리가 불가능하다면, 등가적 계기의 특권은 어떤 의미에서 포퓰리즘에 고유할까? 그리고, 특히 이 맥락에서 '특권'이란 무엇을 의미할까? 이 문제를 신중하게 생각해 보자. 위에서 내가 말한 총체성, 헤게모니, 비어 있는 기표가 이 수수께끼를 푸는 데 실마리를 제공한다. 한편으로 모든 사회적, 즉 담론적 정체성은 차이와 등가의 접점에서 만들어진다. 마치 언어적 정체성이 조합의 통사적 관계와 대체의 계열적 관계의 자리인 것처럼 말이다. 그러나 다른 한편으로 사회적인 것에는 본질적인 불균형이 존재한다. 우리가 봐 온 것처럼, 총체화란 차별적인 요소 하나

---

23 Daniel Guérin, *La lutte de classes sous la première République* (1793~1797), Paris, Gallimard, 1946, 2 vols.

가 불가능한 전체를 대표해야 하기 때문이다. (예를 들어 솔리다르노시치 (Solidarność)²⁴의 상징은 그단스크(Gdansk) 노동자 집단의 특수한 요구에 머물지 않고, 억압적인 정권에 대항하는 훨씬 더 광범위한 대중 진영을 의미했다.) 따라서 특정한 정체성이 차이의 전체 영역으로부터 포착되어 이러한 총체화 기능을 구현하도록 만들어진다. 이것이 바로 (앞의 질문에 답하기 위해) 특권이 의미하는 것이다. 오래된 현상학적 범주를 부활시키면, 이 기능은 사회적인 것의 지평과 그 안에서 대표될 수 있는 것의 한계를 제기하는 것에 있다고 할 수 있다(우리는 이미 한계와 총체성의 관계를 논의했다).

포퓰리즘적 총체화와 제도주의적 총체화의 차이는 특권화된 헤게모니적 기표들의 수준에서 찾아지는데, 이 기표들은 결절점으로서 담론 구성체의 전체 구조를 구조화한다. 차이와 등가는 이 두 가지 총체화에 모두 존재하지만, 제도주의는 담론 구성체의 한계를 공동체의 한계와 일치시키려는 담론이다. 따라서 '차별성(differentiality)'이라는 보편적 원리는 그 동질적인 공동체주의적 공간 안에서 지배적

---

24 솔리다르노시치는 '연대(solidarity)'를 뜻하는 폴란드어로, 1980년대에 폴란드 그단스크레닌조선소 노동자들이 파업을 전개하면서 조직한 폴란드 자유노동조합연맹의 이름이다. 소비에트연방의 공산당 해체 아래서 최초로 인정받은 독립 노조다. 레흐 바웬사(Lech Walesa)가 당시 파업을 이끌었다. 솔리다르노시치는 노동자들의 임금 인상과 노동 조건 개선에 대한 요구에서 출발했으나, 점차 공산당 일당 독재라는 '억압 정권'에 대한 국민적 저항의 상징으로 발전했다. 폴란드 정권은 솔리다르노시치를 불법화했으나, 솔리다르노시치는 이후 동유럽 사회주의 정권의 연속적인 붕괴의 기폭제가 되었다. 그 뒤 바웬사는 폴란드 민선 대통령으로 당선되었다(옮긴이).

인 등가가 될 것이다. (예를 들어 디즈레일리(Disraeli)[25]의 '하나의 국민'을 생각해 보라.) 포퓰리즘에는 정반대가 발생한다. 배제의 경계가 사회를 두 진영으로 나눈다. 이때 '인민'은 공동체 구성원들의 총체성보다 더 작다. 그럼에도 인민은 유일한 합법적인 총체성으로 인지되기를 열망하는 일부 구성 요소다. 공통 언어로 번역되어 온 전통적 용어 체계는 이런 차이를 분명히 한다. 인민은 모든 시민의 몸인 **포풀루스(populus)**로 인지될 수도 있지만, 사회경제적으로 소외된 계층인 **플레브스(plebs)**로 인지될 수도 있다. 그러나 이러한 구분조차 내가 추구하는 것을 정확히 포착하지 못한다. 왜냐하면 이 구분은 **법률적으로** 인정되는 구분으로 쉽게 이해될 수 있기 때문이다. 법률적으로 인정되는 구분은 모든 구성 요소에 보편적 정당성을 부여하는 동질적인 공간 안에서의 차별성일 것이다. 즉 포풀루스와 플레브스의 관계는 적대적이지 않을 것이다. 따라서 포퓰리즘의 '인민'이 존재하기 위해서는 더 많은 것이 필요하다. 합법적으로 유일한 **포풀루스**라고 주장되는 **플레브스**가 필요하다. 즉 공동체의 총체성으로 기능하고자 하는

---

25 벤저민 디즈레일리(Benjamin Disraeli, 1804~1881)는 빅토리아 시대 영국의 보수당(Tory)을 이끈 정치가이자 소설가로 두 차례 총리를 지냈다. '하나의 국민(One Nation)'이라는 개념으로 가장 잘 알려진 '일국 보수주의(One-Nation Conservatism)'의 창시자다. 그는 산업혁명으로 부자와 빈자, 즉 두 국민으로 분열되고 계급 갈등이 사회 파괴적으로 심화되고 있는 영국 사회에 대한 대응으로 부유층과 귀족이 가난한 이들에 대해 온정주의적 의무, 즉 '노블레스 오블리주(noblesse oblige)'를 다해야 한다고 주장했다. 이를 위해 디즈레일리는 '인민'과 '적'으로 사회가 분열되지 않고, 기존 사회 질서와 제도 안에서 계급 간 차이와 갈등이 인정되고 관리될 수 있도록 '하나의 국민'을 주장했다. 이는 부자와 가난한 자 모두 하나의 동질적이고 공동체주의적 공간, 즉 국가 안에 존재하며, 이 국가의 한계를 위해 함께 협력해야 함을 의미했다(옮긴이).

부분성이 필요하다. ('모든 권력을 소비에트에', 또는 다른 담론에서 이와 같아 보이는 주장은 엄밀한 포퓰리즘적 주장일 것이다.) 우리는 제도주의 담론에서 차별성이 합법적으로 유일한 등가물이라는 주장, 즉 모든 차이가 더 넓은 총체성 안에서 동등하게 타당하다고 고려되는 것을 봐 왔다. 그러나 포퓰리즘에서 이러한 대칭성은 깨진다. 왜냐하면 전체와 자신을 동일시하는 일부가 존재하기 때문이다.

따라서 우리가 이미 알고 있듯이, 급진적 배제는 공동체주의적 공간 **안에서** 일어날 것이다. 첫 번째, 차별성의 원리가 등가적으로 모든 관계를 지배할 것이다. 두 번째, 그것만으로는 충분하지 않다. 공동체에서 매우 활동적인 권력을 거부하려면, 모든 차별적 주장들을 하나의 공통분모를 중심으로 구체화하는 정체성 원리로 인민적 사슬의 모든 연결 고리를 동일시해야 한다. 물론 이 공통분모에는 실정적인 **상징적 표현**이 필요하다. 이것이 우리가 **민주적** 요구라고 부르는 것에서 **인민적** 요구로 전환되는 과정이다. 민주적 요구는 확장되는 헤게모니 구성체 안에서 수용될 수 있지만, 인민적 요구는 헤게모니 구성체 자체에 대해 도전한다. 멕시코에서는 제도혁명당(Partido Revolucionario Institucional, PRI)이 헤게모니를 잡고 있던 시기에, 체제가 **변형주의적**(transformistic) 방식(그람시적 용어)으로 흡수할 수 있는 시의적절한 요구들과 **엘 파케테**(el paquete, 소포(the parcel), 통일된 전체로 동시에 커다랗게 제시되는 요구의 집합)[26]라 불리는 두 정치 전문

---

26 엘 파케테는 스페인어로 '소포', '꾸러미'라는 뜻이다. 멕시코 제도혁명당 일당 우위 체제 아

용어가 구별되어 쓰였다. 정권이 협상할 준비가 되어 있지 않은 경우는 오직 엘 파케테뿐이었다. **엘 파케테**는 보통 무자비한 탄압에 직면했다.

이 시점에서 잠시 프로이트의 논의로 돌아가 보자. 조직이 개인의 모든 기능을 대신하고 지도자의 필요성을 제거한 프로이트의 집단 개념은 내가 '차이의 논리'라고 부른 것이 전적으로 지배하는 사회와 거의 모든 점에서 일치한다. 우리는 그런 사회가 불가능하다는 사실을 알고 있다. 앞서 말했듯이, 내가 프로이트도 이것을 실현할 수 있는 대안이 아니라 한계 개념(limit concept)[27]으로 보았다고 판단하는 데는 충분한 근거가 있다. 그러나 그 반대편에 있는, 지도자에 대한 사랑만이 **유일한** 리비도적 결속인 지속 가능한 집단도 똑같이 불가능하다. 왜냐하면 차별적 특수성의 차원이 (앞서 살펴본 것처럼, 등가 관계 아래서 계속 작동하는데) 사라졌을 수도 있고, 등가가 단순한 정체성으로 붕괴되었을 수도 있기 때문이다. 그러면 집단은 전혀 존재할 수 없게 된다. 나는 프로이트가 사회적 유대를 **공고히 하는** 중심 조건으로 지도자에 대한 사랑을 지적하는 것에서, 그 사랑이 사회적 유대의 **기원**이라고 주장하는 것으로 너무 빨리 이동한다고 생각한다. 프로이트가 지도자에 대한 사랑**에만** 기반을 두는 집단에 대해 제공할 수 있는 사

래서, 개별적으로 협상 가능한 요구가 아니라 체제 전체에 대한 도전으로 여겨질 만큼 다양하고 포괄적인 요구가 한꺼번에 제기되는 상황을 가리키는 정치 은어였다. 정권은 이를 체제 안정을 위협하는 '폭탄 꾸러미'처럼 여겨 타협 없이 강경하게 탄압했다(옮긴이).

27 이론적 사유의 경계를 설정하거나 초월적 사고를 가능하게 하는 개념(옮긴이).

례들은 한 소녀가 연인으로부터 실망스러운 편지를 받아서 그녀가 속한 소녀들의 집단에 히스테리가 전염되는 것과 같은 다소 일시적인 상황, 또는 가수나 피아니스트와 사랑에 빠진 또 다른 소녀들의 집단에 불과하다. 이 두 사례에서 동일시는 부러움이나 질투를 극복하는 방법일 뿐이다. 하지만 프로이트가 언급한 다른 집단 어디로든 넘어가면, 이 설명은 불충분해진다. 군인들은 통수권자에 대한 사랑 때문에 군대에 입대하지 않는다. 나중에 그 사랑이 집단의 통일성을 공고히 하는 데 아무리 중요하다고 해도 말이다. 그러나 위에서 논의한 자아의 차별적 등급에 대한 프로이트의 언급으로 이 분석을 보완하면, 우리는 매우 다른 상을 얻을 수 있다. 바로, 실질적인 모든 측면에서 등가와 차이의 필수 접합에 대한 분석과 일치하는 상이다.

우리는 포퓰리즘의 개념에 한 걸음, 오직 단 한 걸음 더 다가섰다. 지금까지 다음과 같은 사실을 확인했다. 포퓰리즘은 사회를 두 진영으로 나누는 이분법적 분할을 필요로 하며, 그중 한 진영은 자신을 전체라 주장하는 일부로 제시한다. 또한 이 이분법은 사회 영역의 적대적 분할을 수반하고, 인민 진영은 자신의 구성 조건으로서 다수의 사회적 요구 사이들 사이에 형성된 등가성에 기초해 전반적 정체성(global identity)을 구축할 것을 전제한다. 그러나 이러한 발견이 정확히 의미하는 것은 적대적 경계, 그리고 우리가 '인민적 정체성'이라고 부르는 등가와 차이의 특수한 접합, 이 둘의 담론적 구성에 무엇이 포함되어 있는지를 더 정확하게 규명할 때까지는 불확정적으로 남아 있을 수밖에 없다는 사실이다. 이것이 내가 다음에 다룰 내용이다.

적대, 차이 그리고 대표

적대적 경계에 대한 우리의 관념이 우리가 이 관념에 부여한 역할을
하기 위해 필요한 것은 무엇일까? 말하자면, 양립할 수 없는 두 등가
사슬을 중심으로 구성된 환원 불가능한 두 진영으로 사회를 바라보
기 위해서는 무엇이 필요할까? 분명히 우리는 어떤 차별적인 연속성
의 측면에서 한 진영에서 다른 진영으로 이동할 수 없다.[28] 만약 특
정 진영의 내부 논리를 통해서 다른 진영으로 이동할 수 있다면, 우리
는 차이의 관계를 다루게 될 것이고 두 진영을 가르는 균열은 진짜로
급진적이지는 않게 될 것이다. 균열의 급진성은 그 균열을 개념적으
로 표현할 수 없다는 사실과 관련 있다. 그것은 마치 '성관계는 없다'
라는 라캉(J. Lacan)의 명제와 같다. 이 명제는 사람들이 성관계를 갖
지 않는다는 것을 의미하지 않는다. 이 명제의 진짜 의미는 성관계를
갖는 두 주체가 성화(sexuation(性化))[29] 공식에 포함될 수 없다는 것이
다.[30] 적대(antagonism)도 마찬가지다. 엄밀한 균열의 계기, 즉 적대적
계기 자체는 개념적으로 파악되지 않는다. 간단한 예로 이를 설명할 수

---

28 에르네스토 라클라우·샹탈 무페, 이승원 옮김, 《헤게모니와 사회주의 전략》, 후마니타스,
2012, 제3장을 참조하라.

29 라캉에게 성화란 주체가 생물학적 성(sex)이나 사회적 성(gender)이 아니라, 상징계 안에서
주체의 성적 위치가 형성되는 과정을 의미한다(옮긴이).

30 이 주장은 Joan Copjec, 'Sex and the Euthanasia of Reason', in *Read My Desire*, Cam-
bridge (MA)/London, MIT Press, 1995, pp. 201-36에서 강력하게 전개된다.

있다. 다음과 같이 연속적인 순서에 따라 진행되는 역사적 설명을 가정해 보자. ① 세계 시장에서 밀 수요가 늘어나 밀 가격이 상승하고, ② 따라서 X국의 밀 생산자는 생산량을 늘릴 유인(incentive)이 있으며, ③ 그 결과 밀 생산자들은 새로운 토지를 점유하기 시작하고 이를 위해 전통적인 소작농 공동체를 강탈해야 하며, ④ 따라서 소작농들은 이러한 강탈에 저항할 수밖에 없다. 분명히 이 설명에서 무언가 빠져 있는 균열이 있다. 앞의 세 가지(①~③)는 객관적인 사건의 일부로서 자연스럽게 서로 이어진다. 그러나 네 번째(④)는 전혀 다른 성격이다. 네 번째는 우리의 상식, 즉 '인간 본성'에 대한 우리의 지식에 호소함으로써 객관적 설명이 제공하지 못하는 연결 고리를 일련의 사건에 추가한다. 우리는 실제로 이 연결 고리를 **통합하는** 담론을 가지고 있지만, 이 통합은 개념적 이해를 통해 이루어지지 않는다.

이 개념적 틈새의 의미를 감지하는 것은 어렵지 않다. 순수한 개념적 수단을 통해서 일련의 사건 전체를 재구성할 수 있다면, 적대적 균열은 구성적일 수 없다. 갈등하는 모든 계기는 (헤겔의 이성의 간지처럼) 근본적이고 완전히 이성적인 과정의 부수현상적인 표현일 것이다. 자신들의 적대 관계 속에서 인민이 '살아가는' 방식과 이 적대 관계의 '참된 의미' 사이에는 메울 수 없는 간격이 존재할 것이다. 이것이 변증법적 의미에서 '모순'이 사회적 적대에서 핵심적인 쟁점을 전혀 포착할 수 없는 이유다. 변증법적으로 B는 A의 부정일 수 있지만, 처음부터 이미 A에 포함되어 있던 어떤 것의 발전을 통해서만 B로 이동할 수 있다. 그리고 A와 B가 C에서 처음부터 지양(aufgehoben, 독일어)될 때, 모순이란 개념적으로 완전히 파악될 수 있는 변증법적인 연쇄의 일부라는 것을 더욱 분명하게 알 수 있다. 그러나 만일 적대가 엄밀하게 구성적이라면, 적대적 힘은 확실히 극복될 수는 있어도 변증법적으로 회수될 수는 없는 외재성을 보여준다.

누군가는 다음과 같이 주장할 수도 있다. 이는 우리가 객관성을 일관된 전체 안에서 개념적으로 장악할 수 있는 것과 동일시했기 때문에 발생한 문제일 뿐이지, 기호학적 차이처럼 지형이 매끄러운 객관성은 이런 비판을 충분히 피해 갈 수 있다고 말이다. 예를 들어 소쉬르의 차이들은 차이들 사이의 논리적 연결을 전제하지 않는다. 이것은 맞지만, 우리가 제기하는 질문과 관련이 없다. 우리는 **논리적** 지형의 보편성이 아니라 객관성 그 자체에 의문을 제기하고 있다. 여전히 소쉬르의 차이들은 차이들을 구성하는 연속적인 공간을 전제로 한다. 반대로 구성적 적대, 즉 급진적 경계에 대한 개념은 **단절된** 공간이 필요하다. 우리는 이 단절의 다양한 차원들과 이 차원들이 인민적 정체성의 출현에 끼치는 영향을 알아야 한다.

'인민'의 담론적 구성에 관한 질문은 다음 장을 위해 보류하고, 여기서는 단절에 내재한 이러한 차원들만 논의할 것이다. 다시 원래의 장면으로 돌아가자. 일련의 사회적 요구들의 좌절은 고립된 민주적 요구들로부터 등가적인 인민적 요구로의 이동을 가능하게 한다. 단절의 첫 번째 차원은 단절의 근간, 즉 사회적인 것의 조화로운 연속성에서 나타나는 **결핍**(lack), 틈새에 대한 경험이다. 공동체는 사라진 충만함을 그리워한다. 이것이 중요하다. '인민'을 구성한다는 것은 이 사라진 충만함에 이름을 부여하려는 시도일 것이다. 사회 질서에서 무언가가 (처음에는 아무리 미미할지라도) 최초로 붕괴되지 않고서는 적대, 경계, 궁극적으로 '인민'은 가능하지 않다.³¹ 그러나 이러한 최초의 경험은 단지 결핍의 경험만은 아니다. 앞서 살펴본 것처럼, 결핍은 충족되지 않은 요구와 연결되어 있다.³² 이는 요구를 충족시키지 못한 권력을 드러내는 것을 포함한다. 요구는 항상 누군가에게 전달된다. 따라서 처음부터 우리는 한편으로 충족되지 않은 사회적 요구와 다른 한편으로 응답하지 않는 권력 사이의 이분법적 구분에 직면한다. 여기서 우리는 **플레브스**가 자신을 전체가 되는 일부인 **포풀루스**로 인식하는 이유를 알 수 있다. 공동체의 충만함은 **불완전한 존재**로 살아가는 상황의 상상적 역(逆)일 뿐이므로, 이에 대한 책임이 있는 자는 공동체의 정당한 일부가 될 수 없다. 사회적 요구와 권력 사이의 균열은 회복될 수 없다.

이는 두 번째 차원으로 나아간다. 우리가 살펴본 것처럼, 민주적 요구에서 인민적 요구로의 이동은 다양한 주체 위치를 전제로 한다.

---

31 '최초의 붕괴(initial breakdown)'는 사실 충만함이란 결핍, 즉 부재를 경험하는 것이라는 의미다. 여기서는 고립된 민주적 요구들(예를 들어 부동산 투기 해결, 물가 인상 대책 마련 등)이 기존 권력에 의해 실현되지 않고 좌절되면서 기존 권력과 사회 질서에 대한 신뢰가 무너지기 시작하는 것을 의미한다(옮긴이).

32 명확히 하자. 우리는 단지 결핍의 실정화(positivation of lack)에 대해 말하고 있으며, 이는 어떤 종류의 주체화 이전에 존재하는 더 근본적인 결핍에 기초하기 때문에 가능하다.

처음에는 사회구조의 여러 지점에서 고립된 요구들이 등장하고, 요구들 사이의 등가적 유대가 형성되면서 인민 주체성으로 이행한다. 그러나 이 인민 투쟁은 새로운 문제에 부딪히는데, 우리가 세세히 민주적 요구들을 다룰 때 직면하지 않았던 문제다. 이러한 요구들의 의미는 주로 사회의 상징적 틀 안에 있는 차이의 위치가 결정하며, 요구들이 좌절될 때 이 요구들에 새로운 시각을 제시한다. 그러나 매우 광범위한 일련의 사회적 요구가 충족되지 않은 채로 있으면, 바로 그 상징적 틀이 붕괴되기 시작한다. 이때 기존의 차별적 틀이 점점 더 인민적 요구를 지속하지 못하게 만든다. 따라서 인민적 요구는 새로운 틀을 구성해야만 한다. 그리고 같은 이유로 적의 정체성 역시 정치적 구성 과정에 점점 더 의존하게 된다. 제한된 투쟁에서 지방의회, 보건 시스템 책임자, 대학 당국을 상대로 싸울 때는 적이 누구인지 비교적 확신할 수 있다. 그러나 인민 투쟁은 이러한 모든 부분적 투쟁을 등가적으로 연결하며, 이때 식별해야 할 포괄적인 적은 훨씬 덜 분명해진다. 그 결과 내부의 정치적 경계는 훨씬 덜 결정적이 되어서, 이 결정에 개입하는 등가가 여러 방향으로 작용할 수 있다.

다음과 같은 사항을 생각하면 이러한 비결정성의 실재 차원을 가장 잘 파악할 수 있다. 우리가 살펴본 것처럼, 어떤 특정 내용도 그 존재적 특수성에 담론 구성체 속의 실제 의미를 새겨 넣지 않는다. 모든 것은 그것들이 위치하는 차이와 등가의 접합 체계에 달려 있다. 예를 들어 '노동자'와 같은 기표는 어떤 담론적 배열에서는 특수주의적이고 부분적인 의미로 소진될 수 있지만, 이와 다른 담론(페론주의자가 그 예가 될 것이다)에서는 '인민'의 **대표적인** 이름이 될 수 있다. 강조해야 할 것은 이러한 유동성(mobility)이 포퓰리즘적 변형이 작동하는 방식을 이해하는 데 매우 중요한 또 다른 가능성을 포함하고 있다는 사실이다. 앞선 분석에서 말했듯이, 포퓰리즘은 사회라는 무대를 두 진영으로 나누는 것이다. 아래에서 더 자세히 살펴보겠지만, 이 분열은 적대 진영 전체의 의미 작용을 그 자체에 응축하는 몇몇 특권적 기표의 현존을 전제로 한다(적으로서는 '정권', '과두제', '지배 집단' 등이 있고, 피억압 약자로서는 '인민', '국민', '침묵하는 다수' 등이 있다. 이 기표들은 분명 맥락적인 역사에 따라 이러한 접합 역할을 획득한다). 그러나 이 응축 과정에서 우리는 두 측면을 구분해야 한다. 한 측면은 존재론적(ontological) 역할인데, 이것은 사회적 분열을 담론적으로 구성한다. 다른 측면은 존재적(ontic) 내용인데, 이것은 특정 상황에서 그 역할을 한다. 중요한 것은 어떤 단계에서는 존재적 내용이 제 역할을 다해 더 이상 기능하지 못할 수 있지만, 그 필요성 자체는 여전히 남아 있다는 점이다. 그리고 존재적 내용과 존재론적 기능의 관계가 비결정적이라는 사실을 고려할 때, 서로 완전히 반대되는 정치적 기호의 기표들이 이 존재론적 기능을 수행할 수 있다. 이것이 좌익 포퓰리즘과 우익 포퓰리즘 사이에서 여러 방향으로 넘나들 수 있는, 그리고 넘나들어 왔던 모호한 주인 없는 중간 지대가 존재하는 이유다.

한 가지 사례를 보자. 프랑스에는 전통적으로 좌파의 항의 투표가 있었다. 주로 공산당이 그 통로가 되었으며, 공산당은 조르주 라보(Georges Lavau)[33]가 '호민관 기능'이라 부른 역할을 했다. 이는 체제에서 배제된 자들의 목소리를 대변하는 것이었다.[34] 이는 분명 정치적 경계 구축을 통해서 '**좌파 인민(peuple de gauche)**'을 구성하려는 시도였다. 공산주의가 붕괴되고 사회당과 그 동료들이 드골 지지자(the Gaullists)와 그리 다르지 않은 중도 체제를 구성하면서, 좌우 분할은 점차 흐릿해졌다. 그러나 급진적 항의 투표의 필요성은 여전히 존재했다. 하지만 좌익 기표들이 우익과 대항할 사회적 분할을 위한 진영을 포기해 버리자, 우익 기표들이 이 진영을 장악했다. 사회적 분할을 표현하려는 존재론적 필요성은 더 이상 이 분할을 어떤 식으로든 구축하려 하지 않는 좌익 담론에 대한 존재적 애착보다 더 강력했다. 이는 이전 공산주의 유권자들이 국민전선으로 상당히 이동한 것으로 해석되었다. 메니(Mény)와 쉬렐(Surel)[35]은 다음과 같이 말했다.

프랑스국민전선(FN)의 경우, 많은 연구가 극우 정당을 향한 표의 이동

33 조르주 라보(1918~1990)는 프랑스의 정치사회학자로 파리정치대학 교수로 재직했다. 그는 프랑스공산당이 혁명을 추구하기보다 체제 안에서 소외된 계층의 불만을 대변하고, 그들을 정치체제 안으로 통합시키는 '호민관(tribune)' 역할을 했다고 분석했다(옮긴이).

34 Georges Lavau, *À quoi sert le PCF*, Paris, Fayard, 1981을 참조하라.

35 이브 메니(Yves Mény, 1943~)와 이브 쉬렐(Yves Surel, 1968~)은 프랑스 정치학자로, 주로 유럽 통합, 공공 정책, 현대 유럽 포퓰리즘 연구에 이바지했다. 특히 1990년대와 2000년대 초반 프랑스에서 나타난 '좌파르펜주의'와 '노동자르펜주의' 현상 분석이 잘 알려져 있다. 르펜주의는 당시 극우 정당인 국민전선의 지도자 장마리 르 펜(Jean-Marie Le Pen)의 이념이었다. 좌파르펜주의와 노동자르펜주의는 극우 이념을 좌파 및 노동운동과 접합하는 독특한 특징을 보였다(옮긴이).

이 매우 비정형적인 논리를 따랐음을 보여주려 했다. 따라서 '좌파르펜주의(gaucho-lepénisme)'와 '노동자르펜주의(ouvriero-lepénisme)'라는 관념은 모두 국민전선 지지표의 상당 부분이 이전에 고전적 좌파, 특히 공산당 유권자에 '소속'되어 있던 유권자들에게서 나온다는 사실에서 출발한다.[36]

나는 오늘날 서유럽에서 우익 포퓰리즘이 부활하는 상황도 대체로 비슷한 선상에서 설명할 수 있다고 생각한다.[37] 포퓰리즘에 관해 이야기하고 있다는 점을 고려하면, 나는 급진적 변화 담론들과 관련해 존재론적 기능과 그 존재적 성취 사이의 비대칭성을 제시했지만, 다른 담론적 배열에서도 이 비대칭성을 발견할 수 있다. 내가 다른 곳에서 주장했듯이,[38] 인민이 급진적 아노미에 부딪힐 때 **어떤 종류**의 질서에 대한 필요성은 그 필요성을 불러올 실제 존재적 질서보다 더 중요하다. 홉스적 세계는 이러한 간격의 극단적인 판본이다. 사회가 **총체적** 무질서(자연 상태) 상황에 직면하기 때문에, 리바이어던이 무엇을 하든 간에(그 내용과 상관없이) 질서만 유지된다면 그것은 정당하다.

정치적 경계를 구축하는 과정에서 우리가 주목해야 할 마지막 중

---

36 Yves Mény & Yves Surel, *Par le peuple, pour le peuple. Le populisme et les démocraties*, Paris, Fayard, 2000, p. 230. 저자들은 Nonna Mayer, *Les Français qui votent FN, Paris*, Flammarion, 1999의 연구 결과를 언급한다. 1988년 61%의 노동자들이 첫 번째 투표에서 미테랑에게 투표했고, 두 번째 투표에서 70%가 투표했다. 하지만 1997년에는 30%가 르펜에게 투표했다. 이는 3년 전 18%에서 증가한 수치다.

37 Chantal Mouffe, 'The End of Politics and the Challenge of Right-wing Populism', in Panizza (ed.), *Populism and Shadow of Democracy*를 참조하라.

38 'Why do empty signifiers'.

요한 차원이 있다. 그 차원은 요소들이 접합되어 '인민적'이게 된 요구의 복합체 안에서 우리가 감지한 등가와 차이 사이의 긴장에 관한 것이다. 모든 민주적 요구가 등가 사슬 안에 기입되는 것은 양날의 검이다. 한편으로 그 기입은 의심할 여지 없이, 그 요구가 기입되지 않았다면 갖지 못했을 신체성(corporeality)을 부여한다. 이 신체성은 스쳐지나가는 일시적 나타남이 되는 것을 멈추고, 그람시가 '진지전(war of position)'이라고 부른 것, 즉 장기적인 생존을 보장하는 담론적/제도적 집합체의 일부가 된다. 다른 한편으로 '인민'(등가 사슬)은 그 자체의 전략적 운동 법칙을 가지고 있으며, 어떤 것도 이 법칙이 개별적인 몇몇 민주적 요구와 관련된 요청을 희생시키거나 적어도 실질적으로 타협시키지 않을 것이라는 보장은 없다. 이 가능성은 각각의 요구가 선험적으로 규정된 수렴이 아니라, 오직 우연한 담론적 구성에서 나온 등가 사슬을 통해서만 다른 요소들과 연결되기 때문에 훨씬 더 현실적이다. 민주적 요구는 상호 관계에서 프로이트가 언급한 쇼펜하우어의 고슴도치와 같다.[39] 고슴도치들은 너무 멀리 떨어져 있으면 춥고, 따뜻해지려고 너무 가까이 다가가면 가시로 서로에게 상처를 입힌다. 그러나 고슴도치만이 아니다. 이 추움과 따뜻함의 불안한 교대가 일어나는 장소, 즉 '인민'은 개별적 요구를 위한 중개소와 같은 역할을 하는 중립적 지형이 아니다. 그렇게 되면 인민은 자신의 요구를 가지

---

39 S. Freud, Group Psychology and the Analysis of the Ego (1921), James Strachey (ed), *The Standard Edition of the Psychological Works of Sigmund Freud*, London, Vintage, 2001, vol. 18, p. 101.

기 시작하는 실체(hypostasis)로 변질되기 때문이다. 우리는 차이와 등가의 끝나지 않은, 또는 끝나지 않을 접합 게임에서 나타날 수 있는 몇 가지 정치적 변형들로 돌아갈 것이다.

그러나 지금은 그중 하나만 언급하고자 하는데 그것은 매우 현실적인, 그럼에도 극단적인 '가능성'이다. 왜냐하면 이 가능성은 '인민'의 해체를 포함하기 때문이다. 즉 이 해체는 각각의 개별 요구가 순수한 자이성으로서 지배적인 시스템 안에 흡수되는 것이고, 이 흡수가 수반하는 결과로서 다른 요구들과의 등가적 연결 고리를 해체하는 것이다. 따라서 포퓰리즘의 운명은 엄밀하게는 정치적 경계의 운명과 관련되어 있다. 만일, 이 경계가 무너지면 역사적 행위자로서 '인민'은 해체된다.

나는 개러스 스테드먼 존스(Gareth Stedman Jones)[40]가 혁신적이면서 지금은 고전적인 한 논문에서 영국 차티스트운동의 붕괴를 분석한 것을 사례로 들려고 한다.[41] 그의 출발점은 산업혁명이 초래한 탈구적인 혼란에 대응하는 **사회**운동으로서의 차티스트운동이라는 지배적 판본에 대한 비판이다. 스테드먼 존스에 따르면, 차티스트운동에 대한 이러한 이미지는 차티즘을 영국 급진주의의 주류 안에 위치시키

---

40 개러스 스테드먼 존스(1942~)는 케임브리지대학교와 런던퀸메리칼리지 등에서 재직해 온 영국의 역사학자이자 정치사상사 연구자다. 에드워드 톰슨의 영향을 받은 신좌파 역사가로서 노동계급 역사와 마르크스주의에 주목했다(옮긴이).

41 Gareth Stedman Jones, 'Rethinking Chartism', *Languages of Class: Studies in Working Class History 1832~1902*, Cambridge, Cambridge University Press, 1983.

는 특정 담론(그의 용어로 표현하자면 언어)을 고려하지 않는다. 18세기 휘그당 과두제에 대한 토리당의 반대에 뿌리를 둔 이 전통은 프랑스 혁명과 나폴레옹 전쟁 시대에 급격한 변화를 겪었다. 이 전통의 지배적인 동기는 사회의 악을 경제 시스템에 내재한 어떤 것이 아니라 정반대에 둔다. 즉 정치권력을 장악한 기생적이고 투기적인 집단에 의한 권력 남용, 윌리엄 코빗(William Cobbett)[42]의 말에 따르면 '낡은 부패'에 둔다. "토지가 사회화되고, 국가 부채가 청산되고, 화폐 공급에 대한 은행의 독점적 지배가 폐지될 수 있다면, 그것은 이러한 모든 형태의 재산이 노동의 산물이 아니라는 공통 특징을 공유했기 때문이다. 이런 이유로 지배계급에서 가장 강하게 드러나는 특징은 바로 게으름과 기생성이었다."[43] 이것들은 사회를 두 진영으로 나누는 지배적 담론이기 때문에, 노동자의 요구는 등가 사슬에서 그저 또 하나의 연결 고리였을 뿐이다. 비록 일련의 사건들로, 노동자들의 요구에 점점 더 높은 중심성이 부여된다 하더라도 말이다. 어쨌든 이 담론의 특징은 노동자계급의 **부문적** 담론이 아니라, 원칙적으로 '게으른 자'에 맞선 모든 생산자를 향하는 **인민적** 담론이었다. "이 구분은 경제적 의미에서 지배계급과 피착취 계급 사이가 아니라, 부패와 독점 정치권력의 수혜자와 피해자 사이에 있었다. 대립은 처음에는 도덕적이고

---

42 윌리엄 코빗(1763~1835)은 18세기 말에서 19세기 초에 영국에서 가장 영향력 있는 급진적 저널리스트였다(옮긴이).

43 Ibid., p. 157.

정치적이었으며, 계급 사이에서뿐 아니라 계급 내부에서도 분할선을 그릴 수 있었다."[44] 적을 비난하는 과정에서 지배적인 주제는 노르만 점령, 중세 시대 참정권 상실, 수도원 해체와 18세기 인클로저를 디딤돌로 만들어 낸 일련의 역사적 사건의 흐름을 통한 지주 권력의 공고화, 그리고 프랑스 전쟁 중 국가 부채의 증가와 그 뒤 금본위제로의 복귀였다. 비록 1832년 이후에는 스테드먼 존스가 지적했듯이 '인민'과 노동계급이 점점 동일시되고 '낡은 부패' 관념이 자본가들에게도 확장되었지만, 비난에 담긴 정치적이고 도덕적 특징도 중산층을 되찾는 희망도 절대 포기되지 않았다.

이 이야기에, 우리가 논의 중인 이론적 쟁점에 중요한 의미를 만드는 두 계기가 있었다. 첫 번째는 1830년대에 일어난 중앙집권적 행정 개혁의 물결이었다. 단기간에 18세기부터 이어져 온 지방 권력의 모든 구조를 무너뜨리는 조치들이 잇따라 시행되었다. 이러한 권위주의적 중앙집권화는 격렬한 반발에 부딪혔고, 차티스트운동의 반(反)국가주의 담론은 분명 사회적 항의에 활력을 불어넣고 그 항의를 통합해 나가는 데 이상적일 수 있었다. 그러나 이런 일은 일어나지 않았다. 1832년 이후 인민 진영의 분열은 회복될 수 없을 정도가 되어 버렸기 때문이다. 중산층은 그들이 보기에 점점 더 위협적으로 커지는 세력과의 동맹을 감수하기보다 기성 제도적 틀 안에서 대안 찾기를

---

44 Ibid., p. 169.

선호했다.[45]

그러나 그다음에 훨씬 더 많은 일들이 일어났다. 1830년대의 대립적인 국가 정책은 1840년대에 중단되었다. 한편으로 주택, 건강, 교육과 같은 문제를 다루는 데 더 인도적인 유형의 법률이 생겨났다. 다른 한편으로 정치권력이 '실제 작동하는 시장'의 힘에 간섭해서는 안 된다는 인식이 커졌다. 이는 차티스트운동 정치 담론의 두 가지 기반을 약하게 만들었다. 이제 사회 행위자들은 한 법안과 다른 법안을 구별해야 했다. 우리의 용어로 이는 고립된 요구들이 이제는 매정하지 않은 권력과의 거래에서 성공할 기회를 얻었기 때문에 전반적인 적과의 대결이 줄어들었다는 뜻이다. 우리는 이것이 무엇을 의미하는지 알고 있다. 바로, 등가적 유대가 느슨해지고 인민의 요구가 여러 민주적 요구로 분해된다는 뜻이다.

그러나 그보다 더 중요한 일이 일어났다. 생산자들과 기생충들 사이의 대립이었다. 이 대립은 차티스트운동의 등가 담론의 토대였는데, 국가가 (차티스트들이 옹호했던 것과 크게 다르지 않은 방식으로) 경제에 대한 지배력을 완화하자 그 의미를 잃었고, 더 이상 모든 경제적 악의 근원으로 제시될 수 없었다. 스테드먼 존스가 지적했듯이, 빅토리아 시대 중기 자유주의의 특징이었던 국가와 경제의 분리가 여기서 시작

---

45 "중산층의 불만이 차티스트 형태를 취할 필요는 없었다. 일부 중산층 여론은 1830년대 휘그당의 교조적 정책에 반대해 1841년 선거에서 보수당에 투표함으로써 그 불만을 표출했다. 그러나 정부의 극단주의에 대한 두려움과 혐오는 차티스트가 지닌 불만의 위협적이고 잠재적으로 반란적인 성격에 대한 우려와 균형을 이루었다. 따라서 유권자들은 기존 제도를 유지하고 보호하겠다고 약속하는 강력한 정부에 투표했다"(ibid. p. 176).

되었다.

차티스트운동의 수사학이 1830년대 휘그당의 조치에 대한 반대를 결집하는 데 이상적으로 적합했다면, 마찬가지로 1840년대의 변화된 국가 활동의 성격에 대응해 그 위치를 수정하는 데는 부적절했다. 국가, 그리고 국가가 초래한 계급 억압에 대한 차티스트운동의 비판은 총체적인 비판이었다. 차티스트운동의 수사학은 개별 입법 조치를 차별화하는 데 적합하지 않았다. 왜냐하면 모든 법안이 분명히 계급적 악의에 의해 추진되는 것은 아니며, 개혁되지 않은 시스템에서도 이기적인 입법부가 유익한 개혁을 시행할 수 있다는 사실을 인정해야 하기 때문이다.[46]

우리는 이 마지막 인용문을 통해서 '인민'의 해체 양태가 발견되는 지점을 감지할 수 있다. 그 지점은 단지 정치적인 것(국가권력)이 적에 대한 담론적 구성에서 총체적 역할을 중단했다는 사실만이 아니라, 다른 어떤 권력도 동일한 역할을 할 수 없었다는 사실이다. 인민적 위기는 단순히 국가가 지배 체제를 하나로 묶는 핵심적인 역할에 실패했다는 것 이상이었다. 인민적 위기는 오히려 적의 정체성이든 자신의 '전반적' 정체성이든, 이 정체성을 총체화하는 '인민' 능력의 위기였다. 경제와 국가 개입 사이의 커지는 분리는 그 자체로 정치적 경계와 '인민' 모두를 구성하는 것에 대한 극복할 수 없는 장애물이 아니었

---

46 Ibid., p. 177.

다. 그 분리는 단지 '게으른 자'와 '투기꾼'에게 더 적은 비중을 부여하고 자본가 그 자체에 더 큰 비중을 부여하는 문제였다. 어쨌든 차티스트운동 담론이 이미 시작한 이행이었다. 그러나 이 이행은 우리/그들이라는 대립 안에서 인민의 구조적 위치가 실제 내용이 점차 대체되어도 남아 있을 수 있어야 한다는 것을 전제로 해야 했다. 그리고 이 이행은 일어나지 않은 일이었다. 우리가 지적했듯이 중산층과 노동자계급 사이의 틈은 더 깊어졌고, 국가의 여러 조치는 **개별적인** 사회적 요구들을 충족시킬 수 있었으며, (이것이 중요한데) 등가적 연결 고리의 이와 같은 붕괴는 노동자계급 자신의 정체성에 장기적으로 좋지 않은 영향을 끼쳤다. 이것이 중기 빅토리아 자유주의로의 이행에 담긴 진정한 의미다.

이제 정치는 적대적인 두 진영 간의 대결의 문제에서 점점 벗어나 확장된 사회 국가(social state) 안에서 차별적인 요구를 협상하는 문제가 되었다. 노동계급 조직들이 근대 노동조합으로 다시 등장했을 때, 이들은 국가와의 정면 대결보다 국가와의 협상을 통해 자신들의 구체적인 요구가 더 유리하게 진전될 수 있음을 알았다. 물론 폭력적인 폭발의 순간을 배제하지는 않았지만, 이 순간조차도 부문적 성격을 숨길 수는 없었다. 그리고 19세기 후반 부르주아 헤게모니의 구축은 평화로운 과정이 아니었지만, 장기적인 흐름은 틀리지 않았다. 등가적 파열보다 차이 논리가 우위에 있었다.

'인민'의 내부 구조

지금까지 나는 포퓰리즘의 두 가지 **필수(sine qua non)** 차원, 즉 등가적 결합과 내부 경계의 필요성에 관해 설명했다. (사실 이 둘은 엄밀하게 상관관계가 있다.) 이제 등가적 연결을 촉진하는 것에 관해 설명해야 한다. 바로, 인민적 정체성 그 자체다. 나는 위에서 등가 관계가 민주적 요구를 더 이상 등가**적으로** 대표하지 않고 등가적 연결 그 자체를 대표하는 특정한 담론적 정체성으로 결정화되지 않는다면, '등가 관계는 모호한 연대감 그 이상이 아니다'라고 말했다. 이 결정화의 순간이 바로 포퓰리즘의 '인민'을 구성한다. 단순히 요구들 사이의 매개에 불과했던 것이 이제는 그 자체로 일관성을 획득한다. 비록 이 연결 고리는 원래 요구에 부수적이었지만, 이제는 요구들에 반작용하고 관계를 전도해 요구의 근거로 활동하기 시작한다. 이러한 전도 작용이 없다면 포퓰리즘은 존재하지 않을 것이다. (이는 《자본》에서 마르크스가 일반적 가치 형태에서 화폐 형태로의 이행을 설명한 것과 유사하다.)

등가 사슬을 결정화하는 것으로서 '인민'을 구성하는 또 다른 여러 계기를 살펴보자. 이 과정에서 결정화 단계는 자율적으로 이 단계의 출현을 가능하게 하는 요구들의 하부구조적 사슬만큼이나 비중이 있다. 좋은 출발점은 내가 앞서 언급했던 **포퓰루스**의 총체성으로 자신을 나타내는 **플레브스**에서 기인하는 공동체주의적 공간이 지닌 연속성의 균열일 수 있다. 인민적 행동의 근원에 있는 이 본질적 비대칭에 대해 자크 랑시에르(Jacques Rancière)도 비슷한 측면에서 강조한다.

데모스(demos)는 모든 시민에게 속하는 평등을 자신의 고유한 몫으로 삼는다. 이러면서 부분이 아닌 부분은 자신에게 고유하지 않은 속성을 공동체의 배타적 원리와 동일시하고, 자신의 이름(아무런 지위 없는 불특정 대중의 이름)을 공동체의 이름 그 자체와 동일시한다. (중략) 인민은 공통의 성질을 자신의 고유한 것으로 전유한다. 그들이 공동체에 가져오는 것은 정확히 말하면 다툼(contention)이다.[47]

그러나 부분성(partiality)을 사회적 총체성으로 보려는 이 열망의 의미는 무엇일까? 그 존재론적 가능성은 어디에 있을까? 총체성이 열망의 위상을 갖기 위해서는 우선, 사실적으로 주어진 사회적 관계의 집합체와 달라야 한다. 우리는 이미 그 이유를 알고 있다. 왜냐하면 적대적 단절의 계기는 환원 불가능하기 때문이다. 이 계기는 계기를 그 자체와 다른 어떤 것의 부수적 표현으로 변형시킬 수 있는 더 깊은 실정성으로 되돌아갈 수 없다. 이 말은 어떤 제도적 총체성도 사회적 요구의 집합체를 실정적 계기로 여기면서 그 계기를 총체성 자체에 새길 수 없다는 뜻이다. 우리가 보았듯이, 충족되지 않은 채 새길 수도 없는 요구들은 이 계기 때문에 **결핍된** 존재로 이어진다. 그러나 동시에 이 요구들에 공동체주의적 존재의 **충만함**은 부재하는 것, 즉 기존의 실정적 사회 질서 아래서 충족되지 못한 채로 남아 있어야

---

47 Jacques Rancière, *Disagreement: Politics and Philosophy*, trans. Julie Rose, Minneapolis, University of Minnesota Press, 1999, pp. 8-9.

하는 것으로 크게 존재한다. 따라서 주어진 사실로서의 **포풀루스**는 (실제로 존재하는 사회적 관계의 집합체로서) 자신을 거짓된 총체성으로, 억압의 원천인 부분성으로 드러낸다. 반면, 부분적 요구가 온전한 총체성(오로지 이상적으로만 존재하는 정의로운 사회)의 지평에 새겨져 있는 **플레브스**는 실제 존재하는 상황이 부정하는 진정한 보편적 **포풀루스**를 구성하고자 열망할 수 있다. 바로 **포풀루스**에 대한 두 가지 전망이 엄격히 양립할 수 없기 때문에, **플레브스**라는 특정한 특수성이 이상적인 총체성으로 파악되는 **포풀루스**와 자신을 동일시할 수 있는 것이다.

이 동일시에는 무엇이 들어 있을까? 나는 이미 개별 요구에서 인민적 요구로의 이행이 (등가적 연결을 구성해서) 어떻게 작동하는지 설명했다. 이제 이 여러 연결 고리들이 어떻게 인민적 정체성을 중심으로 응축되어 하나의 특이점이 되는지 설명해야 한다. 우선 이 응축 과정에 들어가는 원재료는 무엇일까? 분명히 특수주의적인 개별 요구들일 것이다. 그러나 이 요구들 사이에 등가적 연결을 확립하려면, 우리는 연속적인 것들의 총체성을 구현하는 일종의 공통분모를 발견해야한다. 이 공통분모는 이 연속적인 것 자체에서 나와야 하므로, 일련의 상황적 이유로 특정 중심성을 획득하는 개별 요구일 수밖에 없다. (앞서 언급한 솔리다르노시치의 사례를 기억해 보자.) 이것이 바로 내가 이미 설명한 헤게모니적 작용이다. 여러 민주적 요구로부터 인민적 정체성을 구성하지 않고서는 헤게모니가 존재할 수 없다. 따라서 인민적 정체성을 그 출현과 해체의 조건을 설명하는 관계적 복합체 안에 위치시켜 보자.

우리에게는 인민적 정체성 구성의 두 가지 측면이 중요하다. 첫째, 인민적 정체성이 결정화하는 요구는 내적으로 분열되어 있다. 한편으로 특수한 요구로 남아 있고, 다른 한편으로 특수성이 그 자체와는 상당히 다른 것, 즉 등가적 요구들의 총체적 사슬이 된다. 이 요구는 특수한 요구로 남아 있으면서도, 더 넓은 보편성의 기표가 되기도 한다. (예를 들어 1989년 이후 잠시 동유럽에서 '시장'은 순수한 경제적 배열 그 이상을 의미했다. 관료적 통치의 종식, 시민의 자유, 서구 추격 등과 같은 내용을 등가 사슬을 통해 포용했다). 그러나 이보다 더 보편적인 의미화는 필연적으로 사슬의 다른 연결 고리에 전달되며, 이 연결 고리 역시 그 자체 요구들의 특수주의와 그 사슬 안에 기입되어 있는 인민적 의미 작용 사이에서 분열된다. 이것이 바로 긴장의 장소이다. 요구는 약해질수록 요구의 공식화를 위해 인민적 기입에 더 많이 의존한다. 반대로 요구가 담론적이고 제도적으로 더 자율적일수록 등가적 접합에 대한 의존도는 점점 더 약해진다. 우리가 차티스트운동에서 본 것처럼, 이 의존성이 무너지면 인민-등가적 진영은 거의 완전히 무너질 수 있다.

둘째, 이 시점에서 우리의 주장은 위에서 '비어 있는 기표'의 생산에 대해 내가 말한 것과 맞물려야 한다. 우리가 알다시피, 어떠한 인민적 정체성도 등가 사슬을 총체성으로 지칭하는 어느 한 기표(단어, 이미지)를 중심으로 응축되어야 한다. 사슬이 확장될수록 이러한 기표는 원래의 특수한 요구에 덜 부착된다. 즉 사슬의 상대적 '보편성'을 대표하는 기능이 그 기능의 실체적 담지자인 특수한 주장을 표현하는 기능보다 우세하게 된다. 다시 말해 인민적 정체성은 항상 점점 더 커지는 요구의 사슬을 대표하기 때문에, 확장적 관점에서 보면 점점 더 충만해진다. 그러나 상당히 이질적인 사회적 요구들을 포용하기 위해서는 특수주의적 내용을 스스로 버려야 해서, 의도적으로 점점 더 빈곤해진다. 즉 인민적 정체성은 경향적으로 비어 있는 기표로 기능한다.

그러나 결정적으로, **비어있음**을 **추상성**(abstraction)과 혼동하지 않는 것이 중요하다. 즉 인민적 상징이 표현하는 공통분모를 사슬의 모든 연결 고리가 공유하는 궁극적인 실정적 특징으로 인지하지 않는 것이다. 만약 혼동했다면, 우리는 차이의 논리를 초월하지 못했을 것이다. 만약 그랬다면 우리는 **추상적** 차이를 다루고 있었을 것이고, 그래봤자 이 차이는 차별적인 질서에 속하며, 따라서 개념적으로 파악할 수 있었을 것이다. 그러나 등가 관계에서 요구는 그 모두가 충족되지 않은 채로 남아 있다는 사실만 있을 뿐, 그 어떤 실정성을 공유하지 않는다. 따라서 등가 관계에 들어 있는 것은 특정한 부정성이다.

이 부정성의 계기는 인민적 정체성 구성에 어떻게 들어올까? 위에서 논의한 지점으로 잠시 돌아가 보자. 급진적 무질서의 상황에서 요구는 **어떤 종류의** 질서를 위한 것이고, 그 요청을 충족시킬 **구체적인** 사회적 배열은 부차적인 고려 사항이다('정의', '평등', '자유' 등과 같은 유사한 용어에 대해서도 마찬가지다). '질서'나 '정의'에 대한 실정적 정의를 내리는 것, 즉 그것들에 최소한의 개념적 내용이라도 부여하는 것은 시간 낭비다. 이 용어들의 의미론적 역할은 **그 어떤** 실정적 내용을 표현하는 데 있지 않고, 우리가 보아온 것처럼 구성적으로 부재하는 충만함의 이름으로 기능하는 데 있다. '정의(justice)'라는 용어가 의미를 갖는 이유는 바로 어떤 종류든 불의가 존재하지 않는 인간 상황이란 없기 때문이다. '정의'는 아직 구분되지 않은 충만함을 지칭하므로, 어떠한 개념적 내용도 없다. '정의'는 추상적인 용어가 아니라, 엄밀한 의미에서 **비어 있다.** 파시스트 질서가 정의로운 사회를 구현할지, 사회주의 질서가 구현할지에 대한 논의는 양측이 받아들이는 '정의' 개념에서부터 시작하는 논리적 추론에 따라 진행되지 않는다. 논리-개념적 연결이 아닌 귀속-수행적 연결인 급진적 투자라는 담론적 단계를 통해 진행된다. 예를 들어 내가 일련의 사회적 불만, 만연한 불의를 언급하고 그 근원을 '과두제'에 귀속시킨다면, 나는 두 가지 상호 연결된 작업을 수행하는 셈이다. 한편으로 과두제 반대에 담긴 일련의 주장들의 공통된 정체성을 찾아 '인민'을 구성하고, 다른 한편으로 적은 순전히 상황적인 것을 멈추고 더욱더 전반적인 지위를 부여받는다. 이것이 바로, 등가 사슬이 **단일한** 요소의 리비도적 투자(cathexis)를 통해 표현**되어야 하는** 이유다. 왜냐하면 우리는 모든 사회적 불만의 기저에 있는 추상적인 공통 특성을 찾는 개념적 작업이 아니라, 사슬 그 자체를 구성하는 수행적 작업을 다루고 있기 때문이다. 이는 꿈에 담긴 응축 과정과 같다. 이미지는 그 자체의 특수성을 표현하는 것이 아니라, 그 하나의 이미지를 통해 표현하려는 상당히 다른 여러 무의식적 사고의 흐름을 표현한다. 알튀세르가 러시아혁명을 분석하기 위해 이 응축 개념을 사용한 사실은 잘 알려져 있다.[48] 러시아 사회 내의 모든 적대는 '빵, 평화, 토지'에 대한 요구를 중심으로 한 파열적 통일체 속에 응축되어 있었다. 여기서 비어있음의 순간이 결정적이다. '정의', '자유' 등과 같은 비어 있는 용어들이 이 세 가지 요구에 투자되지 않았다면, 이 세 가지 요구는 그 특수주의 속에 닫힌 채 남았을 것이다. 그러나 투자의 급진적 성격 때문에 '정의'와 '자유'의 비어있음이라는 무언가가 그 요구들에 전달되어, 그 요구들은 실제 특수한 내용을 초월하는 어떤 보편성의 **이름**이 되었다. 하지만 특수주의가 제거된 것은 아니다. 모든 헤게모니 구성체에서 그렇듯이, 인민적 정체성은 언제나 보편성과 특수성 사이의 긴장/협상 지점이다. 이제 우리가 '추상성'이 아니라 '비어있음'을 다루는 이유를 분명히 해야 한다. 빵, 평화, 토지는 1917년 러시아의 모든 사회적 요구의 개념적 공통분모가 아니었다. 모든 과잉결정의 과정처럼, 이 세 가지 요구와 무관한 불만도 이 세 가지 요구를 통해 표현되었다.

이 지점에서 나는 이 주제에 관한 여러 문헌이 자주 언급하고 있으면서도, 우리가 보았듯이 모두 만족스러운 설명을 제공하지 못하는 포퓰리즘의 두 측면을 다룰 수 있다. 첫째는 포퓰리즘적 상징들이 가진 소위 '부정확성'과 '모호성'에 관해서다. 내가 인용한 분석의 저자

---

[48] Louis Althusser, 'Contradiction and Overdetermination', *For Marx*, London, Penguin, 1969, pp. 49-86.

들이 명확하게 보여주듯이, 이것들은 일반적으로 무시되기 전 단계
였다. 그러나 비어 있는 기표의 사회적 생산과 관련해 내가 지금까지
윤곽을 그린 관점으로부터 이 문제에 접근한다면, 결론은 완전히 달
라진다. 인민 진영에 통일성이나 일관성을 부여하는 기표의 비어 있
는 성질은 어떤 이데올로기적 또는 정치적 저발전의 결과가 아니다.
그 성질은 모든 포퓰리즘적 통일이 이질적인 사회적 지형에서 급진
적으로 일어난다는 사실을 표현할 뿐이다. 이 이질성은 그 자체의 차
별적 성질에서 비롯되어 단지 **내적** 발전에서만 기인하는 통일성을 중
심으로 결집하려는 경향을 보이지 않는다. 따라서 어떤 종류의 통일
성이든 기입으로부터 진행되며, 기입의 표면(인민적 상징들)은 그 위에
기입된 내용으로 환원될 수 없다. 의심할 여지 없이, 인민적 상징들
은 그 상징들이 하나로 모으는 민주적 요구들의 표현이다. 그러나 표
현하는 매개물은 그것이 표현하는 것으로 돌아갈 수 없다. 그것은 **투
명한**(transparent) 매개물이 아니다. 내가 앞서 다룬 사례로 돌아가 보
자. 과두제가 사회적 요구의 좌절에 책임이 있다는 말은 사회적 요구
자체에서 읽어 낼 수 있는 무언가를 말하는 것이 아니다. 사회적 요구
들 **외부에서** 이 요구들을 기입할 수 있는 담론이 그것을 제공한다. 물
론 이 담론은 요구들에서 파생되는 투쟁의 효과와 일관성을 높일 것
이다. 그러나 사회적 요구들이 점점 이질적이 될수록, 이 요구들을 기
입할 표면을 제공하는 담론은 구체적인 지역 상황의 공통된 차별적인
틀에 점점 덜 호소할 것이다. 앞에서 말했듯이, 지역 투쟁에서 나는

내 요구의 본질과 우리가 맞서 싸우는 세력에 대해 상대적으로 명확해질 수 있다. 그러나 부문별 요구의 접합을 통해 더 넓은 인민적 정체성과 더 전반적인 적을 구성하려고 할 때는 인민 세력과 적 모두의 정체성을 결정하기가 더 어렵다. 등가적 유대가 만들어진 후 따라오는 비어있음의 계기가 필연적으로 발생하는 지점이 바로 여기다. **따라서** '모호함'과 '부정확성', 이것들은 어떤 주변적이거나 시초적인 상황에서 나오지 않는다. 이것들은 정치적인 것의 본질에 기입되어 있다. 증거가 필요하다면, 과잉 발전 사회의 중심에서 주기적으로 발생하는 포퓰리즘적 동원의 폭발에 대해 생각해 보자.

포퓰리즘에 관한 문헌에서 완전히 해결되지 않은 두 번째 문제는 지도자의 중심성에 관한 것이다. 이것을 어떻게 설명할 수 있을까? 가장 일반적인 두 가지 설명 유형은 군중 이론가들로부터 가져온 범주인 '암시'과 '조작'이다. 또는 이 둘의 조합이다(이 조합은 이 둘의 경계가 점차 흐릿해지므로 큰 문제가 되지 않는다). 내 관점에서 이런 종류의 설명은 쓸모없다. 심지어 '조작' 논의를 우리가 받아들인다 해도, 조작이 설명할 수 있는 것은 지도자의 주관적인 의도 정도에 불과하다. 우리는 조작이 왜 성공하는지에 관해서는 알지 못한다. 즉 '조작'이라는 꼬리표가 붙은 관계의 종류에 대해 아무것도 알지 못한다. 그래서 우리는 우리의 방법을 따라 구조적 접근법을 채택할 것이고, 등가적 유대 속에 지도자 기능의 핵심 측면을 예고하는 무언가가 없는지에 대해 자문할 것이다. 우리는 등가적 유대가 넓어질수록 이 사슬을 통합하는 기표는 점점 더 비어 있게 된다는 사실을 이미 알고 있다(즉 인민적 상징이나 정체성의 구체적인 특수주의가 총체성으로서 사슬을 기표하는 '보편적' 기능에 종속될 것이다). 그러나 우리는 또 다른 것을 알고 있다. 인민적 기호 혹은 정체성은 기입 표면으로서 그 안에 기입된 것을 수동적으로 표현하지 않고, 그 표현 과정을 통해 그것이 표현하는 것을 실제로 구성한다는 사실이다. 다시 말해 인민 주체의 위치는 단순히 자기 외부와 자기 앞에 구성된 요구의 통일성을 **표현하는** 것이 아니라, 그 통일체를 세우는 결정적 계기라는 뜻이다. 이것이 이 통일화 요소가 중립적이거나 투명한 매개물이 아닌 이유다. 만약 그렇다면 담론적/헤게모니 구성체가 가질 수 있는 어떤 통일성도 총체성에 이름을 붙이는 계기보다 앞서 있어야 한다(즉 이름은 관심 밖의 문제다). 그러나 만일 (등가 사슬로 들어가는 연결 고리들의 급진적 이질성을 고려할 때) 그 일관된 접합의 유일한 원천이 연결 고리 그 자체라면, 그리고 이 사슬이 사슬의 연결 고리 중 하나가 다른 모든 것을 응축하는 역할을 하는 한에서만 존재한다면, 담론 구성체의 통일성은 개념적 질서(차이의 논리)에서 명목적 질서로 전이된다. 이것은 분명히 차이/제도적 논리가 붕괴되거나 후퇴하는 상황에서 더욱 그렇다. 이때 이름은 사물의 근거가 된다. 그러나 이름에 의해서만 등가적으로 유지되는 이질적인 요소들의 아상블라주(assemblage)는 필연적으로 **특이성**(singularity)이 될 수밖에 없다. 사회가 내재적인 차이 메커니즘에 따라 하나로 덜 유지될수록, 그 사회는 일관성을 위해 이 초월적이고 단일한 순간에 더 많이 의존한다. 그러나 특이성의 극단적인 형태는 바로 개별성이다. 이런 식으로, 거의 눈에 띄지 않게 등가 논리는 특이성으로, 특이성은 지도자의 이름에 대한 집단 통일성의 동일시로 이어진다. 우리는 어느 정도 홉스의 주권자와 비슷한 상황에 놓여 있다. 원칙적으로 법인적 신체가 리바이어던의 기능들을 수행하지 못할 이유는 없다. 그러나 그 다수성은 바로 주권의 불가분적 본질과 상충한다. 그래서 홉스에게 유일한 '자연적' 주권자는 개인일 수 있다. 홉스의 상황과 우리가 논의하는 상황의 차이점은 홉스는 실제 통치에 대해 말하지만, 우리는 의미화되는 총체성을 구성하는 것에 대해 말하고 있으며 이 총체성은 자동적으로 실제 통치로 이어지지 않는다는 사실이다. 국민의 상징이라는 넬슨 만델라(Nelson Mandela)의 역할은 그의 운동 안에 있는 수많은 다원주의와 양립할 수 있었다. 그러나 개별성(개인성)을 중심으로 한 집단의 상징적 통일은 (여기서 나는 프로이트에 동의하는데) '인민'의 형성에 내재해 있다.

'명명'과 '개념적 결정' 사이의 대립이 거의 은밀하게 우리 주장에 슬며시 들어왔다. 우리 주제에 가장 중요한 몇 가지 문제가 이 대립에 달려 있기 때문에, 나는 이 대립에 대해 이제 더 명확히 말해야 한다.

명명과 정동

나는 이름이 사물의 근거가 되는 것에 관해 이야기해 왔다. 이 주장의 의미는 정확히 무엇일까? 우리는 두 가지 시각에서 이 문제를 탐구할 것이다. 첫 번째는 이름이 그러한 역할을 하는 데 필요한 **의미화 작용**에 관한 것이고, 두 번째는 의미화 작용 뒤에서 이 작용을 가능하게 하는 힘에 관한 것이다. 이 두 번째 쟁점을 이미 우리에게 익숙한 용어로 재구성할 수 있다. 우리가 '급진적 투자'에 대해 말할 때 '투자'는 무엇을 의미할까? 나는 이 질문을 라캉 이론의 두 가지 현대적 발전, 즉 슬라보예 지젝(Slavoj Žižek)의 연구와 조운 콥젝(Joan Copjec)의 연구를 통해 접근해 볼 것이다.

지젝의 출발점은 현대 분석철학에서 이름이 사물과 어떻게 관련되는지에 관한 논의다.[49] 여기에는 원래 버트런드 러셀(Bertrand Russell)의 연구에서 발견되었지만 이후 대부분의 분석철학자들이 채택한 고전적 접근법(기술주의(descriptivism))이 있다. 이 접근법은 모든 이름이 일군의 기술적 특징에 따라 주어진 내용을 가진다는 주장을 따른다. 예를 들어 '거울'에는 내포적 내용(이미지 등을 반사하는 능력)이 있으므로, 우리는 그러한 내용을 드러내는 실제 물체를 발견할 때마다 이 단어를 사용한다. 존 스튜어트 밀(John Stuart Mill)은 기술할 수 있는 내용을 가진 보통명사와 그렇지 않은 고유명사를 구분했다. 러셀은 이 구분에 문제를 제기했는데, 그는 '일상적(ordinary)' 고유명('논리적' 고유명(지시 범주)과 구별되는)을 축약된 기술이라고 주장했다. 예를 들어 '조지 W. 부시'는 '이라크를 침공한 미국 대통령'의 축약된 기술

---

49 Slavoj Žižek, *The Sublime Object of Ideology*, London and New York, Verso, 1989, pp. 89-97.

이다. (나중에 기술주의 철학자들과 논리학자들은 기술적 내용이 논리적 고유명에도 붙을 수 있는지에 대해 의문을 제기하기 시작했다.) 이러한 접근 방식에는 동일한 대상에 붙일 수 있는 여러 기술과 관련해 어려움이 발생한다. 예를 들어 부시를 '술주정뱅이에서 완전 금주자가 된 사람'으로 똑같이 기술할 수 있다. 존 설(John Searle)[50]은 어떤 기술도 여러 대안적 선택지 중 하나에 불과하다고 주장했다. 반면 마이클 더밋(Michael Dummett)[51]은 다른 모든 기술이 종속되는 '근본적인' 기술이 있어야 한다고 주장했다. 그러나 이 논의는 우리의 관심사가 아니다. 우리에게 중요한 것은 기술주의와 솔 크립키(Saul Kripke)[52]가 주창한 반기술

50 존 설(1932~2025)은 미국의 언어철학자이자 심리철학자다. '기술주의' 진영에 속하는 인물로, '하나의 이름은 여러 가지로 기술될 수 있다'라는 기술주의의 난점을 해결하기 위해 '다발기술론'을 제시했다. 즉 '조지 W. 부시'라는 이름은 '이라크를 침공한 대통령'이라는 단 하나의 핵심 기술과 연결되는 것이 아니라, '텍사스 주지사였던 사람', '금주자가 된 사람' 등 우리가 그에 대해 아는 다양한 기술들의 '다발'과 느슨하게 연결되며, 이 다발의 일부가 거짓으로 판명되더라도 그 이름은 여전히 그 대상을 지칭할 수 있다고 주장한다(옮긴이).

51 마이클 더밋(1925~2011)은 20세기를 대표하는 영국의 철학자 중 하나로, 프레게(Frege) 연구의 권위자이자 언어철학, 논리학, 형이상학 발전에 이바지했다. 존 설과 마찬가지로 기술주의 진영 문제를 해결하려 했다. 그러나 존 설과 달리, 이름이 대상을 제대로 지칭하기 위해서는 그 대상에 적용되는 여러 기술 사이에 위계가 있어야 하며, 다른 모든 기술을 지배하는 '근본적인' 기술이 있어야 한다고 주장했다(옮긴이).

52 솔 크립키(1940~2022)는 미국의 철학자이자 논리학자로, '반(反)기술주의' 진영의 주창자 중 하나다. 1970년대에 행한 강연 모음인 《이름과 필연(Naming and Necessity)》을 통해 언어철학의 기술주의 패러다임을 비판했다. 그는 이름이 '기술을 통해 대상을 가리키는 것이 아니라, '최초의 명명식(initial Baptism)'이라는 최초로 이름을 부르는 행위(예를 들어 부모가 아기에게 이름을 짓고 부르는 순간)를 통해 이름과 대상이 직접 연결된다고 보았다. 이후 사람들은 이 이름을 사용할 때마다 최초의 명명식까지 올라가는 인과적 연쇄를 통해 기술적 내용 없이도 그 대상을 지칭하게 된다. 또한 그는 '고정 지시어(rigid designator)' 개념을 제시하면서, 상상 가능한 모든 세계에서 기술(예를 들어 '이라크 전쟁을 일으킨 사람')은 다른 세계에서는 부시가 아닌 다른 사람을 가리킬 수 있지만, 이름은 동일한 대상을 가리킨다고 주장했다('부시는 어느 세계에서나 '부시'를 가리킴)(옮긴이).

주의적 접근(anti-descriptivist approach)을 구별하는 것이다.[53] 크립키에 따르면, 단어는 공유된 기술적 특질을 통해서가 아니라 기술을 완전히 없애는 '원초적 명명(primal baptism)'을 통해 사물을 지칭한다. 이런 의미에서 이름은 경직된 지정자다. 부시가 정계에 진출하지 않았다고 가정해 보자. 오늘날 우리가 그를 연상하는 모든 기술적 특질이 없어도 '부시'라는 이름은 여전히 그에게 적용될 것이다. 반대로 그러한 특질의 총체성을 실제로 가진 새로운 개인이 나타난다 해도, 그는 부시가 아니라고 말할 것이다. 보통명사에도 똑같이 적용된다. 크립키의 사례 중 하나를 들자면, 금은 비록 전통적으로 금에 부여된 모든 속성이 환상에 불과하다는 사실이 증명되더라도 여전히 금으로 남을 것이다. 이때 금이 우리 생각과 다르다고 말하지, 이 물질이 금이 아니라고는 말하지 않을 것이다. 이러한 주장을 소쉬르의 용어로 번역하면, 기술주의자들이 하는 일은 기표와 기의 사이에 고정된 상관관계를 설정하는 것이다. 반기술주의적 접근은 기표가 기의에 매몰되는 것으로부터 해방하는 것이다. 이 지점에서 앞 장을 마무리했던 '개념적 결정'과 '명명' 사이의 대립이 기술주의/반기술주의 대립의 관점으로 다시 등장한다. 그리고 우리 주장 전제가 반기술주의 진영에 확고하게 자리 잡는다.

하지만 중요한 지형 변화가 없지는 않다. 여기서 지젝이 등장한다. 그는 반기술주의적 접근에 전체적으로 동의하지만, 라캉의 입장

53 Saul Kripke, *Naming and Necessity*, Cambridge, MA, Cambridge University Press, 1980.

을 따라서 크립키와 그 추종자들에게 새로운 질문을 던진다. 대상이 모든 기술적 변화에도 불구하고 동일하게 유지된다고 할 때, 정확히 동일하게 유지되는 것은 무엇인가? 연속된 기술적 속성을 받는 'X'는 무엇인가? 지젝은 라캉을 따라서 X는 명명의 소급 효과라고 답한다.

반기술주의의 기본 문제는 끊임없이 변화하는 일군의 기술적 특질들과 무관하게 지정된 대상의 정체성을 구성하는 무언가(모든 속성이 변했다 하더라도 대상을 그 자체와 동일하게 만드는 것, 즉 모든 가능한 세계, 모든 반사실적(counterfactual) 상황에서 동일한 대상을 지칭하는 한에서 이름에 '엄격한 지정자'의 객관적 상관관계를 어떻게 불러일으키는지)를 결정하는 것이다. 적어도 반기술주의의 표준 판본에서 간과되는 것, 즉 모든 반사실적 상황에서 대상의 정체성을 보장하는 이것은 (모든 기술적 특질의 변화를 통해서) 명명 그 자체의 소급 효과다. 대상의 정체성을 지지하는 것은 이름 자체, 즉 기표다.[54]

이제 우리는 지젝의 해결책이 지닌 장점이 무엇이든 간에 이 해결책은 크립키의 관점과 양립할 수 없는 존재론적 전제를 도입하므로, 크립키의 관점에서는 받아들여질 수 없다는 사실을 인식해야 한다. 크립키는 지젝의 해결책을 받아들이지 않을 뿐 아니라, 심지어 그 문제를 타당한 것으로 인정하지도 않을 것이다. 크립키의 이론은 라캉

---

54 Žižek, *The Sublime Object of Ideology*, pp. 94-5.

의 이론처럼 명명의 생산성에 대한 이론이 아니라, 지칭 대상(지젝의 X)이 단순히 당연시되는 순수한 지시에 대한 이론이다. 그러나 대상의 소급적 생산으로서의 명명이라는 관념이 크립키에게 의미가 없다면, 인민적 정체성 문제에 대한 우리의 접근이 정확하게는 명명의 수행적 차원에 근거하고 있다는 점을 고려하면, 이 관념은 우리에게 많은 의미가 있다. 그러니까 크립키를 떠나 지젝의 주장으로 가 보자.

지젝에 따르면, 담론 구성체의 통일성을 가져오는 누빔점(point de capiton, 라캉의 **대상 a(object petit a)**)은 자체로 아무런 실정적 정체성을 갖지 않는다. "누빔점은 아무런 실정적 일관성이 없기 때문에, 즉 기표의 출현에 따라 현실에 열린 결여, 불연속의 대상화이기 때문에 우리는 실정적 현실에서 그것을 헛되이 찾는다."[55] 이 누빔 기능은 풍부한 기의를 통해서가 아니라 순수한 기표의 현존을 통해서 수행된다.

우리가 **누빔점**을 일종의 의미의 매듭인 '결절점(nodal point)'이라고 주장한다면, 이 결절점은 **누빔점**이 '가장 풍부한' 단어, 누빔점이 '누비는' 분야의 모든 풍부한 의미를 응축한 단어가 되는 것을 의미하지 않는다. **누빔점**은 오히려 하나의 단어로서 기표 그 자체의 수준에서 주어진 분야를 통일하고, 그 분야의 정체성을 구성하는 단어다. 말하자면 '사물들이' 자신의 통일체에서 자신을 인식하기 위해 지칭하는 단어다.[56]

---

55 Ibid., p. 95
56 Ibid., pp. 95-6.

지젝이 제시한 두 가지 예는 누빔 기능의 독특한 특징인 도치를 보여준다. 그래서 매우 흥미롭다. 먼저 말보로 광고를 참조하면, "강인하고 정직한 사람들의 땅, 무한한 지평선의 땅"이라는 미국에 대한 모든 암시가 말보로와 미국 관계의 도치를 통해 누벼진다. 그것은 말보로가 미국식 정체성을 표현하는 것이 아니라, 미국을 말보로 나라로 인식하는 것을 통해서 미국식 정체성이 구성된다는 것이다. 코카콜라 광고에서도 똑같은 메커니즘을 볼 수 있다. "코카콜라, 이것이 미국이다"는 '미국, 이것이 코카콜라다'로 도치될 수 없는데, 왜냐하면 미국식 정체성이 결정화되는 것은 오직 순수한 기표로서의 코카콜라의 역할에 있기 때문이다.

고전적 기술주의에서부터 라캉에 이르기까지 내가 기술한 지적 시퀀스를 살펴보면, 명확한 방향성을 가진 사유의 움직임을 볼 수 있다. 그 움직임은 기표의 질서가 점점 더 해방되어 간다는 것이다. 이 이행을 명명의 점진적 자율성으로도 표현할 수 있다. 기술주의에서 명명이 수행할 수 있는 작업들은 이 작업들이 일으키는 구속력에 의해 엄격히 제약된다. 어떤 이름에 담긴 기술적 특질은 기표의 질서를 (이름과 사물 사이의 순수한 개념적 중첩(그들의 공통 본질인 개념)이 자신을 표현하는) 투명한 매개물로 환원한다. 반기술주의와 함께 기표(이름)의 자율화가 시작된다. 그러나 이러한 명명과 기술 사이를 분리하는 방식은 '명명'이 수행할 수 있는 작업을 더 복잡하게 만들지 않는다. 왜냐하면 지시는 더 이상 기술에 부수적이지 않더라도, 지시되는 것의 정체성은 그 정체성에 이름이 붙여지는 과정에 앞서서 이미, 그리고 이 과정과는 상당히 독립적으로 보장되기 때문이다. 우리는 오로지 라캉식 접근법을 통해서만 실제 돌파구를 찾을 수 있다. 대상의 정체성과 통일성은 바로 명명 작업에서 비롯된다. 그러나 이는 오직 명명이 기술이나 선행 지시에 종속되지 않는 한에서 가능하다. 이 역할을 하기 위해서는 기표가 우연적일 뿐 아니라 비어 있어야 한다.

내 생각에 이런 언급은 이름이 왜 사물의 근거가 되는지 매우 명확하게 보여준다. 이제 인민적 정체성에 관한 질문으로 돌아가서, 내 앞선 분석을 따르는 이론적 결론과 연결해 볼 수 있다. 이와 연결된 네 가지 지점이 있다. 첫 번째는 라캉의 **누빔점**(결절점)과 담론적 배열의 다른 요소들 사이의 관계에 관해서다. 결절점이 없다면 분명히 어떠한 배열도 존재하지 않는다. 말보로가 없다면, 지젝의 예에서 미국적인 것은 의미 있는 총체성으로 접합되지 않는 일군의 분산된 주제들이 될 것이다. 이는 우리가 '인민적 정체성'에서 보았던 것과 정확히 일치한다. 등가적 동일시의 누빔점이 없다면, 민주적 등가성은 단지 가상에 머물 뿐이다.

두 번째 장소에는 누빔점의 정체성을 결정할 때 보편성과 특수주의 사이의 관계에 관한 질문이 있다. 여기에 만일 누빔 기능이 보편성과 연결되었다면, 보편성이 충만함을 표현하는 것인지 비어있음을 표현하는 것인지에 관한 질문을 추가해야 한다. 지젝은 두 번째 대안을 선택하는 경향이 있다. "역사적 현실은 물론 항상 상징화되어 있다.

우리가 그것을 경험하는 방식은 항상 다른 상징화 방식을 통해 매개된다. 이런 현상학적 통념에 라캉이 유일하게 덧붙이는 것은 다음과 같다. 즉 그 자체가 의미의 이데올로기적 장의 지평이기도 한 주어진 '의미의 경험'은 '순수하고' 아무 의미 없는 '기의 없는 기표'를 통해서 통일된다는 것이다."[57]

이 질문에 대한 나의 답은 다르다. '기의 없는 기표' 관념은 우선 자기 패배적이다. 이것은 '소음'을 의미할 뿐이며, 따라서 의미 작용 체계 밖에 있다. 그러나 우리가 말하는 '비어 있는 기표'는 전혀 다르다. 그것은 의미 작용 체계에 구성적으로 대표할 수 없는 장소가 있다는 뜻이다. 이런 의미에서 '비어 있는 기표'는 비어 있는 채로 남아 있지만 내가 의미 지울 수 있는 비어있음이다. 왜냐하면 우리는 의미 작용 **안에서** 결여를 다루고 있기 때문이다. (파스칼(Pascal)의 영(zero, 0)에 대한 폴 드 만(Paul de Man))[58]의 분석과 비교해 보자.[59] '영'은 숫자의 부재지만, 이 부재에 이름을 부여함으로써 '영'을 '하나'로 변형시킨다.) 나아가 비어 있는 기표로서 인민적 정체성에 대한 내 앞선 분석을 통해서, 나는 배타적인 충반함/비어있음이라는 양자택일이 거짓되었음을 보여줄 수

---

57 Ibid., p. 97.

58 폴 드 만(1919~1983)은 벨기에 출신의 미국 문학 이론가다. 자크 데리다와 함께 탈구축(deconstruction) 비평을 대표하는 인물로, 예일대학교를 중심으로 한 예일학파의 핵심 멤버다 (옮긴이).

59 Paul de Man, 'The Politics of Rhetoric', *Material Events*: *Paul de Man and the Afterlife of Theory*, eds. Tom Cohen, J. Hillis Miller, Andrzej Warminski, Barbara Cohen, Minneapolis, Minnesota University Press, 2001, pp. 229-53.

있다. 우리가 봐 온 것처럼, 인민적 정체성은 (실행되지 않은 많은 요구의 등가를 통해서) 공동체의 충만함을 거부된 것, 따라서 성취되지 않은 채로 남아 있는 것(혹은 원한다면 비어 있는 충만함으로)으로 표현/구성한다. 만약 우리가 비어있음이라는 기표를 특정한 장소로서가 아니라 어떤 기의와도 부착되지 않으면서 여전히 의미 작용 안에 남아 있는 기표로 다룬다면, 비어있음은 오로지 구조적으로 실패하지 않는 **완전히 성취된** 총체성의 이름일 수밖에 없다.

그렇다면 '비어있음'은 어떤 형태로 대표될까? 나는 인민 진영의 총체화, 즉 충만함과 비어있음이라는 두 계기에 대한 담론적 결정화는 부분적인 내용이 그 내용과 비교할 수 없는 보편성을 대표할 때만 일어난다고 주장해 왔다.[60] 이 주장은 매우 중요하다. 심지어 지젝이 제시한 사례에서도 특수한 내용과 보편적 기능 사이의 이 접합을 볼 수 있다. 말보로와 코카콜라는 광고 이미지 안에서 누빔점으로 작동할 수 있고, 따라서 특정한 총체성의 기표가 될 수 있다. 그러나 이 역할을 하는 말보로와 코카콜라라는 특수한 독립체가 여전히 존재한다. 헤게모니 작동 같은 것이 가능한 이유는 이 독립체들을 단순히 특수주의적 정체성으로 환원하거나, 이 정체성을 독립체들의 누빔 역할에서 완전히 제거할 수 없기 때문이다(만약 그런 총체적 제거가 가능했다면,

---

60 이 문장에서 '충만함/비어있음의 계기'란 라클라우의 인민 구성 논리에서 '충만함'이라는 일종의 신화와 '비어있음'이라는 현재의 경험이 충돌하면서 특정한 '인민'을 구성하는 변증법적 긴장과 운동 국면 또는 사건을 의미한다고 볼 수 있다(옮긴이).

우리는 기의 없는 기표를 가졌을 것이다).**61**

　　이것은 내가 말하고자 하는 세 번째 지점으로 이어진다. '인민'의 구성에 구성적으로 내재하는 보편성과 특수성의 접합은 단지 말과 이미지 수준에서만 이루어지지 않는다. 그것은 또한 실천과 제도에도 침전되어 있다. 앞서 말했듯이, 우리의 '담론' 관념은 (비트겐슈타인의 '언어놀이'에 가까운데) 말과 행동의 접합을 포함한다. 따라서 누빔 기능은 단지 언어적 작용이 아니라, 제도적 고정성을 획득할 수 있는 물질적 실천에 내장되어 있다. 이것은 국가가 제한적인 법적 의미에서의, 공적 영역으로서가 아니라 확장된 그람시적 의미에서의 공동체의 윤리-정치적 계기로서 개념화된다면, 모든 헤게모니적 전치는 국가 배열에서의 변화로 파악되어야 한다는 말과 같다. 모든 국가는 헤게모니적 작용에 내재한 특수주의와 보편성의 조합을 드러낼 것이다. 이는 국가에 대한 헤겔과 마르크스의 개념 모두가 보편적인 것과 특수한 것 사이의 이 필수적인 접합을 어떻게 풀려고 하는지를 분명히 보여준다. 헤겔에게 국가의 영역은 사회 윤리의 지형에서 달성할 수 있는 가장 높은 형태의 보편성이다. 관료제는 보편계급이고 시민사회, 즉 충동의 시스템은 순수한 특수성의 영역이다. 마르크스에게는 상황이 전도된다. 국가는 지배계급의 도구이며, '보편계급'은 스스로 화해할 수 있는, 그 안에서 국가(정치권력)가 필연적으로 소멸해야 하는 시

---

61 이는 그러한 특수주의의 잔여가 기의의 영역에 속한다는 것을 의미하지 않는다. 이는 기표와 기의를 모두 포함하는 복잡한 기표화된 전체의 복합체다.

민사회에서만 출현한다. 두 경우 모두 특수성과 보편성은 서로를 배제한다. 두 경우의 접합은 그람시에게서만 사유 가능하다. 그람시에게는 헤게모니적으로 **포풀루스**를 구성한다고 주장하는 특수성(**플레브스**)이 존재하지만, 포풀루스(추상적 보편성)는 오로지 플레브스 속에서만 구현된다. 이 지점에 도달할 때, 우리는 포퓰리즘의 '인민'과 가까워진다.

인민적 정체성의 구성과 연결해서 특수성/보편성/명명에 대해 네 번째이자 마지막으로 말할 것이 있다. **특이점**에 대한 내 주장으로 잠시 돌아가 보자. 내 접근 방식에서 특이점은 이질성에 관한 질문과 엄밀히 연결되어 있다. 이질성 논리의 주요 차원과 효과를 5장에서 다루겠지만, 포퓰리즘에서 명명의 중심성을 밝히려면 필요하므로 그중 일부를 여기에서 예상해 볼 수 있다. 사회적 동질성은 한 사회의 상징적 틀(우리가 차이의 논리라고 부르는 것)을 구성하는 것이다. 내가 한 제도에서 다른 제도로, 한 사회적 범주에서 다른 사회적 범주로 이동할 수 있는 이유는 그들 사이에 **논리적** 연결이 있기 때문이 아니다. (나중에 여러 합리화가 논리적 연결 고리의 관점에서 제도적 상호 연결을 재구성하려고 시도할 수 있지만) 모든 차별화가 체계적인 집합체 안에서 서로를 필요로 하고 참조하기 때문이다. 차이의 체계로서의 언어는 이러한 상징적 상호 연결의 전형적인 표현이다. 이질성의 첫 번째 형태는 우리가 살펴본 것처럼, 특수한 사회적 요구가 그 시스템 안에서 충족될 수 없을 때 발생한다. 요구는 그 안에서 차별적으로 대표할 수 있는 것을 초과할 때 나타난다. 이질적인 것은 상징적 질서 안에서 차별적인 위치가 결핍된 것이다(라캉의 실재계(the Real)와 등가적이다).

그러나 똑같이 중요한 또 다른 유형의 이질성이 있다. 그것은 충족되지 않은 요구들 사이의 상호 관계에서 파생되는 이질성이다. 이 요구들은 상징적 체계를 통해 더 이상 서로 통일/분리되지 않는데, 왜냐하면 애초에 이러한 요구들을 만들어 낸 것이 바로 그 체계의 탈구(dislocation)이기 때문이다. 그러나 요구와 탈구는 그 구체성에 관한 한 본질적으로 완전히 이질적일 수 있어서, 자발적으로 상대와 합치지도 않는다. 이 둘에 초기적이고 약한 등가적 결합을 부여하는 것은 이들에 제도적 체계의 실패를 반영한다는 뜻이다. 나는 이 문제를 앞에서 자세히 다루었으므로 다시 언급하지 않겠다. **지금 내가 덧붙일 수 있는 것은 등가적 집합체의 통일체, 즉 특수한 등가가 결정화되는 환원 불가능한 새로운 집합 의지의 통일체는 전적으로 이름의 사회적 생산성에 달려 있다는 사실이다.** 그 생산성은 오로지 **순수한 기표로서** 이름의 작동에서만, 즉 (우리가 기술주의적 관점을 채택했다면 가능했을 경우처럼) 그 이전의 어떤 개념적 통일성을 **표현하지** 않는 것에서만 나온다.

여기서 지젝이 제시한 라캉의 관점을 엄밀하게 따를 수 있다. 대상의 통일성은 그 통일성에 대한 명명의 소급 효과다. 두 가지 결과가 뒤따른다. 첫째, 일단 이름이 특정 사회에서 이질적이고 과도한 것의 기표가 되면 이름은 충족되지 않은 채 남는다. 바로 그렇기 때문에 이름은 기존의 상징적 틀에 비추어 볼 때 과잉적이고 이질적인 것으로 체험되는 모든 요구들을 빨아들이는 거부할 수 없는 매력을 갖는다. 둘째, 이름은 그 구성적 역할을 하기 위해 비어 있는 기표여야 하므로, 어떤 종류의 요구가 등가 사슬에 들어가는지 궁극적으로 결정할 수 없다. 다시 말해 '인민'의 이름들이 그 자체로 대상을 구성한다면, 즉 이질적인 집합체에 통일성을 부여한다면 그 역 운동도 작동한다. 그 이름들은 결코 이들이 어떤 요구를 구현하고 대표하는지를 온전히 통제할 수 없다. 인민적 정체성은 항상 이 두 가지 상반된 운동 사이의 긴장과 이 운동들이 그 사이에서 간신히 설정하는 불안정한 평형 상태의 장소들이다. 이로부터 이데올로기적 모호성이 필연적으로 발생하며, 그 정치적 결과는 우리의 주장이 진전됨에 따라 분명해질 것이다.

이 지점에서 나는 이미 몇 번 꺼냈던 수사학적인 논쟁으로 돌아갈 수 있다. 이 논쟁은 방금 논의한 '단일한 것'과 '이질적인 것'의 문제와 밀접한 관련이 있는데, 왜냐하면 수사학적 전치나 재집합은 바로 이름을 단조로운 개념적 부착물로부터 해방하는 기능을 하기 때문이다. 내가 다른 곳에서 논의했던 예를 들어 설명해 보자. 인종 폭력이 발생하고 반인종주의 반격을 조직할 수 있는 유일한 지역 세력이 노동조합뿐인 특정 지역을 생각해 보자. 엄밀한 문자적 의미에서 노동조합의 기능은 인종차별에 맞서 싸우는 것이 아니라, 임금과 기타 관련 문제를 협상하는 것이다. 그런데도 노조가 반인종주의 캠페인을 벌인다면, 그 이유는 같은 동네에서 두 쟁점 사이에 **인접성(contiguity)** 관계가 있기 때문이다. 용어, 쟁점, 행위자 간의 전치 관계를 수사학적으로는 환유라고 한다. 다음으로 반인종주의 투쟁과 노동조합 투쟁 사이의 이러한 연결이 일정 기간 지속된다고 가정해 보자. 이때 인민은 두 투쟁 유형 사이에 자연스러운 연결 고리가 있다고 느끼기 시작할 것이다. 따라서 **인접성**의 관계는 유비의 관계로, **환유**는 **은유**의 관계로 점차 변할 것이다.

이러한 수사학적인 전치는 세 가지 주요 변화를 수반한다. 첫째, 초기 두 종류의 투쟁과 요구의 차별적인 특수주의에도 불구하고, 그들 사이에 어떤 등가적 동질성이 만들어진다. 둘째, 이 과정에서 노동조합의 성격이 변한다. 노동조합은 주어진 계기에서 순수한 부문적 이해관계의 표현이 아니라, 다양한 등가적 접합이 발전하면서 '인민' 구성의 결절점이 되어 간다(그람시적' 구분을 사용하자면, 노동조합은 '조합적' 계급에서 '헤게모니적' 계급으로 이동한다). 셋째, '노동조합'이라는 용어는 위에서 정의한 의미에서 어떤 **특이성**의 이름이 된다. '노동조합'은 더 이상 모든 역사적 맥락에서 우연한 변형을 넘어 그 '본질'이 반복되는 추상적 보편성의 이름을 가리키지 않는다. 그 이름을 통해 이질적인 요소들의 구체적인 접합이 유일한 본질이며, 통일된 집합 의지 속에서 결정화되는 이질적인 요소들의 특정한 접합이 유일한 본질인 구체적인 사회적 행위자의 이름이 된다. 같은 말을 다른 방식으로 말하면, 의미가 과잉결정되지 않는 사회적 요소란 없다. 결과적으로, 만일 우리가 '개념적'이란 단어를 의미화 과정의 불투명성을 완전히 제거해서 기의를 이해하는 것으로 본다면 사회적 요소의 의미는 개념적으로 파악될 수 없다. 내가 이 책의 서두에서 주장했듯이, 수사학적인 메커니즘이 사회 세계의 해부학을 구성한다는 것을 다시 한번 보여준다.

우리의 분석에 마지막으로 중요한 차원을 추가해야 한다. 포퓰리즘에 대한 우리의 전체 접근은 앞서 살펴본 것처럼, 다음과 같은 논제들을 중심으로 전개된다. ① '인민'의 출현에는 고립되고 이질적인 요구에서, 정치적 경계의 형성과 적대적 세력으로서 권력의 담론적 구성을 포함하는 '전반적' 요구로의 등가를 통한 이행이 필요하다. ② 그러나 이 이행은 이질적인 요구 자체의 단순한 분석을 따르지 않으므로(한 수준에서 다른 수준으로의 논리적·변증법적·기호학적 이행이란 없다), 질적으로 새로운 어떤 것이 개입되어야만 한다. 그래야 내가 기술했던 것처럼, '명명'이 소급 효과를 가져올 수 있다. 이 질적으로 다르고 환원 불가능한 계기를 나는 '급진적 투자'라고 불렀다. 그러나 이 '투자' 개념이 무엇을 함의하는지는 아직 탐구하지 않았다. 지금까지 내가 말한 의미화 작용은 투자가 취하는 **형태**를 설명할 수는 있지만, 투자가 구성되는 **힘**을 설명할 수는 없다. 그러나 (사랑에 빠지거나 증오에 빠지는 것처럼) 만일 독립체가 투자의 대상이 된다면, 투자가 **정동**(affect)의 질서에 필연적으로 속한다는 점은 분명하다. 이제 내가 주목해야 할 것은 바로 이 정동적 차원이다.

하지만 주의할 점이 있다. 지금까지 의미 작용에 대해 말한 것에 내가 정동을 추가함으로써, 적어도 분석적으로 분리할 수 있는 두 가지 다른 유형의 현상을 결합하고 있다고 생각한다면 실수다. 의미 작용과 정동의 관계는 훨씬 더 친밀하다. 이미 살펴본 것처럼, 언어의 계열적 축(소쉬르의 연상적 축)은 언어 기능의 통합적 부분이다. 즉 계열적 대체 없이 의미 작용이란 없다. 그러나 앞서 살펴본 것처럼, 계열적 관계는 기표와 기의 두 수준 모두에서 작동하는 대체에 있으며, 무의식적인 것이 이 연상을 지배한다. **형식적으로** 구분할 수 있는 단위들 사이에서만 **가치** 관계가 성립되는 언어란 가능하지 않다. 따라서 의미 작용이 가능해지려면 정동이 필요하다. 그러나 정동의 관점에서 이 문제를 생각하면 같은 결론에 도달한다. 정동은 언어와 무관하게 그 자체로 존재하지 못한다. 정동은 의미화 사슬의 차별적인 리비도적 투자를 통해서만 자신을 구성한다. 이것이 바로 '투자'의 의미다. 결론은 분명하다. '담론적 또는 헤게모니 구성체'라고 불리는, 차이와 등가 논리를 접합하는 복합체들은 정동적 요소가 없으면 이해될 수 없다. 이것은 오염되지 않은 합리성을 내세우면서 포퓰리즘의 감정적 애착의 중요성을 무시하는 것이 얼마나 어리석은지를 확실히 보여주는 증거다.

따라서 어떤 사회적 전체도 의미화 차원과 정동적 차원 사이의 분리할 수 없는 접합에서 나온다는 결론을 내릴 수 있다. 그러나 인민적 정체성의 구성을 논의할 때, 우리는 매우 특수한 유형의 전체를 다루고 있다. 즉 부분으로만 구성된 전체가 아니라, 부분이 전체로서 기능하는 전체(우리의 예에서는 **포풀루스**와 동일하다고 주장하는 **플레브스**)를 다루고 있다. 헤게모니라는 각도에서 문제를 바라봐도 정확히 똑같다. 알다시피, 헤게모니적 관계는 어떤 특수성이 도달할 수 없는 보편성을 의미하는 관계다. 그러나 그러한 관계의 존재론적 가능성은 무엇일까? 이 문제에 접근하기 위해 콥젝의 최근 연구에서 매우 주목할 만한 두 가지 분석을 살펴보고자 한다. 이 분석들은 정신분석학 분야에 속하지만, 우리의 정치 분석에 끼치는 영향은 가시적이고 광범위하다.[62]

콥젝의 첫 번째 논문 〈인내의 무덤: **안티고네**에 관해(The Tomb of Perseverance:on **Antigone**)〉는 이번 주제와 관련한 구절에서 프로이트의 죽음 충동에 대해 논의한다. 콥젝은 프로이트에게 죽음은 모든 충동의 목적이라고 주장한다. 무슨 의미일까? 본질적으로 모든 충동은 "과거, 즉 주체가 자신이 현재 있는 위치를 찾기 전, 시간 속에 얽혀 죽음을 향해 나아가기 전의 시간을 목표로 한다"(33쪽). 그 이전의 무생물 상태 또는 관성, 즉 회고적 착각(여기서 콥젝은 모든 것을 포함하는 전체 세계로서의 지구가 어떤 종류의 기관도 필요 없다는, 즉 외부가 없다는 **티마이오스(Timaeus)** 신화를 언급한다)은 정신분석학에서 '모든 사물과 모든 행복을 담고 있으며, 주체가 평생 돌아가려고 노력하는' 원초적 엄마/아이라는 쌍의 측면에서 읽힌다. (이 그림에서 우리의 정치 분석에 이미

---

62 Joan Copjec, *Imagine there's no Woman: Ethics and Sublimation*, Cambridge, MA, MIT Press, 2003. 콥젝의 모든 인용을 이 판본에서 가져왔다. 해당 쪽의 번호를 본문의 괄호 안에 표시한다.

존재하는 어떤 것을 쉽게 인식할 수 있다. 그것은 부재의 현존으로서 실현되지 않은 요구가 끊임없이 재생산된다는 충만함에 대한 관념이다.) 만일 이 충만함이 신화적인 것이라면, 콥젝이 강조하는 두 가지 사실을 제외하고 충만함을 실제로 추구하는 것은 오로지 파괴로만 나아갈 수 있다. "① 하나의 완전한 충동은 존재하지 않고 부분적인 충동만 존재하며, **따라서 실현할 수 있는 파괴 의지란 없다**는 것. ② 충동이 그 활동의 일부로서 목표의 성취를 억제한다는 충동의 두 번째 역설. 그래서 어떤 내재된 장애물, 즉 충동의 대상은 동시에 충동에 **제동을 걸고, 충동을 부수고,** 충동을 억제하고, 충동이 목표에 도달하지 못하게 하고, 부분적인 충동으로 나뉜다"(34쪽). 그래서 충동은 이러한 부분적인 대상에 만족하는데, 라캉은 이를 **대상 a(objets petit a)**라고 부른다.

프로이트와 라캉의 텍스트 안에서 콥젝의 주장이 어떻게 구성되는지 살펴보는 것이 중요하다. 우선 프로이트의 이웃(Nebenmensch, 원초적 어머니(primordial mother)) 관념, 그리고 회복될 수 없는 충만함인 **큰 사물(das Ding(the Thing))**과 대표할 수 있는 것 사이의 최초 분열이 있다. 원초적 어머니의 어떤 것은 대표로 번역될 수 없다. 이 분열은 기표의 질서 안에 구멍이 열리는 것이다. 그러나 문제가 거기에 남아 있다면, 우리는 물자체(noumenon)와 이 물자체의 현상적 대표 사이 칸트적 대립의 지형에 놓이게 된다. 바로 이 지점에서 라캉은 프로이트적 사유를 급진화한다. 상실된 큰 사물은 사유의 불가능성이 아니라 존재(Being)의 공백이다. "어머니가 대표나 사유에서 벗어나는 것이 아니라 어머니에게 나를 부착시켰던 **쥬이상스(jouissance)**[63]를 상실한 것이며, 이 상실은 내 존재 전체를 고갈시킨다"(36쪽). 그러나 쥬이상스가 상실되지 않는다면, 그 이유는 부분적인 대상들에 쥬이상스의 흔적이 남아 있기 때문이다. 그러나 이 흔적들의 본질은 더 이상 물자체/현상적 대표 도식을 따르지 않으므로 주의 깊게 탐구해야 한다. 부분적인 대상은 그 자체로 총체성이 되어 전체 장면의 구조화 원리가 된다.

따라서 비록 **큰 사물**은 더 이상 본체적 대상으로서 생각되지 않고 **일부분으로서 표상적 대리자**(Vorstellungrepräsentanz, 이 프로이트 개념의 영어식 번역은 ideational representative)의 기술에 따라서만 유지되지만, **표상적 대리자** 개념의 발전은 이웃 복합체(Nebenmensch complex)의 **큰 사물** 구성 요소를 큰 사물과 **표상적 대리자**로 나누는 것으로 나타난다. 이것은 이 부분적 대상이 사건의 현장에 도착할 때, 이제 회고적 착각에 불과한 낡은 **큰 사물** 개념 구상에 이르는 길을 차단한다는 이론으로부터 분명해진다. (중략) 배신자 대리인과 부분적 대상은 신체나 다른 곳에 존재하는 큰 사물의 증거가 아니라, 신체와 만족이 유기적 신체와 본체적인 것의 지지를 잃었다는 사실의 증거로서 작용한다(37쪽).

---

63 단순한 쾌락이 아니라, 고통을 동반한 쾌락 또는 상징적으로 금지된 것을 욕망하고 이를 향해 가려 할 때 느끼는 쾌락(옮긴이).

콥젝은 이러한 변이가 **쥬이상스**의 부분적인 대상이 접근할 수 없는 큰 사물의 대리자로 행동한다는 관념을 깨뜨린다는 점을 주의 깊게 강조한다. 콥젝은 라캉의 승화(sublimation) 대한 정의인 '평범한 사물을 큰 존엄성으로 고양시키는 것'을 인용하면서, '고양은 대표의 기능을 수반하는 것이 아니라 오히려 (승화에 대한 일반적인 이해를 뒤집으면서) 평범한 사물을 큰 사물로 대체하는 것을 수반한다'라고 독해한다.

같은 책의 두 번째 논문 〈나르시시즘, 비스듬히 접근하기(Narcissism, Approached Obliquely)〉에서 콥젝은 부분적인 대상은 전체의 부분이 아니라 전체인 부분이라는 중요한 관찰을 덧붙인다. 콥젝은 클로즈업이 단순히 전체 속의 세부적인 것에 초점을 맞추는 것이 아니라, 세부적인 것을 통해 전체 장면을 재차원화하는 것과 같다는 벨러 벌라주(Béla Balász)와 들뢰즈(Deleuze)의 말을 인용한다. "들뢰즈는 클로즈업은 장면의 일부를 가까이 가서 보는 것이 아니라고, 즉 그것은 그 장면의 요소로 나열될 수 있는 대상, 우리의 관심을 집중시키기 위해 전체에서 뽑아내고 확대한 세부적인 것을 드러내는 것이 아니라고 주장한다. 오히려 클로즈업은 장면 그 자체의 전체, 즉 들뢰즈의 말대로 '표현된' 전체를 드러낸다. (중략) 나는 충동의 부분적 대상이 동일한 논리를 예시한다고 주장한다. 그것은 유기체의 일부를 형성하는 것이 아니라, 절대적인 변화를 암시한다"(53쪽). 이런 식으로 부분적인 대상은 총체성을 환기하는 부분성을 멈추고, 앞의 용어를 사용하자면 총체성의 이름이 된다. 라캉은 어머니로부터 분리된 세 번째 구성 요소를 추가함으로써 엄마/아이의 쌍이라는 관념을 깨뜨린다. 젖가슴, 정확히 말하면 충동의 대상이다.

'결핍의 대상'은 이 용어가 유래한 **티마이오스/라멜리아** 신화를 벗어나서는 이해될 수 없다. 부분적인 대상 또는 결핍의 대상은 원래의 플레넘(Plenum, 충만한 공간) 또는 큰 사물의 상실에 따라 열린 결핍, 즉 결여에서 나온다. 모성적 큰 사물과 하나가 됨으로써 파생되는 신화적 만족의 장소에서, 주체는 이제 이 부분적 사물에서 만족을 경험한다. (중략) 충동의 외적 대상이 (모유의 예를 들어보자) 젖가슴의 지위, 즉 입이나 위보다 더 많은 만족을 줄 수 있는 대상의 지위로 격상되는 이유는 다른 대상들과의 관계에서 문화적이거나 사회적 가치에 의존하기 때문이 아니다. 말하자면 젖가슴의 잉여적인 '젖가슴의 가치'는 오로지 젖가슴이 충동의 만족 대상으로 선택되는가에 달려 있다(60쪽).

독자들은 아마도 자문할 것이다. 이 모든 것이 인민의 정체성과 무슨 관련이 있나? 대답은 매우 간단하다. 모든 것이다. 콥젝은 정신분석학적 범주가 지역적인 것이 아니라, 일반 존재론이라고 불릴 수 있는 분야에 속한다는 사실을 완벽하게 알고 있다. 예를 들어 그는 프로이트의 충동 이론이 고전 존재론적 질문의 지형을 점유한다고 주장한다. 콥젝의 설명은 (정신분석학에서 흔히 그렇듯이) 주로 발생론적 성격을 띠고 있지만, 구조적 측면에서 쉽게 재구성될 수 있다. 엄마/아이

쌍이라는 신화적 전체성은 달성되지 못한 충만함에 상응하는데, 이 충만함은 성취되지 못한 요구들이 일으킨 탈구가 환기한 것이다. 그러나 충만함이나 전체성에 대한 열망은 단순히 사라지지 않고 충동의 대상인 부분적인 대상으로 전이된다. 정치학 용어로, 이것이 바로 내가 '헤게모니적 관계'라고 부르는 것이다. 헤게모니적 관계는 불가능한 보편성의 역할을 맡는 어떤 특수성이다. 이러한 대상의 부분적 성격은 특수한 이야기에서 나오지 않고, 의미 작용의 구조 자체에 들어 있다. 따라서 라캉의 대상 a는 사회적 존재론의 핵심 요소다. 부분은 항상 전체를 구체화한다. 우리의 분석에 따르면, 헤게모니적인 것이 아닌 보편성은 없다. 그러나 콥젝이 언급한 클로즈업과 모유의 '젖가슴의 가치' 사례처럼, 특수한 부분의 물질성에는 어떤 것이 전체로서 기능할지를 미리 결정하는 것은 아무것도 없다. 그럼에도 일단 특정 부분이 그러한 기능을 맡으면, 부분으로서의 물질성이 즐거움의 원천이 된다. 그람시는 비슷한 용어로 정치적 논쟁을 공식화했다. 어떤 사회 세력이 사회 전체의 헤게모니적 대표가 될 것인가는 우연적인 투쟁의 결과다. 그러나 일단 특수한 사회 세력이 헤게모니가 되면, 그 헤게모니는 전체 역사적 기간에 그 상태로 유지된다. 투자의 대상은 우연적일 수 있지만, 결코 무관심한 것은 아니다. 마음대로 바뀌지 않는다. 이것으로 우리는 급진적 투자가 무엇을 의미하는지에 대한 완전한 설명에 도달한다. 즉 대상을 신화적인 충만함의 화신으로 만든다. 정동, 즉 즐거움은 투자의 본질인 반면, 투자의 우연적 특질은 공식의 '급진적' 구성 요소를 설명한다.

이 점을 다시 강조하고자 한다. 우리는 우연적이거나 외부적인 상동성을 다루는 것이 아니다. 객관성의 구조와 관련된 무언가에 대해 정신분석학과 정치학이라는 두 가지 다른 각도에서 발생하는 동일한 발견을 다루고 있다. 프로이트의 무의식적인 것에 대한 발견의 주된 존재론적 결과는 대표 범주가 대표에 앞서서 직접적인 방식으로 파악될 수 있는 충만함을 부차적인 수준에서 재생산하는 것이 아니다. 오히려 반대로, 대표가 객관성의 구성에서 절대적으로 일차적인 수준이라는 것이다. 즉 처음부터 과잉결정되지 않는 의미란 없다. 순수하게 신화적 대상인 원초적 엄마라는 충만함 때문에, 대상 a에 대한 급진적 투자를 통하지 않고 도달할 수 있는 **쥬이상스**는 없다. 따라서 **대상 a**는 최초의 존재론적 범주가 된다. 우리가 정치 이론의 각도에서 출발한다면 **동일한** 발견(단순히 **유비적인** 것이 아니다)이 이루어진다. 즉 헤게모니를 통하지 않고서는 어떤 사회적 충만함도 달성될 수 없다. 헤게모니는 순전히 신화적이다. 따라서 헤게모니는 부분적 대상에 '우리를 항상 회피할 충만함'을 투자하는 것에 지나지 않는다(우리의 용어로 말하면, 그것은 단지 '결핍된 존재'로 경험되는 상황의 실정적 반전일 뿐이다).

대상 a의 논리와 헤게모니 논리는 단지 유사한 것이 아니다. 그냥 같다. 이것이 마르크스주의 전통에서 그람시적 계기가 결정적인 인식론적 단절을 대표하는 이유다. 전통적 마르크스주의가 시스템적으로 폐쇄된 총체성(최종심급에서 경제에 의한 결정 등)에 접근하려는 꿈을 꾸었던 반면, 헤게모니적 접근은 이 본질주의적 사회 논리와 결정적으로 단절한다. 유일하게 가능한 총체화의 지평은 신화적 총체성의 대표를 가정하는 부분성(헤게모니적 힘)에 의해 주어진다. 라캉의 용어를 빌리자면, 대상은 큰 사물의 존엄성으로 격상된다. 그런 의미에서 헤게모니적 투자의 대상은 **완전히** 화해된 사회, 즉 체계적 총체성으로서 아무런 투자도 헤게모니도 필요 없는 사회라는 실재적인 것에 대한 차선책이 아니다. 그 대상은 단지 역사적 지평 안에서 충만함이 받는 이름일 뿐이다. 그리고 헤게모니적 투자의 부분적 대상으로서, **대용품**이 아니라 열렬한 애착의 결집점(rallying point)이다. 만족을 달성할 수 있는 충동에 대한 콥젝의 주장은 다른 맥락에서 내가 말하고자 하는 바로 그 정치적 요점을 주장하기 때문에, 여기서 매우 적절하다.

이 모든 것은 이 책의 주요 주제에 분명한 함의가 있다. 지금까지의 논의에서 분명해졌듯이, 부분적 대상에 대한 정동적 투자 없이 포퓰리즘이란 존재하지 않기 때문이다. 만약 한 사회가 자신의 내재된 메커니즘 안에서 모든 요구가 충족되는 그런 성격의 제도적 질서를 달성해 낼 수 있다면 포퓰리즘도 없겠지만, 당연한 이유로 정치도 없을 것이다. '인민'(**포풀루스**가 되기를 주장하는 **플레브스**)을 구성할 필요는 그 충만함이 달성되지 않을 때만 발생하며, 사회 안의 부분적인 대상(목표, 인물, 상징)은 충만함의 부재에 대한 이름이 될 정도로 리비도적으로 집중 투자된다. 나는 이 과정에서 정동적 차원이 결정적인 이유를 앞선 논의에서 충분히 알아챌 수 있다고 생각한다.

포퓰리즘

지금까지 포퓰리즘의 최초이자 잠정적인 개념화를 시도하는 데 필요한 모든 이론적 변수들을 소개했다. 세 가지 측면을 고려해야 한다.

첫째, 이 단계에서 분명히 해야 할 것은 '포퓰리즘'이란 특별한 사회 기반이나 특수한 이데올로기적 지향으로 식별할 수 있는 운동 **유형**이 아니라, **정치 논리**로 이해해야 한다는 사실이다. 포퓰리즘의 특유한 요소를 농민 또는 소농 유권자층, 경제적 근대화에 대한 저항, 주변화된 엘리트에 의한 조작과 같은 요소에서 찾으려는 모든 시도는 우리가 보았듯이 본질적으로 결함이 있다. 이 시도들은 엄청난 예외들 때문에 엉망진창이 될 것이다. 그렇다면 우리는 '정치 논리'를 무엇으로 이해해야 할까? 다른 곳에서 주장했듯이,**64** 나는 사회 논리란 다듬어진 언술 체계(system of statements)라고 본다. 즉 사회 논리는 어떤 대상들은 배제되지만, 다른 대상들은 대표될 수 있는 지평을 그리는 규칙 체계를 포함한다. 따라서 우리는 친족 관계의 논리, 시장의 논리에 대해, 심지어 체스 게임의 논리(비트겐슈타인의 예를 들자면)에 대해 이야기할 수 있다. 그러나 정치 논리에는 강조해야 할 중요한 특징이 있다. 사회 논리는 규칙을 따르는 것으로 구성되는 반면, 정치 논리는 사회적인 것의 제도와 관련 있다. 하지만 이미 우리가 알고 있듯이 이러한 제도는 자의적인 **지시**가 아니라 사회적 요구에서 비롯되

---

64 Ernesto Laclau, 'Constructing Universality', Judith Butler, Ernesto Laclau, Slavoj Žižek, *Contingency, Hegemony, Universality: Contemporary Dialogues on the Left*, London and New York, Verso, 2000, pp. 282-4.

며, 이런 의미에서 모든 사회 변화 과정에 내재해 있다. 또한 우리가 알고 있듯이 이 변화는 등가와 차이의 변동적인 접합을 통해서 일어나며, 등가적 계기는 다양한 사회적 요구를 하나로 모으는 포괄적인 정치적 주체의 구성을 전제로 한다. 그리고 우리가 보았듯이, 이는 내부 경계의 구성과 제도화된 '타자'의 동일시로 이어진다. 구조적 계기들이 이렇게 결합될 때마다 (문제가 되는 정치 운동의 이데올로기적 또는 사회적 무엇이든 간에) 우리는 이러저러한 포퓰리즘을 경험하게 된다.

둘째, 앞선 논의에는 우리가 포퓰리즘에 부여한 개념적 특징에 추가해야 할 또 다른 두 가지 측면이 있다. 바로, 명명과 정동에 관한 것이다. 우선 명명을 보자. 만일 '인민'의 구성이 **급진적인** 형태라면, 즉 사회 행위자 그 자체를 구성하지만 이미 주어진 집단의 통일성을 표현하는 것이 아니라면, 인민적 정체성이 불안정한 통일성으로 결집시키는 이질적인 요구들은 어떤 원칙이나 논리로 환원 불가능하다. 이는 반드시 이 요구들이 유비적이지 않다거나, 적어도 어느 수준에서는 비교 불가능하다는 뜻이 아니다. 하지만 이 요구들에 하부구조적 기반을 제공하는 차이의 구조적 체계에 이 요구들이 기입될 수는 없다는 점은 **확실**하다. 이 점이 중요하다. 이질성은 차이성이 아니다. 정확하게는, 충족되지 않은 요구란 바로 체계적 탈구의 표현이므로 선험적인 체계라는 통일성은 존재할 수 없다. 이것은 내가 분석한 두 가지 결과를 포함한다. ① 인민 주체로 통일되는 계기는 개념적 차원이 아니라, 명목적 차원에서 주어진다. 즉 인민 주체는 언제나 특이성을 지닌다. ② 정확하게, 그 이름은 개념적으로 (부문적으로) 근거하지 않는다. 따라서 이름이 포용할 요구들과 배제할 요구들 사이의 한계는 흐릿해질 것이며, 지속적인 논쟁에 빠질 것이다. 이로부터 포퓰리즘 담론의 언어는 (그것이 좌파든 우파든 간에) 언제나 부정확하고 유동적일 수밖에 없다는 것을 유추할 수 있다. 왜냐하면 어떤 인지적 실패 때문이 아니라, 포퓰리즘 담론의 언어가 대체로 이질적이고 유동적인 사회 현실 속에서 수행적으로 작동하려 하기 때문이다. 나는 이 모호함과 부정확성의 계기(좀 더 분명하게 말하면, 여기서 이 단어들은 나에게 전혀 경멸적인 의미가 아니다)가 모든 포퓰리즘 작용의 필수 요소라고 본다.

이제 정동으로 넘어가 보자. 우리의 앞선 논의는 구성적 불균등성 없이는 정동도 없다는 것을 암묵적으로 수반한다. 라캉의 용어를 빌리면, 상징계 이전에 실재계가 있다면 그 실재계에는 내적 차별화가 없는 연속적인 충만함이 있을 것이다. 그러나 상징계 **안에서의** 실재계의 현존은 불균형을 수반한다. **대상 a**는 차별적인 리비도적 집중 투자를 전제로 하고, 우리는 이 리비도적 집중 투자를 정동이라 부른다. 프로이트는 조지 버나드 쇼(George Bernard Shaw)의 말을 인용해, 사랑에 빠진다는 것은 한 여성과 다른 여성 사이의 차이를 상당히 과장하는 것이라고 말했다. 순수한 조화는 정동과 양립할 수 없다. 오르테가 이 가세트(Ortega y Gasset)[65]가 말했듯이, 우리가 역사의 모든 내적 계

---

[65] 호세 오르테가 이 가세트(José Ortega y Gasset, 1883~1955)는 20세기 스페인을 대표하는 철

기에서 공평했다면 역사는 파괴되었을 것이다. 그런 의미에서 정동은 대상과 그다음 대상 사이의 급진적 불연속성을 의미하며, 이 불연속성은 차별적인 리비도적 집중 투자를 통해서만 개념화될 수 있다.

만일 우리가 인민적 정체성의 문제에 정확하게 접근할 수 있다면, 우리는 이 구조적 시퀀스의 모든 계기에 주목해야 한다. 먼저, 우리는 공허하게 추구되는 신화적 충만함의 계기를 갖는다. 엄마/아이 통일성의 복원, 또는 정치적인 의미에서 완전히 화해된 사회. 그런 다음 충동의 부분화를 경험한다. 어떤 지점에서는 궁극적으로 도달할 수 없는 충만함을 구현하는 여러 **대상 a**. 여기서 우리는 우리의 분석에 신중해야 한다. 왜냐하면 무언가를 구현한다는 것은 몇 가지 다른 점을 의미할 수 있기 때문이다. 콥젝은 이미 그 모든 연관성을 밝혔다. 콥젝은 자체로서 드러날 수 없는 것을 일련의 무관심한 대용품이 대체한다는 순수하게 외적인 대표 관념을 바로 거부한다. 그렇다면 구현되는 것과 이것을 구현하는 그 행위 사이의 더 친밀한 관계는 무엇일 수 있을까? 우리의 모든 선행 분석을 통해 이 문제에 대한 적절한 답을 찾을 수 있다. 무언가를 구현한다는 것은 오로지 구현되고 있는 것에 이름을 붙이는 것을 의미할 뿐이다. 그러나 구현되는 것은 불가능한 충만함 그 자체로, 아무런 독립된 일관성이 없다. 그러므로 '구현되는' 독립체는 리비도적으로 집중 투자의 완전한 대상이 된다. 따라서 구현되는 대상은 도달할 수 있는 것의 궁극적인 지평이다. 도달

학자이자 문필가다(옮긴이).

할 수 없는 '너머'가 있기 때문이 아니라, 그 자체의 통일성을 가지지 않는 '너머'란 오직 만족을 얻게 하는 대상이 환상적인 차원에서 초과되는 방식으로만 현존할 수 있기 때문이다. 콥젝의 말에 따르면, 이 초과는 바로 모유의 '젖가슴의 가치'가 된다. 정신분석학적 용어로 말하자면, 욕망은 만족이라는 것을 알지 못하면서 오직 연속적인 대상을 통해 자신을 재생산함으로써만 유지해 나간다. 반면 충동은 만족을 찾을 수 없지만, 큰 사물의 존엄성을 끌어 올리면서 대상을 '승화'시킴으로써만 달성된다. 이것을 정치적 언어로 번역해 보자. 특정한 요구는 아마도 처음에는 오로지 여러 요구 중 하나에 불과했겠지만, 어떤 지점에서는 예상치 못한 중심성을 획득하고 자신을 뛰어넘는 것, 자신이 통제할 수는 없지만 벗어날 수 없는 '운명'이 되는 것의 이름이 된다. 민주적 요구가 이 과정을 통과했을 때, 이 요구는 '인민적' 요구가 된다. 그러나 인민적 요구는 그 자신의 초기적이고 물질적인 특수성만으로는 달성되지 않는다. 그것은 승화의 결절점이 되어야 한다. 즉 '젖가슴의 가치'를 획득해야 한다. 이때에야 비로소 '이름'이 '개념'에서, 기표가 기의에서 떨어져 나온다. 이 떨어져 나옴 없이 포퓰리즘이란 있을 수 없다.

셋째, 마지막으로 고려해야 할 측면이 있다. 그 전체적 함의는 5장에서 다루겠지만, 포퓰리즘에 대한 예비적 접근에서조차 건너뛸 수 없는 몇 가지를 여기서 언급해야 한다. 나는 앞서 차이와 등가의 논리는 둘 다 궁극적으로 서로 적대적이지만, 그럼에도 서로를 필요로 한다고 주장했다. 이 둘은 상호 연관된 차원 사이의 긴장 공간에 존재한다. 이미 그 이유를 지적했다. 등가 사슬은 요구들의 연결 고리가 가진 특수주의를 약화할 수 있지만, 그것을 모두 제거할 수는 없다. 충족되지 않은 다른 요구들과 함께 연대가 형성되는 이유는 특수한 요구가 충족되지 않기 때문이다. 따라서 연결 고리의 특수주의가 작동하지 않으면 등가 사슬은 존재하지 않을 것이다.

나는 이 측면을 차이와 등가가 서로를 통해 자신을 반영하는 것으로 설명했다. 이러한 반영은 구성적이면서도 두 축 사이의 긴장이다. 긴장과 반영은 불안정한 평형상태에 우연히 결합될 수는 있지만, 서로를 완전히 제거할 수는 없다. 가장 순수한 등가의 명백한 사례를 생각해 보자. 천년왕국 농민반란. 이 농민반란에는 차이와 등가 사이에 오염이 없고 서로에 대한 반영이 없다고 생각하는 경향이 있다. 한편으로 적이 총체적인 존재이므로, 적과의 관계는 적에 대한 완전한 파괴를 목표로 한다. 다른 한편으로 대립의 의미는 지금까지 **이미** 존재해 온 공동체에 대한 위협에 맞서는 방어에 주어지므로, 마치 모든 공동체주의적 특수주의는 등가적 대립에 선행하고 그 구성을 위해 이 대립에 의존하지 않는 것처럼 보인다. 이러한 두 세계의 충돌은 타협할 수 없는 성질의 것이라서, 마치 각자가 가진 실질적인 현실이 무엇이든 충돌의 결과가 아니라 충돌에 선행하는 것처럼 보인다. 즉 공동체주의적 공간은 오로지 차이 논리에 따라 **배타적으로** 조직되며, 등가적 계기는 **전적으로** 외부적인 것이 된다. 차이와 등가는 서로 반영하기를 중단한다. 이 두 차원 사이의 긴장은 이 둘이 완전히 분리되면서 해소될 것이다. 그러나 이것은 잘못된 결론이다. 왜냐하면 천년왕국 농민반란이라는 극단적인 경우에서조차 '반영되는 계기'가 작동하기 때문이다. 일단 반란이 시작되면, 공동체에는 어떤 것도 이전과 같은 상태로 남아 있지 않게 된다. 왜냐하면 반란의 목적이 이전의 정체성을 회복하는 것이라 해도 반란은 그 정체성을 재창조하기 때문이다. 반란은 단순히 미리 주어진 것에 전적으로 의존할 수 없다. 외부 위협에 맞선 공동체의 방어는 그 공동체를 탈구시켰으며, 그 공동체가 지속되기 위해서는 탈구되기 이전의 어떤 것을 단순히 반복할 수 없다. 이것이 사물의 기존 질서를 방어하고자 하는 사람이 그 방어를 통해 이미 그것을 잃은 이유다. 우리의 용어로 말하면, 위협받는 질서의 영속은 더 이상 순수한 차이의 논리에 의존할 수 없다. 그 성공은 등가 사슬 안에 이 차이들을 기입하는 것에 달려 있다.

이 결론은 인민적 정체성과 포퓰리즘 문제에 대한 몇 가지 중요한 결과를 만든다. 물론 극단적인 사례이기는 하지만, 천년왕국 운동은 우리가 논의하는 이중적 반영의 계기가 존재한다는 사실을 보여줌으로써 포퓰리즘의 본질에 새겨진 모든 변이들을 조명한다. 등가 논리가 차이를 해체하는 것이 아니라 그 자체에 차이를 기입하는 것이라면, 그리고 두 논리의 상대적 무게가 기입 표면이 행사하는 헤게모니와의 관계에서 기입된 것의 자율성에 크게 의존한다면, 이중적 반영이 열어 놓은 변이의 가능성은 매우 클 것이다. 다시 말해 어떤 사회적 수준이나 제도도 등가적 기입의 표면으로 작동할 수 있다. 핵심은 포퓰리즘적 경험의 근저에 있는 탈구가 등가적 기입을 필요로 하므로, 그 특질이 무엇이든 간에 새롭게 나타나는 '인민'은 모두 양면을 드러낼 것이라는 사실이다. 하나는 기존 질서와의 파열이고, 다른 하나는 기본적인 탈구가 발생하는 곳에 '질서 세움'을 도입하는 것이다. 다소 추상적인 이 명제들을 충분히 이해하기 위해 두 가지 사례를 들어 보자.

한 가지 극단적인 예로 마오쩌둥의 '대장정'을 생각해 보자. 대장정에서 우리는 위에서 설명한 의미에서의 '포퓰리즘'을 본다. '인민'을 여러 적대 상황에서 하나의 역사적 행위자로 구성하려는 시도 말이다. 마오는 심지어 '**인민** 내부의 모순'에 대해 이야기했고, 그 결과 고전 마르크스주의 이론에서는 금기시되었을 수 있는 독립체인 '인민'에 주목하도록 했다. 이것이 위에서 논의한 이중 반영이다. '인민'은 (생산관계 안에 있는 정확한 위치가 규정하는) 순수한 계급 행위자에게 부여되는 것과 같은 본질과는 거리가 먼 채로, 여러 파열 지점의 접합으로 파악된다. 그러나 이 파열 지점들은 내전, 일본의 침략, 군벌들 사이의 대립 등의 결과로서, 이것들을 초월하는 기입의 인민 주체 표면에 달려 있다. 여기에는 내가 앞서 언급한 두 차원이 존재한다. 하나는 기성 제도적 질서, 즉 현재 상태와의 단절이고, 다른 하나는 아노미와 탈구가 있는 질서를 구성하려는 노력이다. 따라서 등가 사슬은 반드시 이중 역할을 한다. 등가 사슬은 요구들의 특수주의(particularism)를

출현시키는 동시에, 이 요구들을 필수적인 기입 표면으로서의 자신에게 종속시킨다.[66]

이제 정반대로, 극단적인 사례로 옮겨가 보자. 1950년대에 **"비리는 저질러도 성과는 만든다(Rouba mais faz)"**를 캠페인으로 삼았던 브라질 남부 출신의 부패 정치인 아데마르 지 바후스(Adhemar de Barros) 추종자들의 정치적 동원 사례다. 지 바후스가 풀뿌리 인민들의 요구에 기입한 것은 본질적으로 후견주의적이었다. 즉 정치적 호의와 표를 바꾸는 것이었다. 우리는 마오의 포괄적인 해방 프로젝트와 지 바후스의 범죄 조직 사이에서 공통점을 거의 찾을 수 없다. 그러나 나는 이 둘 모두에 포퓰리즘이 존재한다고 주장하려 한다. 어떻게? 공통 요소는 현존하는 반제도적 차원, 정치적 정상화에 대한 일정한 도전, '늘 하던 방식'에 대한 도전에서 나온다. 두 사례 모두 약자에 대한 호소가 있다. 발터 벤야민은 도적 떼와 같은 중범죄자에 대한 인민적 매력을 환기하는데,[67] 이들의 매력은 도적 떼가 법적 체계 밖에서 이 체계에 도전한다는 사실로부터 나온다. 어떤 제도적 체계든 필연적으로, 적어도 부분적으로 한계가 있고 좌절을 경험한다. 따라서 그 도전의 이유와 형태가 무엇이든지 간에 그 체계에 도전하는 사람에게는 매력적인 무언가가 있다. 어떤 사회에든 **정치적 접합의 형태로**

---

66 여기서 '특수주의'는 요구들 각각이 가진 고유하고 차별화된 내용, 즉 특수한 개별 요구의 특성을 강조하는 것을 의미한다고 볼 수 있다(옮긴이).

67 Walter Benjamin, *Reflections, Essays, Aphorisms, Autobiographical Writings*, New York, Schocken Books, p. 281.

부터 독립된 몇몇 상징으로 결정화되는 날것의 반(反)현상유지 감정들의 저장고가 있으며, 이 저장고는 우리가 어떤 담론이나 동원을 '포퓰리즘적'이라 부를 때 직관적으로 감지하는 감정들이다. 후견주의는 (사례로 돌아가서) 반드시 포퓰리즘적이지는 않다. 후견주의는 순수하게 제도적인 형태를 띨 수 있지만, 정상적인 정치 통로 밖에서 약자에 대한 공적 호소로 충분히 구성된다. 왜냐하면 후견주의는 포퓰리즘적 함축을 획득할 수 있기 때문이다. 이때 내가 '인민적 기입 표면'이라 불러온 것은 제도든 이데올로기든 다 될 수 있다. 그 '인민적 기입 표면'을 이데올로기나 제도의 특질이 아니라 인민주의적으로 만드는 것은 그 주제가 가진 어떤 굴곡이다. 나는 3부에서 이러한 유형 분류의 체계적 변형 중 몇 가지를 다룰 것이다.

우리는 이제 포퓰리즘에 대한 예비적인 관념에 도달했다. 예상대로 내 분석은 경험적인 이유로 두 가지 단순화 가정에 기반을 두어 왔는데, 이제는 이 두 단순화 가정을 제거해야만 한다. 첫 번째, 비어 있는 기표에 대한 나의 모든 접근 방식은 사회 안에 안정적인 이분법적 경계의 현존을 가정했다(그러한 경계가 없다면 등가도 없고, 따라서 비어 있는 기표도 없을 것이다). 그러나 이 가정을 당연하게 받아들일 수 있을까? 만약 경계 양쪽의 힘이 경계를 새로운 방향으로 옮긴다면 무슨 일이 생길까? 두 번째, 나는 등가 사슬 안에서 요구의 특수주의가 지속되는 것의 모든 함의를 탐구하지 않았다. 특히 어떤 반체제적 요구도 이미 존재하는 등가 사슬에서 새로운 연결 고리로 통합될 수 있음을 당연하게 여겨 왔다. 그러나 만일 이미 사슬의 일부인 요구의 특수주의가 그 사슬에 통합되려는 새로운 요구들과 충돌한다면 어떻게 될까? 이분법적 경계가 지배하는 안정된 대표 공간 내부의 진영으로는 더 이상 인지할 수 없는 새로운 형태의 외부를 위한 조건을 만들어 내는 것은 아닐까? 이것이 내가 이제 탐구해야 할 두 가지 질문이다. 첫 번째 질문이 우리를 '떠다니는 기표(floating signifier)' 관념으로 인도한다면, 두 번째 질문은 내 발표에 담긴 몇 가지 지점에서 제기된 사회적 이질성의 문제에 대한 더욱더 철저한 연구를 포함한다.

부록: 왜 일부 요구를 '민주적'이라고 부를까?

이 장의 초고를 읽었던 독자들은 '민주적 요구'라는 범주를 혼란스러워했다. 왜 요구들을 **구체적**이거나 단순히 '고립적'이 아니라 '민주적'이라고 부를까? 무엇이 이 요구들에 대해서 특별히 민주적일까? 이 질문들은 답변을 요구할 만큼 정당하다. 먼저, 이 맥락에서 나는 '민주적'이라는 말이 민주적 정권과 어떤 관계가 있음을 의미하지 않는다고 말하고자 한다. 내 글이 충분히 보여주듯이, 이 요구들은 어떤 특수한 정치적 방식으로 접합될 운명이 목적론적으로 결정된 것들이 아니다. 파시스트 정권도 자유주의 정권만큼 민주적 요구를 흡수하고 접합할 수 있다. '민주적 요구들'이라는 관념은 그 정당성에 관한 어떤 규범적 판단과는 훨씬 더 관련이 없다고 말할 수 있다. 이 관념은 엄밀하게는 기술적인 개념으로 남아 있다. 민주주의의 일반적인 관념으로부터 내가 유지하는 특질들은 다음과 같다. ① 이 요구들은 일종의 약자들에 **의한** 체계로 공식화된다. ② 이 요구들의 출현 자체는 일종의 배제나 박탈(내가 '결핍된 존재'라 불렀던 것)을 전제로 한다.

이는 오히려 민주주의에 대한 다소 색다른 개념이 아닐까? 나는 그렇게 생각하지 않는다. 나는 이 개념을 사용하는 내력에 대해 무언가를 말하는 것으로 내 생각을 옹호하려 한다. 이 개념을 계보학적으로 재구성하는 출발점은 '부르주아민주주의혁명'이라는 마르크스주의의 범주여야 한다. 이 개념 구상에서 민주주의는 봉건주의와 절대주의 체제에 대항하는 신흥 부르주아들의 투쟁과 연결되었다. 따라서 민주적 요구는 내재적으로 부르주아적이며, 본질적으로 '자유-민주주의' 정권의 수립과 연결되었다. 사회주의적 요구는 (부르주아)민주주의 요구와는 달랐는데, 사회주의적 요구는 자본주의 사회를 초월하는 것을 포함하며 역사 발전의 더욱 진보된 단계에 상응했다. 따라서 정치적 의제의 주요 항목이 봉건주의의 타도였던 국가들에서 사회주의 세력의 임무는 전 기간에 완전한 자본주의 사회를 확립할 부르주아민주주의혁명을 지원하는 것이었다. 시간이 지나야만 자본주의 내적 모순의 결과로 사회주의적 요구가 정치 투쟁의 최전선으로 나올 수 있었다. 따라서 주요 구분은 사회주의적 요구와 민주적 요구 사이의 구분이었다. 부르주아 헤게모니 안에 민주적 요구를 기입하고, 자유주의 국가를 수립하는 것이 당연한 것으로 여겨졌다.

이 깔끔한 구분은 나중에 '복합적 균등 발전'이라는 꼬리표 아래 포함될 현상들의 출현으로 손상되었다. 특정 국가에서 봉건주의 타도라는 과제가 가장 중요한 상태로 지속되지만, 사회 세력으로서의 부르주아지가 자신의 민주주의 혁명을 일으키기에 너무 약하면 무슨 일이 발생할까? 이때 민주주의 혁명은 역사적 의제로 계속 남지만, 그 부르주아 성격은 점점 더 문제가 된다. 부르주아의 지도력은 다른 역사적 행위자들에게 이전되어야 하며, 행위자와 과제 사이의 모든 비정통적 접합이 가능해진다. '노동자와 농민의 민주주의 독재'라는 볼셰비키 공식은 새롭고 예상치 못한 방향으로 '민주주의' 관념을 비틀었고, 트로츠키(Trotsky)의 '영구혁명'은 혁명, 민주주의 과제, 그리고 행위자 사이의 훨씬 더 느슨한 연결이 필요했다. 1930년대의 반파시스트 투쟁과 1945년 이후 제3세계 혁명의 물결은 '부르주아민주주의 혁명' 개념의 해체 과정을 훨씬 더 뚜렷하게 만들었다. 한편으로 민주적 요구와 자유주의 사이의 연결은 순전히 우연적인 것으로 드러났다(형식적으로 반(反)자유주의 정권들은 민주적 요구의 진전을 위해 유일하게 가능한 틀이었다). 다른 한편으로 민주적 요구가 권위주의의 공세에 맞서 자유주의 제도를 방어해야 할 때, 자유주의 제도의 '부르주아' 성격은 더 이상 쉽게 주장될 수 없었다. 세력, 제도 그리고 사건의 의미를 다르게 할 수 있는 접합 매개가 변하고 있었다. 1960년대 아르헨티나에서 나는 다음과 같은 1면 머리기사가 실린 신문을 읽었던 기억이 난다. "국가 헌법이 전복되고 있다."

바로 이 방대한 역사적 변환 속에서 우리는 그람시의 개입이 의미하는 바를 이해할 수 있다. 그람시의 헤게모니론 전체는 민주적 요구의 인민적 기입이 선험적으로 주어지거나 목적론적으로 결정된 절대 명령에 따라 진행되는 것이 아니라, 여러 방향으로 움직일 수 있는 우연적 작동일 때만 이해된다. 이는 인민적 기입에 관한 한 '명백한 운명'을 가진 요구란 없음을 뜻한다. 그리고 사실 어떤 요구도 어떤 **종**

류의 기입 없이는 온전한 요구가 아니므로, 이는 기입의 우연성 문제만은 아니다. 그람시적 이론화 과정에서 이 지점에 도달하면, 우리는 이 글에서 제시한 '민주적 요구' 관념에서 크게 벗어나지 않게 된다. 그러나 이는 전혀 사실이 아니다. 왜냐하면 그람시에게 접합심급의 최종 핵심 또는 집합의지는 언제나 그가 사회의 근본 계급이라 부르는 것이며, 이 집합의지의 정체성은 그 자체가 접합 실천으로부터 나오지 않기 때문이다. 즉, 집합의지는 여전히 민주적 요구 질서와는 다른 존재론적 질서에 속한다. 이것이《헤게모니와 사회주의 전략 (Hegemony and Socialist Strategy: Towards a Radical Democratic Politics)》에서 샹탈 무페와 내가 그람시가 가지고 있는 본질주의의 마지막 남은 잔재라고 불렀던 것이다. 우리가 이 잔재를 제거한다면, 접합심급으로서의 '인민'(우리가 인민적 요구라 불렀던 것의 장소)은 (우리가 설명했던 것처럼) 오로지 비어 있는 기표(라캉적 의미에서 **대상 a**)로서 기능하는 특정한 민주적 요구의 헤게모니적 과잉결정에서만 나올 수 있다.

이와 같은 설명을 통해, 독자들이 내가 왜 이 요구들을 '민주적'이라고 불러 왔는지 잘 이해하기를 바란다. 왜냐하면 마르크스주의 전통에 대한 향수 어린 애착 때문이 아니라, 유지해야만 하는 이 마르크스주의 전통에 '민주주의' 관념의 구성 요소가 있기 때문이다. 그 구성 요소는 요구의 불이행이라는 관념인데, 이 관념은 요구를 기존 상태와 대립하게 하고 등가 논리가 '인민'의 출현으로 나아가도록 촉발할 수 있다. '민주적' 요구 대신 '구체적' 요구에 대해 말했다고 가정해 보

자. 구체적 요구는 그 자체로는 폐쇄된 완전한 실정성이라는 관념을 떠오르게 한다. 그러나 우리는 그런 실정성이란 없다는 것을 안다. 요구는 (실정성은 단자적인 것이 아니라, 관계적 집합체 안에 위치한다는 것을 의미하면서) 차별적으로 구성되거나, 또는 등가적으로 다른 요구들과 관련되어 있다. 또한 우리는 이 양자택일이 충족된 요구와 충족되지 않은 요구 중 하나와 겹친다는 사실을 알고 있다. 그러나 충족된 요구는 요구가 되기를 멈춘다. 요구에 물질성과 담론적 현존을 부여하는 것은 오로지 (완전한 거부와 단지 '균형 상태에 있음' 사이를 진동하는) 충족의 결핍일 뿐이다. '민주적'이라는 자격(사실 이 자격은 요구 관념에 이미 포함된 것을 형용사로 반복하기 때문에 자격이 아니다)은 요구의 출현 조건인 등가적/담론적 환경을 가리키지만, '구체적'이거나 '고립적'인 자격은 그렇지 않다.

물론 위에서 언급했듯이, 문제는 인민적 요구와 민주적 요구의 관계, 그리고 이것들과 민주주의의 더 관습적인 개념 사이의 관계다. 나는 6장에서 이 문제를 일부 다루겠다.

5장
떠다니는 기표와
사회적 이질성

떠다님: 기표의 천형인가, 아니면 숙명인가

지금까지 우리가 발견한 인민적 정체성의 출현 조건을 다시 한번 정리해 보자. 첫째, 등가 사슬을 표현하고 구성하는 비어 있는 기표가 현존한다. 둘째, 등가적 계기는 이 계기의 통합적 연결 고리들과의 관계에서 자율화된다. 왜냐하면 다양한 요구가 있어야 비로소 등가가 가능해지지만, 이 등가적 계기는 단순히 이 요구들에 부수적인 것이 아니라 이 요구들의 다양성을 가능하게 하는 중요한 역할을 하기 때문이다. 우리가 보았듯이 등가적 기입은 요구들에 견고성과 안정성을 부여하지만, 동시에 요구들의 자율성을 제한한다. 왜냐하면 등가적 기입은 전체 사슬을 위해 설정된 전략적 매개변수 안에서 작동해야 하기 때문이다. 한 가지 예를 들자면, 1940년대와 1950년대에 이탈리아공산당은 다양한 전선에서 민주적 요구들을 밀어붙였다. 이를 통해 이탈리아공산당은 이 요구들에 기입 표면을 제공했다. 이 기입 표면은 이 요구들을 목표에 맞게 정의했으며, 당의 전술적 움직임을 더 효율적으로 만들었다. 그러나 동시에 요구들은 자율성을 점차 잃어가면서 공산주의 전략 목표에 점점 더 종속되었다. 이 두 계기 사이의 긴장은 모든 정치적 경계의 설정과 실제로 역사적 행위자로서의 '인민'을 구성하는 모든 과정에 내재해 있다. 마지막으로, 특수한 요구들의 종속화와 자율화라는 이 이중 게임의 한계에 대한 의문이 존재한다. 이 사슬은 이 두 극단 사이의 불안정한 긴장 속에서만 남아 있을 수 있으며, 하나가 다른 하나를 완전히 지배하면 해체된다. 종속의 계기가 일방적으로 고정되면, 인민적 기표들은 민주적 요구들의 **기반**으로 작용할 수 없는, 작동하지 않는 엔텔레키(entelechy)[1]가 된다. 이는 탈식민지화 과정 이후 관료적 엘리트들이 등장한 아프리카 국가들의 많은 포퓰리즘 담론에서 일어난 일이다. 다른 한편, 일정 수준을 넘어선 자율화는 순수한 차이의 논리로 이어지고 인민적 등가 진영을 무너뜨린다(우리가 보았듯이 차티스트 담론의 위기에서 일어난 일이었다).

그러나 이 그림에는 우리가 이제 제거해야 할 단순화된 가정이 있다. 제거해야 하는 이유는 내가 이 문제를 제시해 온 방식은 어떤 요구가 등가 사슬 안에서 접합되지 않는다면, 그 요구는 기존 상징 체계

---

1 엔텔레키(entelechia, entelechy)는 '완성된 상태' 또는 '완료'를 의미하는 그리스어에서 유래한 철학 용어다. 아리스토텔레스 철학의 핵심 개념으로, 잠재태(dynamis)가 완전히 실현되어 그 자체의 목적을 완성한 상태, 즉 '완전한 현실태'를 의미한다. 본문에서는 어떤 정치적 현상이나 개념이 외부 상황과 무관하게 그 자체로 이미 완성되어 고정불변하는 본질을 가진 것처럼 간주되어서는 안 된다는 의미로 사용된다(옮긴이).

안에서 비적대적인 방식에 따라 차별적으로 흡수되는 것밖에는 다른 대안이 없음을 전제하기 때문이다. 그러나 이 가정은 내부 경계가 동일하게 유지되고 전치가 없다는 것을 전제한다. 분명히 비현실적인 가정이며, '비어 있는 기표' 관념을 가장 순수하게 제시하기 위한 탐색적 이유로만 받아들여질 수 있다. 이 초기의 단순화 모델을 다음과 같은 도식으로 설명할 수 있다.[2]

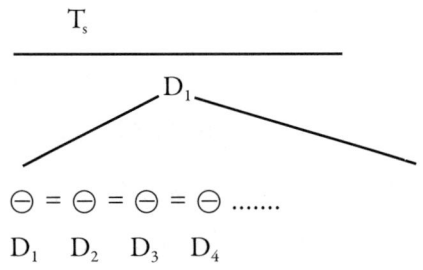

내가 염두에 둔 사례는 정치적 경계가 억압 정권(러시아 차르주의 (Tsarism) 같은)을 사회 대부분 부문의 요구들(D1, D2, D3…)로부터 분리한 사례였다. 특수성을 가진 각각의 요구는 다른 모든 요구와 다르다(특수성은 도식에서 각 요구를 나타내는 원의 아래 반원으로 표시된다). 그러나 다른 모든 요구는 억압 정권에 대한 공통의 대항으로서 서로 등가적이다(원의 위 반원으로 표시된다). 우리가 보았듯이, 요구들은 여러 요

2 Ernesto Laclau, 'Constructing Universality', Judith Butler, Ernesto Laclau, Slavoj Žižek, *Contingency, Hegemony, Universality. Contemporary Dialogues on the Left*, London and New York, Verso, 2000, pp. 302-5.

구 중에서 개입을 통해 전체 사슬의 기표가 되는 하나의 요구로 나아간다. 이 요구는 경향적으로 비어 있는 기표다. 그러나 이 모델 전체는 현존하는 이분법적 경계에 의존한다. 이 경계가 없다면, 등가 관계는 무너지고 각 요구의 정체성은 그 차별적 특수성에서 소진될 것이다.

그러나 이분법적 경계가 사라지지 않고 억압 정권 자체가 헤게모니를 잡은 결과 이 경계가 흐릿해진다면, 즉 인민적 요구들이 인민 진영의 등가 사슬을 '섭합되는 전혀 다른 연결 고리의 등가 사슬'로 대체해서 끊어 버리려고 할 때(우리가 곧 보겠지만, '약자'를 권력으로부터 보호하는 것이 미국 뉴딜 정책에서처럼 더 이상 좌파 담론과 연관되지 않고 '도덕적 다수파'와 연결될) 무슨 일이 일어날까? 이때 **동일한** 민주적 요구들은 **경쟁적인** 헤게모니 프로젝트의 구조적 압력을 받는다. 그렇게 되면 우리가 지금까지 고려한 것과는 다른 인민적 기표들의 자율성이 만들어진다. 요구의 특수주의는 자족적인 것이 되어 더 이상 어떤 등가적 접합으로부터도 독립적이지 않게 되며, 그 특수주의적 요구의 의미는 대안으로 제시되는 등가적 경계들 사이에서 비결정적으로 남는다. 나는 이러한 방식으로 그 의미가 '정지된' 기표들을 '떠다니는 기표'라고 부를 것이다. 우리는 위 도식을 따라 떠다니는 기표의 작동을 다음과 같이 나타낼 수 있다.

다음 도식처럼, D1은 점선으로 표시된 두 적대적 등가 사슬의 구조적 압력을 받는다. 수평 점선은 첫 번째 도식에서와 같이 차르주의에 반대하는 인민 진영에 해당한다. 대각 점선은 인민 진영에 속한

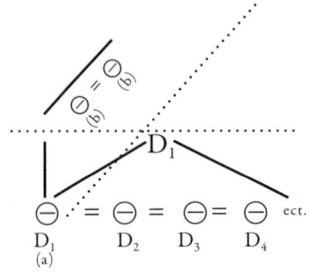

D1과 차르주의 진영에 속한 인민 진영이 대항하는 두 가지 다른 요구들 사이에 등가적 연결 고리를 설정한다. 따라서 우리는 역사적 행위자로서의 '인민'을 구성하는 두 가지 적대적 방식을 획득한다. D1의 의미를 고정시키는 방식은 헤게모니 투쟁의 결과에 달려 있다. 따라서 '떠다니는' 차원은 상징적 체계가 급진적으로 재구성되어야 하는 유기적 위기 시기에 가장 두드러지게 나타난다. 그리고 그런 이유로, 요구들은 요구들의 대표에서 두 반원 사이의 관계가 고정되지 않는 것을 필연적인 양식으로 갖는다. 위 반원 부분은 항상 떠다니는 동안 자율화된다. 왜냐하면 (부재하는) 사회의 충만성을 대표하는 등가적 사실성을 가지고 있기 때문이다. 2004년 반(牛)자전적 글에서 영국 보수당 정치인 마이클 포르틸로(Michael Portillo)[3]는 다음과 같이 썼다.

---

3 마이클 포르틸로(1953~)는 영국의 보수당 정치인이자 언론인이다. 어린 시절 노동당 지지자였으나, 1970년대 마거릿 대처의 등장과 함께 보수당으로 전향했다. 국방부 장관 (1995~1997) 등 요직을 거치며 한때 유력한 차기 총리 후보로 거론되기도 했다. 그러나 1997년 총선에서 예상 밖의 충격적인 패배를 당하며 정치적 타격을 입은 뒤 정계를 은퇴하고 텔레비전 프로그램 진행자로 활동했다(옮긴이).

나는 11세 때 정치에 관심이 있었다. 선거가 있던 1964년에 나는 부모님 집에서 노동당 위원회실을 운영하는 일을 도왔다. 나는 침실 벽에 해럴드 윌슨(Harold Wilson)[4]의 포스터를 붙여 놓았다. (중략) 그러나 1970년대 중반이 되자 노동당은 초라해졌다. 대처는 1975년 보수당을 이끌며 혁명의 눈빛을 띠고 있었다. 나에게 그것은 매력적이었다. 아마도 나는 변하지 않았을 것이다. 나는 중도좌파적 견해와 급진주의에 대한 열정을 함께 가지고 있다.[5]

그 변화는 더 이상 명확할 수 없었다. 포르틸로는 중도좌파 운동가이자 급진주의자였다. 둘 중 중도좌파적 입장이 더 이상 급진적이지 않게 되자, 그는 정치의 **내용**과 그 급진적 **형식** 사이에서 선택해야 했다. 그 급진주의가 반대 방향을 나타내도 말이다. 4장에서 논의한 '좌파르펜주의'도 같은 방향을 가리킨다. 정치의 존재론적 내용과 그 내용의 급진적 충만성을 표현할 수 있는 능력 사이의 이러한 거리는 항상 존재한다. 하지만 내가 말했듯이, 이 거리는 공적 정서의 급진적 전환과 급격한 변화가 흔한 위기 시기에 특히 가시적으로 나타난다.

4 해럴드 윌슨(1916-1995)은 영국 노동당 정치인으로, 1960년대와 1970년대에 걸쳐 두 차례 (1964~1970, 1974~1976) 총리를 역임했다. 인용문에 언급된 1964년은 윌슨이 이끌던 노동당이 13년간의 보수당 집권을 끝내고 총선에서 승리한 해다. 당시 해럴드 윌슨의 '과학기술혁명', '기회균등' 등을 내세운 급진적이고 현대적인 주장과 이미지는 영국민들 사이에서 큰 인기를 얻는 데 이바지했다. 그러나 1970년대 이후 급진성이 사라지면서, 이를 보수당의 마거릿 대처가 대체했다고 볼 수 있다(옮긴이).

5 Michael Portillo, 'I'm Living Proof that Failure is Good for You', *The Sunday Times* (*News Review*), 22 February 2004, p. 9.

우리가 알 수 있듯이, '비어 있고' '떠다니는' 기표들의 범주는 구조적으로 다르다. '비어 있는 기표'는 현존하는 안정된 경계를 당연시한 상태에서 인민적 정체성을 구축하는 것이다. 그리고 '떠다니는 기표'는 그 경계의 전치 논리를 개념적으로 파악하려는 것이다. 그러나 실제로 둘 사이의 거리는 그렇게 크지 않다. 둘 다 헤게모니적 작동이며, 가장 중요하게는 지시 대상들이 크게 겹친다. 비어 있는 기표의 범주만 관련되고 떠다니는 계기가 배제된 상황은 완전히 고정된 경계를 지닌 상황일 것이다. 이것은 상상하기 어렵다. 반대로, 어떤 일부도 고정되지 않은 떠다님만 있는 순수한 정신병적 세계 또한 생각할 수 없다. 따라서 떠다니는 기표와 비어 있는 기표는 '인민'의 헤게모니적 구축 과정에 있는 부분적 차원들, 즉 분석적으로 구별될 수 있는 차원들이다.

제2차 세계대전 이후 수십 년 동안 미국에서 우익 포퓰리즘이 등장하는 과정에서 떠다니는 기표들이 작동하는 방식을 보자. 1968년 리처드 닉슨(Richard Nixon) 대통령 선거 캠페인의 전략가 중 한 명인 케빈 필립스(Kevin Phillips)는 포퓰리즘 현상을 중심으로 미국 정치사에 대한 포괄적 해석을 써 내려갔다.

필립스는 방대한 통계 자료를 상상력 있게 사용해, 제퍼슨 시대부터 1960년대까지 모든 선거 주기에서 민족적·인종적·지역적 적대감이 정당의 우위를 결정하는 열쇠였다고 주장했다. 한 정당이 근면한, 문화적으로 주류인 대중의 편에 서고 동북부의 부유한 기득권에 반대하는 편에 자신을 설득력 있게 위치시킬 때, 그 정당은 보통 한 세대 이상 국민적 지배력을 얻었다.[6]

필립스에 따르면, 자유주의를 지향하는 민주당원과 정부 보조금으로 생계를 꾸리는 가난한 흑인 및 라틴계 사람들의 지배 연합은 이 '약자'의 대의를 버렸다. 필립스는 동시대 민주당원들이 치명적인 정치적 실수를 저질렀다고 주장했다. 그들은 어리석게도 '소수를 과세해 다수를 이롭게 하는 프로그램(뉴딜)'을 넘어 '다수를 과세해 소수를 이롭게 하는 프로그램(위대한 사회)'을 통과시켰다. 이에 대응해 (그가 만든 용어인) 선벨트(Sunbelt)[7] 전역의 백인들과 북부 및 중서부의 가톨릭 신자들은 공화당(Grand Old Party, GOP)으로 이동하고 있었다. 필

---

6 Michael Kazin, *The Populist Persuasion: An American History*, Ithaca, NY, and London, Cornell University Press, 1995, p. 250. 미국의 포퓰리즘 정치의 보수적 전환에 관한 나의 정보 대부분을 이 유용한 책에서 얻었다. 내가 언급한 필립스의 책들은 *The Emerging Republican Majority*, New Rochelle, NY, Arlington House, 1969; 그리고 *Mediacracy: American Parties and Politics in the Communications Age*, Garden City, NY, Doubleday, 1975이다.

7 선벨트는 케빈 필립스가 1969년에 사용하기 시작한 용어로, 지리적으로 미국 남부 3분의 1 지역, 즉 남동부(플로리다와 조지아), 남서부(텍사스, 애리조나, 남부 캘리포니아)를 담는 '햇볕이 잘 드는 지대'를 가리킨다. 경제적으로는 새로운 경제 성장축으로, 정치적으로는 '신흥 보수주의의 심장부'로, 그리고 포퓰리즘적 의미에서는 미국 북동부와 중서부 '러스트 벨트(Rust Belt)'의 낡은 산업 엘리트나 북동부의 자유주의 엘리트와 달리 낮은 세금, 작은 정부, 강한 국방력, 전통적 가치를 선호하는 정체성과 연결된다. 필립스는 이 선벨트가 민주당의 아성이었던 단단한 남부를 무너뜨리고, 닉슨과 레이건으로 이어지는 공화당의 새로운 다수파를 형성하는 핵심 기반이 될 것이라 예측했다. 실제로 그렇게 되었다고 볼 수 있다(옮긴이).

립스가 '월스트리트, 성공회, 대도시 신문, 미국 대법원, 그리고 맨해튼의 이스트 사이드'로 정의한 기득권들은 프랭클린 루스벨트(Franklin D. Roosevelt)에 반대했다. 그러나 이제 이 기득권은 "국가의 평범한 (이제는 중산층) 내륙 지역에서 변함없이 자리 잡아 온" 보수적 물결을 경멸하는 고상한 상류층 자유주의자들로 구성되었다.[8] 마이클 카진(Michael Kazin)[9]이 기술하듯이, 이 과정의 양식은 우리의 주제에 더할 나위 없이 많은 것을 드러내고 있다. 동일한 포퓰리즘적 요소들이 뉴딜 주창자들의 담론과 신보수 우파 담론 모두에서 다른 접합으로 존재했다. 또는 오히려 이 요소들을 점진적으로 뉴딜 주창자로부터 신보수 우파가 차용했다. 즉 우리는 엄밀하게 정의한 의미 안에서 떠다니는 기표를 다루고 있다.

(따라서) 19세기 말 포퓰리즘 운동가들의 **수사**와 1950년대 보수적 반공주의자들의 수사 사이에는 밀접한 유사성이 있었다. 둘 다 자립적이고 생산적인 다수의 의지와 이익에 호소했다. 이 다수의 영적 신념, 애국적 이상과 공동체는 근대화되어 가는 엘리트, 역사가 크리스토퍼 래시(Christopher Lasch)의 역설적인 용어인 '문명화된 소수'의 손에 공격받고 있다고 판단되었다. 인민당(People's Party) 자체를 넘어서 확장된 공통 표

---

8 Kazin, *The Populist Persuasion*, p. 251.

9 마이클 카진(1948~)은 주로 19~20세기 미국의 사회운동, 노동사, 급진주의 정치, 포퓰리즘을 연구하는 역사학자이며 조지타운대학교 교수다. 미국의 진보적 시사평론지 《디센트(Dissent)》의 공동 편집장을 지냈다.

현의 실타래를 무시하는 것은 미국 포퓰리즘 전통을 혐오스러운 신념들로 가득 찬 용기에 강제로 집어넣는 것만큼이나 잘못되었다. 존 T. 플린(John T. Flynn)[10]과 패트릭 스캔런(Patrick Scanlan)[11]은 1890년대 이그나티우스 도넬리(Ignatius Donnelly)[12]와 톰 왓슨(Tom Watson)[13]과 상당히 다른 목표를 추구하고 있었다. 그러나 언어로서 포퓰리즘은 이데올로기적 경계를 뛰어넘을 수 있었고, 현대 자유주의에 적대적인 미국인들과 노동조합, 프랭클린 루스벨트의 네 가지 자유[14]를 여전히 따뜻하게 생각하는

---

10 존 T. 플린(1882~1964)은 미국의 언론인이자 작가다. 초기에는 루스벨트의 뉴딜 정책을 지지하는 자유주의자였으나, 이후 뉴딜이 사회주의적이고 파시즘적이라며 맹렬한 비판자로 돌아섰다. 1950년대 보수적 반공주의자를 대표하면서 진보적 자유주의 엘리트와 공산주의를 미국의 적으로 규정하는 포퓰리즘 수사를 구사하는 인물로 언급되었다(옮긴이).

11 패트릭 스캔런(1894~1983)은 가톨릭 브루클린 교구의 공식 신문인 《브루클린 태블릿(Brooklyn Tablet)》의 편집국장이자 보수 논객이다. 1950년대에 조지프 매카시 상원의원을 맹렬히 옹호하면서, 신문을 통해 노동조합, 자유주의 지식인, 정부 안에 침투한 '공산주의자 및 동조자'에 맞서 반공주의 포퓰리즘 수사를 펼쳤다. 존 플린과 함께 1950년대 미국 우익 포퓰리즘을 대표하는 인물이다(옮긴이).

12 이그나티우스 도넬리(1831~1901)는 19세기 말 미국의 급진적 포퓰리스트 정치가다. 미네소타주 하원의원을 지냈으며, 1890년대 농민과 노동자의 불만을 결집한 인민당 창당의 핵심 인물이었다. 1892년 인민당의 정강(Omaha Platform) 서문을 작성한 것으로 유명하다. 이 서문에서 그는 은행가, 철도 재벌, 독점 자본가와 같은 '금권 엘리트'에 맞서 '생산적인 다수(농민과 노동자)'의 권리를 옹호하는 좌파 포퓰리즘 수사의 전형을 보여주었다(옮긴이).

13 톰 왓슨(1856~1922)은 미국 조지아주 출신의 정치가다. 1890년대 인민당을 이끈 대표적 지도자 중 한 명으로, 1896년 인민당의 부통령 후보로 출마했다. 초기에는 금융자본가와 산업 엘리트라는 공동의 적에 맞서기 위해 가난한 백인 농민과 흑인 소작농의 경제적 연대를 추구했다. 그러나 20세기에 들어선 후기에는 정치적으로 실패한 후 흑인, 가톨릭교도, 유대인을 맹렬히 공격하는 인종차별주의자이자 배타주의자로 변질했다. 톰 왓슨은 이그나티우스 도넬리와 함께 1890년대 미국 포퓰리즘의 원형을 대표했으나, 동시에 포퓰리즘이 '혐오스런 신념'으로 변질될 수 있는 정치적 가능성을 보여주기도 했다(옮긴이).

14 언론의 자유, 신앙의 자유, 결핍으로부터의 자유, 공포로부터의 자유(옮긴이).

사람들을 모두 끌어들일 수 있었다.[15]

포퓰리즘적 기표들을 우익 담론이 헤게모니화하는 과정은 길고 복잡했지만, 우리는 몇 가지 중요한 전환점을 인식할 수 있다. 카진이 지적했듯이, 1940년까지 보수적 포퓰리즘은 모순어법이었다. 포퓰리즘과 전통적 우익 담론 사이에는 아무런 연결이 없었다. 당시 우익 담론은 비규제 자본주의를 방어하고 모든 종류의 풀뿌리 동원을 억제하는 데 초점을 맞추고 있었다. 보수 담론이 포퓰리즘적 함의를 갖는 첫 번째 계기는 1950년대 반공주의 성전(聖戰)에서 발생했다. 그 중심에 매카시즘(McCarthyism)이 있었지만, 다양한 전선에서 작은 분자처럼 움직이는 과정들이 선행되었다. 반공주의 요소가 확실히 있었고, 그 요소는 곧바로 북서부의 자유주의 엘리트들이 통제하는 강력한 정부 기구에 대한 보수적 두려움과 연관이 있었다. 이 두 요소가 서로를 먹여 살리기 시작하자, 이 보수적 두려움에서 전통적인 포퓰리즘 주제들로 이동하기는 쉬웠다.

따라서 보수주의자들은 포퓰리즘 언어의 저장고에서 반국가주의 성전을 위한 강력한 무기를 발견했다. 정부 내부와 더 넓은 문화에서 조직된 음모적인 엘리트는 미국인들을 규제된 시스템으로 강제로 몰아넣어, 미국인들의 생계를 파괴하고 그들의 가치를 파괴하려 했다. 우파는 대기업의

15 Ibid., pp. 192-3.

힘이 새로운 거대한 리바이던의 힘에 비해 작아 보인다는 사실을 넌지시 드러냈다. (중략) 이것은 상당한 변화였다. 미국 역사상 처음으로 많은 활동가들과 정치인들이 사회 개혁을 지지하기보다는 반대하기 위해 포퓰리즘적 어휘를 사용하고 있었다.[16]

이러한 새로운 연계는 분명 옛 포퓰리즘 주제들을 다르게 변조해야 했다. "기생충"과 "생산자" 사이의 대립은 그 중심을 빼앗겼고, 반면 "인민"과 "노동자" 사이의 연결 고리는 평범한 사람에 대한 호소로 대체되었다. "노동자"와 "평범한 노동자"는 "일반인", "보통 사람", "일반 미국인"으로 대체되는 경향이 있었다.[17] 중요한 점은 이전의 좌파 지향적 포퓰리즘 언어의 강조점이 바뀌면서 이 보수적 전환이 일어났지만, 내용까지 바뀌면서 일어나지는 않았다는 사실이다. 우리의 용어로 말하자면, 새로운 등가 체계가 구축되고 있었다. 이러한 관점에서 존 T. 플린의 경력은 전형적이다. 그는 1930년대에 좌파 작가로 시작해, 금융 투기를 비판하고 대기업에 맞서 소규모 기업을 보호할 것을 정부에 요구했다. 그러나 그의 대자본에 대한 증오는 정부 구성 요소를 포함해 지배 엘리트 **전체를** 거부하도록 만들었고, 이런 방식으로 포퓰리즘 담론은 유지되었다. 하지만 그는 반대 방향으로 나아갔다. 이러한 길을 따라 플린은 새로운 보수주의 유형의 주요 이론가

---

16 Ibid., p. 167.

17 Ibid., p. 168.

중 한 명이 되었다. "전쟁 후 통치 엘리트에 대한 이 본능적인 의심을 통해 플린은 원래의 대본에서 너무 많이 벗어나지 않으면서도 자신의 정적 명단을 업데이트할 수 있었다. 제2차 세계대전 후 공산주의자들과 사회민주주의자들의 승리는 그에게 통제 불능 상태로 폭주하는 국가라는 무시무시한 이미지를 그리게 할 뿐이었다."[18]

마르크스주의자로 경력을 시작한 다른 지식인들(제임스 번햄 (James Burnham), 휘태커 체임버스(Whittaker Chambers), 맥스 이스트먼(Max Eastman), 윌 허버그(Will Herberg), 윌모어 켄달(Wilmore Kendall), 유진 라이언스(Eugene Lyons), 제임스 로티(James Rorty)), 또는 더 전통적인 보수주의자들(브렌트 보젤(Brent Bozell), 윌리엄 F. 버클리 주니어(William F. Buckley Jr.), 러셀 커크(Russell Kirk))도 유사한 경로를 따랐다. 여기에 공동체주의의 새로운 인기, 새로운 종교 조직의 물결, 특히 가톨릭교회 내부와 재향군인협회의 확장을 더하면, 자유주의와 포퓰리즘 사이의 연결이 끊어지는 현상의 전체 스펙트럼이 보인다. 이 새로운 분위기의 첫 번째 공적 결정화는 물론 매카시즘이었다. 매카시즘은 포퓰리즘 이데올로기의 무기고에 있는 모든 종류의 무기를 의식적으로 사용했다. 매카시의 몰락 후 그가 조성한 동원 유형은 빠르게 해체되었지만, 그 효과로서 자유주의와 포퓰리즘 사이의 단절은 지속되었다. 뉴딜 담론은 명백히 후퇴하고 있었다. 그리고 그것이 남긴 공백을 우파의 새로운 세력이 점령할 터였다.

---

18 Ibid., p. 173.

뉴딜 담론의 해체에서 두 번째 중요한 순간은 조지 C. 월리스(George C. Wallace)[19]의 선거 운동이었다.[20] 그의 상대적인 성공을 이해하려면, 미국이 1960년대에 경험한 대표의 위기를 이해해야 한다. 당시 민권운동, 신좌파 등 다양한 종류의 약자들이 등장하고 있었다. 그러나 우리의 목적을 위해서는 나중에 닉슨의 선거 운동에서 '미국 중산층(middle America)'이라고 불리게 될 이들도 자신들이 대표되지 않는다고 느꼈다는 점이 중요하다. 워싱턴의 전능한 관료제와 여러 소수자의 요구 사이에서 질식감을 느끼면서 말이다. 카진은 이 집단의 분위기를 다음과 같이 기술한다.

그들(중산층—옮긴이)은 자신들과 같은 사람들, 즉 꾸준한 직업을 가진 백인이나 소규모 지역 사업자에 대해 수세적으로 자랑스러워했다. 그들은 노골적으로 인종차별적이지는 않았지만, 흑인들의 특정 문제에 대해 특별히 민감하거나 관심을 가지지도 않았다. 정치 세계에 대한 그들의 태도는 선출된 공직자들이 복지 프로그램과 인도차이나전쟁에 세금을 '낭비'했다는 냉소적인 혐오감에서부터, 내버려두기만 하면 보통 사람들이 기득권이

---

19 1960년대 후반(특히 1968년 미국 독립당 대통령 후보 출마)에 구사한 월리스의 우익 포퓰리즘 전략은 '워싱턴의 전능한 관료제(연방 정부의 인종 통합 정책)'와 '여러 소수자의 요구(민권운동, 반전운동, 신좌파 등)'에 불만을 품은 백인 노동자 계층 및 남부 백인들(미국 중산층)의 분노와 소외감에 직접 호소하는 방식이었다. 그의 선거 전략은 민주당의 전통적 지지 기반이었던 '뉴딜 연합(백인 노동자, 흑인, 남부 백인 연합)'이 인종 문제 중심으로 와해되고 있음을 보여준 중요한 사건이었으며, 이후 닉슨의 남부 전략과 향후 우익 포퓰리즘의 등장에 대한 예고라 볼 수 있었다(옮긴이).

20 ibid., 9장을 보라.

망가뜨린 것을 고칠 수 있다는 희미한 희망까지 다양했다. (중략) 이러한 사람들의 늘어나는 불만을 끌어낼 수 있는 운동이나 정당은 이전 시대의 풀뿌리 개혁가들과 반란적 정치인들처럼 뉴딜 질서의 지배력을 깨뜨릴 수 있을 것이다.[21]

모든 포퓰리즘적·반제도적 분출의 근원에 있는 대표의 위기는 이러한 사람들의 요구 속에서 명백히 싹트고 있었다. 이러한 요구를 기입할 수 있는 어떤 종류의 급진적 담론이 등장해야 했다. 이 담론은 어디서 나올까? 다르게 말하면, 이러한 요구들을 어떻게 등가적 전체로 응집할 수 있을까? 그러나 급진 좌파는 이러한 헤게모니 경쟁에 참여할 위치에 있지 않았다. "대학 지역에 기반을 둔 신좌파 중에는 빈민가 봉기와 반전 시위에 대해 덜 특권적인 백인들이 보였던 시기심과 분노의 복잡한 감정을 이해하는 사람들이 거의 없었다."[22] 노동조합은 자유주의 민주당 기득권에 지나치게 의존하는 것으로 보였기 때문에, 급진적으로 고조된 현 체제에 맞서는 저항의 원천이 되기 어려웠다. 따라서 이러한 상황은 오랫동안 갇혀 있던 광신적 세력을 버릴 수만 있다면 우파에게 분명한 기회였다. 월리스는 이러한 정치적 공백을 자신의 담론(인종차별과 대부분 옛 포퓰리즘 주제들의 혼합. 그는 심지어 자신을 노동자로 내세운 첫 번째 대통령 후보였다)으로 채웠다. 그는 대

21 Ibid., pp. 222-3.
22 Ibid., p. 224.

통령으로 당선되지는 못했지만(자신의 남부 거점을 제외하고 그가 얻은 표는 단순한 항의표였다), 그의 개입은 지속해서 영향을 끼쳤다. 즉 인민적 정체성과 우익 급진주의 사이의 연결을 결정적으로 강화하는 데 도움을 주었다. 이 연결이 충분히 견고해지자, 정치 스펙트럼의 주류에 더 가까운 다른 정치 세력들이 이 연결을 통해 이익을 얻을 수 있었다. 이는 정확히 닉슨에서 레이건으로 이어지는 과정에서 일어난 일이다. 월리스의 '거리의 투사'라는 수사는 생산자와 소비자의 '침묵하는 다수'에 대한 호소로 대체되었다.

> 자유주의가 무너지면서 (공화당) 안의 약삭빠른 사람들은 중산층 **가치** (부지런한 노동, 도덕적 경건, 자치 공동체)의 방어가 이제 대공황 이후 공화당이 넘지 못했던 소득과 직업의 격차를 메울 수 있다고 인식했다. 이는 직장을 떠나서, 수백만의 백인 임금 노동자들이 이제 자신들을 소비자와 주택 소유자로 자랑스럽게 식별했기 때문에 가능했다. (중략) 1960년대 말까지 임금을 받는지 소규모 사업체를 소유하는지, 조합증을 가지고 있는지 노동이 부과하는 제한에 불만을 품고 있는지는 종종 빈민가와 캠퍼스에서 지배적이고 문화적인 엘리트들과 그들의 지각된 친구들이 공유한 혐오감보다 덜 중요했다.[23]

이 양극화가 오늘날(2004년 6월) 미국이 당면한 선거 대안에 어떻

23 Ibid., p. 246.

게 투영되는지 언급할 필요가 있을까? 미국 중산층이 더 이상 부시 정권의 공격적인 신보수주의 공세로부터 자신을 인식하지 못해 포퓰리즘 우파 진영을 떠남으로써 결과적으로 새로운 등가 사슬이 형성되거나, 즉 새로운 헤게모니 구성체로 이동하거나 공화당이 재선될 것이다. 정치적 상상계의 어떤 종류의 급진적 재접합 없이도 공화당의 장기적 패배가 발생할 수 있다는 전망은 순진한 환상이다(상황이 너무 양극화되어 있어서, 한 방향 또는 다른 방향으로의 작은 변화가 어떤 물질적 차이를 만들 수 없다). 부시가 선거에서 근소하게 패하더라도, 그의 후계자는 기본적으로 변하지 않는 매개변수를 가진 헤게모니 구성체의 구속복이 자신의 움직임을 제한할 것임을 알게 될 것이다.

이질성이 무대에 등장하다

이제 우리는 비어 있는 기표 모델에 내재한 두 번째 단순화 가정으로 넘어가야 한다. 우리는 이 가정을 제거해야 한다. 지금까지 우리는 충족되지 않은 **모든** 요구가 인민 진영을 구성하는 등가 사슬에 자신을 통합할 수 있다고 가정했다. 이는 정당한 가정일까? 짧은 숙고만으로도 그렇지 않다고 결론 내릴 수 있다. 우리의 초기 도식(208쪽 위 그림)에서 개별 요구를 나타내는 원의 아래쪽 반원을 생각해 보자. 위쪽 반원은 엄격한 등가적 계기(다양한 요구들이 억압적 체제에 대한 공통 반대에서 공유하는 것)를 가리키지만, 아래쪽 반원은 개별 요구의 환원 불가능한 특수성을 나타낸다. 등가 관계가 이 특수성을 없애지 않는다는 사실을 아는 것이 중요하다. 왜냐하면 이 특수성 없이는 등가 관계가 시작될 가능성조차 없기 때문이다. 즉 모든 개별 요구가 각각의 개별성 안에서 동일한 억압적 체제에 반대하기 때문에 이들 사이에 등가적 공동체가 수립될 수 있다. 나는 이미 이 장의 시작 부분에서 도식의 위쪽과 아래쪽 반원 사이에는 상호 보완성뿐 아니라, 긴장도 있다는 것을 지적했다. 개별 요구는 그들의 등가적 기입을 통해 강화되지만, 사슬 전체는 그 자체의 논리를 발전시켜 개별 연결 고리가 가진 목표를 희생하거나 배반할 수 있다.

이제 나는 우리 모델의 논리에 내재한 또 다른 가능성을 지적하고자 한다. 바로, 요구가 등가 사슬에 통합될 수 없는 가능성이다. 왜냐하면 이 요구는 등가 사슬에서 이미 연결 고리로 존재하는 요구들의 특수주의적 목표와 충돌하기 때문이다. 특수주의의 등가적 기입이 개별 요구의 특수주의를 중화한다면 이런 가능성을 없앨 수는 있다. 하지만 우리는 그렇게 되지 않는다는 것을 알고 있다. 따라서 등가 사슬은 적대적 힘이나 권력에만 대립하지 않고, 일반적 대표 공간에 접근할 수 없는 것에도 대립한다. 그러나 '대립한다'라는 것은 각각의 경우 다른 것을 의미한다. **적대** 진영은 부정적 참조 없이는 존재할 수 없는 인민적 정체성의 부정적 역으로 완전히 대표된다. 그러나 대표 공간에 접근할 수 없으므로, 내부에 대립하는 외부의 경우에 '대립'은 단지 '배제'를 의미한다. 이런 이유로 어떤 의미에서도 내부의 정체성을 형성하지 않는다. 우리는 헤겔의 역사철학에서 이 구분의 좋은 사례를 찾을 수 있다. 그 사례는 부정/지양 과정을 통해 작동하는 변증법적 역으로 점철되어 있지만 이와는 별개로 완전히 역사성 밖에 존재하는 '역사 없는 민족들'의 현존이다. '역사 없는 민족들'은 라캉이 화학 실험 후 튜브에 남은 잔여물인 **죽은 머리(카푸트 모르투움(caput mortuum))**'라고 부른 것과 동등하다. 이러한 종류의 배제에 수반된 단절은 적대적 배제에 담긴 단절보다 더 급진적이다. 적대는 여전히 어떤 종류의 담론적 기입을 전제한다. 하지만 내가 지금 논의하는 종류의 외부는 대표 공간 안의 무언가에 대한 외부성뿐 아니라, 대표 공간 자체의 외부성을 전제로 한다. 나는 이러한 종류의 외부성을 **사회적 이질성(social heterogeneity)**이라고 부를 것이다. 이렇게 이해하면, 이질성은 **차이**를 의미하지 않는다. 두 실체가 차이를 가지려면 그 차이를 대표할 수 있는 공간이 필요하다. 하지만 내가 지금 이질성이라고 부르는 것은 그 공통 공간의 부재를 전제한다. 따라서 우리의 다음 단계는 인민적 정체성에 대한 논의를 동질성과 이질성 사이의 복잡한 접합 안에서 다시 기입하는 것이다.

우리가 이해하는 의미에서 이질성이 전혀 존재하지 않는 상황을 생각해 보자. 그러면 나중에 이질성의 현존이 미치는 효과를 더 명확히 볼 수 있다. 우리의 첫 번째 도식에 그런 상황에 대한 묘사가 있다. 두 적대 진영을 분리하는 엄격한 경계, 그리고 모든 사회적 실체가 위치할 수 있는 포화된 공간. 사실 우리에게는 적대적 경계가 있지만, 이 경계는 자체 논리 안에서 어떤 방향으로든 자신을 이동시킬 수 없다. 그 이유는 분명하다. 배제된 타자가 자기 정체성의 조건이라면, 내 정체성을 유지하기 위해서라도 적대적 타자를 설정해야 하는데, 순수한 동질성, 즉 완전한 대표 가능성이 지배하는 영역에서는 적에 대한 이러한 모호성[24]을 극복할 수 없기 때문이다. 어느 정도 특정 영역에서 적대를 구축한 세력들이 그 영역 자체가 문제가 되었을 때 그들의 비밀스러운 연대를 보여준다는 사실은 잘 알려져 있다. 이는 누군가 체스판을 걷어찰 때, 그 사람에 대한 두 체스 선수의 반응과 같다. 예를 들어 1914년 유럽 사회민주당들의 **신성동맹**(Union sacrée)을 생각해 보자.[25] 이 논쟁의 결과는 첫 번째 도식이 묘사한 구조가 무한히 재생산될 수밖에 없다는 것이다. 포화된 공간 안에서는 경계 이동도 대표 불가능한 요소도 있을 수 없다. 그러나 이 경계 이동은 항상 발생하며, 대표 영역은 상징적으로 통제할 수 없는 이질적인 '실재'에 의해 끊임없이 중단되는 깨지고 흐릿한 거울이다. 이러한 현상들을 우리의 도식과 어떻게 양립시킬 수 있을까? 해결책은 오직 두 가지다. 하나는 포화된 공간 개념과 양립시키는 것이고, 다른 하나는 (우리가 받아들이게 될 텐데) 포화된 공간 개념과 완전한 대표 가능성 개념을 포기하는 것이다.

첫 번째 해결책부터 시작해 보자. 마르크스는 역사를 단일한 논리

---

24 적대적 타자를 배제하면서 동시에 의존해야 해서, 명확히 이 둘 중 하나를 선택할 수 없는 모호성(옮긴이).

25 원래 국제 노동자 연대와 반전주의를 주창하던 유럽 사회민주당들이 제1차 세계대전이 시작되자 자국 정부 지지로 태도를 바꾼 상황을 말한다(옮긴이).

로 통일되어 가는 일관된 이야기라고 제시한다. 이것은 단계마다 특정한 생산관계 체제가 상응하는 생산력 발전에 관한 이야기다. 생산력 개념이 순수하게 양적인 것이라는 주장이 제시되어 왔지만, 이는 사실이 아니다. 마르크스의 설명 논리는 매우 헤겔적이며, 이 논리는 양의 범주가 아니라 도량(度量, measure, Maß)의 범주, 더 정확히 말하면 무도량(無度量, measureless, Maßles)[26]을 지양하게 된 후의 무한한 도량(the infinite of measure)이라는 범주에 상응한다.[27] 헤겔의 말을 인용하면, "그러나 도량 규정의 이러한 무한성은 질적인 것과 양적인 것이 상대 안에서 자기를 **지양하는 것**으로 **정립하며,** 따라서 도량 그 자체인 그들의 첫 번째 직접적인 **통일성**이 자기 자신으로 복귀해 자기 자신으로 **정립한** 것으로 정립된다."[28] 따라서 양과 질은 함께하며, 이는 생산력과 생산관계 사이에 존재하는 통일성의 유형과 정확히 상응한다. 이 점은 중요하다. 왜냐하면 역사는 양과 질 사이의 이러한 논리적 중첩 없이는 일관된 이야기가 될 수 없기 때문이다. '역사의 표

---

26 '무도량'이라는 이름은 대논리학이나 엔사이클로피디아에는 나타나지 않는다. W. T. Stace, *The Philosophy of Hegel*, New York, Dover, 1955가 제안했다. 이 범주는 질적·양적 무한과 엄격하게 대칭적이므로 이 이름은 완전히 타당하다.

27 헤겔에게 '도량'은 질과 양의 통일성을 의미하며, 실체의 특정한 질은 특정한 양에 의해 결정된다(예를 들어 열량에 따른 고체, 액체, 기체 상태). 이렇게 도량은 특정 한계를 설정하면서 실체의 본질을 내적으로 결정한다. '무도량'은 '한도가 없는', '측정할 수 없는' 상태이자 양적 변화가 질적 변화로 전환되는 계기를 설명하기 위해 사용된다. 무한히 계속되는 부정적인 '악무한'이자 질적 안정과 통일성을 갖지 못한 상태다. '무한한 도량'이란 질과 양의 상호 관계가 개방(자기 지양 후 자기 자신으로 정립)되는 진정한 변증법적 무한을 뜻한다(옮긴이).

28 *Hegel's Science of Logic*, Atlantic Highlands, NJ, Humanities Press International, 1993, p. 372.

상 공간은 포화 상태에 이르지 못할 것이다.' 이 명제는 그 이론적 서사 안에서 적대적 경계의 이동에 대한 명확한 설명이다. 경계의 이동이 존재하는 이유는 이동을 통해 다른 드라마가 전개되기 때문이다. 각 단계에서 생산력과 생산관계 사이의 양립 가능성/불가능성이라는 드라마. 우리의 도식은 단순히 그 더 깊은 운동이 특정 시점에서 취한 현상적 형태의 정적인 스냅샷에 불과할 것이다. 결과적으로 이러한 유형이 지닌 설명의 타당성은 그 서사가 어떠한 이질적인 '외부'도 자기 내부로 재흡수할 수 있는 능력에 달려 있다.

우리는 이질성의 문제를 역사적 관점에서 접근할 것이다. 헤겔의 '역사 없는 민족들' 개념을 논의했을 때, 나는 이미 총체화 논리를 통해 '이질적인 것'이 받는 처우를 암시하고 있었다. 바로, 이질적인 것의 역사성을 부정하는 방식을 통해 그 역사성을 기각하는 것이다. 그러나 1830년대쯤부터 이질적인 과잉은 '사회 문제'로 식별된 새로운 원천에서 비롯되었다. 전통적인 유럽 사상은 다양한 사회 계층을 구분했으며, 이를 합쳐서 조화로운 사회 이미지를 구성했다. 즉 귀족, 성직자, 농민, 도시의 시민 등이다. 물론 가난한 자들도 있었다. 가난한 자들은 이 분류를 초과하는 존재였지만, 임시방편의 절차를 통해 처리될 수 있었다. 예를 들어 영국의 구빈법(Poor Laws)이 그러했다. 그러나 1830년대 이후 독일에서는 이 이질적인 과잉이 산업화의 초기 단계와 관련된 이유보다, 오히려 그 반대의 이유로 아주 빠르게 증가하기 시작했다.[29] 즉 급격한 인구 증가, 농노 해방, 인클로저, 도시에서의 봉건적 구분의 폐지 등 다양한 요인들이 탈구시킨 경제 구조를 대체할 수 없는 불충분한 산업 발전이라는 이유 말이다. 이것이 당시 독일에서 제기된 사회 문제의 주요 변수들이었다. 헤겔은 이 문제를 잘 알고 있었지만, 그가 제안한 해결책은 과잉 인구를 해외 식민지로 이주하도록 장려해야 한다는 것이었다.

워렌 브렉먼(Warren Breckman)[30]은 "동시대 관찰자들은 이 새로운 계급을 지칭하기 위해 '프롤레타리아트'라는 용어를 점점 많이 사용하는 차원에서 이러한 사회적 변화(산업사회로의 이행)를 기록했다. **무리 (Pöbel)**라는 오래된 용어를 점차 버리는 현상은 빈곤 분석의 중요한 변화와 근대 독일에서 산업 계급에 대한 논의의 시작을 의미했다."[31] 그러나 '프롤레타리아트'라는 용어가 산업 노동계급과 연관되기까지는 오랜 시간이 걸렸다. 지적한 것처럼, "마르크스 이전에 **프롤레타리아적(proletarian/prolétaire)**이라는 단어는 빈곤의 수동적 광경을 나타내는 주요 기표 중 하나였다. 영국에서 존슨 박사는 그의 **사전**(1755)[32]

---

29 Warren Breckman, *Marx, the Young Hegelians and the Origins of Radical Social Theory*, Cambridge, Cambridge University Press, 1999, pp. 149-50.

30 워렌 브렉먼(1963~)은 미국 펜실베이니아대학교 역사학 교수다. 근대 유럽 지성사와 문화사, 마르크스주의 및 포스트 마르크스주의 정치사상을 연구한다(옮긴이).

31 Ibid., p. 150.

32 본문의 존슨 박사는 18세기 영국의 저명한 인문학자, 작가, 사전 편찬자인 새뮤얼 존슨(Dr. Samuel Johnson, 1709~1784)이고, '사전'은 《A Dictionary of the English Language》(1744)다. 새뮤얼 존슨이 편찬한 이 영어 사전은 《옥스퍼드영어사전》이 나오기 전까지 약 150년간 가장 권위 있는 영어 사전으로 여겨졌다(옮긴이).

에서 **프롤레타리아적**이라는 단어를 '비열한, 비참한, 추악한, 저속한'으로 정의했다. 이 단어는 19세기 초 프랑스에서도 비슷한 의미로 사용되었고, '유목민(nomade)'과 거의 상호 교환 가능했다.'[33] 이러한 의미에서 '프롤레타리아트'라는 용어는 빈곤층을 가리키지만, 안정된 사회적 귀속을 벗어난 빈곤층을 가리키는 전체 용어 체계의 일부다. 피터 스탤리브래스(Peter Stallybrass)[34]는 다음과 같이 지적한다.

따라서 마르크스가 이름 없는 자들을 불러내기 위해 프랑스어, 라틴어, 이탈리아어를 뒤지는 독특한 방식이 있다. 그들은 방탕한 자들(roués), 포주(maquereaus), '프랑스어로 라 보헴(la bohème)이라 부르는 것'이다. 그들은 몰락한 문인(litreati)들이고 그들은 라자로니(lazzaroni)다. 《옥스퍼드영어사전(Oxford English Dictionary)》은 라자로니를 "나폴리 최하층계급으로, 일용직이나 구걸로 사는 자들"로 정의한다. 17세기에 라자리(lazzari)는 '나폴리 사람 중 쓰레기'로 정의되었고, 18세기 후반에는 라자로니가 더 확장된 모욕의 용어로 사용되고 있었다. 즉 '라자로니'가 사회적 비난의 더 확장된 용어로 사용되고 있었다.[35]

---

33 Peter Stallybrass, 'Marx and Heterogeneity: Thinking the Lumpenproletariat', *Representations*, no. 31, Special Issue: The Margins of Identity in Nineteenth-Century England (Summer 1990), pp. 69-95 (p. 84).

34 피터 스탤리브래스(1949~)는 영국 출신 문학 비평가이자 문화 이론가로, 미국 펜실베이니아대학교 인문학 명예교수다. 르네상스 문학, 마르크스주의 등 다양한 분야를 연구하며, 특히 하위문화와 '저급한 것'에 대한 분석으로 잘 알려졌다(옮긴이).

35 Ibid., p. 83.

따라서 대안의 조건들은 분명하다. 이질적인 과잉이 특정 한계 안에서 억제되어 주변 존재로 축소된다면, 통일된 역사의 변증법적 전망은 유지될 수 있다. 반대로 이질성이 우세하다면, 근본적으로 사회적 논리를 다른 방식으로 구상해야 한다. 이 대안의 핵심에서 우리는 마르크스의 탁월한 움직임을 발견할 수 있다. 그것은 산업주의로의 이행이 만들어 내는 빈곤의 세계 안에서 역사의 틈새, 즉 비역사적인 것에 속하지 않고 주요 역사적 주인공이 될 운명에 있는 차별화된 부문을 분리하는 일이었다. 생산의 역사로 구상된 역사 안에서 노동자 계급은 새로운 생산력 발전 단계의 행위자가 될 것이며, '프롤레타리아적'이라는 용어는 이 새로운 주체를 가리키기 위해 사용되었다. 그러나 주요 역사 발전 노선의 내부자 자격을 유지하기 위해 프롤레타리아트는 절대적인 '외부자'인 **룸펜프롤레타리아트(lumpenproletariat)**와 엄격히 구별되어야 했다. 마르크스와 엥겔스는 룸펜프롤레타리아트에 대한 비난을 아끼지 않았다. 스탈리브래스가 연구한 두 문헌을 인용해 보자. 마르크스는 2월 혁명 이후 파리의 **기동위병(Mobile Guards)**[36]를 언급하며, 그들은 "대부분 룸펜프롤레타리아트에 속하며, 모든 대도시에서 산업 프롤레타리아트와 뚜렷이 구별되는 집단으로 도둑과 모든 종류의 범죄자들의 모집처이며, 사회의 부스러기로 살아가는 확실한 직업이 없는 사람들이나 **정착지도 사회적 지위도 없**

---

36 당시 부르주아 국가가 노동자계급을 통제하고 봉기를 진압하기 위해 주로 실업 상태의 청년 노동자를 중심으로 동원한 부대(옮긴이).

는 사람들(gens sans feu et sans aveu)로, 그들이 속한 국가의 문명화 정도에 따라 다양하다. 하지만 자신들의 **라자로니** 성격을 결코 버리지 않는다"라고 주장한다.**37** 그리고 엥겔스는 "대도시의 **룸펜프롤레타리아트**는 가능한 모든 동맹 중 최악이다. 이 무리는 완전히 매수 가능하고 완전히 뻔뻔하다. (중략) 노동자 운동의 지도자 중 이 악당들을 경호원으로 사용하거나 그들의 지지에 의지하는 자는 그 행동 자체만으로도 자신이 운동의 배신자임을 증명한다"라고 말한다.**38**

따라서 역사성 영역으로부터 배제되는 룸펜프롤레타리아트의 외부자적 성격은 순수한 내부성, 일관된 구조를 가진 역사 가능성의 조건이다. 그러나 문제가 있다. 룸펜프롤레타리아트라는 용어는 의도된 지시 대상이 있다. 사회 질서에 명확하게 삽입되지 않은 사회의 하위 계층들(비록 내가 방금 언급한 용어적 부정확성이 그러한 지시가 의도한 것보다 덜 명확할 가능성을 이미 경고해야 하더라도 말이다). 그러나 이 지시 대상 외에도 이 범주에 개념적 내용을 부여하려는 명확한 시도가 있다. 역사의 '내부'가 생산의 역사로 구상(시민사회의 해부학은 정치경제학이다)되기 때문에, 이 내부 생산 과정으로부터의 거리가 룸펜프롤레타리아트의 특징이 된다. 그리고 '그 거리는 대도시의 무리들에서만 발견될까?'라는 질문이 제기된다. 왜냐하면 그 특징을 라자로니보다 더

---

37 Karl Marx, *The Class Struggles in France, 1848 to 1850*, Karl Marx and Frederick Engels, *Collected Works*, vol. 10, p. 62, London, Lawrence & Wishart, 1978.

38 Stallybrass, 'Marx and Heterogeneity', p. 89에서 인용.

넓은 계층에 적용한다면, 그 전반적인 효과도 더 넓어질 것이고 '역사적' 세계의 내적 일관성을 위협할 것이기 때문이다. 내가 인용해 온 피터 스탤리브래스의 통찰력 있는 논문은 정확히 이를 시도한다. 그는 마르크스의 텍스트, 특히 《루이 보나파르트의 브뤼메르 18일(The Eighteenth Brumaire of Louis Bonaparte)》에서 룸펜프롤레타리아트 범주가 불안정해지고 그 사회적 효과가 마르크스의 의도보다 훨씬 더 넓게 확장되는 중요한 지점들을 보여준다. 이제 스탤리브래스의 분석으로 돌아가 보자.

첫 번째, 마르크스가 《프랑스에서의 계급투쟁(The Class Struggles in France)》에서 지적한 사실이 있다. **룸펜프롤레타리아트**, 즉 '사회의 쓰레기들'의 기생적 성격은 사회조직의 최고 수준에서 금융 귀족에 의해 재생산된다. 금융 귀족은 생산 활동을 통해 수입을 얻는 것이 아니라, "이미 존재하는 타인의 부를 착취함"으로써 수입을 얻는다. 따라서 이들은 **"부르주아 사회의 정점에서 재탄생한 룸펜프롤레타리아트에 불과하다."** 더욱이 마르크스에게 이 범주의 확장은 소수 투기꾼에 국한된 주변적인 것이 아니라, 애덤 스미스 이래로 정치경제학자들이 논의해 온 생산적 노동과 비생산적 노동의 관계 전체를 가리킨다. 이는 자본주의 체제의 구조화에서 중심적이다.[39] 생산의 '외부'가 이러

---

39 스탤리브래스는 《국부론(The Wealth of Nations)》에서 다음과 같은 매우 의미 있는 구절을 인용한다. "'하인'을 비생산적인 노동자로 묘사한 후 그는 덧붙인다. '이 같은 부류에는 가장 엄숙하고 중요한 직업과 가장 경박한 직업이 모두 포함된다. 성직자, 법률가, 의사, 모든 종류의 문인(배우, 어릿광대, 음악가, 오페라 가수, 오페라 무용수) 등. 이들 중 가장 천한 자의 노동도 일정한 가치를 가지며, 이는 다른 모든 종류의 노동을 규제하는 것과 동일한 원칙에 따라

한 일반성의 수준에서 구상되면, 그 구상을 역사성 영역에서 배제하기는 어렵다. 그러나 스탤리브래스는 '내부'와 '외부'를 구분하는 선을 더욱 흐리게 만드는 또 다른 측면을 논의한다. 그가 지적한 것처럼, 마르크스가 《루이 보나파르트의 브뤼메르 18일》에서 보나파르트주의를 초기에 분석할 때 직면한 어려움은 그 정권의 사회적 성격을 결정하는 것이었다. 왜냐하면 모든 정치체제는 어떤 종류의 계급 이익의 표현이어야 하기 때문이다. 마르크스의 답은 루이 보나파르트 정권의 사회적 기반이 소작농이라는 것이었다. 그러나 마르크스는 거의 즉시, 소작농들은 흩어져 있어서 계급을 구성하지 못하고 '마치 자루 속의 감자들이 감자 자루를 이루는 것처럼' 집합체를 이룬다고 자신의 판단을 수정해야 했다. 이로써 보나파르트 국가는 더 구조화된 사회적 기반에 의존하는 다른 정권들보다 더 높은 수준의 자율성을 갖게 되었다. 그러나 나중에 마르크스는 이 해결책을 거부하고, 보나파르트주의가 다양한 계급들 사이에서 국가가 움직일 수 있는 이질적인 사회적 기반에 의존한다고 보았다. 스탤리브래스에 따르면, 이것이 마르크스주의 이론 안에서 위기의 시작이다. 이 위기는 사회적 연결에서 철저히 구성적인 정치적 접합이 등장하는 것과 동의어다.

규제된다. 그리고 가장 고귀하고 유용한 자의 노동 또한 이후에 동등한 양의 노동을 획득할 수 있는 무엇도 생산하지 않는다. 작가의 연설, 연설가의 웅변, 음악가의 곡조와 같이 그들 모두의 작업은 생산된 순간에 소멸한다'"(Stallybrass, 'Marx and Heterogeneity', p. 27). 애덤 스미스의 인용은 *The Wealth of Nations*, London, 1910, Book 2, Chapter 3, pp. 295-6에서 가져왔다.

다시 말해 마르크스에게(바타유(Georges Bataille)에게도 마찬가지로) 이 질성은 정치적 통일의 반정립이 아니라, 그 통일 가능성의 조건이다. 나는 이 말이 마르크스주의 이론 내에서 룸펜프롤레타리아트의 진정한 스캔들이라고 생각한다. 즉 이 말은 정치 자체를 형상화한다. (중략) 룸펜은 마르크스주의가 일반적으로 이해하는 의미에서의 계급보다는 정치적 접합에 적합한 집단을 더 형상화한다. 그리고 어떤 집단이 그렇지 않겠는가? (중략) 그러나 룸펜프롤레타리아트가 기반으로 쉽게 격상될 수 있다면, 그 정체성은 정치적 접합 계기에 앞서 주어질 수 없다.[40]

이 시점에 도달하면, 우리는 변증법적 모델 안에서 역사적 변화를 설명할 수 있었던 가정들을 버리고 있는 것이 분명하다. 결국 역사는 통일되고 일관된 이야기가 펼쳐지는 장이 아니다. 정치적 접합을 통해 모인 일련의 이질적 요소들의 집합체가 사회 세력이라면, 정치적 접합은 구성적이고 근본적인 것이지 다른 더 깊은 근본적 운동의 발현이 아니다. 따라서 우리의 다음 단계는 이 이질성의 개념을 정교화하고, 그 개념이 문자 그대로 받아들여진다면 우리의 원래 도식을 어떻게 수정해야 하는지 살펴보는 것이다. 그러나 그렇게 하기 전에 나는 호세 눈(José Nun)[41]이 제안한 '주변적 대중(marginal mass)' 개념을

---

40 Stallybrass, 'Marx and Heterogeneity', p. 88.

41 호세 눈(1936~2021)은 아르헨티나의 정치학자이자 법조인으로, 2004~2009년에 아르헨티나 문화부 장관을 지냈다. 라틴아메리카 '주변성(marginality)' 이론을 발전시켰으며, 특히 과잉 실업 인구가 자본주의 체제 내에서 기능적이지 않은 잉여 집단, 즉 '주변적 대중'을 형

간략히 언급하고 싶다. 이 개념은 마르크스의 룸펜프롤레타리아트와 관련해 우리가 논의한 몇 가지 측면을 더 넓은 시각에서 바라보는 데 도움을 준다.[42]

호세 눈은 자본주의 재생산에 필수적으로 기능하는 일종의 실업을 설명하기 위해 마르크스가 도입한 '산업예비군'이라는 범주에서 출발한다. 마르크스는 임금이 생계 수준 이하로 떨어질 수 없으므로, 일시적 실업 상태에 있는 노동자들은 자본주의적 축적에 기능적이라고 주장한다. 왜냐하면 적은 일자리를 둘러싼 많은 노동자의 경쟁이 임금 수준을 낮추고 잉여가치율을 높이기 때문이다. 임금이 생계 수준 이하로 떨어질 수 없다는 점은 분명히 이러한 기능성에 한계를 설정한다. 우리의 이전 논의와 관련해 말하자면, 일시적 실업자들은 자본주의 생산관계의 일부는 아니지만 이윤율을 높이는 데 도움을 주므로 여전히 자본주의에 기능적이다. 비록 일시적 실업자들은 형식적으로 외부인들이지만, **룸펜프롤레타리아트**와는 다른 '외부'다. 왜냐하면 이 '외부'는 체제 내에서 기능성을 가지며, 결과적으로 산업예비군은 여전히 '생산의 역사'의 일부이기 때문이다. 실업의 일시적 성격은 이 점을 더욱 강조한다. 그러나 실업이 생계 수준의 임금을 유지하는 데

성한다고 주장했다(옮긴이).

42 내가 아는 한, 눈의 이 주제에 관한 단 한 편의 논문만이 영어로 번역되었다. 'The End of Work and the "Marginal Mass" Thesis', *Latin American Perspectives*, Issue 110, vol. 27, no. 1, January 2000, pp. 6-32. 물론 이 중요한 이론적 접근을 발전시키는 많은 다른 논문들이 스페인어로 존재한다.

필요한 수준을 넘어서면 어떻게 될까? 눈의 논의는 바로 여기에서 출발한다. 분명히 일정 수준을 넘어서는 실업은 자본주의적 축적에 더이상 기능적이지 않다. 눈은 이러한 실업자 집단을 '주변적 대중'이라고 부른다. 주변적 대중은 더 이상 체제의 내적 필요가 아니다. 오히려 이들은 체계에 대해 역기능적일 수 있다. 눈이 지적하듯이 마르크스에게 '상대적 잉여 인구' 개념이 있었는데, 폴 스위지(Paul Sweezy)[43]와 오스카르 랑게(Oskar Lange)[44]와 같은 학자들은 이를 '산업예비군' 범주로 잘못 동화시켰다. 마르크스는 실제로 상대적 잉여 인구를 잠재적, 정체적, 변동적인 세 가지 유형으로 구분했으며, 그 가운데 마르크스를 포함해 대부분의 학자가 집중해 온 것은 마지막 유형이었다. 눈은 이러한 균형을 바로잡고자 노력하며, 다양한 종류의 실업이 자본주의적 축적과 어떻게 관련되었는지를 보여주었다. "어떤 경우든, 산업은 공공 및 민간 부문 모두에서 3차 산업의 일반적인 확장 과정을 위해 노동력을 고용하는 측면에서 분명히 쇠퇴했다. 이는 이전의 분석들이 상상했던 것보다 훨씬 더 이질적이고 불안정한 직업 구조를 초래했으며, 노동 시장을 분열시키고 잉여 인구가 자본주의적

---

43 폴 스위지(1910~2004)는 미국의 마르크스주의 경제학자로 《자본주의 발전의 이론(The Theory of Capitalist Development)》(1942)을 통해 마르크스 경제학을 체계적으로 소개하고 발전시켰다. 《먼슬리리뷰(Monthly Review)》 창간 및 편집인으로 활동했다(옮긴이).

44 오스카르 랑게(1904~1965)는 폴란드의 경제학자이자 외교관으로, 사회주의 계획경제에 시장 메커니즘을 도입할 수 있다는 '시장 사회주의' 모델을 제시해 '사회주의 계산 논쟁'에서 중요한 역할을 했다. 주미 폴란드 대사와 유엔 대사를 역임했으며, 폴란드 국가경제위원회 의장을 맡아 전후 폴란드 경제 재건에 이바지했다(옮긴이).

축적 운동에 끼치는 영향을 매우 복잡하게 만들었다."[45]

이러한 복잡성에 대한 풍부한 분석이 이어지지만, 지금 논의의 맥락에서 이를 상세히 설명할 수는 없다. 그러나 반드시 기억해야 할 중요한 한 가지가 있다. 만약 주변적 대중을 자본주의적 축적 내에서의 기능성 '외부'에서 정의해야 하고, 주변성이 공장 체계 내의 변동적 실업만을 의미하는 것이 아니라 (눈의 최근 연구가 보여주듯이) 분열되고 약하게 보호된 시장 내에서 인구의 전체 운동을 포괄하는 다양한 상황을 의미한다면, 우리는 어떤 단일한 '내부' 논리로도 포섭되지 않는 이질성에 직면할 것이다. 어떤 '내부'의 구축도 '외부'를 지배하려는 부분적인 시도에 불과할 것이며, 그 '외부'는 항상 그러한 시도를 초월할 것이다. 지구화된 세계에서 이것은 점점 더 분명해지고 있다. 그러나 내부와 외부 사이의 이러한 오염은 일단 우리가 비생산적 노동과 정치적 접합을 통한 정체성 구축 전체를 포괄하기 위해 확장한 **룸펜프롤레타리아트** 개념과 무시무시할 정도로 유사해 보인다. '역사 없는 민족들'은 목적론적 역사성이라는 개념 자체를 산산조각 낼 정도로 중심 무대를 차지했다. 그러니 헤겔은 잊어 버리자.

이제 우리는 원래의 도식과 관련해 이질성을 논의하는 데 필요한 모든 요소를 갖추었다. 이를 다음과 같이 표현할 수 있다.

요구 m과 n은 분할되지 않는데, 두 적대적 진영 안에서 어떤 구조적 위치로도 대표될 수 없다는 점에서 이질적이다. 위에서 말했듯

---

45 Ibid., p. 11.

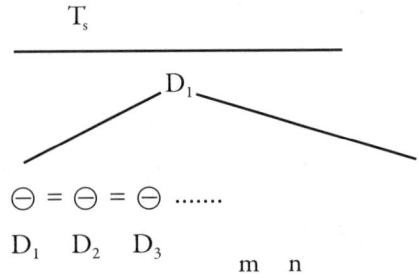

이, 우리는 부정된 요소가 부정하는 요소의 정체성을 정의하는 변증법적 부정을 다루고 있지 않다. '역사 없는 민족들'은 역사적인 민족들이 무엇인지를 결정하지 않는다. 이것이 바로 이질성이 구성적이라는 의미다. 어떤 종류의 변증법적 역전도 이질성을 초월할 수 없다. 그러나 우리는 자신에게 물어야 한다. 이질성은 정말로 도식의 주변에서만 발견될까? 이미 도식 안에서 작동하고 있지 않나? 두 적대적 진영을 구분하는 경계부터 시작해 이 문제를 신중하게 생각해 보자.

우리가 거부한 변증법적 설명은 만일 A와 B 사이에 적대적(즉 모순적) 관계가 있다면 B가 A를, 그리고 오직 B가 부정할 것(우리가 알기 위해 필요한 모든 것을 A의 개념 안에서 알게 된다는 것)을 가정한다. 부정성은 존재하지만, 단순한 허울에 불과하다. 왜냐하면 부정성은 더 높은 긍정성에 의해 대체되기 위해서만 존재하기 때문이다. '규정적 부정(determinate negation)'이 바로 이 허울의 이름이다. 그러나 추가적인 정립과 역전의 과정에 내재한, 더 나아가 긍정과 전환의 과정에 기입된 규정적 부정 그 자체가 없다면, 이항 대립의 절대적 정립 외에 역사란 존재하지 않을 것이다. 따라서 우리가 변증법적 해결책과 이항 대립의 정적인 주장 모두를 없애고자 한다면, 도식 내에 다른 무엇인가를 도입해야 한다. 여기가 바로 이질성이 등장하는 지점이다.

마르크스주의 전통에서 제시된 노동자와 자본가 사이의 적대를 생각해 보자.[46] 만약 이 논의가 진정으로 변증법적이라면, 한편으로 자본의 논리로부터 노동자와의 적대를 추론해야 하며, 다른 한편으로 노동자와 자본가 모두 형식적 경제 범주로 환원되어야 한다(만약 순수하게 경험적 적대에 관해 이야기하고 있다면, 우리는 변증법적 규정의 영역 밖에 있는 것이다). 그러나 개념적 수준에서 '노동자'는 단순히 '노동력의 판매자'를 의미한다. 그렇다면 나는 어떤 종류의 적대도 정의할 수 없다. 자본가가 노동자로부터 잉여가치를 추출하기 때문에 내재적 적대가 존재한다고 주장하는 것은 명백히 불충분하다. 왜냐하면 적대가 존재하기 위해서는 노동자가 그러한 추출에 저항해야 하기 때문이다. 그러나 만약 노동자를 개념적으로 '노동력의 판매자'로 정의한다면, 이 범주를 아무리 분석해도 저항의 개념을 논리적으로 추론할 수 없다는 사실은 분명하다. 그 저항은 실제 노동자가 순수한 개념적 규정이 아닌 구성되는 방식에 따라서만 등장할(또는 등장하지 않을) 것이다. 이는 적대가 생산관계에 내재하는 것이 아니라, 생산관계와 그 외부에 있는 정체성 사이에서 수립된다는 것을 의미한다. 따라서 사회적

---

46 이 주장의 초기 버전은 Ernesto Laclau, *New Reflections on the Revolution of Our Time*, London, Verso, 1990, pp. 9-10을 참조하라.

적대에서 우리는 변증법적으로 회수될 수 없는 이질성을 다루고 있다. 우리가 시작한 이질적 타자, 즉 헤겔식 '역사 없는 민족들'로 예시된 배제는 이질성의 한 형태일 뿐이다. 이제 우리는 엄밀히 말해 이질성 없이는 적대도 존재하지 않는다는 사실을 알게 되었다.

드디어 포퓰리즘에 대한 우리의 논의에 '이질성' 개념을 기입하는 데 필요한 모든 요소를 갖추었다. 그렇다면 어떻게 기입할 수 있을까? 우리가 마지막 단락에서 도달한 결론으로부터 시작해 보자. 적대는 이질성을 전제로 한다. 왜냐하면 적대화된 세력의 저항은 적대화되는 힘의 형태로부터 논리적으로 도출될 수 없기 때문이다. 이것은 적대화되는 힘에 대한 저항의 지점이 항상 그 외부에 있음을 의미할 뿐이다. 따라서 선험적으로 특권화된 파열과 논쟁의 지점은 존재하지 않는다. 특별히 강렬한 적대적 지점은 맥락에 따라 수립될 뿐, 고립된 두 대립하는 힘 중 어느 하나의 내적 논리로부터 추론되지 않는다. 앞선 예로 돌아가, 실제로 생산관계 안에서 발생하는 투쟁이 전 세계 반자본주의 투쟁의 특권화된 지점이어야 할 이유는 없다. 세계화된 자본주의는 무수한 파열과 적대의 지점, 즉 생태적 위기, 경제의 다양한 부문 간의 불균형, 대량 실업 등을 만들어 낸다. 그리고 이러한 적대적 다중성의 과잉결정만이 이름에 걸맞은 투쟁을 수행할 수 있는 전 세계 반자본주의 주체를 창출할 수 있다. 그리고 모든 역사적 경험이 보여주듯이, 이러한 투쟁에서 헤게모니적 행위자가 누구일지를 선험적으로 결정하는 것은 불가능하다. 그들이 노동자일 것이라는 점은 전혀 명확하지 않다. 우리가 아는 것은 헤게모니적 행위자들이 체제의 외부인들, 적대적 경계의 수립에 결정적인 역할을 하는 약자들(우리가 이질적이라고 불러온 자들)이 되리라는 사실뿐이다. 이는 이미 후기 마르크스의 작업에서 볼 수 있었던 **룸펜프롤레타리아트** 범주의 확장이 이 시점에서 전체적인 잠재력을 발휘한다는 뜻이다. 프란츠 파농(Frantz Fanon)의 다음 구절을 살펴보자.

> **룸펜프롤레타리아**는 일단 생겨나면 모든 힘을 다해 도시의 '안정(security)'을 해치려 하며, 근절할 수 없는 타락의 징표이자 식민지 지배의 심장부에 상존하는 부패의 근원이 된다. 그래서 포주, 깡패, 실업자, 경범죄자들은 등을 떠밀려 마치 용감한 노동자처럼 해방투쟁에 동참한다. 어느 계급에도 속하지 않는 그 게으름뱅이들은 불굴의 투쟁을 통해서 자신들도 국민임을 자각하게 된다. (중략) 창녀들, 2파운드의 월급을 받는 하녀들, 자살과 광기 사이에서 맴도는 가망 없는 쓰레기 인생들이 균형을 되찾고 앞으로 전진하며, 깨어난 국민의 위대한 행진에 자랑스럽게 참여한다.[47]

우리는 분명히 마르크스와 엥겔스의 초기 **룸펜프롤레타리아트**

---

[47] Frantz Fanon, *The Wretched of the Earth*, New York: Grove, 1968, p. 130(프란츠 파농, 남경태 옮김, 《대지의 저주받은 사람들》, 2010, 그린비, 138~139쪽). 스탈리브래스가 지적하듯이, 여기서 파농은 초기 바쿠닌의 불법자, 범죄자, 그리고 산적의 혁명적 잠재력을 옹호하는 태도와 매우 유사하다.

에 대한 언급과 정반대에 있다. 우리 관점에서, 파농이 이 구절을 통해 말하는 것은 매우 명확하다. 첫째, 반식민주의 혁명을 가능하게 하는 급진적 경계의 수립 조건에 대한 확인이다. 기존 질서의 사회적 범주에 대한 혁명적 행위자들의 완전한 외부성. 둘째, 외부인들이 어떤 특수한 이익과도 연결되어 있지 않으므로, 외부인들의 혁명적 의지는 급진적인 **정치적** 등가성(스탤리브래스가 정치적 접합이라고 부르는 것)으로서 합류되어야 한다는 주장이다. 이 주장에는 식민지 사회 내의 기존 범주에 속하는 것이 그러한 혁명적 의지의 형성을 방해할 것이라는 이면이 있다. 이는 도시를 농촌이 포위하고 제국주의 국가들을 반제국주의 혁명의 사슬이 포위하는 혁명 과정에 대한 마오주의적 이미지와 그리 멀지 않다.

그러나 여기서 한 가지 주의가 필요하다. 파농이 **룸펜프롤레타리아트**를 역사 무대의 중심으로 끌어들이고 있지만, 그는 마르크스의 후기 작업에서 볼 수 있었던 사고의 평행선을 따르고 있지는 않다. 생산에 종사하지 않는 모든 부문에 대한 **룸펜프롤레타리아트** 개념의 확장 말이다. 그래서 파농은 계속해서 **룸펜프롤레타리아트**를 그 원래의 지시 대상, 즉 도시의 무리와 동일시한다. 그 결과는 두 가지다. 한편으로 그는 자신이 도전하고자 하는 질서의 내적 일관성 정도를 지나치게 강조해야 한다. 다른 한편으로 그는 '외부인들'을 너무 경직된 지시 대상과 동일시했으므로, 이질성의 문제를 진정한 일반성에서 인식할 수 없다. 우리의 도식과 관련해 말하자면, 반식민지 의지의 담지자들이 기존 체계 내의 어떤 특정한 요구와도 동일시되지 않는다는 사실은 요구들을 대표하는 원들이 내부적으로 분할되지 않는다는 것을 의미한다. 왜냐하면 모든 특수성이 붕괴되었기 때문이다. 우리는 모든 개별 의지가 물질적으로 동일한, 그러한 종류의 **일반의지**를 가지게 될 것이다. 여기에는 정치적 접합이 불가능하다. 왜냐하면 접합할 것이 아무것도 없기 때문이다. 이질성은 단순히 변증법적 전환으로 완전히 복귀한 결과, 사라져 버렸다. 자코뱅주의가 바로 코앞에 있다.

만약 우리가 이러한 단순화를 넘어서서 이질성의 문제를 진정한 일반성에서 보고자 한다면, 두 도식의 어떤 차별화도 이질적 타자의 존재 없이는 수립될 수 없음을 인식해야 한다. 이것이 바로 내 논의가 4장의 끝에서 도달한 포퓰리즘에 대한 결론과 맞닿는 지점이다. 첫째, 우리가 보았듯이 적대적 경계가 변증법적으로 회수될 수 없는 이질적 타자를 포함하기 때문에, 개념적 흡수에 저항하는 기표의 물질성이 항상 존재할 것이다. 다시 말해 A-B 대립은 결코 완전히 A가 되지 않을 것이(A 아님)며, B의 'B임(B-ness)'은 궁극적으로 변증법화될 수 없을 것이다. 따라서 '인민'은 항상 권력의 순수한 대립물 이상의 무엇인가일 것이다. 즉 상징적 통합에 저항하는 '인민'의 실재(a Real)가 존재할 것이다. 둘째, 도식에서 이질성은 등가적 요구들의 특수성에도 존재한다. 우리가 알고 있듯이, 이 특수성은 등가적 관계의 근본적인 토대이므로 제거될 수 없다. 셋째, 우리가 보았듯이 특수성(이질성)은 일부 요구들이 등가적 사슬에 자신을 통합하는 것을 방해하기도 한다.

이러한 이질성의 다중적 존재가 인민 진영의 구조화에 미치는 결과는 인민 진영에 모든 종류의 변증법적 동질화에 저항하는 내적 복잡성이 생긴다는 것이다. 이질성은 동질적 공간의 심장부에 자리 잡고 있다. 역사는 자기-규정적인 과정이 아니다. 회수될 수 없는 '외부'의 불투명성은 '내부'를 정의하는 범주들 자체를 항상 더럽힐 것이다. 우리의 이전 예로 돌아가서, 어떤 종류의 약자라도(심지어 순전히 생산 관계 내부 위치에 따라 배타적으로 정의된 계급이라는 극단적이고 순전히 가상의 경우에서조차) 적대적 주체가 되기 위해서는 **룸펜프롤레타리아트**의 성격을 어느 정도 가져야 한다. 그러나 이 지점에 도달하면, 파농의 '내부'와 '외부' 사이의 명확한 구분은 그 무엇도 완전히 내부적이거나 외부적이지 않은 더 복잡한 게임으로 대체되어야 한다. 어떤 내부성도 결코 순수한 외부가 아닌 이질성에 의해 항상 위협받을 것이다. 왜냐하면 이 이질성은 내부 구성의 논리 자체에 내재해 있기 때문이다. 그리고 역으로, 외부의 가능성은 항상 동질화 논리의 작동으로 방해받을 것이다. 이 장의 시작 부분에서 논의한 떠다니는 기표가 이 점을 명확히 보여준다. 순수한 내부/외부 대립은 고정된 경계를 전제할 것이다. 이는 내가 실제 사회적 과정에 대한 설명으로 거부한 가설이다. 반대로 정치적 게임은 '비어있음'과 '떠다님' 사이의 본질적 불확정성으로서(우리는 이제 이를 동질적인 것과 이질적인 것 사이의 불확정성, 또는 우리의 예에서 프롤레타리아트와 **룸펜프롤레타리아트** 사이의 불확정성으로 재구성할 수 있다) 진행될 것이다. 내가 정의한 의미에서, 그람시가 '진지전'이라고 부른 이 게임은 정치적 경계의 이동 논리다.

그러나 정치적인 것이 '비어있음'과 '떠다님' 사이의 결정 불가능한 게임에 있다고 말하는 것은 최상위 정치적 작용이 항상 '인민'을 구성한다고 말하는 것과 같다. 어느 정도 우리는 이미 4장의 끝에서 이 결론에 도달했다. 하지만 떠다니는 기표와 이질성 개념을 도입한 후 이제는 그러한 구성 차원을 더 명확히 볼 수 있으며, 이는 포퓰리즘에 진정한 의미를 부여한다. 첫째, '인민'의 구성에 필요한 담론-전략적 작용의 확대다. 우리의 원래 모델에서는 이러한 작용 중 두 가지만을 상상할 수 있었다. 등가 사슬의 형성과 비어 있는 기표의 생산을 통한 통일된 실체로의 결정화. 그러나 적대적 경계는 그 자체로 주어진 것으로 여겨졌으며, 헤게모니적 구성의 대상이 아니었다. 그러나 우리는 이제 '인민'을 구성하는 것이 또한 '인민'이 전제하는 경계를 구축하는 것임을 알고 있다. 경계는 불안정하며 지속적인 변위 과정에 있다. 이것이 내가 '떠다니는 기표'에 대해 이야기한 이유다. 이러한 변위 과정은 새로운 헤게모니 게임을 수반한다. 어떤 새로운 '인민'도 새로운 경계의 구성을 통한 대표(representation) 공간의 재구성이 필요하다. 체제의 '외부자'들 또한 마찬가지다. 변위 과정은 어떤 정치적 전환도 이미 존재하는 요구의 재구성뿐 아니라 새로운 요구, 즉 새로운 역사적 행위자를 정치적 장면에 통합하는 것이다. 또는 그 반대, 즉 그곳에 있었던 다른 이들을 배제하는 것이다.

이는 **모든** 투쟁이 정의상 **정치적**임을 의미한다. '정치적 투쟁'에 대해 말하는 것은 엄밀히 말해 동어반복이다. 그러나 이것은 정치적인 것이 지역적 범주가 더 이상 아닐 때만 그렇게 될 수 있다. 따라서 고전적 사회주의에서와 같이 경제적 투쟁과 정치적 투쟁을 구분할 여지가 없다. 경제적 투쟁은 그 제한된 의미에서, 국가 수준에서 이루어지는 투쟁만큼이나 정치적이다.[48] 그 이유는 명확하다. 4장에서 지적

---

48 이것이 바로 그람시가 (국가권력의 장악이 아니라) '통합 국가'와 노동계급의 '국가되기(becoming state)'를 말한 이유다. 그는 경제적 투쟁을 정치적 투쟁과 다르게 생각하지 않았으며, 헤게모니의 구축은 공장에서 시작된다고 주장했다. 반대 시도(정치적 투쟁을 지역화하고 경제적 투쟁과 엄격히 분리하려는 시도)는 슬라보예 지젝의 다음 구절을 참조하라. "두 번째 형태의 좌익 정치(나 역시 거부하는데)는 주로 바디우, 그리고 적어도 라클라우와 무페의 특정 판본과 관련된 일종의 순수 정치로 특징지어질 수 있다. 바디우가 공식화한 (그리고 발리바르도 여기에 포함될 수 있다) 것은 일종의 순수 해방적 정치이며, 비록 그는 자신이 마르크스주의 계보에 속한다고 주장하지만 그의 작업에는 기본적으로 마르크스주의 정치경제학 비판이 필요하지 않다는 것이 명백하다. (중략) 그리고 프랑스 자코뱅적 지향의 순수 급진 정치와 더욱더 앵글로·색슨 적인 것을 지향하는 다문화주의 투쟁이 서로 대립하지만, 그들은 여전히 공통점을 공유한다. 즉 투쟁의 근본적 장소로서의 경제가 사라진다는 점이다"(Slavoj Žižek and Glyn Daly, *Conversations with Žižek*, London, Polity, 2004, pp. 144-5). 바디우의 작업에서 경제적 투쟁의 영역이 완전히 사라졌다고 단언하는 것은 다소 이상하다(그리고 바디우의 정치가 내 정치와 매우 다르다는 점을 분명히 해야 한다). 모두가 알다시피, 정치조직(L'Organisation politique), 즉 바디우의 운동은 거의 전적으로 노동자 투쟁의 급진화에 중점을 둔다. 그렇다면 오해는 어디에 있을까? 답은 몇 쪽 뒤에 나온다. "나는 여기서 경제를, 예들 들어 우리는 노동자들의 처우를 위해 무언가를 해야 한다는 속된 의미에서 말하는 것이 아니다. 나는 여기서 더 근본적인 것을 목표로 한다. 나는 루카치와 프랑크푸르트학파가 발전시킨 중심 아이디어가 오늘날 그 어느 때보다 더 현실적이라고 생각한다. 그 아이디어는 경제가 단순히 사회 영역 중 하나가 아니라는 사실이다. 정치경제학 비판(상품 페티시즘 등)의 기본 통찰은 경제가 일종의 원초적·초월적·사회적 지위를 가진다는 것이다. (중략) 여기서 나는 다시 젠더, 민족 투쟁 무엇이든, 그리고 계급과 같은 포스트모던의 만트라와 의견을 달리한다. 계급은 그 연속선상의 하나가 아니다. 계급에 대해 우리는 물론 반자본주의 경제적 투쟁을 읽는다"(Žižek and Daly, *Conversations with Žižek*, pp. 146-7). 이것보다 더 명확할 수는 없다. 경제는 '일종의 원초적·초월적 지위를 가진 자기 결정적 영역이다(그리고 '원초적'은 단순히 완곡어법일 뿐이다). 물론 내가 정의한 의미에서 이질성은 엄격히 배제되어야 한다. 그러나 우리는 이질성 없이는 적대와 투쟁이 있을 수 없다는 것을 알고 있다. 놀랍지 않게도, 지젝은 경제적 영역에서의 해방적 정치에서 다문화적 투쟁뿐 아니라 노동자들이 그들의 조건을

했듯이, 정치적인 것은 어떤 의미에서는 사회 세계의 해부학이다. 왜냐하면 정치적인 것은 사회적인 것의 설립 계기이기 때문이다. 물론 사회의 모든 것이 정치적인 것은 아니다. 왜냐하면 원래의 정치적 설립의 흔적을 흐리게 한 많은 침전된 사회 형태가 존재하기 때문이다. 그러나 만약 이질성이 사회적 유대의 구성 요소라면, 우리는 항상 사회가, 그리고 '인민'이 끊임없이 재창조되는 정치적 차원을 가지게 될 것이다.

이는 정치적인 것이 포퓰리즘과 동의어가 된다는 의미일까? 내가 이 마지막 개념을 이해하는 의미에서는 그렇다. '인민'을 구성하는 것이 최고의 정치적 행위이므로, (안정된 제도적 틀 안에서의 순수한 행정과는 반대로) 정치적인 것의 필수 조건은 사회적인 것 안에서 적대적 경계를 구성하고 사회 변화의 새로운 주체를 형성하는 것에 대한 호소다. 우리가 알고 있듯이, 이 호소는 다수의 이질적인 요구들을 등가 사슬로 통일하기 위해 비어 있는 기표를 생산한다. 그러나 이 호소는 또한 포퓰리즘의 정의적 특징이기도 하다. 어느 정도라도 포퓰리즘적이지 않은 정치적 개입은 없다. 그러나 이것이 모든 정치적 프로젝트가 동등하게 포퓰리즘적이라는 뜻은 아니다. 포퓰리즘은 사회적 요구

개선하기 위한 투쟁도 배제한다. 그의 경제에 대한 비전을 고려할 때, 지젝의 논쟁은 적과의 투쟁이 아니라 '투쟁'이라는 개념 자체와 관련 있다. 이 구절의 끝에서 그는 '반자본주의 경제 투쟁'이라는 토끼를 자신의 모자에서 꺼내지만, 이는 단순히 제스처일 뿐이다. 그는 그러한 투쟁의 단 하나의 예도 제공할 수 없다. 놀랍지 않다. 일단 객관적·지역적 영역을 '근본적' 적대의 필수적 발생 영역으로 결정하면, 그는 영역적 경계를 뒤흔드는 이질성의 개념을 유지할 수 없다. 나는 이 문제를 결론적 논평에서 다시 다룰 것이다.

를 통일하는 등가 사슬의 확장에 달려 있다. 이 등가 사슬이 축소될수록 더 제도주의적인 유형의 담론(차이 논리에 지배되는)이 되지만, 등가 사슬이 최대로 확장되면 사회를 두 진영으로 나누는 파열적 담론이 될 것이다. 그러나 어떤 등가(어떤 '인민'의 생산)는 담론을 정치적이라고 간주하기 위해 필요하다. 어떤 경우든, 중요한 것은 우리가 두 가지 다른 유형의 정치를 다루고 있지 않다는 점이다. 오직 두 번째 유형만이 정치적이다. 다른 하나는 정치의 죽음과 사회적인 것의 침전된 형태로의 재흡수를 수반한다. 이 구분은 랑시에르가 제안한 **치안(la police)과 인민(le people)**의 구분과 일치하며, 이에 대해 나는 '결론적 논평'에서 논의할 것이다.

결론적으로 나의 분석은 조르주 바타유의 잘 알려진 에세이 〈파시즘의 심리 구조(The Psychological Structure of Fascism)〉에서의 분석과 많은 점에서 일치한다.[49] 그가 묘사한 대로, 동질성의 순간은 내가 '차이의 논리'라고 부른 것과 거의 일치한다. "**동질성**은 요소들의 공통 가능성과 이 공통 가능성에 대한 의식을 의미한다. 가능한 정체성의 의식에 기반한 고정된 규칙으로의 축소가 인간관계를 유지시킨다. 원칙적으로 모든 폭력은 이 존재 과정에서 배제된다"(122쪽). 그는 또한 이질성을 생산의 역사를 초과하는 것과 연결한다. "**이질적인** 세계는 **비생산적** 지출로부터 발생한 모든 것을 포함한다(신성한 것들 자체가 이

---

49 Georges Bataille, 'The Psychological Structure of Fascism', ed. Fred Botting and Scott Wilson, *The Bataille Reader*, Oxford, Blackwell, 2000, pp. 122-46. 인용한 쪽 번호를 본문에 표시한다.

전체의 일부를 형성한다). 이질적인 세계는 폐기물이나 초월적 가치로서의 **동질적인** 사회가 거부하는 모든 것으로 구성된다. (중략) 군중, 전사, 귀족 및 빈곤한 계급, 다양한 유형의 폭력적인 개인 또는 적어도 규칙을 거부하는 자들(미치광이, 지도자, 시인 등)처럼 동질적인 사회가 동화할 수 없는 수많은 요소 또는 사회적 형태들 말이다."(127쪽). 내가 인민적 정체성의 구성에서 강조한 정동적 요소는 바타유의 분석에서도 동등하게 존재한다. "이질적인 현실에서 감정적 가치를 지닌 상징들은 기본 요소들과 같은 중요성을 가지며, 부분은 전체와 같은 가치를 가진다. 동질적인 현실에 대한 지식의 구조가 과학의 구조이므로, 이질적인 현실에 대한 지식을 초기 인류의 신비적 사고와 꿈에서 발견할 수 있다. 그 지식은 무의식의 구조와 동일하다"(128쪽). 마지막으로, 그는 또한 접합적 실천의 동질화 결과를 강조한다. "군대는 형태 없고 빈곤한 요소들로 시작해서 명령적 충동 아래 조직되고, 내부적으로 그 요소들의 무질서한 성격에 대한 부정을 통해 **동질적인** 형태를 달성한다. 사실 군대를 구성하는 대중은 고갈되고 파괴된 존재에서 정화된 기하학적 질서로, 형태 없음에서 공격적인 경직성으로 이동한다"(136쪽).

여기서 우리의 탐구는 끝난다. '인민'의 출현은 내가 분리한 세 가지 변수에 달려 있다. 비어 있는 기표를 통해 헤게모니적으로 대표되는 등가 관계, 떠다니는 기표의 생산을 통한 내부 경계의 이동, 그리고 변증법적 회복을 불가능하게 하고[50] 정치적 접합에 진정한 중심성을 부여하는 구성적 이질성. 우리는 이제 충분히 발전된 포퓰리즘 개념에 도달했다.

---

[50] 제프리 멜먼(Jeffrey Mehlman, *Revolution and Repetition*: *Marx*/*Hugo*/*Balzac*, Berkeley, 1977)은 이질성의 요소 및 계급 대표의 개념과의 단절이 변증법적 총체화의 야망을 무너뜨린다고 설득력 있게 주장한다. 스탤라브래스('Marx and Heterogeneity', pp. 80-2)는 이질성에서 출발해 마르크스가 변증법적 유형의 동질화 운동을 재도입할 수 있었다고 반박한다. 나는 멜먼이 동질화 계기에 충분한 비중을 두지 않았다는 점에 동의하지만, 이질성이 변증법적 총체화를 해체한다는 그의 주장이 옳다고 생각한다. 동질화 경향의 중요성에도 불구하고, 이질성을 거친 후 우리가 다루게 될 동질성은 기본적으로 비변증법적임이 분명하다.

6장
포풀리즘, 대표,
그리고 민주주의

이 장에서는 정치 이론의 몇 가지 중심 범주에 대해 이 발전된 개념으로부터 도출되는 몇 가지 결과를 개괄할 것이다. 그 범주 중 두 가지는 '대표'와 '민주주의'이며, 이에 대한 분석에 집중할 것이다.[1]

대표의 두 얼굴

어니스트 바커(Ernest Barker)[2]는 대표 개념과 관련해 파시스트 독재자의 많은 추종자를 논의하면서 다음과 같이 주장한다. "근본적인 사실은 이 추종자들이 지도자의 의지를 대표하거나 반영하지, 지도자가 추종자들의 의지를 대표하거나 반영하지 않는다는 것이다. 대표가 있

---

1 맥락에 맞춰 'representation'을 '재현'보다 '대표'로 번역함(옮긴이).
2 어니스트 바커(1874~1960)는 영국 정치학자, 정치사상가이자 역사학자다. 킹스칼리지런던 총장 및 케임브리지대학교 정치학교 교수를 역임했다(옮긴이).

다면, 지도자로부터 아래로 진행되는 것은 역-대표다. 정당이 지도자를 대표하고, 정당으로부터 색채를 받는 한에서 인민은 지도자의 지침을 대표하고 반영한다.'[3] 바커에 따르면, 예리한 양자택일이 대표를 지배한다. 지도자가 추종자들의 의지를 대표하거나, 추종자들이 지도자의 의지를 대표한다. 나는 바커의 양자택일에 대해 두 가지 이유로 의문을 제기한다. ① 이 양자택일이 바커가 생각하는 것만큼 배타적이라는 사실을 의심할 만한 이유가 있다. ② 두 번째 가능한 선택, 즉 추종자들이 지도자의 의지를 대표하는 것이 파시스트 독재에만 국한된다는 사실을 의심할 만한 이유 또한 있다.

민주적 조건 아래서 대표 과정에 수반된 것에 집중해 보자.[4] 루소(J. J. Rousseau)로부터 시작된 민주주의 이론은 항상 대표를 매우 의심스럽게 여겼으며, 현대 국가와 같은 대규모 공동체에서 직접민주주의가 불가능하다는 점을 고려해 대표를 차악으로만 받아들였다. 이러한 전제 아래 민주주의는 가능한 한 투명해야 한다. 즉 대표자는 자신이 대표하는 사람들의 의지를 가능한 한 충실히 전달해야 한다. 그러나 이것이 실제 대표 과정에서 일어나는 일을 공정하게 설명할까? 그렇지 않을 만한 충분한 이유가 있다. 대표자의 기능은 단순히 자신이 대

---

3 Ernest Barker, *Reflections on Government* (1942). Hanna Fenichel Pitkin, *The Concept of Representation*, Berkeley-Los Angeles-London, University of California Press, 1967, p. 109에서 인용.

4 이 단락과 다음 단락에 이어지는 내용은 내가 'Power and Representation', *Emancipation(s)*, London and New York, Verso, 1996에서 더 철저히 제시한 논쟁의 요약이다.

표하는 사람들의 의지를 전달하는 것이 아니다. 그 의지를 원래 구성된 환경과는 다른 환경에서 신뢰할 수 있도록 만드는 것이다. 그 의지는 항상 부문 집단의 의지이며, 대표자는 그 의지가 공동체 전체의 이익과 양립할 수 있다는 것을 보여야 한다. 대표의 본질상 대표자는 단순히 수동적인 행위자가 아니라, 자신이 대표하는 이익에 무언가를 추가해야 한다. 이 추가는 다시 대표되는 자의 정체성에 반영되며, 이 정체성은 대표 과정 자체의 결과로 바뀐다. 따라서 대표는 양방향 과정이다. 대표되는 자로부터 대표자로의 이동과 대표자로부터 대표되는 자로의 상호 관계적 이동. 대표되는 자는 자신의 정체성을 구성하기 위해 대표자에 의존한다. 따라서 바커가 설명한 양자택일은 두 가지다른 정체 유형에 해당되지 않는다. 사실 이것은 양자택일이 아니다. 단지 **어떤** 대표 과정에도 내재하는 두 가지 차원을 가리킬 뿐이다.

이 두 차원이 대표에 내재해 있지만, 첫 번째 이동, 즉 대표되는 자로부터 대표자로의 이동이 두 번째 이동보다 우세할 때 대표가 더 민주적일 것이라고 주장할 수 있다. 그러나 이 주장은 대표되고자 하는 의지의 본질을 고려하지 않는다. 만약 우리에게 완전히 구성된 의지, 예를 들어 법인 집단(corporative group)의 의지가 있다면 대표자의 행동은 실제로 제한될 것이다. 그러나 이는 그 가능성을 극단적으로 넓게 생각했을 때다. 반대 극단에서, 즉 안정된 공동체에 약하게 통합된 주변부 집단을 생각해 보자. 그러면 우리는 대표될 의지가 아니라, 대표 과정을 통한 그 의지의 구성을 다루게 된다. 그러나 대표자의 임무는 민주적이다. 왜냐하면 대표자의 개입 없이는 이러한 주변부 집단이 공적 영역에 통합될 수 없기 때문이다. 이때 대표자의 임무는 의지를 전달하기보다, 그가 대변하는 부문을 역사적 행위자로 구성할 수 있는 동일시의 한 지점을 제공하는 것이다. 언제나처럼, 부문 이익과 (완전히 구성된 이익이라 해도) 공동체 전체 사이에는 어느 정도 거리가 있을 것이다. 그리고 이 동일시 과정의 공간은 항상 존재할 것이다. 우리가 이제 집중해야 할 곳은 바로 이 동일시의 계기다.

나는 40년 전에 출판되었지만, 여전히 기존 문헌 가운데 대표 개념에 대한 최고의 이론적 논의를 제공하는 한나 페니헬 피트킨(Hanna Fenichel Pitkin)[5]의 저서에서 논의된 '상징적 대표'를 고려하면서 시작할 것이다.[6]

(피트킨에 따르면, 상징적 대표에서) 선거구 주민이 어떻게 만족하는지는 실제로 중요하지 않다. 대표자가 무엇을 하든, 어떻게 보이든, 선거구 주민을 그와 동일시하도록 자극하는 데 성공하든 상관없다. (중략) 그러나 이때 군주나 독재자는 선출된 의회 의원보다 더 성공적이고 극적인 지도자, 따라서 더 나은 대표자가 될 수 있다. 그러한 지도자는 추종자들에게 감정적 충성과 동일시를 불러일으키며, 이 동일시는 깃발, 찬송가, 행진

---

5 한나 페니헬 피트킨(1931~2023)은 독일 태생의 미국 정치 이론가로, 캘리포니아대학교 버클리 정치학교 교수를 지냈다. 정치철학 차원에서 '대표(representation)'에 대한 연구로 잘 알려졌다(옮긴이).

6 Pitkin, *The Concept of Representation*.

악대가 만들어 내는 비이성적이고 효과적인 요소들과 같다. 물론 이러한 관점에서 볼 때, 대표는 대중의 의지를 정확히 반영하거나 사람들이 원하는 법을 제정하는 것과 거의 또는 전혀 관련이 없을 수 있다.[7]

따라서 대표는 5장에서 이질적인 대중이라고 부른 것을 동질화하는 수단이 된다. "만약 달성해야 할 주요 목표가 국가를 통일된 전체로 융합하고 국가를 창조하는 것이라면, 단일한 극적인 상징이 전제의회의 대표자들보다 이를 훨씬 더 효과적으로 달성할 수 있다는 결론을 내리기 쉽다. (중략) 진정한 대표는 카리스마다."[8] 따라서 지도자는 상징 제작자가 되며, 그의 활동은 더 이상 구성원들을 '위해 행동하는' 것으로 여겨지지 않고 효과적인 지도력과 동일시된다. 상징적 대표의 극단적인 형태를 파시즘에서 찾을 수 있다. "극단적으로 이 관점은 파시스트 대표에 관한 이론(통합 국가론이 아니라, 퓌러(Führer)[9]가 대표하는 것에 대한 이론)이 된다. (중략) 그러나 파시스트 이론에서 이 균형(통치자와 피통치자 사이의 균형)은 명확히 다른 쪽으로 이동한다. 지도자는 추종자들이 자신들을 지도자가 하는 것에 스스로 맞추도록 강요해야 한다."[10] 피트킨은 대표에 관한 순전히 상징적인 접근의 한계에

---

7 Ibid., p. 106.

8 Ibid., pp. 106-7.

9 퓌러는 독일어로 '지도자' 또는 '안내자'를 뜻한다. 그러나 나치 독일 시기에 아돌프 히틀러가 자신을 지칭하는 공식 직함으로 쓰면서, 독재적인 최고 절대 지도자를 의미하는 고유명사처럼 사용되었다. '총통(總統)'으로 번역하기도 한다(옮긴이).

10 Ibid., p. 107.

대한 비판을 원인과 이유를 구분하며 결론짓는다.

사람들이 상징을 믿거나 지도자를 받아들이도록 만드는 것이 무엇인지 묻는 것은 중요하다. 하지만 그들이 언제 지도자를 받아들여야 하는지, 받아들일 좋은 이유가 있는지 묻는 것도 똑같이 중요하다. 우리가 대표를 상징의 예로만 배타적으로 한정하면 뒤의 질문은 간과된다. (중략) 한 정치학자(하인츠 오일라우(Heinz Eulau))[11]가 표현했듯이, '대표는 대표되는 자가 대표자의 결정을 받아들이는 단순한 사실에 관해서가 아니라, 그들이 그렇게 하는 이유에 관한 것이다.' 그리고 이유는 원인과 다르다.[12]

내 생각에 피트킨은 실제 쟁점을 흐리고 있다. 문제는 원인과 이유를 구분하는 것(나는 이 구분을 확실히 받아들인다)이 아니라, 이유 타당성의 원천이 대표에 **앞서는지**, 아니면 대표를 **통해** 구성되는지다. 전체 논의에서 피트킨은 내가 이 논의의 시작 부분에서 제기한 문제를 회피한다. 만약 우리가 약하게 구성된 정체성을 가지고 있고, 그 정체성을 구성하는 데 제일 먼저 대표가 필요하다면 어떻게 될까? 나는 이전 장들의 논의에서 이 쟁점을 존재적 내용과 존재론적 가치의 구분으로 다루었다. 내가 말했듯이, 급진적 무질서 상황에서는 **무언가**

---

11 하인츠 오일라우(1915~2004)는 실제 정치인과 유권자의 행동 양태를 경험적으로 분석하는 데 주목하는 행태주의 정치학의 대표 연구자이며, 미국 스탠퍼드대학교 교수를 지냈다(옮긴이).

12 Ibid., p. 111.

질서가 필요하며, 무질서가 일반화될수록 질서를 회복하는 것의 존재론적 내용은 덜 중요해진다. 그 존재적 내용은 질서 자체를 대표하는 존재론적 가치로 투자된다. 이때 정체성은 항상 그존재론적 투자를 통해 이루어질 것이며, 결과적으로 내가 대표에 내재한다고 보여준 두 번째 이동이 필요할 것이다. 그 두 번째 이동은 대표자로부터 대표되는 자로의 이동이다. 정신분석학에 대한 우리의 논의로 돌아가 보자. 부분적 대상에 대한 투자는 그 대상을 큰 사물의 존엄성으로 높이는 것이다. 일단 기본적인 정치적 동일시가 일어나면, 특수한 결정과 선택에 대한 이유를 제시할 수 있다. 하지만 후자에서는 대표 과정에 앞서지 않으며, 그 결과로 형성된 정체성을 출발점으로 해야 한다. 우리는 프로이트에 대한 논의에서 지도자와의 관계가 자아와 자아이상 사이의 거리 정도에 달려 있음을 보았다. 그 거리가 짧을수록 지도자는 동등한 자 중 첫 번째가 되며, 결과적으로 피트킨의 의미에서 '이유'가 작용하는 영역이 커진다. 그러나 자아와 자아이상 사이의 거리는 항상 어느 정도 존재할 수밖에 없으며, 대표를 통한 동일시도 어느 정도 존재할 것이다.

피트킨의 분석이 지닌 어려움은 그에게 이유의 영역은 어떤 동일시와도 독립해 존재한다는 사실이다. 이유는 대표와 완전히 분리되어 작용한다. 결과적으로 피트킨은 어떤 종류의 상징적 대표한테서도 비합리성만을 볼 수 있다. 그는 인민의 의지에 대한 조작 및 순전한 경멸과 상징적 동일시를 통한 그 의지의 구성을 제대로 구분할 수 없다.

피트킨은 파시즘을 상징적 대표의 극단적 사례로 보지만, 그의 전제 탓에 덜 극단적인 사례에 이론적으로 접근할 수가 없다. 따라서 이에 대한 피트킨의 전체 논의는 그 인민의 의지가 처음에 어떻게 구성되는지, 그리고 대표가 그 구성의 전제가 아닌지를 고려하지 않은 채 인민의 의지에 대한 존중 또는 무시의 문제를 중심으로 돌아간다.

이 결론에 도달하면, 우리는 포퓰리즘 논의에서 대표 문제의 관련성을 엿볼 수 있다. 왜냐하면 '인민'의 구성은 대표 메커니즘의 작동 없이는 불가능하기 때문이다. 우리가 보았듯이, 비어 있는 기표와의 동일시는 '인민'의 출현에 필수불가결한 조건이다. 그러나 비어 있는 기표는 오직 등가 사슬을 **대표할** 뿐이라서, 동일시의 한 지점으로 작동할 수 있다. 대표 과정에서 우리가 감지한 이중 운동은 '인민'의 출현에 매우 깊이 기입되어 있다. 한편으로 비어 있는 기표가 대표하는 등가 사슬은 순전히 수동적이지 않다. 비어 있는 기표는 미리 주어진 총체성의 이미지 이상이다. 비어 있는 기표는 그 총체성을 **구성하며**, 질적으로 새로운 차원을 추가한다. 이것은 대표 과정의 두 번째 이동, 즉 대표자로부터 대표되는 자로의 이동에 해당한다. 다른 한편으로 비어 있는 기표가 사슬의 모든 연결 고리에 대한 동일시의 한 지점으로 작용하려면, 실제로 그 연결 고리들을 대표해야 한다. 이 '대표'는 그 연결 고리들로부터 완전히 자율적일 수는 없다. 이는 대표에서 발견된 첫 번째 이동, 즉 대표되는 자로부터 대표자로의 이동에 해당한다. 우리가 알고 있듯이, 이 이중 이동은 긴장의 장소이다. 총체화 계기의 자율화가 일정 수준을 넘어서면, 그 총체성의 대표적 특성을 제거함으로써 '인민'을 파괴한다. 그러나 다양한 요구들의 급진적 자율화도 같은 효과를 가져온다. 왜냐하면 급진적 자율화는 등가 사슬을 깨뜨리고 대표적 총체화 계기를 불가능하게 만들기 때문이다. 우리가 보았듯이, 이는 차이 논리가 등가 논리를 일정 수준 이상으로 지배할 때 발생한다.

그러나 우리는 동일한 결론으로 이어지는 다른 각도에서 이 질문에 접근할 수 있다. 대표가 이루어지는 동질성과 이질성의 조합을 통해서, '인민'을 구성하는 데는 등가 사슬을 형성하는 다양한 요구들이 제공하는 내적 복잡성이 필요하다. 이것이 급진적 이질성의 차원이다. 왜냐하면 개별적으로 고려했을 때, 그 요구들 안에는 그 요구들이 어떤 종류의 통일체로 결합되어야 한다는 '명백한 운명'을 알려주는 무언가가 아무것도 없기 때문이다. 그 요구들 안에는 그 요구들이 사슬을 구성해야 한다는 것을 예견하는 무언가가 아무것도 없다.[13] 이것이 비어 있는 기표의 동질화 계기가 필요한 이유다. 이 순간이 없다면 등가 사슬도 없다. 따라서 비어 있는 기표의 동질화 기능은 사슬을 구성하는 동시에 그것을 대표한다. 그러나 이 이중 기능은 우리가 발견한 대표 과정의 두 측면과 다르지 않다. 결론은 명확하다. 모든 인민적 정체성은 본질적으로 대표적인 내적 구조를 가진다.

---

[13] 이것이 내 접근법을 하트와 네그리의 접근법과 구분하는 지점이며, 이에 대해서는 결론적 논평에서 논의할 것이다.

대표가 포퓰리즘의 내적 구조를 밝혀 준다면, 반대로 포퓰리즘은 대표의 본질에 속하는 무언가를 밝혀 준다고 말할 수 있다. 왜냐하면 우리가 보았듯이, 포퓰리즘은 비어 있는 기표의 헤게모니적 기능과 개별 요구들이 만든 등가 사이에 있는 기본적인 결정불가능성의 장이기 때문이다. 둘 사이에는 긴장이 존재하지만, 이 긴장은 '인민'의 구성 공간 그 자체다. 그리고 이 긴장은 대표의 내적 구조를 구성하는 두 가지 상반되지만 필수적인 이동 사이에서 발견된 긴장과 다르지 않다. '인민'을 구성하는 것은 단순히 더 추상적인 수준에서 공식화될 수 있는 일반적인 대표 이론을 특정 사례에 적용하는 일이 아니다. 반대로 그것은 **전형적인** 사례다. 왜냐하면 인민을 구성하는 것은 대표가 무엇인지를 드러내는 **그 사례**이기 때문이다. 즉 사회적 객관성을 구성하는 근본적인 영역이다.

잠시 피트킨이 논의한 상징적 대표의 다른 예들을 생각해 보자. 물고기가 그리스도를 대표하는 경우다. 이러한 모든 경우, 즉 상징이 순전히 임의적이어서 기호로 퇴색하든, 아니면 상징주의를 지지하고 설명하는 어떤 유비가 있든 공통적인 특징이 있다. 대표되는 것은 대표 과정 이전에, 그리고 그 과정과 별개로 완전한 객체로 존재한다. 정신분석 이론에서 이것은 집단 무의식 속의 특정 객체에 선험적으로 연결된 상징을 다루는 카를 융(Carl Jung)의 접근으로 볼 수 있다. 무의식의 작용에 대한 프로이트/라캉식 설명에서만 대표는 존재론적으로 근본적인 것이 된다. 우리가 보았듯이, 이름은 사후적으로 대상의 통일성을 구성한다. 그리고 '인민'을 명명하는 과정에서 끊임없이 일어나는 변동만큼 이 구성을 잘 **드러내는** 분야를 찾기 어렵다. 정치적 대표에 대한 고전 이론이 가진 주요 어려움은 대부분의 이론가가 '인민'의 의지를 대표 **이전에** 구성된 것으로 간주한다는 데 있다. 이는 민주주의의 집합적 모델(슘페터(Schumpeter)와 다운스(Downs))[14]에서도 마찬가지였다. 이 모델은 '인민'을 이익과 가치의 다원주의로 축소했다. 그리고 숙의 모델(롤스(Rawls)와 하버마스(Habermas))에서도 마찬가지였다. 이 모델은 공정으로서의 정의나 대화적 절차에서 합리적 합의의 기초를 찾았으며, 이것은 대표 과정에서의 모든 불투명성을 제거했다.[15] 이 지점에 도달하면, 유일한 관련 질문은 대표되는 자들의 의지가 처음부터 그 자체로 존재한다고 전제하면서 어떻게 그 의지를 존중할 것인가일 뿐이다.

민주주의와 인민적 정체성

상징적 대표에 대한 논의에서 인민민주주의 연구의 시작점이 될 클로드 르포르(Claude Lefort)[16]의 정치 이론으로 넘어가기는 쉽다. 왜냐하

---

14 앤서니 다운스(Anthony Downs, 1930~2021)는 미국의 경제학자이자 정치학자다. 경제학적 모델을 정치학에 도입해 유권자와 정당의 행동 분석을 연구했다(옮긴이).

15 이러한 다양한 모델들은 샹탈 무페의 *The Democratic Paradox*, London and New York, Verso, 2000에서 광범위하게 논의된다.

16 클로드 르포르(1924~2010)는 프랑스의 정치철학자다. 모리스 메를로 퐁티의 제자로서 큰 영향을 받았으며, 급진 좌파 그룹 '사회주의 또는 야만(Socialisme ou Barbarie)'을 결성해 활동했다. 전체주의 비판과 민주주의의 본질에 대한 연구로 잘 알려졌다(옮긴이).

면 르포르는 현대 민주주의의 출현을 가능하게 한 상징적 전환에 자신의 연구 기반을 두기 때문이다.[17] 르포르의 잘 알려진 분석에 따르면, 이 상징적 전환과 같은 변종이란 권력, 지식, 법을 통일하는 지점으로서의 왕을 중심으로 하는 위계 사회가 권력의 장소가 왕이라는 신체로부터 탈신체화(disincorporation)해 본질적으로 비어 있는 장소로 대체되는 정치적 상상계에서의 혁명을 의미했다. "권력은 군주에게 구현되었고, 따라서 사회에 몸을 부여했다. 이에 따라 사회 전반에 걸쳐 **어떤 것**이 **다른 어떤 것**에 무엇을 의미하는지에 대한 잠재적이지만 효과적인 지식이 존재했다. 이 모델은 민주주의의 혁명적이고 전례 없는 특징을 드러낸다. 권력의 장소는 **비어 있는 장소**가 된다. (중략) 권력의 행사는 주기적인 재분배 절차에 종속된다. (중략) 이 현상은 갈등의 제도화를 함축한다"(17쪽). "내 생각에 중요한 것은 민주주의가 **확실성의 표식들이 해체됨**으로써 제도화되고 유지된다는 점이다. 사람들은 권력, 법, 지식의 기반, 그리고 사회생활의 모든 수준에서 **자아**와 **타자** 사이의 관계 기반에 대해 근본적인 비결정성을 경험하는 역사를 시작한다"(18쪽).

이러한 서술을 어떻게 생각해야 할까? 어떤 의미에서는, 《포퓰리즘 이성》에서 다른 용어로 소개한 몇 가지 구분이 르포르의 글에 명확히 나타난다고 볼 수 있다. 사회적 갈등이 제도화되지 않는 상태에서

---

17 나는 르포르의 에세이 'The Question of Democracy', *Democracy and Political Theory*, Minneapolis, University of Minnesota Press, 1988, pp. 9-20에서 인용한다. 인용한 쪽 번호를 본문에 표시한다.

왕이 보장하고 구현한 위계적 질서 개념은 우리가 차이 논리라고 부른 것과 매우 유사해 보인다. 르포르는 평등을 민주주의의 고유한 가치로 인정하기 때문에, 우리의 등가 논리와 크게 다르지 않아 보인다. 그러나 여기서 르포르의 분석은 내가 인민적 정체성 형성에 관한 연구에서 선택한 길과 매우 다른 길을 간다. 르포르에게 민주주의의 상징적 틀은 전체주의와 대립해야 한다. 그는 전체주의를 다음과 같이 설명한다.

> 권력의 영역, 법의 영역, 지식의 영역 사이에 응축이 일어난다. 사회의 궁극적 목표와 사회적 실천을 규제하는 규범에 대한 지식은 권력의 소유물이 되며, 동시에 권력 자체는 실재계를 그대로 명시하는 담론의 기관이라고 주장한다. 권력은 한 집단에, 그리고 그 최고 수준에서는 한 개인에게 구현되며, 지식과 어우러지면서 지식 역시 어떤 것에 의해서도 분리되지 않는 방식으로 구현된다(13쪽).

전체주의는 민주주의와 대립하지만, 민주주의 혁명의 장 안에서 출현했다. 르포르는 하나에서 다른 것으로의 이행 메커니즘을 다음과 같이 설명한다.

> 개인들이 경제 위기나 전쟁의 피해로 점점 더 불안정해질 때, 계급과 집단 사이의 갈등이 악화되어 더 이상 정치적 영역 안에서 상징적으로 해

결될 수 없을 때, 권력이 현실의 수준으로 가라앉아 단지 이익과 저속한 야망의 욕구를 촉진하는 도구에 불과해 보일 때, 그리고 한마디로 권력이 사회 **안에** 나타날 때, 그리고 동시에 사회가 분열된 것처럼 보일 때, 우리 는 하나된-인민(People-as-One)이라는 판타지의 발전, 실질적 정체성, 머 리에 용접된 사회적 몸, 구현된 권력, 분열되지 않는 국가에 대한 탐구가 시작되는 것을 본다(19~20쪽).

《포퓰리즘 이성》의 독자들은 이 마지막 설명에서 어딘가 익숙한 느낌을 받을 수 있다. 왜냐하면 이 글에서 설명한 포퓰리즘 운동에 적 용될 수 있는 몇 가지 특징들이 이 책에 있기 때문이다. 물론 대부분 의 포퓰리즘 운동은 적어도 전체주의와 거리가 멀다. 파편화된 요구 들의 분산으로부터 등가 사슬을 구성하고, 비어 있는 기표로 작용하 는 인민 위치를 중심으로 통일하는 것은 전체주의가 아니다. 그것은 많은 경우, 매우 민주적인 집합 의지를 구성하는 조건이다. 물론 일부 포퓰리즘 운동은 전체주의적일 수 있으며, 르포르가 정확히 설명한 대부분 또는 모든 특징을 보일 수 있다. 그러나 가능한 접합의 스펙 트럼은 전체주의/민주주의라는 단순한 대립이 제시하는 것보다 훨씬 더 다양하다. 르포르의 민주주의 분석의 어려움은 그 분석이 자유민 주주의 **체제에만** 집중하고, 인민-민주주의 주체의 구성에 충분한 주 의를 기울이지 않았다는 데 있다. 이것은 분석 범위를 제한하는 일련 의 결과를 초래한다. 예를 들어 르포르에게 민주주의에서 권력의 **장**

소는 비어 있다. 르포르와 달리 나에게 이 질문은 헤게모니적 논리의 작동으로부터 비어있음을 **생산하는** 문제다. 나에게 비어있음은 구조적 위치가 아니라 정체성의 한 유형이다. 르포르가 생각하듯이(그리고 나는 이 점에 동의한다) 사회의 상징적 틀이 특정 체제를 유지한다면, 권력의 장소는 완전히 비어 있을 수 없다. 가장 민주적인 사회조차도 누가 권력의 장소를 차지할 수 있는지를 결정하는 상징적 한계를 가질 것이다. 총체적 구현과 총체적 비움 사이에는 부분적 구현을 포함하는 상황의 단계적 변화가 있다. 이 부분적 구현이 바로 헤게모니적 실천이 취하는 형태다.

그렇다면 이 지점에서부터 어떻게 포퓰리즘과 민주주의의 관계를 더 철저히 논의해 나갈 수 있을까? 여기서 나는 샹탈 무페의 최근 작업에 있는 몇 가지 구분을 논의에 도입하고 싶다.[18] 무페는 르포르의 작업에 대한 지적 부채를 인정하면서 시작하지만, 그 인정에 중요한 조건을 추가한다. 이 조건이 사실상 논의의 장을 바꾼다.

단순히 근대 민주주의의 형태를 권력의 비어 있는 장소와 동일시하는 대신, 나는 두 가지 측면 사이의 구분을 강조하고 싶다. 한편으로 통치 형태로서의 민주주의 즉 인민주권의 원리이고, 다른 한편으로 이 민주적 통치가 행사되는 상징적 틀이다. 근대 민주주의의 새로움, 그것을 진정으로 '근대적'으로 만드는 것은 '민주주의 혁명'의 출현과 함께 '권력은 인민이 행

---

18 *The Democratic Paradox*.

사해야 한다'라는 오래된 민주주의 원칙의 재등장이다. 하지만 이번에는 개인의 자유와 인권의 가치를 강조하는 자유주의 담론에 영향받은 상징적 틀 안에서 등장한다는 것이다.[19]

따라서 르포르가 민주주의의 문제를 자유주의의 상징적 틀과 연결하면서 암묵적으로 민주주의를 자유민주주의와 동일시하는 반면, 무페는 두 전통 사이의 우연적인 연결만을 본다. "한편으로 우리에게는 법의 지배, 인권의 보호, 개인의 자유에 대한 존중으로 구성된 자유주의 전통이 있다. 다른 한편으로 평등, 통치자와 피통치자의 정체성, 인민주권이 주요 관념인 민주주의 전통이 있다. 이 두 가지 구별된 전통 사이에는 필연적인 관계가 없으며, 단지 우연적인 역사적 연결만이 존재한다."[20]

일단 자유주의와 민주주의의 접합을 단순히 우연적인 것으로 간주하면, 두 가지 명백한 결론이 필연적으로 따른다. ① 다른 우연적 접합이 가능하므로, 자유주의의 상징적 틀 밖에서도 민주주의의 형태가 존재한다(민주주의 문제는 그 진정한 보편성에서 보면, '인민'의 출현을 가능하게 하는 틀의 다원성 문제다). ② '인민'의 출현이 더 이상 특정 틀의 직접적인 결과가 아니므로, 인민 주체성의 구성 문제는 민주주의 문제의 필수적인 부분이 된다(르포르는 이 측면을 충분히 고려하지 않았다). 그

19 Ibid., p. 2.
20 Ibid., pp. 2-3.

귀결은 자기-참조적인 정치체제는 없다는 것이다. 물론 우리는 상징적 매트릭스 관념을 확장해 사회적이고 정치적인 주체의 구성을 이 관념 안에 포함할 수 있지만, 그러면 국가와 시민사회 사이의 명확한 구분이 흐려진다. 그러나 이 구분을 흐리게 하는 것이 전체주의적 방식으로 그것을 소멸시킨다는 의미는 아니다. 즉 시민사회의 모든 정치화가 권위주의적 통일과 동등한 것은 아니다. 예를 들어 그람시의 헤게모니에 대한 전망은 국가/시민사회 구분을 가로지르지만, 그럼에도 대단히 민주적이다. 왜냐하면 그 전망은 새로운 집합적 주체를 역사적 무대로 출현시키기 때문이다.

우리는 어떻게 자유주의와 민주주의 사이의 이 우연적 접합을 이해해야 할까? 무페는 소위 '숙의민주주의(deliberative democracy)' 흐름에 대해 매우 비판적이다. 이 흐름은 정확히 이 접합의 우연적 성격을 제거하고, 그 우연적 성격을 필연적 함의의 성격으로 전환하려고 시도한다(롤스는 자유주의 측면에 더 기울어져 있고, 하버마스는 민주주의 측면에 더 기울어져 있다). 그러나 우리의 목적에 가장 중요한 것은 무페 자신이 우연적 접합으로 무엇을 이해해야 하는지를 설명하려는 시도다. 무페는 주로 자유주의의 상징적 틀이 지배하는 사회의 민주주의 문제에 관심이 있어서, 그가 '경합적 민주주의 모델(agonistic model of democracy)'이라고 부르는 것을 제안하는 데 주력한다. 그러나 이를 공식화하는 과정에서 그는 (자유주의적이든 아니든) 일반적인 민주주의 이론과 관련된 다양한 측면들을 밝힌다.

숙의적이고 집합적인 관점은 '합리성을 특권화함으로써 민주적 가치에 대한 충성을 확보하는 데 열정과 정동이 수행하는 중요한 역할'이라는 중심 요소를 제외한다. (중략) 현재 민주주의 이론이 시민권 문제를 다루는 데 실패한 이유는 개인을 사회에 선행하고 자연권을 지니며, 효용을 극대화하는 행위자 또는 이성적 주체로 보는 주체 개념을 운용하기 때문이다. 모든 경우에 개인은 사회적 관계와 권력관계, 언어, 문화, 그리고 행위를 가능하게 하는 실천 전체로부터 추상화된다. 이러한 합리주의적 접근에서 배제되는 것은 민주적 주체의 존재 조건은 무엇인가라는 바로 이 질문이다.[21]

이러한 관점에서 무페는 비트겐슈타인을 여러 번 참조한다. 믿음이 생활 방식에 고정되어 있다는 것, 그리고 합리주의적 합의라는 꿈을 포기해야 하는 마찰의 필요성에 대해서 말이다.

이 분석의 주요 결과는 한편으로 우리가 정치-상징적 공간의 형식적 구조에서 정치적 주체성이 구성되는 더 넓은 '생활 방식'으로 이동해야 한다는 것이다. 그리고 다른 한편으로 다양한 실천들과 열정적 애착들이 (합리성이 개인적이든 대화적이든 더 이상 지배적 요소가 아닌 그림 속으로 들어오는 곳에서) 정치적 주체성에 대한 비전으로 등장한다는 것이다. 이를 통해 우리는 이 민주적 정체성 개념이 내가 인민적 정체성이라고 부른 것과 실천적으로 구별될 수 없는 지점에 도달한다. 모든

21 Ibid., pp. 95-6.

구성 요소가 여기에 있다. 순수한 개념적 질서가 사회적 행위자의 통일성을 설명하지 못하는 실패, 어떤 선험적 합리성도 그 요구들을 중심으로 결집하도록 밀어붙이지 않으므로 명목상 수단을 통해 다양한 위치나 요구들을 접합해야 할 필요성, 그리고 이 접합을 고정하는 데서 정동의 주요 역할과 같은 것들이다. 결과는 불가피하다. '인민'의 구성은 민주적 기능의 **필수불가결한** 조건이다. 비어있음을 생산하지 않고는 '인민'도, 포퓰리즘도, 민주주의도 없다. 여기에 '인민'이 본질직으로 특정 상징적 매트릭스에 부착되지 않는다는 사실을 추가하면, 우리는 현대 포퓰리즘 문제를 그 모든 진정한 차원에서 포괄할 수 있다.

이제 우리는 민주주의 논의가 포퓰리즘 논의와 맞닿는 지점에 대해 질문해야 한다. 민주주의에 대한 우리의 논의의 축은 비어있음의 개념을 민주주의 체제에 있는 권력의 **장소**에서 (르포르가 제안한 대로) 그 장소를 차지하는 주체 자체로 옮겨야 한다. 내 제안은 다음과 같다. 비어있음은 권력의 장소에서는 어떤 결정도 없다는 것을 의미하기 때문에, 특수한 힘이 특수한 상태를 유지한 채 그 장소를 차지할 수 있는 것처럼 질문을 제기하는 것만으로는 충분하지 않다. 우리가 단순히 민주주의의 법적·형식적 측면만을 다룬다면, 이 질문은 사실일 수 있다. 그러나 르포르가 잘 알고 있듯이 (그가 매우 의식적으로 언급하는) **'폴리테이아(politeia)'** 개념은 공동체의 정치적 삶의 방식 전체를 의미하며, 여기서 헌법적 배열은 단지 형식적 결정화를 나타낼 뿐이다. 따라서 **폴리테이아** 문제(무페가 논의한 것처럼, 정치적 주체성의 형성을 포함하는)를 그 진정한 일반성에서 고려한다면, 비어있음에 대한 논의는 그 장소를 차지하는 자들이 영향을 끼치지 않는 장소의 수준에 머무를 수 없다. 그리고 역으로, 그 장소를 차지하는 자들도 그들이 차지하는 장소의 성격에 영향받아야 한다.

이 관계의 양쪽 측면에서 문제를 생각해 보자. 먼저, 권력을 차지하는 자들의 측면에서 보자. 우리는 종종 서로 갈등하면서, 공동체를 통합하는 집단들의 특수성과 보편주의적 총체성으로 인식되는 전체로서의 공동체 사이에는 극복할 수 없는 심연이 있다는 사실을 알고 있다. 우리는 또한 그러한 심연이 오직 헤게모니적으로 매개될 수 있다는 사실을 알고 있다. 즉 어떤 시점에서 자신과 통약 불가능한 총체성의 대표를 지니는 특수성을 통해서만 매개될 수 있다. 그러나 이것이 가능하려면, 헤게모니적 힘은 자신의 특수성을, 그 자신을 초월하는 비어 있는 보편성의 화신으로 제시해야 한다. 따라서 그것은 단순히 비어 있는 장소를 차지하는 특수성이 아니다. 헤게모니적 투쟁을 통해 공동체의 비어 있는 기표가 되는 데 성공했으므로, 그 장소를 차지할 수 있다고 합법적으로 주장하는 특수성이다. 비어있음은 단순히 헌법적 법이 제공한 무엇이 아니라 정치적 구성물이다.

이제 다른 측면, 즉 비어 있는 장소의 측면에서 문제를 생각해 보자. 그 장소에 관해서, 비어있음이란 단순히 **공허**를 의미하지 않는다. 반대로 그 공허는 공동체의 부재하는 충만함을 가리키므로, 비어있음이 존재한다. 비어있음과 충만함은 사실상 동의어다. 그러나 이 충만함/비어있음은 오직 헤게모니적 힘 안에서 구현되어야 존재할 수 있다. 이는 비어있음이 장소와 그 장소를 차지하는 자들 사이를 순환한다는 것을 의미한다. 그들은 서로를 오염시킨다. 따라서 왕의 두 몸이라는 논리는 민주주의 사회에서 사라지지 않았다. 순수한 비어있음이 왕의 불멸의 몸을 대체했다는 것은 단지 사실이 아니다. 헤게모니적 힘이 이 불멸의 몸을 부활시킨다. **구체제**(anciens régimes)와 비교할 때 민주주의에서 변화한 점은 구체제에서는 부활이 단 하나의 몸에서만 일어났던 반면, 오늘날에는 다양한 몸을 통해 이전된다는 것이다. 그러나 구현의 논리는 민주주의 조건 아래서 계속 작동하며, 특정한 상황에서 상당한 안정성을 획득할 수 있다. 드골주의(Gaullism)와 같은 현상을 생각해 보라. 프랑스 제4공화국의 근본적인 헤게모니적 결함 중 하나는 비어 있는 장소를 구현할 상대적으로 안정된 상징을 제공하지 못한 제4공화국의 무능력이었다고 말할 수 있다.

이 시점에서 우리는 논의를 한 단계 더 진전시켜야 한다. 비어 있는 기표는 등가 사슬을 의미할 때만 그 역할을 할 수 있으며, 바로 그렇게 할 때만 '인민'을 구성한다. 다시 말해 민주주의는 오직 민주적 주체의 존재에 기초하며, 그 민주적 존재의 출현은 등가적 요구들 사이의 수평적 접합에 달려 있다. 즉 비어 있는 기표가 접합시킨 등가적 요구들의 집합이 '인민'을 구성하는 것이다. 따라서 민주주의의 가능성 자체가 바로 민주적 '인민'의 구성에 달려 있다. 우리는 또한 민주주의와 자유주의 사이에 접합/조합이 존재하려면, 두 가지 유형의 요구들이 결합해야 한다는 것을 알고 있다. 조합은 두 가지 다른 방식으로 일어날 수 있다. 한 유형의 요구들, 예를 들어 인권, 시민적 자유 등을 옹호하는 자유주의는 정치적 게임의 모든 참가자가 받아들이는 규칙 체계의 일부라는 의미에서 한 체제의 상징적 틀에 속하거나, 아니면 그 요구들이 논쟁적 가치로서 등가 사슬의 일부가 되어 '인민'의 일부가 된다. 예를 들어 1970년대와 1980년대에 라틴아메리카에서 인권 옹호는 인민 요구의 일부였고, 따라서 인민적 정체성의 일부였다. '인민' 주권을 옹호하는 민주적 전통이 원칙적으로 자유주의적 주장을 배제한다고 생각하는 것은 잘못이다. 이는 '인민'의 정체성이 한 번 고정되면 영원히 고정된다는 것을 의미할 뿐이다. 반대로 '인민'의 정체성이 변화하는 등가 사슬을 통해서만 수립된다면, 인권을 그 구성 요소 중 하나로 포함하는 포퓰리즘이 선험적으로 배제된다고 생각할 이유는 없다. 어떤 시점에서 (오늘날 국제적 장면에서 자주 일어나는 것처럼) 인권과 시민적 자유의 옹호는 가장 시급한 인민 요구가 될 수 있다. 그러나 인민 요구들은 또한 르포르의 전체주의 분석이 보여주듯이, 완전히 다른 배열로 결정화될 수 있다. 우리는 이제 인민적 정체성 구성의 이러한 다양성에 주목해야 한다.

3부

포퓰리즘적
변이들

7장
포퓰리즘의
대서사

우리가 지금까지 발전시킨 포퓰리즘의 온전한 개념은 특정 포퓰리 즘 대상을 정확한 위치에 배치할 수 있는 경직된 개념을 확정하는 것 이 아니라, 다양한 현상들이 포퓰리즘에 기입될 수 있는 변이의 영역 을 확립하는 것이었다. 이러한 기입은 순전히 외적인 비교나 분류 방 식이 아니라, 그 변이들을 이해할 수 있도록 내적 규칙들을 결정하 는 방식으로 이루어져야 한다. 이 장에서 나는 이러한 변이들을 **경향 (trends)으로** 생각하고 접근할 것이다. 즉 겉보기에 전혀 다른 현상들 을 서로 비교할 수 있게 하는 연속체 속에 위치시킬 것이다. 그리고 8 장에서 더욱더 **미시-분석적으로** 접근할 것이다. 나는 '인민' 구성에 대 한 세 가지 역사적 계기들을 논의하면서, 이 역사적 계기들을 통해 앞 에서 이론적으로 분석한 논리 중 일부가 온전히 작동한다는 사실을 보여줄 것이다. 마지막으로, 8장에서 '실제로 존재하는' 포퓰리즘에 관한 경험적 탐구가 무엇을 목표로 해야 하는지에 대한 일련의 발견적 제안(heuristic suggestions)을 제시할 것이다.

이 논의를 이브 쉬렐(Yves Surel)의 최근 논문에 담긴 개념적 참조들과 함께 시작하겠다.[1] 상당히 정확하게 쉬렐은 베츠(H. G. Betz)[2]가 하듯이[3] 포퓰리즘 개념을 급진 우익(radical Rights)의 운동으로 축소하거나, 현대 민주주의에서 작동하는 헌정주의(Constitutionalism)[4] 논리에 반대하는 경향으로 축소해서 포퓰리즘 개념을 빈곤하게 만드는 일련의 동일시를 거부한다. 그는 포퓰리즘을 제도적 질서에 더 양가적으로 관계하는 현상으로 본다. 쉬렐은《인민에 의해, 인민을 위해(Par le peuple, pour le peuple)》에서 발전시킨 포퓰리즘에 관한 테제를 요약하면서 다음과 같이 말한다.

① '인민'은 정치 레짐의 주권자이며 사회·경제·문화적 동학을 해석할 수 있는 유일한 합법적 지시 대상이다. ② 권력 엘리트들, 특히 정치 엘리트들은 그들에게 부여된 기능을 더 이상 수행하지 않음으로써 '인민'을 배

---

1 Yves Surel, 'Berlusconi, leader populiste?', eds. Oliver Ihl, Janine Chêne, Eric Vial, Ghislain Wartelot, *La Tentation populiste en Europe*, Paris, La Découverte, 2003, pp. 113-29.

2 한스-게오르크 베츠(Hans-Georg Betz, 1940~)는 스위스 취리히대학교 정치학과 교수로, 우익 정치, 극우 포퓰리즘 연구로 잘 알려져 있다(옮긴이).

3 H. G. Betz, *Radical Right-Wing Populism in Western Europe*, New York, St. Martin's Press, 1994.

4 헌정주의는 국가의 통치와 국가에 속한 공동체 구성원의 모든 생활이 단순히 즉각적이거나 다수결에 따라 정해지는 것이 아니라, 견제와 균형, 법치, 절차적 정당성 등의 원칙을 강조하는 헌법에 따라 영위되어야 한다는 정치 원리를 말한다(옮긴이).

신했다. ③ '인민'의 우위성을 회복할 필요가 있으며, 이는 '인민'이 인정받는 것이 특징이었던 이전 시대에 대한 가치 재평가로 이어질 수 있다. 이것은 이데올로기적 도식으로 이해된 포퓰리즘의 핵심이며, 민주주의 체제 안에 퍼져 있는 담론적 자원의 집합체다.[5]

따라서 포퓰리즘은 이 책에서 내가 설명한 방식과 유사하게, 고정된 성좌(constellation)가 아니라 매우 다르게 쓰일 수 있는 일련의 담론적 자원들이다(이것은 떠다니는 기표라는 내 개념에 근접한다). 쉬렐은 다음과 같이 말한다. "포퓰리즘이 새로운 급진 우익의 전형적인 비교적 안정되고 일관된 경향을 대표한다는 생각에 반대하면서, 포퓰리즘이 정치 세력이라기보다 정치적 행위자들이 채택한 담론적이고 규범적인 표현 양식의 차원이라는 견해를 옹호하고자 한다. 따라서 포퓰리즘은 다소 체계적인 방식으로 다수의 행위자에게 유효한 자원들의 집합체다."[6]

이 분석의 모든 것에 동의할 수 있다. 사실 나는 '현대 대의제 체계에서 포퓰리즘은 민주적 요소'라는 주장이 메니와 쉬렐의 연구에서 가장 통찰력 있고 독창적인 아이디어 중 하나라고 생각한다. 단, 한 가지는 아닌데 내 생각에 포퓰리즘 구성에 유효한 자원들의 순환에

---

5 Surel, 'Berlusconi', p. 116. Yves Mény와 Yves Surel, *Par le peuple, pour le peuple. Le Populisme et les démocraties*, Paris, Fayard, 2000도 참조하라.

6 Surel, 'Berlusconi', p. 127.

대해, 그리고 '포퓰리즘적'이라고 특징지을 수 있는 것에 대해 이 자원들이 받아들이는 한계는 너무 협소하다. 의심할 여지 없이, 포퓰리즘을 완전히 정치체제 밖에 있다고 주장하면서 극우(extremee Right)와 동일시하는 접근들에 대한 쉬렐의 비판은 옳다. (그러나 실제로는 극좌에도 동일하게 적용될 것이다). 대신 그는 안드레아스 셰들러(Andreas Schedler)가 제안한 모델에 공감을 보인다.[7] 이 모델은 다음과 같다. ① 정부 책임자들을 지지하는 것으로 자신을 정의하는 집권 민주당. ② 기존 제도적 틀 내에서 권력을 장악하려는 민주 야당. 그리고 ③ 기존 민주적 규칙 체계를 거부하는 반제도적 정당들. 셰들러는 여기에 포퓰리즘 운동들의 모호한 상황을 추가한다. 쉬렐도 이에 동의한다. 이 운동들은 체계 자체를 비난하는 것과 권력의 자리를 차지한 자들을 비난하는 것 사이에서 동요하며, 제도적 레짐 주변에 존재한다. 이 모델이 가진 어려움은 어느 한 시점에서 잘 확립된 규칙 체계의 존재를 당연시한다는 것이다. 내가 보기에, 이 모델은 내 이론적 논의에서 언급된 포퓰리즘의 이중 측면을 충분히 고려하지 못한다. 포퓰리즘은 기존 상태를 **전복하는** 동시에, 자신을 이전 질서가 흔들릴 때마다 새로운 질서를 다소 급진적으로 **재구성하는** 출발점으로 삼는다. 포퓰리즘적 호소가 효과적이기 위해서는 제도적 체계가 (역시 어느 정도는) 깨져야 한다. 제도적으로 완전히 안정된 상황(물론 '완전한'은 순수하게 이상적인 상황을 의미

---

7 Andreas Schedler, 'Anti-Political Establishment Parties', *Party Politics*, vol. 2, no. 3, 1996, pp. 291-312.

한다)에서 그 체계에 대한 유일한 반대는 순수한 외부에서 나올 것이다. 즉 순전히 주변적이고 효과가 없는 계층에서 나올 것이다.

왜냐하면 우리가 보았듯이, 포퓰리즘은 절대적 외부에서 출현해 이전 사태가 그 주변에서 해체되는 방식으로 전진하지 않고, 단편화되고 탈구된 요구들을 새로운 핵심을 중심으로 접합함으로써 이루어지기 때문이다. 따라서 낡은 구조의 어느 정도 위기는 포퓰리즘의 필수 전제 조건이다. 왜냐하면 우리가 보았듯이, 인민적 성체성은 충족되지 않은 요구들의 등가 사슬이 필요하기 때문이다. 1930년대의 대공황이 없었다면, 히틀러는 그저 시끄러운 변두리 선동가로 남았을 것이다. 알제리 전쟁을 둘러싼 제4공화국의 위기가 없었다면, 드골의 호소는 1946년에 그랬던 것처럼 들리지 않았을 것이다. 그리고 1930년대 아르헨티나에서 과두 체제의 점진적인 침식이 없었다면, 페론의 부상은 생각할 수 없었을 것이다.

만일 그렇다면, 우리는 제도적 체제 안에 한 발, 밖에 한 발을 들여놓은 포퓰리즘 운동보다 다음과 같은 주요 가능성을 가진 유동적인 상황에 직면한다. ① 대체로 자기-구조화된 제도적 체제가 반제도적 도전을 주변적 위치로 격하하는 경우, 즉 반제도적 도전의 등가 사슬 구성력이 최소화되는 경우(이는 셰들러 모델 내의 처음 두 상황에 해당한다). ② 체제의 구조화가 그리 잘 되어 있지 않고, 주기적으로 재구성되어야 할 필요가 있는 경우. 셰들러/쉬렐의 의미에서 이때 포퓰리즘의 가능성이 발생한다. 체제는 도전받을 수 있지만 자기-구조화 능력이 여전히 상당하므로, 포퓰리즘 세력은 '내부자'이면서 동시에 '외부자'로 활동해야 한다. ③ 체제가 그람시적인 의미에서 '유기적 위기' 시기에 들어선 경우. 이때 체제에 도전하는 포퓰리즘 세력은 체제를 전복하면서 동시에 체제에 통합되는 모호한 위치에 관여하는 것 이상을 해야 한다. 포퓰리즘 세력은 새로운 인민적 핵심을 중심으로 국가를 재구성해야 한다. 여기서 재구성 과업은 전복의 과업을 압도한다.

우리가 볼 수 있듯이, 두 번째(②) 가능성에서 세 번째(③) 가능성으로의 이동은 정도의 문제이며 이론적 연속체 안에서 발생하는 다양한 역사적 대안들의 문제다. 쉬렐의 접근에 관한 한 나의 유일한 불만은 포퓰리즘을 세들러 모델 안의 세 번째(③) 선택지에 한정함으로써, 포퓰리즘을 오늘날 서유럽의 지평 안에서 가능한 것으로 지나치게 제한했다는 사실이다. 나는 포퓰리즘을 더 넓은 대안들의 체계 안에 기입하기를 원한다.

이 대안들의 체계를 명확히 하기 위해 몇 가지 사례를 이야기하겠다. 첫 번째는 불랑제주의(Boulangism)[8]다.[9] 불랑제 장군의 정치적 출현을 이해하려면, 1880년대 프랑스의 상황을 기억해야 한다. 정치적으로 공화국은 주로 왕정주의 세력들 간의 내부 불일치에 따른 결과로 수립되었기에 절대 공고하지 않았다. 우파와 좌파, 그리고 다른 다양

---

8 불랑제주의는 1880년대 후반 프랑스 제3공화국 시기에 조르주 불랑제(Georges Boulanger) 장군을 중심으로 일어난 강력한 민족주의적·반의회주의적 정치 운동이다(옮긴이).

9 Guy Hermet, *Les populismes dans le monde. Une histoire sociologique XIXe-XXe siècles*, Paris, Fayard, 2001, pp. 181-92에서 유사한 논의가 전개된다.

한 이데올로기 집단들은 의회 체제에 실질적으로 통합되지 않았고, 대안적인 헌정 공식을 꿈꾸었다. 경제적으로 프랑스는 산업사회로의 이행과 관련한 모든 탈구와 별개로, 1873년부터 세계 대공황의 영향을 경험했다. 여기에 1882년의 금융 붕괴와 특히 월슨 스캔들[10] 같은 일련의 금융 스캔들이 더해져 공화국 정부의 신용을 떨어뜨렸다. 또한 높은 수준의 실업과 코뮌 이후의 탄압에 따른 노동운동의 혼란은 노동자들을 다양한 정치적 영향력 속으로 끌어들였다. 이러한 조건에서 정치체제는 의회 바깥의 어떤 주도권에서도 확실히 취약했다.

불랑제 장군은 누구인가? 그의 화려한 흥망성쇠 전체를 여기서 모두 서술할 수는 없지만(우리 목적과 관련이 있기는 하나), 적어도 주요 사건들을 개괄할 수는 있다. 불랑제는 명확히 공화주의적 성향을 지닌 뛰어난 장교였다(그의 공화주의는 다소 기회주의적이었는데, 왜냐하면 그가 이전에 보나파르트주의자[11]이자 오를레앙주의자[12]였기 때문이다). 불랑제

---

10 월슨 스캔들(Wilson Scandal)은 1887년 프랑스 제3공화국을 뒤흔든 대형 부패 사건이다. 당시 쥘 그레비(Jules Grévy) 대통령의 사위였던 다니엘 월슨(Daniel Wilson)이 자신의 지위를 이용해 레지옹도뇌르훈장을 매매한 사실이 드러났다. 이 사건은 공화국 정부와 의회주의에 대한 대중의 불신을 극도로 높였으며, 불랑제주의가 확산하는 주요 배경이 되었다(옮긴이).

11 보나파르트주의자(Bonapartists)는 나폴레옹 1세 또는 그의 조카인 나폴레옹 3세의 통치 이념을 지지하는 정치 세력이다. 이들은 의회 민주주의보다는 보통선거에 기반한 강력한 카리스마적 지도자(황제)의 권위와 국가적 영광을 중시했다. 제3공화국 시기에 이들은 무너진 제정(帝政)의 부활을 꿈꾸며 불랑제 운동에 가담했다(옮긴이).

12 오를레앙주의자(Orléanists)는 프랑스의 왕정복고를 주장하는 세력 중 하나로, 부르봉 왕가의 방계인 오를레앙 가문(루이 필리프 1세)을 지지했다. 이들은 절대왕정보다 의회 중심의 입헌군주제를 선호하는 온건 왕당파였다(옮긴이).

는 1886년에 국방장관이 되었고, 군 개혁과 공화주의적 이미지는 곧 그에게 엄청난 인기를 가져다주었다. 정부는 그의 인기를 걱정했고, 대중의 항의에도 불구하고 그를 사임시킨 뒤 파리 밖 클레르몽페랑으로 보냈다. 불랑제는 이후 1888년에 퇴역했다. 이러한 상황 전개는 그를 공개적으로 정치에 개입할 수 있도록 했다. 불랑제는 1889년 1월 27일 절정에 달한 일련의 압도적인 선거 승리를 거두었고, 이후 군중은 그에게 엘리제궁으로 진격해 권력을 장악하라고 요구했다. 그는 상당수의 군대와 경찰의 지지를 받고 있었기에 당연히 그렇게 할 수 있었다. 그러나 불랑제는 망설였고, 마침내 그렇게 하지 않기로 했다. 이 결정이 그의 경력에 전환점이 되었다. 안도한 정부는 그의 활동을 차단하는 일련의 조치를 취했고, 이 조치는 그를 법정에 세우는 것으로 절정에 달했다. 불랑제는 브뤼셀로 탈출해 2년 동안 벨기에와 런던을 오가다 1891년에 자살했다.

불랑제 사건의 많은 측면은 우리의 이론적 목적을 위해 중요하다. 첫 번째는 그를 지지했던 세력들의 기성 체제에 대한 이질성과 주변성이다.

그는 (중략) 우파와 좌파 양쪽의 가장 다양한 정치 부문들의 신임을 누렸다. 불랑제는 프랑스 (중략) 제3공화국[13]의 내각 불안정에 짜증이 난 (중

---

13 프랑스 제3공화국(1870~1940)은 보불전쟁 패배와 나폴레옹 3세의 제2제정 붕괴 이후 수립되어 1940년 나치 독일에 함락되기까지 존속한 프랑스의 공화정 체제다. 본문에 나오듯이, 수립 초기부터 왕당파와 공화파의 갈등, 잦은 내각 교체, 금융 스캔들, 노동 문제 등으로 극

략) 실망한 민주주의자들, 보통선거에 기반을 두기는 하지만 강력한 국가를 지지하는 지지자들, 나폴레옹 3세의 제국 권력에 대한 향수를 지닌 보나파르트주의자들, 파리 백작이 대표하는 오를레앙 왕조 분파에 애착을 가진 온건 왕정주의자들을 자신의 주위에 (중략) 집결시켰다. 코뮌 운동의 잔존 세력부터 급진파의 일부 분파까지 다양한 좌익 조류들도 잊지 말아야 한다. 예를 들어 일간지 《남부의 민주주의(La Démocratie du Midi)》로 대표되는 조류가 그러했는데, 이들은 '진정으로 대표적인' 정부에 도달할 수 있는 직접민주주의를 요구하고 의회 체제의 부패를 비난하며 '지도자의 남성미 넘치는 행동'을 기다렸다.[14]

두 번째로, 불랑제에 대한 지지는 주로 도시 중심부에 집중되었다. 견고한 농민 기반에 의존했던 나폴레옹 3세와는 달랐다. 이 도시 중심부 안에서 불랑제의 사회적 지지는 강력한 프롤레타리아적 요소를 가지고 있었지만, 실제로는 대부분의 사회 계층을 가로질렀다. "그러나 프롤레타리아적 요소가 이렇게 든든하게 존재했다고 해서, 그의 지지층이 모든 사회적 환경을 아우르며 도시의 중산층과 상류층 집단으로부터 동등하게 채워졌다는 사실이 부정되는 것은 아니었다."[15]

세 번째로, '의회 밖으로부터의 개입'이라는 구상은 이 구상을 강

심한 정치적 불안을 겪었다(옮긴이).

14 Ibid., pp. 185-6.

15 Ibid., p. 190.

력한 국가와 직접민주주의의 결합을 달성할 방법으로 본 급진 좌파, 보수적이고 군국주의적인 민족주의로 가는 길로 본 우파 모두에게 동등하게 매력적이었다.

네 번째로, 이 모든 이질적인 세력들을 함께 묶어 준 유일한 힘은 불랑제에 대한 공통된 헌신과 그의 부인할 수 없는 카리스마였다. 그가 정치 무대에서 사라졌을 때, 그의 지지자 연합이 빠르게 해체되었다는 사실이 이를 증명한다. 지지자 연합의 해체는 제3공화국의 공고화로 이어진 용두사미 같은 결말이었다.

만약 우리가 이 네 가지 정치-이데올로기적 특징을 고려한다면, 이 특징들이 이 책의 이론적 부분에서 설정한 포퓰리즘의 정의적 차원들을 거의 조목조목 대표한다는 사실을 즉시 알 수 있을 것이다. 첫째, 기존의 차별화된/제도적 체계 안에서 유기적으로 통합될 수 없는 이질적인 세력들과 요구들의 집합이 있다. 둘째, 이러한 요구들 사이의 연결 고리가 차별적이지 않으므로, 이 요구들은 오직 등가적일 수밖에 없다. 요구들은 기존의 부패한 의회 체제라는 동일한 적을 가지고 있어서, 모든 요구에는 **가족유사성**이 있다. 셋째, 이 등가 사슬은 비어 있는 기표로 기능하는 불랑제라는 인물 주위에서만 결정화 지점에 도달한다. 넷째, 그러나 이 역할을 하기 위해 '불랑제'는 그의 이름(그리고 똑같이 부정확한 몇몇 다른 부수적인 기표들)으로 환원되어야 한다. 이는 우리의 또 다른 테제, 즉 이름이 대상의 통일성의 기반을 이룬다는 라캉주의적 테제가 작동하고 있음을 보여준다. 다섯째, 이름이 이러한 역할을 하기 위해서는 리비도적으로 집중 투자되어야 한다. 즉 그 이름은 **대상 a여**야 한다(이름은 헤게모니적 주체를 구성해야 한다). 따라서 정동의 역할은 필수적이다.

이제 우리의 이전 논의로 돌아가서, 불랑제주의 실험이 포퓰리즘적이었다는 데는 의심의 여지가 없다. 그러나 쉬렐이 기술하는 대안, 즉 제도적 질서와 포퓰리즘적 언어 사이에 있으면서 이 포퓰리즘적 언어를 정치적 도구로 사용하는 것은 베를루스코니(Silvio Berlusconi)에게는 허락되었지만, 불랑제에게는 그렇지 않았다. 불랑제는 점점 더 제도적 선택지 밖으로 밀려났고, 그래서 그의 유일한 전진 방안은 새로운 질서의 건설자가 되는 것이었다. 그는 단지 전복적인 척하는 **놀이를 할** 수 없었다. 그에게 '전진 방안'은 엘리제궁을 장악하는 것이었다. 그러나 감히 그럴 수 없었고, 이러한 망설임은 그의 몰락으로 이어졌다. 성공적인 불랑제 쿠데타로부터 어떤 종류의 제도적 질서가 나왔을지에 대해서는 추측만 할 수 있을 뿐이지만, 한 가지는 확실하다. 쿠데타가 성공했더라도, 연합을 구성했던 모든 이질적인 세력들을 만족시킬 수는 없었을 것이다. 비어 있는 기표들은 완전히 비어 있을 수 없었을 것이다. 그것들은 새로운 차별적/제도적 질서를 구성하기 위해 더 정확한 내용들과 연관되어야 했을 것이다. 즉 이 이행이 헤게모니 게임을 중단시키지는 않았을 것이다(어떤 지점을 넘어 인기를 잃는 정권의 날들은 정해져 있다). 하지만 권력을 잡으려고 할 때보다 권력을 쥐고 있을 때 이행을 선택하는 것이 엄청 더 쉬웠을 것이다.

그러나 불랑제의 사례에서 등가 사슬의 응축 지점, 즉 비어 있는 기표는 너무 약하다. 불랑제주의의 경험 전체는 매우 짧고 국면적이었으며, '불랑제'라는 기표가 장군의 개인적인 변덕 이상을 의미할 시간은 없었다. 그러니 등가 사슬의 정박지(anchoring point)를 만들려는 시도가 더 깊고 장기적인 정치적 경험과 관련되었던 사례로 넘어가 보자. 바로, 제2차 세계대전 말 이탈리아공산당에 열려 있던 정치적 대안들의 체계다. 나는 이미 이 문제에 대해 간략히 언급했으며, 이제 이 장에서 논의한 주요 쟁점들의 관점에서 이 문제로 돌아갈 것이다. 그 대안은 다음과 같았다. 공산당은 노동계급의 정당으로서 이 계급의 이익을 대표하는 것으로 자신을 축소해야 했거나(그러면 본질적으로 노동자주의(workerist) 정당, 즉 산업화된 북부에 고립된 단순한 영토였을 것이다), 대체로 이질적인 대중의 집결점이 되어 '노동계급'이 엄격한 노동계급 출신을 끊임없이 넘어설 다양한 투쟁의 은유적 중심이 되는 데 역할해야 했을 것이다. 이와 다르지 않은 대안이 아파르트헤이트 종식 이전에 몇 년간 남아프리카에서 나타났는데, 이때 정치 무대를 흥미롭게도 '노동자주의자'와 '포퓰리스트'라고 불리는 두 극의 논쟁이 점유했다. 이탈리아의 논쟁은 더 넓은 질문, 즉 어떻게 이탈리아 국민을 구성할 것인가에 깊이 뿌리박고 있었다. 이 질문은 곧 리소르지멘토(Risorgimento)[16]와 파시즘에 관련된 이들을 포함해 중세 이래로 나

---

16 리소르지멘토는 '부흥' 또는 '재건'을 뜻하는 이탈리아어로, 1815년 나폴레옹 몰락 후 빈 체제부터 1871년 로마가 이탈리아 왕국의 수도가 될 때까지의 시기에 전개된 이탈리아 통일 운동을 말한다. 이 운동을 통해 분열되어 있던 이탈리아반도가 하나의 근대 국민국가로 통

라의 모든 사회 부문이 실패한 과업이었다. 그람시에 따르면, 노동계급의 정당이라는 근대 군주가 성취하도록 운명 지어진 과업이었다.

이 과업에는 무엇이 있었을까? 환원 불가능한 이질성으로부터 헤게모니적으로 통일성, 즉 동질성을 창조하는 것이었다. 팔미로 톨리아티(Palmiro Togliatti)[17]는 전후 몇 년간 포퓰리즘적 대안을 선택했을 때를 명확하게 기술했다. '새로운 당(partito nuovo)'[18] 노선은 '노동계급의 국민적 과업'을 수행해야 했다. 그것은 수많은 이질적인 투쟁과 요구의 집결점이어야 했다. 불랑제라는 인물이 프랑스 역사에서 덧없는 시절을 대표했던 것을 이제는 이탈리아 전통 전체에 유기적으로 정박하고자 하는 정당이 구현할 것이었다. 당의 과업은 '인민'을 구성하는 것이었다.

이제 우리는 이름과 개념을 구분하는 관점에서 이탈리아의 대안

합되었다. 이 과정은 다수 인민의 광범위한 참여보다 소수 엘리트와 사르테냐 왕국 중심의 '위로부터의 통일' 성격이 강했다. 그 결과 통일 이후에도 이탈리아 남북 지역 간 경제적 격차와 문화적 갈등(남부 문제)이 심각하게 남았고, 대다수 농민과 하층민이 새로운 국가 운영에서 소외되었다. 이는 안토니오 그람시가 리소르지멘토를 '수동혁명(passive revolution)'이라고 비판하는 근거가 되었다(옮긴이).

17 팔미로 톨리아티(1893~1964)는 이탈리아공산당의 서기장이자 이론가다. 안토니오 그람시와 함께 당을 창설했으며, 20세기 중반 이탈리아공산당을 이끌며 당의 지도 노선을 현실적이고 현실 정치에 적용하는 방향으로 변화시켰다. 파시즘 치하에서 오랜 망명 생활을 하고 제2차 세계대전 후 귀국해, 즉각적인 사회주의혁명 대신 반파시즘 연립정부 참여와 의회 민주주의를 통한 점진적 이행 전략을 채택했다. 1946년 국민투표를 통한 왕정에서 공화정으로의 체제 전환을 실현하는 데 이바지했다(옮긴이).

18 '새로운 당'은 톨리아티가 주창한 전후 이탈리아공산당의 조직 노선으로, 레닌주의적 소수 정예 전위 정당 모델을 벗어나 노동자는 물론 농민, 지식인, 중산층 등 광범위한 사회 세력을 포괄하는 대중정당을 지향했다. 이탈리아공산당이 계급정당을 넘어 이탈리아 사회의 헤게모니를 장악하는 '국민적' 정당이 되려는 정치 노선을 포함하고 있었다(옮긴이).

에 관한 문제를 다룰 수 있다. 이탈리아에서 노동계급은 산업화된 북부에서 주로 발견된다. 따라서 노동계급의 정당인 공산당이 북부에서 활동을 집중해야 한다고 말하는 것은 곧 세상의 어떤 대상들을 인식하는 통로가 되는 '노동계급' 범주에 개념적 내용이 있다고 말하는 것이다. 이때 그 대상들에 대한 명명은 어떤 수행적 기능도 갖지 않는다. 단지 그 대상들이 무엇인지를 인식할 뿐이다. 이름은 개념적으로 완전히 파악할 수 있는 어떤 것이 자신을 드러내는 투명한 매체다. 반면에 일련의 **이질적인** 요소들을 '노동계급'으로 명명하는 것은 무언가 다른 것을 의미한다. 이 헤게모니적 작업은 수행적으로 이 요소들을 통일하는데, 이 요소들이 단일한 실체로 합쳐진다는 것은 명명 작업의 결과일 뿐이다. 이름, 즉 콥젝의 표현을 빌리자면 '모유의 젖가슴의 가치'를 가진 기표는 기표가 가리키는 것에 대한 개념적 상관물이 없으므로 **절대적인 역사적 특이성**(historical singularity)을 구성한다.

물론 이러한 일은 어느 정도의 범위에서 항상 일어난다. 왜냐하면 그 개념과 단지 함축적으로 연관된 어떤 의미들이 그 개념을 초과하지 않을 정도로 그렇게 순수한 개념은 없기 때문이다. 서로 다른 두 나라의 인민들에게 '노동계급'이라는 용어는 불가피하게 다른 연상을 불러일으킨다. 결정적인 문제는 이러한 연상된 의미들이 개념적으로 동일하게, 따라서 '보편적'인 상태로 있을 핵심에 주변적일 것인지, 아니면 개념적 결정의 계기를 오염시켜 (그 실체를 관통해) 결국 단계적으로 핵심이 개념이기를 멈추고 이름(우리 용어로는 비어 있는 기표)이 될 것인지다. 이 마지막 변형이 일어났을 때만 우리는 역사적 특이성에 대해 말할 수 있다. 그리고 이러한 변형이 일어날 때, 우리는 더 이상 '계급'과 같은 부문적 행위자를 갖지 않는다. 우리는 '인민'을 갖는다.

이것이 의심할 여지 없이 1940년대 톨리아티 프로젝트의 진정한 의미였다. 톨리아티에 따르면, 당은 다수의 민주 전선에 개입해(우리 용어로는 다수의 특수한 요구들을 옹호하며) 요구들을 어떤 통일성(우리가 알듯이 등가적 통일로 생각되는 통일성)으로 가져와야 했다. 이런 식으로 고립된 요구들은 다른 요구들과 설정될 연결 고리를 통해 더 강해졌을 것이고, 가장 중요하게는 요구 모두가 공론장에 새롭게 접근했을 것이다. 요구들의 이 새로운 성좌를 통해 공론장은 더 민주적으로 되었을 것이고, 그 성좌의 지리적 분포도 때문에 진짜 **국민적으로** 되었을 것이다. 그리고 이를 통해 북부와 남부의 지역 파벌들 간의 '신사협정'이 좌지우지했던 이탈리아 정치를 넘어설 수 있었을 것이다. 즉 톨리아티 프로젝트는 '인민'을 역사적 특이성으로 구성하는 것이었다.

마오쩌둥의 대장정은 톨리아티 프로젝트와 정치적으로는 매우 달랐지만, '인민'의 구성과 관련해서는 동일한 관점에서 볼 수 있다. 유고슬라비아 인민해방전쟁 이후 요시프 브로즈 티토(Josip Broz Tito) 정권의 출현과 공산주의 전통 내 몇몇 다른 정치적 경험들에 대해서도 같은 말을 할 수 있다. 그러나 명심해야 할 중요한 것은 그 전통의 모든 경향이 반대 방향으로 작용했다는 사실이다. 즉, 전통들은 모든 국민적 구체성을 국제적 중심과 보편적 과업에 종속시키는 경향이 있었고, 거기서 다양한 공산당은 단순한 보병에 불과했다. 코민테른은 이무균화 정치(stirlizing politics)의 최악의 표현이었다. 그 결과, 이 정당들이 포퓰리즘적일 수 있는 기회는 없었다. 이질적인 요구들의 접합을 통해 역사적 특이성을 구성하도록 장려되기는커녕, 다양한 공산당은 중심에서 계획한 정책을 자동으로 적용해야 하는 단순한 지부로 여겨졌다. 1920년대 공산당들의 '볼셰비키화'에 관한 코민테른의 결정을 떠올려 보자. 국민적 특성과 무관하게 그들 모두는 동일한 구조와 동일한 작동 규칙을 가져야 했다. 이러한 조건에서 '인민'의 구성은 불가능했다. 만약 톨리아티, 마오쩌둥, 티토와 같은 지도자들이 각자의 방식으로 인민을 구성할 수 있었다면, 그것은 국제적 지시를 끊임없이 왜곡하면서 '중심'으로부터 깊은 의심을 받은 덕분이었을 것이다. 만약 '인민'의 구성이 개념에서 이름으로의 이동을 의미했다면, 여기서는 이름에서 개념으로의 반대 이동을 볼 수 있다. 각 공산당은 다른 모든 공산당과 가능한 한 동일해야 했고, 그들 모두는 동일하고 명확하게 정의된 꼬리표 아래 포섭되어야 했다. 오늘날까지도 자신들을 상상의 '인터내셔널'의 지역 지부로 간주하는 작은 분파들은 공산주의 전통 속 반-포퓰리즘적 경향의 부조리한 귀결점에 불과하다.

만약 이탈리아공산당이 국제 공산주의 운동에 속한 결과로 제대로 된 포퓰리즘 운동이 되는 데 구조적 한계에 부딪혔다면, 이 한계를 다른 영향들이 강화했다. 첫째, 냉전이 있었는데, 냉전은 서유럽에서 공산주의 기치 아래 성취될 수 있었던 것에 명확한 한계를 설정했다. 기독교민주당(DC, Democrazia Cristiana)이 이끄는 집권 연합 정치가 정치 스펙트럼을 분할한 전선은 바로 '공산주의' 문제에 기반을 두고 있었다. 이러한 조건에서 이탈리아판 '공산주의'는 역사적 특이성을 통합하는 비어 있는 기표로 자신을 구성하는 방향으로 특정 지점을 넘어설 수 없었다. 이 이데올로기적 쟁점은 어떠한 상황에서도 이탈리아공산당이 톨리아티 프로젝트의 성공에 필수적이었던 다수의 부문에 접근하는 것을 거부했다. 그리고 한계가 외부적이지만은 않았다. 이탈리아공산당은 결국 소련과의 완전한 단절을 생각할 수 없는 공산주의 투사들의 정당이었다. (1956년 이탈리아공산당은 소련의 헝가리 침공을 옹호했고, 많은 국민적 지지를 잃는 대가를 치렀다.) 그 결과 기독교민주당에 의한 기독교 유권자들의 통일과 (유일하게 진정한 국민적 프로젝트인) 이탈리아공산당의 프로젝트가 그 내적이고 외적인 한계 모두를 초월하지 못하는 교착 상태에 빠졌다.

국민이 '국가고백주의(state confessionalism)[19]에 대해 치른 대가는 컸다. 그 대가는 헌법이 자유민주주의와 그보다 더 진보한 사회민주주의 원칙들에 대해 입발림만 하게 만들었고, '헌법 제정 이데올로기로서의 반파시즘'을 거부하도록 만들었다. 비록 레지스탕스가 민주적 정체성이 기

---

19 국가고백주의는 국가가 특정 종교의 교파(confession)를 공식적으로 지지하거나, 그 교리를 정치·사회적 운영의 실질적인 원리로 삼는 체제 또는 경향을 뜻한다. 여기서는 제2차 세계대전 이후 이탈리아에서 기독교민주당이 장기 집권하면서, 명목상의 정교분리와 별개로 가톨릭교회의 영향력이 국가 정책과 사회 규범 전반을 강력하게 지배했던 상황을 비판적으로 지칭한다(옮긴이).

반을 둘 수 있는 가치들을 부분적으로 제공했음에도, 초기 몇 년 동안 이탈리아공화국은 '건국신화'(비록 부분적일지라도)를 '갱신되는 국민 정체성을 위한 매개체'로 변형시키는 것을 단호하게 거부했다.[20]

따라서 리소르지멘토와 파시즘이 국민 의식을 구성하려는 시도에서 경험했던 동일한 실패가 전후 시기에도 기독교민주당 측의 부패한 지방주의 권력과 국가고백주의의 조합, 그리고 유일하게 진정한 국민적 프로젝트인 이탈리아공산당의 프로젝트가 기존 체제와의 진지전에서 특정 지점을 넘어 전진할 수 없었던 무능력에 의해 재생산되었다. 여기서 우리는 불랑제주의 운동과의 명확한 차이를 본다. 불랑제주의 운동은 너무 짧게 지속된 정치적 사건이어서, 운동의 통합적 기표들은 거의 완전히 비어 있는 것으로 작동했다. 실제로 이탈리아에서 레지스탕스의 상징들은 해방 직후 몇 달 동안 이와 다르지 않은 방식으로 기능했다. 그러나 장기적인 헤게모니의 구성은 매우 다른 문제다. 역사적 특이성을 창조하기 위해 몇몇 중심 기표를 비우는 과정은 모든 '확장적' 헤게모니가 너무 멀리 가지 않도록 헤게모니들을 원래의 기의에 다시 부착하려는 세력들의 구조적 압력에 항상 종속된다. 개념에서 이름으로의 이동 범위를 제한하는 것이 바로 대항-헤게모니적(counter-hegemonic) 실천의 본질이다.

20 William Brierley와 Luca Giacometti, 'Italian National Identity and the Failure of Regionalism', eds. Brian Jenkins & Spyros A. Sofos 편, *Nation and Identity in Contemporary Europe*, London, Routledge, 1996, pp. 172-97.

이탈리아에서 전후에 벌어진 헤게모니 대결의 끝은 잘 알려져 있다. 장기적인 정치적 합의에 심각한 타격을 준 1970년대의 경제 위기 이후, 1980년대는 낡은 정치 세력들이 새로운 역사적 행위자가 되어야만 생존할 수 있는 새로운 시나리오를 만들어 냈다. 그러나 아무도 그렇게 할 수 없었다. 노동계급 중심성은 이탈리아공산당이 낡은 전략 차원에서 생각할 수 있는 것과 집권 기독교민주당 연정이 자신의 후견주의적 방법으로 흡수할 수 있는 것을 모두 초과하는 가치와 열망을 가진 제3 부문이 진전하면서 심각하게 침식되었다. 그래서 대표의 위기는 전체 지배 엘리트의 종말로 이어졌다. 집권 연정은 반부패 운동인 **마니 풀리테(mani pulite, 깨끗한 손)** 작전 이후 쓸려 나갔다. 이탈리아공산당은 반부패 운동에 의해 오염되지 않았지만, 여전히 과거의 유령에 지나치게 지배당하고 있어서 새로운 상황을 이용할 수 없었다. 이런 상황에서 일련의 거친 새로운 세력들이 분출했다.

이탈리아공산당이 구성하려고 했던 '인민'은 단호하게 '국민적'이었다. 그것은 제대로 된 국민국가 건설 과정과 동의어로 여겨졌다. 공산주의 프로젝트가 무너졌다고 해서, 전통적인 기독교민주당 지역의 후견주의로 단순하게 퇴행하지는 않았다. 가톨릭교회의 권력이 쇠퇴한 더 세속적인 사회로의 전반적인 이행, 더 확장된 전국적 공중을 창출한 미디어, 특히 텔레비전의 발전, 마지막으로 주요 정치 행위자들(특히 베티노 크락시(Bettino Craxi)의 이탈리아사회당(Partito Socialista

Italiano)) 모두에게 영향을 끼쳤던,[21] 사실상 기독교민주당 엘리트 전체를 쓸어 버린 반부패 운동과 같은 여러 새로운 요소들 때문이었다.

이러한 상황에서 등가 사슬이 접합할 수 있는 것의 한계로서 지역을 중심으로 '인민'을 구성하려는 다양한 시도들이 이루어졌다. 1980년대에는 여러 '연맹들'이 출현했다. 사르데냐행동당(PSd'Az, Partito Sardo d'Azione, Sardinian Action Party),[22] 발도텐연합(UV, Union Valdôtaine, UV the Union Valdotaine),[23] 1945년부터 활동해 온 티롤남부인민당(SVP, Südtiroler Volkspartei, South Tyrol People's Party),[24] 그리고 특히 초기에 상당한 선거 성공을 거둔 프랑코 로케타(Franco Rocchetta)의 **베네토연맹(Liga Venetta)**[25]이 있었다.

---

21 베티노 크락시는 이탈리아의 정치인으로, 1976~1993년에 이탈리아사회당 서기장을 지냈다. 이탈리아공산당과의 연대를 비판하며 당의 노선을 중도좌파 및 반공주의로 개혁했으며, 1983년 이탈리아공화국 최초의 사회당 출신 총리가 되어 1987년까지 안정적인 연정을 이끌며 당의 전성기를 이끌었다. 그러나 1990년대 초 이탈리아 정계를 강타한 대규모 반부패 수사 작전인 '마니 풀리테'의 핵심 인물로 지목되어 불법 정치 자금 수수 및 부패 혐의로 유죄 판결을 받았고, 이후 체포를 피해 1994년 튀니지로 망명했다. 이 사건의 여파로 이탈리아사회당은 해체되고 사실상의 이탈리아 '제1공화국' 체제가 붕괴되었다(옮긴이).

22 사르데냐행동당은 1921년 창당된 이탈리아 사르데냐섬의 지역주의 정당이다. 사르데냐의 자치권 확대와 독자적인 문화 보호를 목표로 하며, 이탈리아 내에서 가장 오래된 지역 정당 중 하나다(옮긴이).

23 발도텐연합은 프랑스어 사용권인 이탈리아 북서부 발레다오스타(Valle d'Aosta)주의 자치와 프랑스어권 주민의 권익 보호를 주장하는 지역 정당이다(옮긴이).

24 티롤남부인민당은 독일어 사용 주민이 다수인 이탈리아 북부 남티롤(보첸-볼차노) 지역의 자치와 독일어권 주민의 이익을 대변하는 정당이다. 1945년 창당 이래 이 지역에서 압도적인 지지를 받고 있다(옮긴이).

25 베네토연맹은 1979년 베네토주의 자치와 베네치아 정체성 수호를 내걸고 창설된 지역주의 정당이다. 북부 지역주의 운동의 초기 성공 사례로, 훗날 북부동맹 결성에 참여했다. 프랑코 로케타(1947~)는 베네토연맹의 창설자이자 초대 지도자다. 베네토 지역주의 운동의 선

그러나 1990년대의 가장 특징적인 현상은 움베르토 보시(Umberto Bossi)[26]가 연맹의 호소력을 처음에는 지역 수준에서 지방 수준으로, 나중에는 국가 수준으로 확장하려 한 다양한 시도들이었다.[27] 롬바르디아연맹(Lombard League)은 1982년에 민족정치(ethnic politics)[28]의 또 다른 사례로 시작되었다. 상상의 롬바르디아 **민족** 정체성이 발명되었고, 이 정체성은 처음에는 피에몬테(Piemont),[29] 나중에는 로마의 중앙집권 세력에 반대했다. 그러나 보시는 매우 빠르게, 자신을 지방주의에만 묶어 두어서는 전국적 정치의 주요 행위자가 될 수 없다는 사실을 깨달았다. 그래서 다음 단계는 그가 '민족연방주의(etnofederalismo, ethnic federalism)'[30]라고 부른 것을 선포하는 것이었

구자로, 베네치아공화국의 역사적 유산을 강조하며 자치 운동을 이끌었다(옮긴이).

26 움베르토 보시(1941~)는 북부동맹의 창설자이자 오랜 카리스마적 지도자다. 공격적인 언사와 퍼포먼스로 북부의 불만을 결집해 북부동맹을 이탈리아 정계의 주요 세력으로 키워냈다(옮긴이).

27 연맹에 대해 나는 Brierley와 Giacometti, 'Italian National Identity'; Christophe Bouilland, 'La Lega Nord, ou comment ne pas réussir à être populiste (1989-2002)', ed. Ihl, Chêne, Vial, Wartelot, *La Tentation populiste en Europe*, pp. 130-45; I. Diamanti, La Lega. Geografia, storia e sociologia di un nuovo soggetto politico, Rome, Donzelli, 1993; R. Mannheimer 편, *La Lega Lombarda*, Milan, Feltrinelli, 1991; R Borcio, La Padania promessa. La storia, *la idea e la logica d'azione della Lega Nord*, Milan, Il Saggiatore, 1997을 참고했다.

28 민족정치는 언어·문화·역사적 공유성을 바탕으로 한 특정 '민족 집단(ethnic group)'의 정체성을 정치적 동원의 핵심 기제로 삼는 정치 형태다. 여기서는 이탈리아라는 국가 정체성 대신 롬바르디아, 베네토 등의 지역 정체성을 '민족성(ethinicity)'으로 내세운 것을 의미한다(옮긴이).

29 피에몬테는 리소르지멘토를 주도한 사르데냐 왕국의 중심지였던 북서부 지역이다. 통일 이후 성립된 중앙집권적 이탈리아 국가권력의 역사적 상징이 되었다(옮긴이).

30 민족연방주의는 움베르토 보시가 주창한 이념으로, 이탈리아를 기존의 주(Regione)가 아닌

다. 민족연방주의는 이탈리아 북부 전체로 등가 사슬을 확장해 포(Po) 계곡의 모든 지역 조직을 단일 운동으로 포용하려는 시도였다. 민족 연방주의는 1989년에 북부연맹의 창설로 절정에 달했고, 보시의 지도력과 롬바르디아연맹의 헤게모니 아래 북부 이탈리아 대부분의 자치 운동을 흡수했다. 그 단계의 정점은 새로운 '국민(nation)'과 **파다니아(Padania)**[31]의 선포였다. 그러나 곧바로 이 전략의 한계가 명백해졌다. 한편으로 공격적인 반-남부(anti-Mezzogiorno) 및 반-중앙 국가 담론은 중부 및 남부 이탈리아, 그리고 북부에 사는 남부인들 사이에서 연맹의 이데올로기적 영향을 제한했다. 다른 한편으로 연맹은 북부 기반에서조차 확고한 지지를 기대할 수 없었다. 베를루스코니의 **포르차이탈리아(Forza Italia)**[32]와 잔프랑코 피니(Gianfranco Fini)의 **국가동맹(Alleanza Nazionale)**이[33] 동일한 지반에서 경쟁자가 되었다. 그래서

역사적·문화적 동질성을 가진 거대한 '민족' 단위(예를 들어 파다니아)들로 구성된 연방국가로 재편해야 한다는 주장이다(옮긴이).

31 파다니아는 포(Po)강 유역을 뜻하는 지리적 명칭에서 유래했으나, 북부동맹이 이탈리아 북부 지역 전체를 아우르는 가상의 독립국가 이름으로 사용했다. 1996년 보시는 파다니아의 독립을 선언하기도 했다(옮긴이).

32 실비오 베를루스코니(1936~2023)는 이탈리아의 미디어 재벌이자 총리를 세 번 지낸 정치인이다. 기성 정치권의 부패 스캔들(탄젠토폴리) 이후 포르차이탈리아를 창당해 정계에 입문했으며, 이탈리아 우파 진영을 주도했다(옮긴이).

33 잔프랑코 피니(1952~)는 국가동맹의 지도자로, 네오파시즘 세력을 온건 보수 우파로 변모시켜 제도권 정치에 안착시켰다. 베를루스코니 정부에서 부총리와 외무장관 등을 역임했다. 국가동맹은 피니가 이끄는 이탈리아사회운동(Movimento Soziale Italiano)의 후신으로, 조르조 알미란테(Giorgio Almirante)가 제2차 세계 대전 말기에 설립한 신파시스트 조직이다. 오늘날 이 조직은 파시스트 과거와의 연결을 대부분 끊었다. 파시스트 전통에서 비롯된 세력이기 때문에, 강력한 중앙집권적 국가를 선호한다는 점에서 연맹과 차이가 있다(옮긴이).

보시가 1984년 첫 베를루스코니 정부 동안 집권 연정에 합류했을 때, 연맹은 포퓰리즘적-공격적 반제도주의에 관한 한 그 한계에 도달했다. 연맹은 더 이상 국민국가의 종말을 요구하지 않았고, 파다니아 모험을 젊은 시절의 잘못으로 보기 시작했다. 이 양가성의 효과는 제도적 참여와 반-제도적 수사(anti-institutional rhetoric) 사이에 낀 연맹을 약화할 수밖에 없었다.

이 모든 것은 북부연맹이 인민적 정체성을 구축하려고 시도했던 방법인 실제 담론으로 이동하면 더욱 명확해진다. 우리가 알듯이, 모든 정치적 경계는 그 경계 너머에 있는 것이 동일시되는 방식으로부터 의미를 도출한다. 그리고 여기서 북부연맹은 우리가 톨리아티 프로젝트에서 찾을 수 있는 장기적인 정치적 헌신과는 거리가 먼 극단적인 불안정성(lability)을 보였다. 모든 것은 북부연맹의 즉각적인 정치적 전술에 따라 바뀌었다.

이 집합적 정체성은 비-이데올로기적이고 비-계급적이지만, 순전히 영토적이다. 그러나 종종 더 중요했던 것은 부정적인 요소들이었다. 즉 '부정적 정체성'의 담지자인 적, 종종 의인화되는 부정적인 개념이다. 처음에 이 적은 단순히 '중앙집권적 국가'라고 불렸지만, 점차 더 구체적으로 되어 때때로 **정당정치체제(partitocrazia)**, 복지국가와 기생적인 남부, 이민, 범죄와 마약으로, 어떤 의미에서든 다르거나 주변적인 모든 개인과 집단으로, 언론, 사법부 그리고 어떻게든 죽어 가는 체제의 일부로 보인 다른 모

든 집단으로 나타났다. 따라서 연맹은 명확한 '적에 대한 이론'을 구축하고 있었다.**34**

연맹은 사실, '적에 대한 이론'을 가지고 있었다. 연맹의 문제는 그 적을 어떤 정확한 방식으로도 확인할 수 없었다는 점이다. 연맹의 구성원들은 급진적인 변화가 일어나려면 사회적 장이 두 개의 대립하는 진영으로 분할되어야 한다고 생각했다. 하지만 그 분할이 어떤 기반 위에서 일어날지 몰랐다. 현상 유지에 대한 추상적인 반대는 연맹원들의 급진적 담론의 기반이었지만, 연맹원들은 그 현상 유지의 한계를 어떻게 확정해야 할지 몰랐다. 적을 지정하는 데 이 불확정성의 마지막 단계는 모든 영토적 가치를 "공적인 것 대 사적인 것, 집단 가치 대 개인 가치, 보수 대 쇄신, 국가 개입 대 자유 기업"과 같이 부문 간 가치로 번역하는 것이었다.**35** 그래서 영토에 대한 애착을 포기하는 것은 구체적인 참조를 결여한 우익 담론의 관점에서 발생했는데, 그 결여란 분명히 더 보편적이기는 하지만 공허한 보편성(vacuous universality)이었다. 즉 비어 있는 기표는 생산되지 않았고, 순전히 그림자 같은 비어있음만 존재했다. 그런데 정박지조차 불확실해지면서 결코 헤게모니적이지 않은 비결정적 상황만 만들어졌다. 이후 연맹의 전체 역사는 모든 대상, 모든 자원, 모든 정치 담론을 계속해서 가치

34 Brierley & Giacometti, 'Italian National Identity', p. 184.

35 Ibid., p. 186.

로 변형되는 물질적 이익과 연결하는 것이었다. 자본주의 사회(동맹의 자연스러운 사회조직 형태)가 생산하는 이익은 그 자체로 가치이며, 국가 및 재무부와 같은 다른 존재들이 이 이익을 파괴하려 한다는 점에서 도 가치다. 경제적 자유주의의 채택, 그리고 생산과 효율성의 장소로 서 사적 부문의 확고한 우위는 필수적인 수순이었다.[36]

자신을 전국적인 세력으로 변화시키지 못한 북부연맹의 실패는 이 연맹이 진정한 포퓰리즘 성낭으로 성공하지 못한 근본적인 원인이 다. 부이요(Bouillaud)[37]는 1990년대 반-제도적 경향의 헤게모니 세력 이 되려는 북부연맹의 모든 시도가 실패했다고 지적했다.[38] 왜냐하면 북부연맹은 베를루스코니 동맹을 구성했던 다른 두 세력의 주도적 역 할을 받아들여야 했기 때문이다. 북부연맹의 포퓰리즘적 성격을 주 장해 온 비오르초(Biorcio)와 디아만티(Diamanti)[39]는 그럼에도 그 성 격을 초기 지방주의 단계로 제한했다.[40] 나중에 중앙 국가, 재정 압 박, 정당정치체제, 마지막으로 이민자들, 특히 무슬림에 반대하는 일 련의 운동을 통해 전국에 호소하려는 시도들은 놀라울 정도로 성공하

---

36 Ibid.

37 크리스토프 부이요(Christophe Bouillaud)는 이탈리아 정치와 유럽의 정당 체제 변화를 주로 연구하는 프랑스의 정치학자다(옮긴이).

38 Bouillaud, 'La Lega Nord', passim.

39 로베르토 비오르초(Roberto Biorcio)는 이탈리아의 정치사회학자로 북부동맹과 같은 포퓰리즘 정당, 사회운동, 시민 참여 등을 연구한다. 그리고 일보 디아만티(Ilvo Diamanti)는 이탈리아의 정치학자이자 여론조사 전문가다. 북부동맹의 성장 과정과 이탈리아의 정치 지형 변화, 특히 '영토와 정치가 만나는 지점에 대한 심층 분석으로 유명하다(옮긴이).

40 Borcio, *La Padania promessa*; Diamanti, La Lega를 참조하라.

지 못했다. 이유는 비교적 명확하다. 한편으로 북부연맹은 결코 순수한 단일 의제 정당이 되지 않았는데[41] 그 캠페인들은 너무 격렬했고, 이 초점을 이동하지 않으면서 만화경처럼 움직였다. 다른 한편으로 1990년대의 제도적 위기 이후 이탈리아 정치체제는 어떤 균형 상태를 재구성하는 데 성공했다. 우리 용어로는 차이의 논리가 부분적으로 다시 작동했고, 사회적 장을 두 개의 적대적 진영으로 등가적으로 분할할 가능성을 제한했다. 이는 총체적인 적을 구성하는 순수한 정치에 대한 여지를 덜 남겼다.

이 관점에서 실비오 베를루스코니의 정치적 진화는 특징적이다.[42] 쉬렐이 지적하듯이, 베를루스코니의 경력에는 포퓰리즘에서 멀어지는 운동과 부분적으로 재구성된 정치체제가 그의 세력을 점진적으로 '정상화'하고 포섭하는 과정이 있었다. 1994년에 베를루스코니의 정치적 담론은 매우 이질적이었다. 여기에는 분명 그가 신용을 잃은 정치 계급 밖에 있음을 강조하는 포퓰리즘이 있었다. 하지만 여기에는 (부분적으로 포퓰리즘적 함의가 부여된) 반공주의와 경제적 자유주의 및 사회적 보수주의에 대한 긍정과 같은 다른 요소들도 있었다. 그러나 베를루스코니의 첫 번째 정부의 몰락으로 이어진 일련의 긴장 속에서 포퓰리즘은 점차 중심적인 요소로 남았다. 한편으로 이탈리아공

---

41 Bouillaud, 'La Lega Nord', pp. 142-4.

42 Surel, 'Berlusconi', passim.

산당이 좌파민주당(Partito Democratico della Sinistra)[43]으로 변형된 후 반공주의는 그 의미를 잃었다. 다른 한편으로 경제적 자유주의는 보시의 경제 및 사회 프로그램, 그리고 국가동맹의 국가주의와 충돌했다. 이를 통해 베를루스코니는 체제 내에 확고한 뿌리 없이 남겨졌다. "베를루스코니는 그의 반공주의, 자유주의, 보수주의 장식을 박탈당하자 사법 기관과 전통적인 정치 행위자들을 정권의 무덤을 파는 자이자 인민의 의지에 대한 배신자로 묘사하면서 비난하는, 강한 포퓰리슴적 함의를 가진 단순한 담론에만 의지했다."[44] 그러나 이후 이어지는 몇 년 동안 베를루스코니는 '정상화', 즉 우리가 말하는 차이 논리를 향한 움직임을 시작한다. 쉬렐은 세 가지 기본적 변화를 열거한다. 첫째, 베를루스코니의 자기 이미지에서 경제적 자유주의가 점차 중심적인 역할을 한다(그는 자신을 대처, 블레어, 아스나르와 비교한다). 둘째, 포르차이탈리아는 내부 작동에 관한 한 더 정상적인 정당이 된다. 즉 피닌베스트(Fininvest)[45]가 통제하는 순전히 임시적인 구성체로 존재하기를 멈춘다. 셋째, 연정의 세 요소 간의 동맹은 더 견고해지고 정당 체제에 더 통합된다. 이 지점에서부터 포퓰리즘적 요소들은 비록 선거 캠페

---

43 좌파민주당(1991~1998)은 서유럽 최대 공산당이었던 이탈리아공산당이 1991년 해산되면서, 그 주류 세력이 사회민주주의 노선으로 전환해 창당한 정당이다. 당시 서기장 아킬레 오케토(Achille Occhetto)는 공산주의 이념을 포기하고 사회민주주의 정당으로 재탄생해야 한다고 선언했는데, 이를 '볼로냐의 전환(Svolta della Bolognina)'이라고 부른다. 이후 여러 중도좌파 세력과의 통합을 거쳐 현재 거대 중도좌파 정당인 이탈리아민주당의 모태가 되었다(옮긴이).

44 Ibid., p. 123.

45 베를루스코니가 설립한 가족 소유의 미디어 및 금융 재벌 그룹(옮긴이).

인에서 부분적으로 유지되지만, 사라지는 경향이 있다. 거친 등가 논리는 더 이상 연정의 이데올로기적 접착력이 되지 못한다.

우리의 분석에서 좀 더 일반적인 이론적 결론들을 도출해 보자. 이탈리아가 서유럽에서 가장 덜 통합된 정치체제였고, 국민국가가 사회생활의 다양한 측면들을 가장 덜 헤게모니화할 수 있었다는 점에서 이탈리아 사례는 흥미롭다. 이러한 상황에서 공동체는 당연하게 여겨질 수 없었고, 중앙 국가기구는 사회적 요구들을 불완전하게만 흡수할 수 있었다. 따라서 '인민'의 구성은 지극히 중요했다. 포퓰리즘적 유혹은 결코 멀리 있지 않았다. 공동체의 한계로서의 '국가'와 '지방'은 등가 논리의 확장에 기반을 둔 두 개의 연속적인 프로젝트였다. 그러나 둘 다 공동체 재건의 원리가 되는 데 성공하지 못했다. 이탈리아의 경우 현재의 계기에서, 차이 논리와 등가 논리 사이의 불안정한 균형에서 더 강력한 힘을 발휘하는 것은 차이 논리다. 차이 논리는 쉬렐이 가장 이질적인 이데올로기적 용도로 사용할 수 있는 수사적 도구들(떠다니는 기표들)의 무기고로 포퓰리즘을 기술할 수 있다. 그러나 이 시점에서 결정적인 구분이 이루어져야 한다. 그 떠다니는 기표들의 정치적 의미가 전적으로 결합적인 접합에 의존한다는 것이 반드시 그 기표들의 사용이 정치인들에 의한 순전히 냉소적이거나 도구적인 조작을 포함한다는 뜻은 아니다. 이는 베를루스코니의 **코사 노스트라** (cosa nostra, 자기 패거리, 사적 이권 권력 네트워크)에 대한 좋은 묘사일 수 있지만, 포퓰리즘 자체의 정의적 특징은 아니다. (자신의 신념을 위해 목숨을 바친) 마오, 드골 또는 바르가스와 같은 사람들은 자신들의 호명을 깊이 믿었다. 우리가 일반적인 규칙으로 말할 수 있는 것은 포퓰리즘적 호명이 진정으로 비어 있는 기표의 역할을 할수록, 즉 공동체를 등가적으로 통일해 나갈수록 그것은 또한 급진적 투자의 대상이 된다는 점이다. 그리고 분명히 이 대상에 대한 장난스럽거나 피상적인 것이 전혀 존재하지 않는다. 반대로 우리가 고도로 제도화된 사회에 살게 될 때, 등가 논리는 작동할 지반이 섞어진다. 그 결과 포퓰리즘적 수사는 모든 헤게모니적 깊이를 결여한 일종의 상품이 된다. 이때 포퓰리즘은 실제로 하찮은 선동(demagogy)과 거의 동의어가 된다.

한 가지 더 지적해야 할 것이 있다. 우리의 분석은 '인민'을 구성하는 과정에서 집결점은 대체로 열려 있다는 결론으로 이어진다. 우리는 자코뱅 모델을 따르는 국민국가의 포퓰리즘, 지방 포퓰리즘, 민족 포퓰리즘(ethnopopulism) 등을 가질 수 있다. 모든 경우에 등가 논리가 동등하게 작동하겠지만, 등가 사슬을 통일하는 중심 기표들, 즉 역사적 특이성을 구성하는 이 기표들은 근본적으로 다를 것이다. 예를 들어 라틴아메리카에서 포퓰리즘 운동들은 본질적으로 국가 포퓰리즘이었고, 토지 소유 과두제에 대항해 중앙 국가의 역할을 강화하려 했다. 따라서 그 운동들은 주로 도시 운동이었고, 1910~1950년에 떠오르는 중산층 및 인민 계급과 연관 있었다. 이 포퓰리즘은 두 단계로 나타났다. 처음에는 민주적 요구와 자유주의 국가 형태 사이의 거리가 그다지 크지 않았다. 자유주의는 독립 후 무정부 상태와 내전 시기 이후에 이어진 대부분의 라틴아메리카 국가에서 지배 과두제가 수립한 전형적인 체제였다. 농촌 지역의 지역 지주들이 통제했던, 그리고 초기 도시 부문들에서 후견주의 네트워크를 통해 동등하게 통제되었던 선거 제도는 19세기 후반에 라틴아메리카의 경제 발전과 세계 시장으로의 통합을 주재한 정치 공식이었다. 그러나 경제 발전은 급속한 도시화와 중산층 및 하층 계급의 팽창을 가져왔고, 이 계급들은 19세기 말과 20세기 초(시기는 나라마다 다르다)에 재분배 정책과 정치 참여의 증대를 요구하기 시작했다. 그 결과 전형적인 정치 포퓰리즘 시나리오가 등장했다. 즉 대중 지도자들 이름 주위에 결정화되어가는 충족되지 않은 요구들의 축적, 그리고 어떤 주요한 정치적 확대에도 저항했던 낡은 후견주의 체제와 같은 것들이다. 그러나 처음에는 민주적 요구와 자유주의가 서로 반대되지 않았다. 요구들은 자유주의 체제의 내적 민주화를 위한 것이었다. 이 맥락에서 여러 세대의 민주적 정치 개혁가들이 등장했다. 아르헨티나의 이리고옌(Irigoyen), 우루과이의 바틀레 이 오르도녜스(Battle y Ordoñez), 멕시코의 마데로(Madero), 칠레의 아르투로 알레산드리 팔마(Arturo Alessandri Palma), 브라질의 후이 바르보사(Ruy Bardosa)가 대표적이다. 어떤 경우에는 개혁이 자유주의 국가의 틀 안에서 일어날 수 있었다. 이러한 개혁은 1916~1930년 아르헨티나의 급진당 정부와 바트레의 지도력 아래 콜로라도당(Colorado Party)이 국가를 재편한 우루과이에서 일어났다. 그러나 다른 경우에는 과두 집단의 저항이 너무 강해서, 민주적 개혁 과정은 급격한 정권 교체를 요구했다. 이것이 1920년대 아르투로 알레산드리 팔마 정부 아래의 칠레에서 일어난 일이다. 보수 세력으로부터 방해받은 팔마[46] 정부의 민주적 프로그램을 이바녜스(Carlos Ibáñez del Campo)[47] 장군의 포퓰리즘 독재가 실행했다.

　　라틴아메리카의 포퓰리즘은 대공황 이후 더 급진적이 되었다. 자유주의-과두제 국가들의 재분배 잠재력은 대공황 위기로 급격히 축소되었고, 정치체제는 민주적 요구들을 흡수하는 능력이 점차 떨어졌다. 이는 이후 25년간 라틴아메리카 정치를 지배할 자유주의와 민주주의 사이의 날카로운 단절로 이어졌다. 브라질의 바르가스와 **에스타두 노부**(Estado Novo, 신국가),[48] 아르헨티나의 페론주의, 볼리비아의 **국민혁명운동당**(MNR: Movimiento Nacional Revolucionario)[49]이 이끄

---

46 아르투로 알레산드리 팔마(1868~1950)는 대통령직을 두 번 지낸(1920~1925, 1932~1938) 칠레의 정치인으로, '(Lion)'이라는 별명으로 불린다. 중산층과 노동자 계층의 지지를 바탕으로 기존 과두 지배 체제에 도전해 사회 개혁과 신헌법 제정(1925)을 주도했다(옮긴이).

47 카를로스 이바녜스 델 캄포(1877~1960)는 대통령직을 두 번 지낸(1927~1931, 1952~1958) 칠레의 군인 출신 정치인이다. 알레산드리 정부의 혼란기에 쿠데타를 통해 집권해 권위주의적 통치를 펼쳤으나, 동시에 국가 주도의 강력한 근대화 정책과 공공사업을 추진한 '포퓰리즘적 독재자'의 모습을 보였다(옮긴이).

48 제툴리우 바르가스(Getúlio Vargas, 1882~1954)는 브라질의 정치가로, 1930년 혁명으로 집권한 후 15년간(1930~1945) 독재 권력을 행사하며 브라질의 산업화와 근대화를 주도했다. 특히 1937년 '에스타두 노부'를 선포해 권위주의 통치를 강화했으나, 노동자들을 위한 사회보장제도를 도입해 '빈민의 아버지'로 불리기도 했다. 1951년 선거를 통해 다시 대통령이 되었으나, 군부의 퇴진 압박 속에 1954년 자살로 생을 마감했다. 바르가스 대통령이 친위 쿠데타를 통해 수립한 권위주의적 독재 체제인 에스타두 노부는 파시즘의 영향을 받아 의회를 해산하고 정당 활동을 금지하는 등 민주주의를 억압했다. 그러나 동시에 국가 주도의 강력한 공업화 정책과 노동 입법을 추진해 브라질의 근대화 기틀을 마련했다(옮긴이).

49 국민혁명운동당은 1952년 볼리비아 혁명을 이끈 중도좌파 정당이다. 빅토르 파스 에스텐소로 등의 지도 아래 집권해 광산 국유화, 농지 개혁, 보통선거 도입 등 급진적인 사회 변혁

는 정부는 확실히 반-자유주의적이면서, 어떤 경우에는 공공연히 독재적인 정치체제 아래서 재분배 프로그램과 민주적 개혁을 실행했다. 강조해야 할 점은 모든 경우에, 이 정권들과 관련한 동원을 통해 구성된 '인민'은 강력한 **국가주의적**(statist) 요소를 가졌다는 사실이다. 지역 과두 권력에 대항하는 강력한 **국민**국가의 건설이 이 포퓰리즘의 고유한 특징이었다.

동유럽 포퓰리즘으로 이동하면, 라틴아메리카의 포퓰리즘과는 여러 면에서 정반대인 상황을 발견할 수 있다.[50] 라틴아메리카 포퓰리즘에서는 시민권의 국가주의적 담론이 우세했지만,[51] 동유럽에서는 특정 공동체의 국민적 가치가 가진 특수성을 강화하려는 민족포퓰리즘이 우세했다. 국가주의적 차원이 물론 전혀 없는 것은 아니다. 왜냐하면 국민국가를 구성하려는 명백한 시도들이 있기 때문이다. 그러나 그러한 구성은 대부분 다른 민족 소수자들의 권리를 배제하거나 급격히 감소시키는 경향이 있는, 지역적으로 정의된 문화 집단의 구체성을 주장하는 것에서 시작된다. 예를 들어 1914년 헝가리 의회에서는 413석 중 407석을 마자르인(Magyars)[52]이 차지했고, 크로아

을 주도했다(옮긴이).

50 Jenkins와 Sofos, *Nation and Identity in Contemporary Europe*의 다양한 장과 Hermet, *Les Populismes dans le monde*, Chapter VIII를 참조하라.

51 그러나 이 주장은 약간 수정되어야 한다. 상당한 인도 인구가 있는 국가에서는 특정 순간에 민족포퓰리즘에 접근하는 원주민주의(nativism)가 있었다.

52 마자르인은 헝가리 인구의 다수를 차지하는 민족으로, 우랄어족에 속하는 헝가리어를 사용한다. 여기서는 오스트리아-헝가리 제국 내 헝가리 왕국에서 다수 민족으로서 다른 소수민족을 정치·문화적으로 지배했던 역사적 맥락에서 언급된다(옮긴이).

티아인이나 슬로바키아인은 거의 대표되지 않았다.[53] 독립국가를 수립할 헝가리의 권리에 관한 1849년의 혁명적 선언[54]이 민족적 집단성 사이의 국민적 구분을 인정하지 않았는데도, 실제로는 다른 모든 집단성을 마자르 헤게모니에 종속시켰다. 같은 방식으로 케말주의(Kemalism) '인민'(아타튀르크(Atatürk)는 자신의 원칙이 '포퓰리즘'이었다고 주장했다)은 내부 분열이 없는 동질적인 실체여야 했지만, 실제로는 아르메니아인, 그리스인 또는 동방 기독교인늘의 상황에 내한 득별한 고려 없이 튀르키예 민족주의와 점차 동일시되었다.

아타튀르크에 따르면, 이러한 조건에서 케말주의 '인민'은 "나의 말을 듣고 있는 저 농민, 상인, 노동자들"로 구성된 동질적인 문화 공동체로 바뀌었다. 그가 "튀르키예인의 아버지"라고 불린 데는 다 이유가 있었다. 비록 그가 내적 갈등을 감추기 위해 말의 수준에서는 자신을 시민적 포퓰리즘에 부착했고, 아마도 이것이 자신의 행동으로 분명히 드러난 인종 포퓰리즘을 보상할 것이라고 믿었을 수도 있지만 말이다.[55]

53 Hermet, *Les Populismes dans le monde*, pp. 253-4를 참조하라.

54 헝가리독립선언(1849)은 1848년 헝가리 혁명 중 코슈트 러요시(Lajos Kossuth)의 주도로 1849년 4월 14일 선포되었다. 합스부르크-로렌 가문 통치의 공식 폐지 및 헝가리의 완전한 독립을 선언했다. 이 선언은 헝가리 영토 내 모든 개인에게 동등한 시민권을 부여하는 자유주의적 '정치적 국민' 개념을 내세웠으나, 동시에 헝가리인(마자르인) 외의 크로아티아인, 루마니아인, 세르비아인 등 다른 민족 집단들의 고유한 민족적·정치적 권리나 자치권을 인정하지 않았다. '단일한 헝가리 국민'이라는 이름 아래 사실상 마자르인의 헤게모니를 강화하려 한다는 비판을 받았으며, 이는 소수민족이 혁명에 등을 돌리고 합스부르크 왕가 편에 서는 주요 원인이 되었다(옮긴이).

55 Ibid., p. 255.

대부분의 동유럽 국가에 거대한 소수민족이 있었다. 이들의 존재는 보편주의적인 담론이 대부분 완전히 기만적이고, 권력이 지배 민족 집단에 **사실상** 집중되어 있음을 은폐한다는 것을 의미했다. 이러한 민족 문화 정체성 형성 과정이 어떻게 시작되었는지 보는 것이 중요하다. 결정적인 사실은 이 사회들에서 항상 접경지대는 특히 불안정했으며, 자신들의 역사 대부분에서 점령 세력에 종속되어 있었다는 점이다. 이러한 환경에서 국가에 대한 동일시는 허약해지고, 문화 공동체주의적 소속감은 결정적으로 되는 경향이 있었다.

모든 경우에, 영주이기보다는 외국의 점령자였던 지배자들에 대해 중부 및 동부 유럽 인민들이 자신의 정체성을 세속적으로 유지하는 데는 거의 어떤 지적인 뒷받침도 필요하지 않았다. 왜냐하면 그 정체성은 그 지배자들에 대한 절대적인 반대 의식의 직접적이고 자발적이며, 거의 본능적인 증거에 기반을 두었기 때문이다. 이 강한 차이의 감정에서 '인민적(demotic)'일 수밖에 없는 자의식이 탄생했다. 왜냐하면 이 자의식은 억압자들의 국가에도, 피억압자들의 존재하지 않는 국가에도 호소할 수 없었기 때문이다. 그래서 그 자의식은 피억압자들의 공통 언어, 조상의 종교, 그들의 땅에 대한 애착, 공유된 고통과 거친 처우, 그리고 마을이나 이웃의 한계를 넘어 전체 민족 집단에 걸쳐 혼란스러운 방식으로 퍼져 나간 공통된 삶의 조건에 기반을 둔 의식이었다.[56]

56 Ibid., p. 268.

공동체 의식의 지적 정교화, 즉 신화적 과거의 발명은 수 세기에 걸쳐 일어났다. 처음에는 지역 조건과 잘 연결된 사제들의 영역이었고, 이들의 교회 네트워크는 사람들이 동일시할 수 있는 유일한 유형의 기관이었다. 그러나 지난 2세기 동안에는 세속 지식인들이 중추적으로 이 지적 정교화에 공헌했다. 기 에르메(Guy Hermet)[57]는 이 과정에서 세 가지 계기를 인식했다. 첫 번째 단계에서는 정치와 무관한 엘리트들이 오스트리아헝가리제국의 맥락에서 시의 예술과 문학 작품의 가치를 구출하려고 시도한다. 두 번째 단계에서는 운동이 오스트리아의 문화적 헤게모니에 대한 애착이 점차 줄어드는 더 넓은 부르주아 계층으로 퍼져 나가고, 그들의 모국어를 방어하려고 시도한다. 마지막으로, 이러한 국민주의적인 민족적 경향의 영향력은 더 소박한 부문들로 퍼져 나간다. 이때 이러한 움직임은 정치적 함의를 띠게 되고, 국민주의적이고 포퓰리즘적인 프로그램과 연관된다.

이 마지막 이행은 공동체적 소속감의 기표들이 헤게모니 투쟁에 내재한 모든 압력에 굴복하는 것이었다. 즉 한편으로 이 기표들은 국가 건설 과정과 일련의 적대적인 방식으로 연결되었고, 다른 한편으로 이 기표들의 등가적 영향력은 기표들이 적을 구성하는 방식, 그리고 이 기표들의 호소에 담긴 이데올로기적 목표에 크게 의존했다. 어떤 경우에 포퓰리즘은 자유주의적 서구형 국가를 건설하는 프로젝

---

[57] 기 에르메(1934~)는 프랑스의 정치학자, 역사학자, 사회학자로 라틴아메리카 정치, 권위주의 체제, 민족주의와 포퓰리즘 등을 연구한다. 파리정치대학 명예교수이며 국제관계연구소(CERI) 소장을 지냈다(옮긴이).

트와 연결되었다. 하지만 대부분의 경우에 포퓰리즘의 이데올로기적 현존은 이웃 국가에 즉각적으로 반대하고 내부 소수자를 배제하려는 외국인 혐오와 연관되었다. 포퓰리즘은 또한 좌파와 우파 사이를 끊임없이 동요했다. 예를 들어 루마니아에서는 1858년 자치적 실체로 나라가 수립된 후 포퓰리즘적 기표들이 가장 모순적인 방식으로 접합되는 지그재그식 이데올로기 운동이 나타났다. 대지주들의 권력에 반대하는 알렉산드루 쿠자(Alexander Cuza) 공[58]의 농업 포퓰리즘이 있었고, 지주들을 편애하지만 그 상징에서는 동등하게 포퓰리즘적이었던 정권을 수립하려는 호엔촐레른-지크마링겐의 카롤(Charles of Hohenzollern-Sigmaringen) 공[59]의 시도가 있었으며, 1920~1921년과 1926~1927년에 가장 이질적인 사회 계층들을 하나로 모으려 했던 알렉산드루 아베레스쿠(Alexander Averescu) 원수[60]의 정부가 있었고,

---

58 알렉산드루 이오안 쿠자(Alexandru Ioan Cuza, 1820~1873)는 현대 루마니아 국가의 기초를 다진 초대 군주(1859~1866)다. 1859년 몰다비아와 왈라키아 두 공국의 공(Domnitor)으로 선출되어 루마니아연합공국을 탄생시켰다. 재임 기간에 농지 개혁, 교육 제도 정비, 법전 편찬 등 광범위한 근대화 개혁을 추진했으나, 보수파와 급진파 모두의 반발을 사 1866년 강제 퇴위당했다(옮긴이).

59 호엔촐레른-지크마링겐의 카롤 1세(1839~1914)는 독일계 왕족 출신으로 루마니아의 두 번째 공이자 초대 국왕(1881~1914)이다. 쿠자 공 퇴위 후 공으로 추대되었으며, 1877년 러시아-튀르크 전쟁에 참전해 오스만제국으로부터 루마니아의 완전한 독립을 쟁취했다. 1881년 루마니아 왕국을 선포하고 초대 국왕으로 즉위해 48년간 재위하며 루마니아의 근대적 발전과 안정을 끌어냈다(옮긴이).

60 알렉산드루 아베레스쿠(1859~1938)는 루마니아의 원수이자 정치가로, 제1차 세계대전 당시 루마니아군 사령관으로 활약하며 국민적 영웅으로 떠올랐다. 이를 바탕으로 '인민연맹'을 창설하고 총리를 세 차례(1918, 1920~1921, 1926~1927) 지냈다. 대중적 인기에 기반을 둔 권위주의적 통치 스타일을 보였으며, 전후 루마니아 정치의 불안정 속에서 질서 유지를 명분으로 강력한 지도력을 행사했다(옮긴이).

카롤 2세 국왕의 군주 포퓰리즘이 있었으며, 마지막으로 명확한 친파시스트 성향이었던 안토네스쿠(Antonescu) 원수와 그의 철위단(Iron Guard)[61]에 의한 권력 장악이 있었다. 모든 경우에, 동일한 중심 기표들의 집합이 한 정치 프로젝트에서 다른 프로젝트로 이주했다. 이 기표들의 비어있음이 이주 과정을 가능하게 했다. 차우셰스쿠의 공산주의 정권이 비교적 적은 변화만으로 이 포퓰리즘적 기표들을 사용했음을 기억하자. 이 기표들이 가진 바로 그 자율성이 이네올로기적 성죄들 사이의 넓은 진동을 가능하게 했다. (또 다른 예를 들자면, 폴란드의 요제프 피우수트스키(Joseph Pilsudski)[62]와 같은 지도자의 이데올로기적 반전을 생각해 보라.) 그러나 포퓰리즘적 기표들은 동등하게 좌익 성향과도 연관될 수 있다. 이는 1920년대 불가리아에서 알렉산더 스탐볼리스키(Alexander Stambolijski)[63] 정부의 농업 개혁 시도를 기억하는 것으로 충분하다.

---

61 이온 안토네스쿠(Ion Antonescu, 1882~1946)는 루마니아의 군인이자 독재자(재임 1940~1944)다. 제2차 세계대전 중 '국가 지도자(Conducător)'라는 직함으로 파시스트 정권을 수립하고 추축국 편에 서서 참전했다. 철위단과 협력해 권력을 장악했으나, 이후 철위단을 숙청하고 군부 독재를 확립했다. 유대인과 로마니인(Romani, 속칭 집시 또는 보헤미안) 학살(홀로코스트)에 책임이 있으며, 전후 전범으로 처형당했다(옮긴이).

62 요제프 피우수트스키(1867~1935)는 폴란드의 독립 영웅이자 국가 원수로, 제1차 세계대전 후 폴란드 제2공화국의 탄생을 주도했다. 초기에는 사회주의자였으나 점차 민족주의적 성향을 강화했다. 1926년 5월 쿠데타를 통해 권력을 잡고 사실상의 독재자로 군림하며 '사나치아(Sanacja, 정화)' 체제를 주도했다(옮긴이).

63 알렉산더 스탐볼리스키(1879~1923)는 불가리아의 정치가이자 농민운동 지도자로, 불가리아농민국민연합(BANU)을 이끌었고 총리(1919~1923)를 지냈다. 제1차 세계대전 패전 후 기존 엘리트층에 반대하며 급진적인 농지 개혁과 평화주의 외교 정책을 추진했으나, 보수 세력과 군부의 쿠데타로 실각하고 살해당했다(옮긴이).

동유럽 경험들에서 진정으로 흥미로운 점은 이 경험들이 내가 충분히 논의하지 않은 '인민'의 출현에 담긴 특징을 거의 태동기적 상태(in status nascens)에서 보여준다는 것이다. 내가 언급한 모든 사례는 **주어진** 사회에서 **내부** 경계를 구축하는 것과 관련 있었다. 오히려 '민족 포퓰리즘'은 공동체의 한계를 설정하려고 시도했고, 이러한 시도는 일련의 결과로 나타났다.

먼저 '인민'을 구성하는 기표들의 공허함이 처음부터 급격하게 제한된다. 공동체주의적 공간을 통일하는 기표들은 정확한 기의들에 엄격하게 부착된다. 우리가 알듯이, 비어있음의 조건은 등가 사슬의 무한한 확장이다. 이것은 사회적 장의 내적 분할을 전제로 한다. 그러나 민족포퓰리즘에서 이 분할은 취소되었다. **플레브스**가 **포풀루스**라고 주장하는 일은 없다. 왜냐하면 **플레브스**와 **포풀루스**가 정확히 겹치기 때문이다. 반대되는 '타자'는 공동체에 내부적이 아니라 외부적이다. 민족적 원칙은 처음부터 어떤 요소들이 등가 사슬에 들어갈 수 있는지를 설정한다. 민족포퓰리즘에 다원주의의 가능성이란 존재하지 않는다. 그렇게 정의된 영토 안에 소수민족이 존재할 수는 있다. 하지만 일단 민족적 원칙이 공동체주의적 공간의 한계를 정의한 이상, 주변성은 그들의 영구적인 조건이어야 한다. 공동체의 담론적 구성이 순수하게 민족적인 노선을 따라 진행되면, 언제나 잠재적으로 가능한 것은 인종 청소(Cleasing of entire populations)다. 그리고 이 정치 논리의 권위주의적 성향은 명백하다. 등가 사슬의 다른 측면은 공동체 외부에 있으므로, 공동체는 자신의 조직 원리로서 차이 논리에만 의존할 수 있다. 정치적 획일성으로의 경향은 필연적이다.

현대 유고슬라비아의 해체가 좋은 사례다.[64] 제2차 세계대전 후 티토의 프로젝트는 다양한 공화국들에 상당한 정도의 자치권을 주면서 유고슬라비아 정체성을 강화하는 것이었다. 이 자치권은 일련의 헌법 개정에서 강화되었다. 이 이중 작업이 성공했다면, 우리는 다양한 국민 정체성들 사이의 등가적 관계와 연방국가에 대한 강한 애착을 가졌을 것이다. 그러나 실제로는 과정이 반대로 진행되어 원심력이 점차 우세한 경향을 보였다. 이 경향은 티토의 사망 후 가속화되었고, 스피로스 소포스(Spyros Sofos)[65]가 '포퓰리즘적 민족주의들'이라고 부른 것의 출현으로 이어졌다. 세르비아에서는 '위대한 세르비아'의 꿈과 코소보의 알바니아인 존재에 반대한 봉기를 둘러싼 민족주의적 여파의 맥락에서 밀로세비치가 부상했고,[66] 이에 따라 세르비아는 다른 공화국들과 충돌하기 시작했다. 크로아티아에서도 다민족 사회의 가능성은 처음부터 약했고, 민족적으로 통일된 사회를 창조하려는 대

---

64 Spyros A. Sofos, 'Culture, Politics and Identity in Former Yugoslavia', Jenkins와 Sofos, *National Identity in Contemporary Europe*, pp. 251-82를 참조하라.

65 스피로스 소포스는 그리스 출신의 정치학자로, 런던정경대학 등에서 연구와 강의를 했다. 발칸반도와 중동 지역의 민족주의, 정체성 정치, 분쟁 연구 전문가다(옮긴이).

66 "이 정권은 코소보 폴리에서 세르비아인과 몬테네그로인의 대규모 세례와 같은 세르비아 정교 의식의 부활을 장려했고, 라자르 왕자의 유해가 코소보 폴리에서 재매장되기 전에 일련의 성지와 수도원을 통해 행진하는 것을 장려했다. 패배한 왕자가 세르비아인이 터키인에게 패배하고 자신이 생명을 잃은 장소로 돌아온 것은 완전한 원, '새로운 시작'이라는 인상을 주었다. 두 의식 모두 세르비아 민족의 존엄성을 회복하고 되찾으려는 의지를 상징적으로 확인하는 것이었다"(ibid., p. 279, n. 35).

체로 성공적인 시도로 대체되었다.

독립 이래로 크로아티아 민족주의는 크로아티아 사회의 사회적 삶과 정치적 삶의 중심적인 특징이었다. (중략) 민족주의와 가톨릭교회 내 보수적인 집단들의 이데올로기와의 융합은 또한 강력한 **국민주의적 사회 다수** 운동의 출현으로 이어졌다. 그리고 이 운동들은 국민의 이름으로, 부문적이고 개인적인 이익과 권리보다 국민적 이익이 우세할 '도덕적으로 건강한' 사회의 수립을 체계적으로 추구해 오고 있었다. 주로 이 사회적 지지층과 정치적 지지층에 의존함으로써 집권 정치 엘리트는 국가, 경제, 대중매체에 대한 통제를 유지하고 민주화 요구를 억압할 수 있었다.[67]

1991년 인구조사에 따르면, 보스니아-헤르체고비나의 인구는 43.7%의 무슬림, 31.4%의 세르비아인, 17.3%의 크로아티아인, 5.5%의 유고슬라비아인으로 구성되어 있었다. 그래서 문제가 특히 복잡했다. 정치 스펙트럼은 민족 노선을 따라 분할되었고, 전쟁은 불가피했다. 보이슬라브 셰셸(Vojslav Šešelj)[68]이 이끄는 세르비아 민족주의자들은 농촌 지역에서 테러 활동에 관여했다. 크로아티아 초민족주

---

67 Ibid., pp. 268-9.

68 보이슬라브 셰셸(1954~)은 세르비아의 극우 민족주의 정치인이다. 세르비아급진당(SRS)의 창립자이자 당수로, '대세르비아'주의를 주창하며 유고슬라비아 전쟁 당시 크로아티아와 보스니아 등지에서 민병대를 조직해 인종 청소 등 전쟁 범죄에 가담한 혐의를 받았다. 구유고슬라비아 국제형사재판소(ICTY)에 기소되어 오랜 재판 끝에 일부 혐의에 대해 유죄 판결을 받았다(옮긴이).

의 정당인 HOS[69]는 보스니아의 크로아티아 합병을 요구했다. 반면 알리야 이제트베고비치(Aliji Izetbegović)[70]가 이끄는 무슬림 민주행동당은 비무슬림 민족 집단에 대해 동등하게 비타협적인 태도를 보였다.

우리의 이전 분석들에 마지막 결론을 덧붙여야 한다. 추상적 보편주의가 내가 방금 기술한 종류의 민족포퓰리즘만을 그 이면으로 갖지 않는다는 점을 깨달아야 한다. 모든 것은 등가 사슬을 구성하는 연결 고리들에 달려 있으며, 그 연결 고리 모두가 동질적인 민족 집단에 속해야 한다고 가정할 이유는 없다. 더 세계화된 정체성의 많은 요구가 내용상 '보편적'이고 다수의 민족적 정체성을 가로지르는 방식으로 '인민'을 구성하는 것은 완벽하게 가능하다. 이러한 인민 구성이 발생할 때 등가 사슬을 통합하는 기표들은 필연적으로 더 진정으로 비어 있고, 특정 공동체(그것이 민족적이든 다른 어떤 유형이든)에 덜 부착될 것이다. 나는 위르겐 하버마스가 '헌법적 애국주의(constitutional patriotism)'에 대해 말할 때 이 문제를 언급하고 있다고 생각한다.

---

69 HOS(Hrvatske Obrambene Snage, 크로아티아방위군)은 1990년대 초 크로아티아 독립 전쟁 시기에 활동한 초민족주의(ultra-nationalist) 성향의 준군사조직으로, 극우 정당인 크로아티아권리당(HSP)의 군사 부문으로 창설되었다. HOS는 제2차 세계대전 당시 나치 독일에 부역했던 크로아티아의 파시스트 정권 우스타샤(Ustaše)의 상징, 제복, 구호를 공개적으로 사용해, 극단적인 민족주의와 역사 수정주의 논란의 중심에 섰다. 1992년 크로아티아 정부에 의해 해체되어 공식 크로아티아군으로 통합되었다(옮긴이).

70 알리야 이제트베고비치(1925~2003)는 보스니아 헤르체고비나의 초대 대통령(재임 1990~1996)이자 보스니아 무슬림(보스냐크인)의 지도자다. 이슬람 철학자 출신으로 민주행동당(SDA)을 창당했다. 보스니아 전쟁 당시 보스니아 정부를 이끌며 세르비아 및 크로아티아 세력에 맞서 싸웠고, 데이턴협정에 서명해 전쟁을 종식시켰다. 보스냐크 민족주의의 상징적 인물이다(옮긴이).

(따라서) 헌법적 애국주의의 윤리적 실체는 하위정치적 수준에서 윤리적으로 통합된 공동체들에 대한 법체계의 중립성을 손상할 수 없다. 오히려 그 윤리적 실체는 다문화 사회 안에 공존하는 여러 다른 삶의 형태들의 다양성과 완전성에 대한 감수성을 연마해야 한다. 통합의 두 수준을 계속해서 구분하는 것이 중요하다. 만일 이 수준들이 하나의 수준으로 무너진다면, 다수자 문화는 다른 문화적 삶의 형태들의 동등한 권리를 희생시키는 대가로 국가 특권을 찬탈하고 상호 인정에 대한 그들의 주장을 침해할 것이다. 법이 내부 민족적 차등화에 대해 중립적인 이유는 복잡한 사회에서 시민 전체는 더 이상 가치에 대한 실체적 합의에 따라 함께 유지될 수 없고, 오직 법의 정당한 제정과 권력의 정당한 행사를 위한 절차에 대한 합의에 따라서만 유지될 수 있기 때문이다.[71]

나는 하버마스가 언급하는 두 수준을 분리할 필요성에 동의한다. 하지만 그 구분이 실체적 가치와 절차적 가치 사이의 대립이라는 관점에서 표현될 수 있다고 믿지 않는다. 어떤 절차들을 정당한 것으로 받아들이기 위해 내가 다른 사람들과 어떤 실체적 가치들을 공유해야 한다는 사실 외에 다른 이유가 없다면 말이다. 진짜 질문은 다음과 같아야 한다. 하버마스의 두 수준을 구분하는 것이 가능해지려면, 사람들은 어떤 실체적 가치들을 공유해야 할까? 나는 이미 이 질문에 답

---

71 Jürgen Habermas, *The Inclusion of the Other. Studies in Political Theory*, Cambridge, MA, MIT Press, 1998, p. 225.

하기 시작했다. 현대사회에서 분리된 문화적 민족 집단들은 단순히 병치되어 있지 않다. 다중적 자아, 즉 복수의 주체 위치에서 자신의 정체성을 구성하는 사람들이 있다. 이런 식으로 보편성에 대한 다양한 정도의 요구들이 동일한 등가 사슬에 들어갈 수 있고, 어떤 종류의 헤게모니적 보편성이 출현할 수 있다. 그러나 이 보편화는 실체적 주장과 절차적 주장 **모두로** 구성된다.

8장
'인민' 구성의
장애물과 한계

앞선 모든 분석에서 도출할 수 있는 한 가지 결론은 '인민'의 출현이 결코 자동으로 이루어지지 않는다는 것이다. 반대로 '인민'의 출현은 여러 가능성 중에서 그 목표 달성의 실패 가능성을 포함한 복잡한 구성 과정의 결과다. 그 이유는 명확하다. 정치적 정체성은 등가와 차이라는 상반된 논리 접합 즉 긴장의 결과이며, 어느 한 극단이 다른 극단을 일정 지점 이상으로 압도해서 두 논리 사이의 균형이 깨지는 것만으로도 정치적 행위자로서의 '인민'이 해체되기 때문이다. 만일 제도적 차등화가 지나치게 지배적이라면, 인민적 정체성이 구성의 전제 조건으로 요구하는 등가적 동질화는 불가능해진다. 반대로 만일 사회적 이질성(우리가 보았듯이, 이는 또 다른 형태의 차등화다)이 우세한 경우에는 애초에 등가 사슬 자체가 형성될 여지가 없다. 그러나 **총체적** 등가(total equivalence) 또한 집단적 행위자로서의 '인민'의 출현을 불가능하게 만든다는 점을 인식하는 것 또한 중요하다. 총체화된 등가는 더 이상 등가로 기능하지 못하고 단순한 정체성으로 붕괴될 것이다. 그 결과 사슬은 소멸하고, 분화되지 않은 동질적 대중만 남게 된다. 초기 대중 심리학자들이 고찰했던 유일한 상황이며, 대중 심리학자들은 이 상황을 모든 형태의 인민적 동원과 동일시하는 잘못을 저질렀다.

이 모든 것에서 도출할 수 있는 결론은 '인민'의 구성은 쉽게 불발에 그칠 수 있다는 것이다. 이제 나는 방금 언급한 이 불발 가능성의 사례를 보여주는 세 가지 경험을 논의하고자 한다.

오마하 강령에서 1896년 선거 패배까지[1]

미국 인민당은 1892년 초 세인트루이스에서 창당되었다. 인민당의 강령은 같은 해 7월 오마하 강령에서 거의 그대로 반복되었는데, 미국 사회의 병폐와 그 병폐를 해결할 연합의 큰 노선을 기술하고자 했다.

우리는 도덕적·정치적·물질적 파멸 직전에 놓인 국가의 한복판에 모였다. 부패는 투표함, 입법부, 의회를 지배하고 법관의 권위마저 건드리고

---

1 20세기 미국 포퓰리즘에 관한 문헌은 거의 무한하며, 종종 이데올로기적 편견이 지배한 해석적 변화를 겪었다. 이 논의에 대한 좋은 요약은 마거릿 캐노번의 Margaret Canovan, *Populism*, London, Junction Books, 1981, pp. 46-51을 참조하라. 이 시기에 대한 나의 독해는 특히 Lawrence Goodwyn, *Democratic Promise: The Populist Movement in America*, New York, Oxford University Press, 1976; 그리고 Michael Kazin, *The Populist Persuasion*, Ithaca, NY, and London, Cornell University Press, 1998에 영향을 받았다. 이 두 연구물에 대한 후속 참조를 본문의 괄호 안에 표시할 것이다.

있다. 인민은 타락해 간다. 많은 주에서는 공공연한 협박이나 매수를 막기 위해 투표소에서 유권자를 격리해야만 했다. 신문은 보조금을 받거나 재 갈이 물려지고, 여론은 침묵하며, 기업은 위축되고, 우리 가정은 저당 잡 혔으며, 노동은 빈곤해지고, 토지는 자본가들의 손에 집중되었다. 도시 노 동자들은 자기 보호를 위한 조직 결성권을 거부당하고, 수입된 싸구려 노 동력은 노동자의 임금을 깎으며, 우리 법이 인정하지 않는 용병 상비군이 노동자들을 쏴 죽이기 위해 창설되고, 도시 노동자들은 급속히 유럽과 같 은 상황으로 퇴보하고 있다. 수백만 명이 노력한 결실은 세계 역사상 전례 없는 막대한 부를 쌓기 위해 대담하게 도둑질당하고 있는데, 이 막대한 부 의 소유자들은 공화국을 경멸하고 자유를 위협한다. 부당한 정부라는 똑 같이 풍요로운 자궁에서 빈곤층과 백만장자라는 거대한 두 계급이 태어나 고 있다. 화폐를 창출하는 국가권력은 채권 소유자를 부유하게 만들기 위 해 남용되고 있다. 역사의 여명기부터 화폐로 받아들여졌던 은은 금의 구 매력을 높이기 위해 인간 노동과 모든 형태의 재산 가치를 하락시키면서 화폐로서의 자격을 박탈당했다. 그리고 통화 공급은 고리대금업자를 살찌 우고 기업을 파산시키며, 산업을 노예로 만들기 위해 의도적으로 축소되 었다. 인류에 대한 거대한 음모가 두 대륙에 걸쳐 조직되었고, 세계를 지 배하고 있다. 만약 즉시 맞서 전복시키지 않는다면, 끔찍한 사회적 격변, 문명의 파괴, 또는 절대 독재 확립의 전조가 될 것이다.[2]

---

2   이 문서는 John D. Hicks, *The Populist Revolt. A History of the Farmers' Alliance and the People's Party*, Lincoln, University of Nebraska Press, 1970, pp. 435-9에 재현되어 있다.

일련의 요구들이 뒤따랐다. 여기에는 통화의 민주화, 토지의 재분배, 교통 체계의 국유화, 은의 무제한 주조, 조세 사용 방식에 대한 통제, 그리고 전신과 전화 및 우편 시스템이 정부의 통제 아래 있어야 한다는 것 등이 포함되었다.

따라서 그 의도는 '포퓰리즘적으로' 사회적 공간을 두 개의 적대적 진영으로 이분화하는 것이었다. 이 목표는 미국의 양당 모델을 깨뜨릴 제3당이 창설된다면 달성될 것이었다. 포퓰리즘 운동의 중추였던 농민 관점에서 볼 때, 인민당이라는 아이디어는 1870년대의 농민동맹(Farmers' Alliance)[3]으로 거슬러 올라가는 긴 과정의 정점이었다. 그 과정에서 지속적인 성공을 거두지는 못했지만, 여러 동원과 협동조합 프로젝트가 생겨났다. 농민들에게는 자신들의 대의를 키우기 위한 어떠한 진전도 결국 정치적 참여(그 가능성이 그들의 마음속에 서서히 떠올랐고, 많은 이들이 마지못해 받아들인 행동 방침)를 필요로 한다는 점이 점차 분명해졌다. 그러나 이러한 참여는 미지의 영역으로 들어서는 것을 의미했다. '인민'이 새로운 집단적 행위자로서 전국 정치 영역에 등장하려면, 인민들 요구의 부문주의(sectorialism)[4]를 약화하는 훨씬 더 크고 복잡한 등가 사슬을 구성해야 했다. 물론 이전에도 미국 정치에

---

3 농민동맹은 1870년대 미국 남부와 서부에서 시작된 농민들의 조직적 운동으로, 철도 회사와 금융자본의 착취에 맞서 협동조합을 결성하고 경제적 자립을 도모했다. 이후 정치세력화해 인민당 창당의 핵심 기반이 되었다(옮긴이).

4 부문주의는 사회 전체의 보편적 이익보다 특정 집단, 계층, 지역 등의 특수한 이익만을 우선시하는 경향이다. 여기서는 농민, 노동자 등 각 집단이 자신들의 즉각적인 이해관계에만 매몰되어 더 큰 정치적 연대를 이루기 어려웠던 상황과 연관 있다(옮긴이).

서 제3당을 형성하려는 시도는 있었다. "20년 동안 민주당과 공화당의 비판자들은 금주당(Prohibition Party), 그린백당(Greenback Party),[5] 반독점당, 노동개혁당, 연합노동당, 노동자당, 그리고 수백 개의 지방 및 주 독립 정당들의 다양한 기치 아래 전국, 주, 지방 선거에 참여해 왔으며, 이들의 이름은 그 자체가 선거 게임의 규칙을 거부한다는 것을 의미했다. 기성 정치인들은 이러한 '일탈했지만 끈질기게 다투는 도전자들'을 묵살하기 위해 조롱, 억압, 포섭 등 필요한 모든 언어적·법적 무기를 배치하는 데 익숙해져 있었다."[6] 그러나 인민당은 이러한 초기 시도들의 부문적, 지역적, 또는 쟁점과 관련한 성격을 넘어서서 진정한 전국적 정치 언어를 구성하고자 했다.

기득권 세력과 새롭게 대결하는 전반적인 장은 포퓰리스트들에게 첫 경험지는 아니었다. 남북전쟁 이전 시기부터, 부패한 금융 과두제에 맞서 소시민을 옹호하는 포퓰리즘적 전통 전체가 주로 제퍼슨주의와 잭슨주의의 이데올로기적 유산의 일부로서 존재했다. 권력의 정점에 있는 자들을 평범한 사람들과 분리하는 것은 이 전통의 끊임없는 핵심 주제였다. 하지만 멸시받는 엘리트에 대한 묘사는 이 전통의 판본에 따라 다양했다. "제퍼슨주의자들에게 이 멸시받는 엘리트에 대한 묘사는 친영국파 음모단이나 상인, 지주, 보수적 성직자들한테 놓

---

5 그린백당은 1870년대에 활동한 미국의 정당으로, 남북전쟁 중 발행된 불환지폐인 '그린백(Greenback)'의 유통 확대를 주장했다. 통화량 증대를 통해 농민과 채무자들의 부채 부담을 완화하고 독점 자본을 규제하고자 했다(옮긴이).

6 Kazin, *The Populist Persuasion*, p. 27. 쪽 번호를 본문의 괄호 안에 표시한다.

여 있었다. 잭슨주의자들에게 전통은 상류층 세계시민들이 지휘하는 '돈 권력'이었다. 1850년대 신생 공화당의 활동가들에게 전통은 북부 백인들의 시민적 자유를 억누르고 수입을 떨어뜨리는 남부의 '노예 권력'이었다"(카진, 16쪽). 따라서 1890년대 포퓰리스트들의 과제는 이 전통을 파고들어 자신들이 활동하는 새로운 맥락에서 전통을 재구성 하는 것이었다.

인민당이 직면한 상황은 내가 정치의 포퓰리즘적 전환의 전형으로 열거한 모든 요소를 갖추고 있었다. 즉 기존 현상 유지에 대한 광범위한 불만, 리비도를 투자한 몇몇 상징이 중심이 된 요구들의 등가 사슬의 초기 구성, 그리고 정치체제 전체에 대한 커지는 도전이었다. 그러나 우리가 보았듯이, 등가 사슬은 연결 고리들이 대표하는 요구들의 특수주의와 현상 유지에 대한 공동의 반대가 부여하는 더 '보편적인' 의미 사이에서 갈라진 연결 고리들로 이루어져 있다. 포퓰리즘적 작동의 전체 성공 여부는 보편주의적 계기가 특수주의적 계기를 압도하도록 만드는 데 달려 있다. 그러나 이는 결코 순탄한 과정이 아니었다.

포퓰리스트들이 희망을 걸었던 초기 생산자 연합은 우선순위가 충돌하는 사회 집단들과 정치 조직들의 불안정한 혼합체였다. 빚 때문에 걱정이 많은 소농들은 통화 공급 팽창을 원했지만, 백인 도시 노동자들은 자신들이 지급하는 식료품비와 임대료의 인상을 두려워했다. 금주주의자들과 통화 개혁가들은 모두 거대 자본에 반대했지만, 주류 판매와 신용 경색 중 거대 자본의 어떤 죄악이 주된 것인지에 대해서는 입장이 달랐다. 그리고 기독교, 마르크스주의, 벨러미의 사회주의 유토피아(Bellamyite) 등 모든 다양한 목소리의 사회주의자들은 사유 재산과 계급 구조의 유연성에 대한 믿음을 주장한 가장 노동조합주의적이고 농민주의적인 반란자들과는 사이가 좋지 않았다. 분파주의는 이 시기 개혁 정치의 지속적인 특징이었다. 1892년이 되어서야 비로소 대부분의 집단이 각자의 해법 주장하기를 멈추고 같은 제3당 후보를 충분히 지지하기 위해 단결했다(카진, 30쪽).

이러한 분파주의를 극복하기 위해서는 공통의 언어를 정교하게 만들고 특수주의로 향하는 경향을 약화해야 했다. 이러한 경향은 두 가지 종류일 수 있었다. 첫째, 주요 정치적 대표 공간과 관련해서 (5장에서 우리가 이질성이라는 범주에 부여한 의미에서) 이질적인 부문들이 있었다. 두드러진 것은 흑인 인구 집단이었다. 대부분의 포퓰리스트는 백인 우월주의라는 도그마에 의문을 제기하지 않았다. 이 문제를 다루는 실용적인 방법은 두 인종이 공존하는 질서라는 개념을 제거하고, 공유된 경제적 이해관계 문제에 대해서만 흑인들에게 호소하는 것이었다. 놀랍지 않게도 흑인들은 이러한 제안을 그리 열정적으로 받아들이지 않았다. 즉 "제퍼슨주의와 잭슨주의의 선조들처럼, 포퓰리스트들은 '보통 인민'이란 백인 피부와 토지나 기술에 대한 소유권의 전통을 가진 사람들을 의미한다고 계속해서 가정했다. 놀랍지 않게도, 대부분의 흑인은 포퓰리스트들의 제한된 제안을 받아들이지 않았다. 대신, 투표가 여전히 허용되는 곳에서는 링컨의 당이나 자신들의 조상 대대로 이어져 온 지주들의 당에 투표했다"(카진, 41쪽). 우리는 흑인에 대한 이러한 모호함이 아시아 이민자들에 대해서는 존재하지 않았다는 사실을 덧붙여야 한다. 아시아 이민자들은 완전하고 타협 없이 배제되었다. 노동기사단(Knights of Labor)[7]과 농민동맹의 문헌은 '아시아인'과 '몽골인'에 대한 경멸적인 언급으로 가득 차 있다.

'이질적'이라는 일반 범주에 속하는 이러한 부문들 외에도, 포퓰리즘 담론이 실제로 호명하고자 했으나 그 차별적 특수주의가 포퓰리즘 운동에 통합되는 것에 저항한 부문들도 있었다. 예를 들어 인민당과 노동기사단의 관계는 포퓰리즘적 호소를 무시하는 많은 기능공 및 산업 노동자들과 함께 항상 긴장 상태에 있었다. 또 농촌 지역의 기독교 복음주의 담론은 대개 개신교 출신이 아닌 이민자 노동계급 인구 집단에서 적절한 청중을 찾지 못했다(카진, 43쪽).

이러한 차별적 특수주의를 압도할 등가적 기입을 확립하려는 시도는 대부분의 부문을 포괄할 만큼 모호하고 추상적인 ('게으름뱅이'나 '기생충'과 대조되는) '생산자'를 정의하기 위해 집중되었다. 그러나 카진이 지적하듯이, 이는 양날의 검이었다. 만약 '생산자'가 특정 지시 대상과의 연결을 느슨하게 함으로써 비어 있는 기표가 된다면, 포퓰리

---

7 노동기사단은 1869년 창설된 미국 최초의 전국적 노동조합 조직이다. 숙련공과 비숙련공, 인종과 성별을 가리지 않고 모든 노동자의 단결을 추구했으며, 협동조합 중심의 사회 개혁을 추구했다. 1880년대 중반 전성기를 누렸으나 이후 급격히 쇠퇴했다(옮긴이).

즘 부문과는 다른 부문들이 이 기표를 전유하면서 기표는 대안적인 등가 사실에 재기입될 수 있었다. 즉 떠다니는 기표가 될 수 있었다. 포퓰리즘 담론이 지향했던 이러한 다양한 참조는 운동의 강령에 반영되었다.

빚에 시달리는 농업인들을 위해 포퓰리스트들은 통화 공급 증가, 외국인 토지 소유 금지, 그리고 소농들에게 감당할 수 있는 모든 것을 지급하도록 만들곤 했던 철도의 국가 인수를 약속했다. 임금 노동자들을 위해 생산자들은 더 짧은 노동 시간의 지속적인 추진을 지지하고 핑커톤탐정사무소(Pinkerton National Detective Agency)[8]의 폐지를 요구했으며, '농촌 노동과 도시 노동의 이해관계는 동일하다'라고 선언했다. 통화 개혁가들과 서부 광산 주의 주민들을 위해 생산자들은 은과 금의 무제한 주조를 요구했다. 강령에는 남북전쟁 당시 북부 연방군 참전 용사들에게 이미 부여되고 있는 건전한 연금을 계속 지급하겠다는 '서약'과 파업 중인 로체스터 의류 제조업체에 대한 노동기사단의 불매 운동 지지와 같은 '추가 결의안'이 첨부되었다(카진, 38쪽).

따라서 우리는 등가적 기입을 시도하는 포퓰리즘과 이에 저항하

---

8 핑커톤탐정사무소는 19세기 중반 앨런 핑커톤(Allan Pinkerton)이 설립한 미국의 사설 탐정 및 경비 회사다. 초기에는 범죄 수사, 대통령 경호로 유명했으나, 19세기 후반부터 노동조합을 탄압하는 기업의 용병 역할을 했다. 그러자 인민당은 당시 노동자를 탄압하고 기업의 이익만 옹호하는 불법 사설 군대인 핑커톤탐정사무소의 폐지를 요구했다(옮긴이).

는 차이 논리 사이의 전형적인 '진지전'을 보게 된다. '인민' 구성의 한계는 1892년과 1894년의 선거 결과에 반영되었다. 인민당이 얻은 전체 득표수는 인상적이었지만, 이 표들은 거의 전적으로 딥 사우스(Deep South)[9]와 미시시피강 서쪽에 집중되었다. 분명한 것은 인민당이 진정한 국민적 대안이 되려면, 무언가 대담한 새로운 조치를 취해야 한다는 사실이었다. 이는 1896년 민주당 후보 윌리엄 제닝스 브라이언(William Jennings Bryan)에 대한 포퓰리스트들의 지지로 이어졌는데, 그의 강령(비록 은 문제를 지나치게 강조했지만)은 포퓰리즘적 색채를 많이 띠고 있었다.

1896년 미국 선거는 우리의 주제에 대해 거의 본보기로서의 가치를 지니고 있다. 왜냐하면 대결하는 양 측이 가장 순수한 형태로, 내가 등가 논리와 차이 논리라고 부른 것을 예시하기 때문이다. 브라이언 선거 운동의 성공은 전적으로 '인민'을 역사적 행위자로 구성하는 것, 즉 부문적 동일시보다 보편적-등가적 동일시가 우세하게 만드는 것에 달려 있었다. 따라서 그를 정치적으로 지지하는 사람들의 공통성을 어떻게든 주장해야만 했다. 다음 구절은 전형적인 그의 담론이다.

---

9 딥 사우스는 미국 남부 중에서도 문화·역사적으로 가장 남부적 특색이 강한 지역을 가리키는 말이다. 지리적으로는 일반적으로 사우스캐롤라이나, 조지아, 앨라배마, 미시시피, 루이지애나의 5개 주를 핵심으로 하고, 역사적으로는 남북전쟁 이전 시기에 목화 등 대규모 플랜테이션 농업과 노예제에 경제적으로 가장 크게 의존했으며, 정치·문화적으로는 노예제 유지를 위해 가장 먼저 연방을 탈퇴하고 남부연합(the Confederacy)을 결성해 남북전쟁을 주도한 지역이다. 이런 배경으로 이 지역은 미국 내에서 가장 보수적인 정치 성향과 독특한 문화적 정체성을 공유하는 지역으로 분류된다(옮긴이).

이 인민들의 얼굴을 들여다보고, 우리의 적들이 이들을 폭도라 부르며 자유 정부에 대한 위협이라고 말하는 것을 기억할 때 나는 묻습니다. "누가 인민을 그들 자신으로부터 구원할 것입니까?" 나는 이 선거 운동에서 자신을 평민이라 부르는 사람들의 지지를 제 편으로 얻게 된 것을 자랑스럽게 생각합니다. 만약 제 뒤에 거대 트러스트와 기업 연합이 있었다면, 내가 자리에 앉자마자 그 연합은 인민을 강탈하기 위해 자신들 대신 나에게 권력을 사용하라고 요구했을 것입니다.[10]

'인민'에 맞서, 매킨리(William McKinley)[11]의 선거 운동은 그의 고문 마크 해너(Mark Hanna)의 주도로 '진보적 사회'라는 슬로건을 만들어 냈다. 이 슬로건에는 더 이상 동질적이고 차별화되지 않은 대중에 대한 호소는 없었다. 오히려 각 구성원이 정확하게 차별화된 자리를 차지하고, 그 중심에는 미국적 가치와 동일시되는 엘리트가 놓인 사회의 유기적이고 질서 있는 발전에 대한 호소가 있었다.

'거대 트러스트와 기업 연합'에 대항하는 '인민'의 투표함이 지닌 잠재력을 고려할 때, 분명히 공화당은 선거를 이런 기준으로 끝낼 여유가 없었

---

10 Lawrence Goodwyn, *Democratic Promise: The Populist Movement in America*, New York, Oxford University Press, 1976, p. 523. 로런스 굿윈이 쓴 이 책의 쪽 번호를 본문의 괄호 안에 표시한다.

11 윌리엄 매킨리(1843~1901)는 미국 제25대 대통령(1897~1901)이다. 공화당 소속. 본문에서 언급된 1896년 대선에서 인민당의 지지를 받은 민주당 후보 윌리엄 제닝스 브라이언에 맞서 대통령에 당선되었으나, 재임 중 암살당했다(옮긴이).

다. '진보적 사회'라는 대항력 있는 개념은 금본위제에 들어 있는 상징적 가치들로부터 서서히 구체화되었다. (중략) 그러나 점차 (중략) '평화, 진보, 애국심, 번영'이라는 더 넓은 주제들이 윌리엄 매킨리를 위한 선거 운동의 특징이 되었다. 마크 해너가 기업 공동체의 이름으로 내세운 '진보적 사회'는 본질적으로 잘 차려입고 교회에 다니는 사회였다. 그리고 사용된 다양한 슬로건은 냉소적인 정치의 단순한 표현이 아니라, 오히려 떠오르는 미국적 세계관의 진정한 주장이었다(굿윈, 534쪽).

굿윈이 주장하듯이 링컨의 당은 비즈니스의 당이 되었고, 법인화된 미국의 정치적 화신이 되었다.

링컨의 당은 백인, 개신교, 양키였다. 이 당은 부상하는 진보적 사회 안에서 품위를 묘사하는 새로운 문화 규범에 기꺼이 묵인하는 모든 비백인, 비개신교, 비양키 유권자들의 표를 구했다. '애국적'이라는 단어는 개신교 양키들이 소유한 것들을 암시하기 시작했다. (중략) '진보적 사회'가 '인민'에 대항해 세운 벽은 브라이언에 대한 매킨리의 승리 그 이상을, 심지어 대규모 기업 집중의 승인 그 이상을 의미했다. 이는 민주주의 문화 그 자체의 허용 가능한 한계를 표시했다. 피 묻은 셔츠는 마침내 치워질 수 있었다. 비즈니스의 당은 20세기에 당을 지탱할 문화적 가치들을 사회 전반에서 만들어 냈다(굿윈, 532~533쪽).

따라서 미국 포퓰리즘에 내재한 '민주적 약속'의 패배는 우리가 이 책 전반에서 보아 온 패턴을 따랐다. 즉 등가적 연결 고리들의 해체와 더 넓은 유기적 사회 안에서 부문들의 차별적 통합, 그람시의 용어를 사용하면 '변형주의(transformism)'였다. 그리고 이 차별적 통합은 물론 평등주의적이지 않고 위계적이었다. 굿윈을 다시 한번 인용하면 다음 과 같다.

점점 더 많은 미국인에게 비즈니스 신조의 승리는 백인 우월주의적 가 정의 의식적 또는 무의식적 내면화를 능가했거나 혹은 그것과 일치했다. 진보라는 개념에 담긴 새로운 특권 의식과 결합되면서, 새로운 에토스는 공화당 사업가들이 북부에서 민주당 피고용인들을 위협할 수 있고 민주당 사업가들이 남부에서 포퓰리스트들과 공화당원들을 위협할 수 있으며, 모 든 곳의 사업가들이 주 의원들을 매수할 수 있고 모든 곳의 백인들이 흑인 들과 인디언들을 위협할 수 있음을 의미했다(굿윈, 535쪽).

아타튀르크의 여섯 개의 화살

'등가 사슬 내에 차이들을 재기입하는 것은 불가능하다'라는, 그 한계 가 드러난 풀뿌리 포퓰리즘을 미국의 사례에서 보았다. 제도적 차별 화가 궁극적으로 이분법적 재접합을 압도했고, 포퓰리즘적 정치 운 동 전체는 차별적 한계를 해소하려는 자생적 등가로 구성되었다. (당 시 미 대선에서) '인민'에 대한 '진보적 사회'의 승리는 그 해소 시도의 실패에 해당했다. 그러나 포퓰리즘이 작동되었던 지형은 자생적 등가 지형이었다. 그런데 만약 '인민'을 민주적 요구들의 등가적 상호작용에 따른 사회적 침전물이라기보다, (모든 요구가 표현하는 동일한 실체(substance)를 결정하는) 권력의 중심으로부터 전제된 선험적으로 동질적인 실체(entity)로 간주한다면 어떻게 될까? 그러면 등가 사슬 안의 모든 민주적 요구에 내재한 내적 분열은 사라진다. '인민'은 내적 차별화를 상실하고 실제적 통일성으로 환원된다. '인민'은 여전히 기존 현상 유지에 반대하는 급진적 힘으로 여겨질 수 있지만, 더 이상 약자(underdog)는 아니다. 왜냐하면 모든 포퓰리즘적 정체성의 기반인 본질적 이질성은 포기되고 동질적 통일성으로 대체되었기 때문이다. 이것이 튀르키예에서 일어난 일이며, 케말주의가 급진적이고 단절적인 담론이었을 수는 있지만 결코 포퓰리즘적이지는 않았던 이유다.

1930년대 초 공화인민당(Republican People's Party)의 상징 속 여섯 개의 화살로 표현되었던 튀르키예공화국 강령의 여섯 가지 핵심어를 고찰해 보자. 공화주의, 민족주의, 포퓰리즘, 혁명주의, 세속주의, 그리고 국가주의(etatism).[12] 이 핵심어들은 케말주의 이데올로기의 기둥으로 여겨졌다.[13]

---

12 국가주의(Étatism, etatism, statism)는 국가가 사회 및 경제생활 전반에 걸쳐 주도적이고 중심적인 역할을 해야 한다는 이념 또는 체제를 의미한다. 튀르키예 케말주의 맥락에서는 민간 자본이 부족한 상황에서 국가가 직접 기간산업을 육성하고 경제개발을 주도하는 강력한 정부 개입 정책을 가리킨다(옮긴이).

13 Paul Dumont, 'The Origins of Kemalist Ideology', ed. Jacob M. Landau, *Atatürk and the Modernization of Turkey*, Boulder, CO, Westview Press, 1984, pp. 21-44를 참조하라.

먼저 포퓰리즘부터 시작해 보자. 이 책에서 이 용어에 부여한 의미(포풀루스)라고 주장하는 약자인 **플레브스**는 **할크츨리크**(halkçilik, 포퓰리즘) 개념에서 찾을 수 없다. 할크츨리크는 적대나 내부 분열의 개념을 배제한다. 폴 뒤몽(Paul Dumont)[14]이 지적하듯이, "(할크츨리크라는 포퓰리즘은) 민주주의 개념에 대한 애착과 인민을 진보의 길로 이끌기 위한 전투적인 지적 활동을 의미했다. 그러나 그것은 훨씬 더 구체적인 의미를 지녔다. 즉 계급이 아니라 연대적이고 긴밀하게 상호 의존적인 직업 집단으로 구성된 튀르키예 국민의 비전이었다. 할크츨리크는 프랑스 급진파 정치인 레옹 부르주아(Léon Bourgeois)[15]와 사회학자 에밀 뒤르켐(Émile Durkheim)이 개괄한 연대주의(Solidarisme) 사상의 튀르키예식 판본이었다."[16] 같은 맥락에서 이데올로기 지도자인 지야 괴칼프(Ziya Gökalp)는 포퓰리즘을 다음과 같이 정의했다. "만약 사회가 특정수의 계층이나 계급으로 구성되어 있다면, 사회가 평등주의적이지 않다는 뜻이다. 이 포퓰리즘의 목표는 계급이나 계층의 차이를 억제하고, 서로 연대하는 직업 집단으로 구성된 사회구조로 계급이나 계층을 대체하는 것이다. 다른 말로 이 포퓰리즘을 다음과 같이 요약할 수 있다. 계급은 없고 직업이 있다."[17] 그리고 케말주의 이

---

14 폴 뒤몽(1945~)은 프랑스의 투르크학 연구자이자 역사학자다(옮긴이).

15 레옹 부르주아(1851~1925)는 프랑스의 정치가이자 '연대주의'의 주창자다. 프랑스 급진당의 지도자로 총리를 지냈으며, 국제연맹 설립에 이바지한 공로로 1920년에 노벨 평화상을 수상했다. 그의 연대주의 사상은 제3공화국 프랑스의 공식 이데올로기처럼 기능했다(옮긴이).

16 Ibid., p. 31.

17 Ibid., p. 32에서 인용.

론가 마흐무트 에사트 보즈쿠르트(Mahmut Esat Bozkurt)는 1938년에 다음과 같이 썼다. "문명 세계의 어떤 정당도 공화인민당만큼 완전하고 진정으로 전체 국민을 대표한 적이 없다. 다른 정당들은 다양한 사회 계급과 계층의 이익을 옹호한다. 우리로서는, 우리는 이러한 계급과 계층의 존재를 인정하지 않는다. 우리에게는 모두가 단결해 있다. 신사도, 주인도, 노예도 없다. 오직 하나의 전체 집합만이 있으며, 이 집합은 튀르키예 국민이다."[18] 아타뒤르크의 포퓰리즘은 분명히 우리의 포퓰리즘 개념과 정반대에 있다. 우리의 포퓰리즘이 공동체 공간의 이분법적 분할을 포함하는 반면, 아타튀르크[19]의 포퓰리즘은 내부 균열이 없는 매끄러운 공동체를 전제한다. 그러나 아타튀르크의 '인민' 개념에 급진적으로 단절적인 무언가가 있다는 인상을 지울 수 없다. 이것이 어떻게 가능할까? 이 수수께끼에 대한 해답을 케말주의 포퓰리즘이 다른 다섯 개의 화살과 접합되는 방식에서 찾을 수 있다.

이제 '혁명주의'를 고찰해 보자. 당시에는 두 개의 튀르키예어 단어, **잉킬라브(inkilab)**와 **이흐티랄(ihtilâl)**의 사용 사이에 약간의 망설임이 있었다. "'혁명주의'의 의미를 표현하는 데 가장 가까운 오스만식 단어는 **이흐티랄**이다. 이흐티랄은 정치 및 사회 질서의 갑작스럽고 폭력적인 변화라는 개념을 전달한다. 그리고 **잉킬라브**는 질서와

---

18 Ibid., p. 33에서 인용.

19 아타튀르크는 '튀르키예 국부(國父)'라는 뜻으로, 튀르키예공화국 초대 대통령 무스타파 케말을 일컫는 칭호다(옮긴이).

방법으로 실행된 급진적 변화를 의미한다. **이슬라하트(islâhat)** 즉, '개혁'과 다르게 잉킬라브는 사회생활의 특정 제한된 부문에서의 부분적인 개선이 아니라, 사회적 탈바꿈을 시도하는 것이다."[20] 이것은 결정적이다. 사회 변화의 방법으로서 점진적 공학은 급진적으로 배제된다. '인민'의 구성은 갑작스럽고 총체적인 사건이어야 한다.

'공화주의'도 마찬가지다. 그 내용, 즉 '혁명주의'와 밀접하게 연관된 단절적 함의는 혁명주의가 열어 놓은 칼리프제 및 술탄제와의 급진적 단절로 주어졌다. 이 단절이 혁명 장교들의 마음속에서 개념적으로 성숙하는 데 오랜 시간이 걸렸다. 하지만 일단 아타튀르크가 확고하게 채택하자, 그 단절은 비가역적 변화의 가치를 획득했다.

'민족주의'에 관해서도 말하자면, 이 민족주의는 동질적 정체성과 모든 차별적 특수주의의 제거를 강조했다. 1931년 당 서기 레제프 페케르(Recep Peker)는 다음과 같이 설명했다.[21]

우리는 우리 가운데 사는, 정치적으로나 사회적으로 튀르키예 민족에 속하며 그 민족 속에 '쿠르드주의(Kurdism)', '체르케스주의(Circassianism)', 심지어 '라즈주의(Lazism)'와 '포마크주의(Pmakism)' 같은 사상과 감정이 심어진 모든 시민을 우리 것으로 간주한다. 우리는 절대주의 정권의 유산이자 오랜 역사적 억압의 산물인 이러한 잘못된 개념들을 진지한 노력을

---

20 Ibid., p. 34.
21 Ibid., p. 29에서 인용.

통해 추방해야 할 의무가 있다. 오늘날의 과학적 진리는 수십만, 심지어 백만 명의 개인으로 이루어진 민족의 독립적인 존재를 허용하지 않는다. (중략) 우리는 유대인이나 기독교인 동포에 관한 우리의 의견을 진솔하게 밝히고 싶다. 우리 당은 이들 동포가 우리의 언어와 이상 공동체에 속하는 한 절대적으로 튀르키예인으로 간주한다.[22]

　　오스만 시대에 민족 개념과 밀접하게 연관되었던 종교와 인종 개념은 공화국 초기 몇 년 만에 점차 민족 개념으로부터 제거되었다. 튀르키예어 **라이클리크(layiklik)**의 번역어인 '세속주의'는 **라이클리크**의 의미를 완전히 표현하지 못한다. 뒤몽이 주장했듯이, "세속주의(튀르키예적 의미에서)의 기본 갈등은 기독교 경험에서처럼 반드시 종교와 세계 사이의 갈등이 아니다. 갈등은 종종 종교와 신성법의 지배를 촉진하려는 전통 세력과 변화 세력 사이에 있다. 강한 세속주의(Laicism)는 교회를 국가로부터 분리하는 특정 과정을 더 좁게 가리킨다."[23] 다른 말로, 세속주의는 종교적 가치에 오염되지 않은 공적 영역을 보존하는 데 그칠 수 없었다. 세속주의는 또한 '시민사회'라는 바로 그 지형에서 전통적인 종교 세력에 맞선 투쟁을 밀어붙여야 했다. 다른 화살들에 대한 나의 논의가 상세하게 보여주었듯이, 케말주의 혁명은 단지 정치 혁명이 아니라, 정치적 수단을 통해 사회를 과감하게 재구

---

22 Ibid., p. 29에서 인용.

23 Ibid., p. 36.

성하려는 시도였다. 그리고 그 세속주의적 목표가 얼마나 가차 없이 추구되었는지는 잘 알려져 있다. 1924년에 칼리프제가 폐지되었고, 이후 종교 법원과 이슬람 학교, 종교 재단과 종교부의 해산이 뒤따랐다. 종교적 형제회, 수도원, 성묘(sacred tombs)가 폐쇄되고 그레고리력이 도입되었으며, 메카 순례가 금지되었다. 시민사회 안에서의 이러한 강력한 정치적 개입을 통해 여섯 번째 화살인 '국가주의'를 이해할 수 있다. 이제 국가는 모든 영역에 개입해야 했고, 이것은 당연히 경제적 생활의 규제를 포함했다.

케말주의에 관한 상당수의 최근 문헌은 아타튀르크 전통과의 단절이 갖는 급진적 특징에 의문을 제기하고, 기본적인 사고 틀에 관한 초기 튀르키예공화국과 과거 오스만제국 사이의 연속성을 강조하는 경향을 보여 왔다.[24] 물론 모든 혁명은 저절로 생겨나지 않고 태도나 원재료를 통해서만 작동한다는 점에서, 이 주장들에는 상당한 진실이 있다. 물론 이러한 요소들을 과거와의 급진적 단절이라는 담론에 접합한 것은 확실히 케말주의의 구체적이고 독자적인 기여였다. 아타튀르크가 오스만 전통으로부터 물려받은 것은 '민족이란 단순히 과거로부터 전해 내려온 것이 아니라, 새롭게 창조되어야 할 그 무엇'이라는 개념이었다. 즉 역사적 변화를 이미 사회적인 윤곽을 형성하고 있는 힘들의 유기적이고 자생적인 발전이 아니라, 의지 행위의 결

---

24 이 논문과 이 주제에 관한 문헌에 대한 좋은 논의는 Dietrich Jung과 Wolfango Piccoli, *Turkey at the Crossroads: Ottoman Legacies and a Greater Middle East*, London and New York, Zed Books, 2001을 참조하라.

과로 보는 비전이었다. 튀르키예에서 이 비전은 가장 발전된 유럽 국가들에 대한 반작용으로 근대화가 일어난 방식에 뿌리를 두고 있었다. 따라잡아야 한다는 필요성이 개혁의 주된 자극이었다. 그러나 오스만제국을 약화하고 있던 원심력은 누가 활력을 되찾은 민족의 실행 가능한 주체가 될 수 있는지를 둘러싼 의구심을 증폭시켰다. 오랫동안 술탄과 지배 세력은 내부 중앙집권화 개혁이 광범위한 다양성과 지역주의의 균형을 맞춰 나가기만 한나면, 오스만제국이 실행 가능한 정치적 실체가 될 수 있다고 생각했다. 탄지마트(Tanzimat) 시기, 몇몇 결정적인 개혁의 계기들(1826년 최정예 술탄 근위대 예니체리의 반란에 대한 진압과 그에 따른 개혁들, 1830년대 말 그리고 1856년에 다시 시작된 행정·군사·교육 개혁들)은 그러한 결과가 가능하다는 환상을 만들어 냈다. 하지만 장기적으로 항상 우세했던 것은 원심력이었다.

이러한 배경에 맞서 우리는 민족의 급진적 재창건을 목표로 하는 사상을 지닌 지식인 집단인 소위 청년오스만당[25]의 개입을 이해할 수 있다. 그러한 재창건은 이슬람 원칙에 기반한 헌정 질서, 지방의 탈중앙화와 분권화에 대항하는 국가권력의 중앙집권화, 그리고 어떠한 종류(지역적, 민족적, 종교적)의 분열도 초월하는 조국에 대한 충성을 기반

---

25 청년오스만당(Yeni Osmanlılar)은 1860년대 오스만제국에서 나므크 케말(Namık Kemal), 지야 파샤(Ziya Pasha) 등의 주도로 활동한 지식인들의 비밀결사로, 술탄의 절대군주제 비판, 제국의 유지를 위한 '오스만주의(민족과 종교를 초월한 단일한 제국 신민 정체성)와 이슬람 사상, 그리고 유럽식 입헌군주제를 결합하려 시도했다(옮긴이).

으로 하는 정치적 정체성에 기초해야 했다.[26] 이 마지막 지점이 매우 중요하다. 밀레트(millet, 종교 공동체)[27]에 대한 전통적 충성은 순전히 민족적인 실체에 대한 충성으로 대체되어야 했다. 케말주의의 민족주의 개념은 이 이데올로기적 전환 속에 그 핵심이 담겨 있다. 청년오스만당의 사상에 영감받은 헌법이 1876년에 제정되었지만, 2년 후 술탄이 폐지했다. 그러나 헌법은 1908년 청년튀르크당의 혁명으로 재정립되었으며, 청년튀르크당의 이데올로기적 무기고는 여러 면에서 청년오스만당의 전통을 이어갔다.

모든 포퓰리즘적 단절의 본질적 구성 요소인 반(反)현상 유지의 계기가 케말주의에 그렇게 존재했는데, 케말주의는 왜 포퓰리즘적 경로를 따르지 않았을까? 그 이유는 명확하다. '민족' 동질화가 실제 민주적 요구들 사이 등가 사슬의 구성을 통해서가 아니라, 권위주의적 강요를 통해 진행되었기 때문이다. 오직 제1차 세계대전 이후의 독립전쟁 동안에만 케말주의는 어느 정도 대중 동원에 의존했다. 아타튀르크는 자신의 대부분 통치 기간(이는 그의 직계 후계자들에게도 적용된다)에 인민적 지지 없는 '인민'을 구성해야 하는 역설에 직면했다.[28] 아타

26 Ibid., p. 44를 참조하라.

27 밀레트는 오스만제국 내 신민들을 민족이나 언어가 아닌 종교를 기준으로 구분해 관리하던 오스만제국 고유의 사회 통치 시스템으로, 그리스정교회 밀레트, 아르메니아 사도교회 밀레트, 유대교 밀레트 등이 대표적이다. 각 밀레트는 술탄의 최고 권위 아래서 자신들의 종교 지도자(총대주교, 최고 랍비 등)를 통해 결혼, 상속, 교육, 종교법 등 내부의 민사 문제를 자치적으로 관할한다(옮긴이).

28 S. Mardin, 'Ideology and Religion in the Turkish Revolution', *International Journal of Middle East Studies* (2), pp. 197-211을 참조하라.

튀크로도 자신의 역할을 그러한 관점에서 이해했다. 1918년 그는 일기에 다음과 같이 썼다.

> 만약 내가 큰 권위와 권력을 얻는다면, 나는 쿠데타를 통해 한 번에 갑자기 우리의 사회적 삶이 원하는 혁명을 일으킬 수 있다고 생각한다. 왜냐하면 다른 사람들과 달리 나는 이 일이 타인의 지성을 '천천히' 내 수준으로 끌어올리는 방식으로 성취될 수 있다고 믿지 않기 때문이다. 내 영혼은 그러한 방식을 거부한다. 오랫동안 교육을 받고, 문명과 사회화 과정을 연구하고, 자유로부터 기쁨을 얻기 위해 내 삶과 시간을 보낸 후에 내가 왜 평민의 수준으로 내려가야 하는가? 나는 그들을 내 수준으로 끌어올릴 것이다. 내가 그들을 닮게 하지 말고, 그들이 나를 닮게 하라.[29]

이 강제적 근대화 프로그램의 주된 매개체는 물론 군대였으며, 군대는 아타튀르크 시대 이래로 튀르키예 정치의 궁극적인 중재자로 남아 있다. 문제는 등가적 동원에 대한 대안은 차별적 통합밖에는 없었으며, 군대조차도 케말주의적 설계에 따라 완전히 새로운 사회를 창조할 만큼 강력하지 않았다는 점이다. 그 결과, 대중이 지지하지 않는 새로운 공화국은 곧 지역 수준에서는 '튀르키예 국부'의 가장 야심 찬 포부에 거의 공감하지 않는 전통 세력에만 의존해야 했다.

---

29 Jung & Piccoli, *Turkey at the Crossroads*, pp. 79-80에서 인용.

앙카라가 근대적인 법적 권위의 모든 형식적 요건을 보여주는 반면, 국가의 많은 지역은 여전히 전통적인 삶에 깊이 뿌리를 내리고 있었다. 처음부터 케말주의자들은 전통적인 지배 형태와 타협했으며, 중심과 주변부 사이의 중개자로서 전통적인 지도자들에게 의존해야 했다. 이전의 청년튀르크당 운동의 핵심 세력인 연합주의자들처럼 케말주의 운동은 시골의 전통적인 명사들을 중심으로 조직되었으며, 그 명사들의 영향력은 "의회 정치와 정당 활동 안에서 충분히 느껴졌다"(Sayari 1977: 106). 민족-국가라는 우산 아래, 공화국 정권은 아나톨리아 전통 사회의 주요 패턴을 유지했다.[30]

'인민'을 구성하려는 케말주의 실험의 실패는 정치체제에 정치적 숨통이 트일 때마다 명백해졌다. 이뇌뉘(Inönü) 대통령이 1950년에 민주 선거를 시행하기로 했을 때, 야당인 민주당은 의회에서 408석을 얻어 공화인민당(RPP)의 69석에 압승했다.[31] 등가는 걷잡을 수 없이 퍼져 나갔지만, 아타튀르크의 여섯 개 화살과는 거의 관련이 없는 방향으로 퍼져 나갔다. 그 방향은 처음에는 아드난 멘데레스(Adnan Menderes)[32]의 네오 포퓰리즘, 나중에는 이슬람주의의 부흥이었다.

---

30 Ibid., p. 79. 저자들이 인용한 Sayari의 작업은 'Political Patronage in Turkey', eds. E. Gellner & J. Waterbury, *Patrons and Clients in Mediterranean Societies*, London, Duckworth, 1977, pp. 103-14이다.

31 Eric J. Zürcher, *Turkey: A Modern History*, London and New York, I. B. Tauris, 1998, p. 231을 참조하라.

32 아드난 멘데레스(1899~1961)는 튀르키예의 총리(1950~1960)로, 1950년 첫 다당제 선거에

그리고 그 결과는 민주적 개방 기간이 연이은 군사 개입으로 중단되는 험난한 과정이었다.

페론의 귀환

미국 포퓰리즘은 포퓰리즘적 호소에 대해 매우 견고한 차이 체계로 저항함으로써, 포퓰리즘의 등가 사슬이 특정 지점 이상으로 확장되는 것을 불가능하게 만들면서 한계에 봉착했다. 그리고 튀르키예이 아타튀르크는 '인민'을 어떠한 등가적 논리로도 매개되지 않는 유기적 통일체로 구성하려고 시도하다 한계에 부딪혔다. 하지만 1960년대와 1970년대의 페론주의는 달랐다. 등가 원칙 자체가 전복된 이유는 바로, 거의 무한한 등가 사슬을 구성하는 데 성공했기 때문이었다. 어떻게 이런 일이 가능했을까?

인민적인 페론주의 정부는 1955년 9월에 전복되었다.[33] 이 정권의 마지막 몇 년은 정치적 스펙트럼의 양분을 막아내기 위해 완전히 차별적인 공간을 구축하려는 특징적인 전개가 지배했다. 정권

서 민주당을 이끌고 압승해 27년간 이어진 공화인민당의 일당 통치를 종식했다. 친이슬람, 친농민 정책으로 대중적 인기를 얻었으나, 점차 권위주의적 통치 성향을 보이다 1960년 군부 쿠데타로 실각한 뒤 처형되었다(옮긴이).

33 1943년 육군 대령이었던 후안 도밍고 페론(Juan Domingo Perón)은 군부 쿠데타에 참여해 성공한 후 내각에 들어갔다. 페론은 1946년 대선에 이어 1952년 재선에 성공한 다음, 부인 에바 페론의 사망, 경제 위기, 권위주의 통치 시작, 가톨릭교회와의 갈등 등 여러 정치적 위기에 빠졌다. 그러자 1955년 9월에 군부 강경파는 '해방혁명(Revolución Libertadora)'이라 명명한 쿠데타를 일으켰다. 페론은 이 쿠데타를 계기로 대통령에서 사임하고 해외로 망명했다. 이후 페론은 18년 간의 망명 생활을 정리하고, 1973년 귀국해 그해 10월에 대통령으로 당선되었다(옮긴이).

의 담론에 담긴 상징적 변화들은 이 변이에 대한 증거다. **데스카미사도**(descamisado, 문자 그대로 '셔츠 없는 사람', 상퀼로트의 아르헨티나판)라는 상징적 형상은 사라지는 경향을 보였고, '조직된 공동체'의 이미지가 데스카미사도를 대체했다. 혁명 과정을 안정시켜야 할 필요성이 1955년 이전뿐 아니라 그 이후에도 페론주의 담론의 주요 기조가 되었다. 나는 1967년에 내가 속했던 좌파 조직에 페론이 편지를 보내서, 모든 혁명은 세 단계를 거친다고 주장했던 것을 기억한다. 첫째, 이데올로기적 준비, 즉 레닌. 둘째, 권력 장악, 즉 트로츠키. 셋째, 혁명의 제도화, 즉 스탈린. 페론은 페론주의 혁명이 두 번째 단계에서 세 번째 단계로 나아가야 한다고 덧붙였다.

그러나 1955년의 쿠데타는 정치적 논쟁의 조건을 바꾸어 놓았다. 새로운 당국의 공격적인 반(反)페론주의 수사(사실 수사 이상이었는데, 당국은 페론주의 정당을 해산하고 노동조합에 개입했으며 페론의 이름을 언급하는 행위를 범죄로 만들었다)에도 불구하고, 곧 페론주의 정치인 그룹들을 새로운 정치체제에 통합하는 방법을 논의하기 위해 그들과 대화했다. 이 통합은 물론 페론을 배제했다. 페론은 영구적으로 추방되어야 했고, 그의 망명은 무기한으로 간주되었다. 그러자 '페론 없는 페론주의'라는 아이디어가 널리 퍼졌다. 망명지에서 페론은 자신을 주변화하려는, 즉 페론주의 내부와 외부 모두로부터 나오는 이러한 시도들에 강력히 저항했다. 새로운 정권이 더 억압적이 되어 가고 정권의 경제 프로그램이 국제 금융자본에 대한 매국 행위로 비칠수록, 페론의 상징적 형상은 반체제적인 인민-민족적 정체성과 더욱 동일시되었다. 페론(망명지에서)과 연이은 반페론주의 정부들 사이의 결투가 시작되고 말았다. 이는 17년 동안 계속되었고, 페론이 아르헨티나 그리고 정부로 의기양양하게 귀환하면서 끝났다.

바로 이 결투를 중심으로 새로운 아르헨티나 포퓰리즘이 형성되기 시작했다. 이 패턴을 이해하려면 몇 가지 상황을 고려해야 한다. 첫째, 아르헨티나는 민족적으로 동질적인 국가이며, 지배적인 도시 인구는 부에노스아이레스, 로사리오, 코르도바라는 세 공업 도시로 구성된 삼각지대에 집중되어 있다. 따라서 어떠한 주요 이데올로기적 사건도 이 지역 전체에 즉각적인 등가적 영향을 끼쳤고, 그 효과는 아르헨티나의 나머지 지역으로 빠르게 퍼져 나갔다. 이러한 유형의 영향이 없었다면, 1960년대에 있었던 페론의 움직임은 성공하지 못했을 것이다. 왜냐하면 새 정권은 분열된 페론주의 반대파를 단편적으로 처리할 수 있었기 때문이다.

그러나 둘째, 망명지에서 페론의 담론이 발화되는 바로 그 조건들이 페론의 성공이 가진 독특한 성격을 결정했다. 망명 정치인이었던 페론에게 망명 수용국은 정치적 발언 금지를 조건으로 내걸었고, 아르헨티나에서는 페론한테서 나온 어떠한 발언의 유포도 엄격히 금지되었다. 따라서 페론은 개인적인 편지, 카세트, 구두 지시를 보내는 것이 제한되었다. 하지만 이러한 조치는 공장과 산업 도시의 노동 계급 사이에서 서서히 조직되고 있던 페론주의가 저항하는 데 매우 중요했다. 최근 연구들이 보여주듯이,[34] 이처럼 페론의 (보이지 않았던) 발화 행위와 그 발화의 내용 사이에는 영구적인 틈이 존재했다. 이 틈새의 결과, 페론의 발화 내용들은 어떤 공인된 해석자도 없는 상황에서 다양한 의미를 담을 수 있었다. 동시에 위조된 많은 메시지가 유포되었으며, 그 진위가 의심스럽거나 적어도 그 내용에 반대하는 사람들이 의문을 제기하는 다른 메시지들이 있었다. 그러나 이 복잡한 상황은 역설적인 효과를 가져왔다. 발화의 행위와 내용 사이의 틈새 때문에 발생하는 메시지의 다층적 성격이 의식적으로 배양되면서, 결국 그 메시지들은 의도적으로 모호해졌다. 페론의 말이 지닌 중심성은 조금도 사라지지 않았지만, 그 말의 **내용**은 끝없이 해석되고 재해석되었다. 페론이 아르헨티나에서 자신의 첫 대리인인 존 윌리엄 쿡(John William Cook)에게 다음과 같이 쓴 것처럼 말이다.

나는 항상 모든 사람에게 빠짐없이 인사하는 규칙을 따릅니다. 왜냐하면 당신이 절대 잊지 말아야 할 것이 있는데, 나는 이제 교황과 같은 존재이기 때문입니다. (중략) 이 개념을 고려할 때, 나는 나의 무오류성 때문에 어떤 것도 부인할 수 없습니다. (중략) 모든 무오류성이 그렇듯이, 무오류성은 아무것도 말하지 않고 아무것도 하지 않는 것에 기반을 두고 있는데,

34 Peronist의 언술에 대해서는 Silvia Sigal & Eliseo Verón, *Perón o muerte. Los fundamentos discursivos del fenómeno peronista*, Buenos Aires, Legasa, 1985를 참조하라. G. H. Castagnola, *Body of Evidence: Juan Domingo Perón's Discourse during His Political Exile (1955~1972)*, PhD thesis, Department of Government, University of Essex, October 2000도 참조하라.

(이렇게 하는 것이야말로) 그러한 무오류성을 보장하는 유일한 방법이지요.[35]

　물론 이 구절을 냉소적으로 해석할 수 있다. 즉 누군가는 페론이 모든 사람에게 모든 것이 되려 한다고 이해할 수 있지만, 그러한 해석은 근시안적이다. 망명 중인 페론은 저항에 참여하는 급증하는 지역 집단들의 행동에 정확한 지시를 내릴 수 없었고, 그 집단들 사이에서 발생하는 분쟁에 개입할 수는 더더욱 없었다. 다른 한편으로 그의 말은 그 모든 이질적인 투쟁에 상징적 통일성을 부여하는 데 필수적이었다. 따라서 그의 말은 특수한 기의들에 대한 약한 연결 고리를 가진 기표로 작동해야 했다. 이는 아주 놀라운 일이 아니다. 이는 정확하게 내가 비어 있는 기표라고 부른 것이다. 페론이 연이은 반페론주의 정권과의 결투에서 승리한 이유는 이 정권들이 신페론주의 그룹들, 즉 '페론 없는 페론주의'를 가정하는 그룹들을 확장된 정치체제에 통합시키려는 투쟁에서 패배했기 때문이며, 반면에 페론을 아르헨티나로 귀환시키라는 요구는 확장하는 인민 진영을 통일하는 비어 있는 기표가 되었기 때문이다.

　그러나 이 시점에서 몇 가지를 구분할 필요가 있다. 페론이 (라캉의 '주인-기표' 개념을 아주 깔끔하게 연상시키는) 자신에게 부여한 교황의 역할은 다양한 방식으로 구상될 수 있었다. 첫째, 그 역할은 등가적

---

35 Castagnola, *Body of Evidence*, p. 63.

방사의 중심으로 보일 수 있지만, 원래 내용이 지닌 특수성을 완전히 잃지는 않는다. 이전 예로 돌아가면 폴란드 **솔리다르노시치**의 요구는 자신들보다 더 광범위한 등가적 연합의 집결점이 되었지만, 여전히 특정 프로그램과 연결되어 있었다. 바로 그 연결되는 접촉이 사슬을 통합하는 특수성들(우리의 첫 번째 도식의 아래쪽 반원, 208쪽 참조) 사이에 어느 정도의 일관성을 유지하게 했다. 그러나 또 다른 가능성이 있다. 즉 경향적으로 비어 있는 기표가 완전히 **비어지는** 경우, 등가 사슬에 있는 고리들은 서로 전혀 일관될 필요가 없다. 모든 내용이 비어 있는 기표에 종속된 채 남아 있는 한, 가장 모순적인 내용들이 조합될 수도 있다. 프로이트로 돌아가서 보면, 이는 형제들 사이의 유일한 연결 고리가 아버지에 대한 사랑일 뿐인 극단적인 상황이다. 이런 식으로 구성되는 연결 고리가 만드는 정치적 결과는 극도로 취약한 '인민'의 통일성이다. 한편으로는 모순적인 요구들 사이의 잠재적인 적대가 언제든지 터져 나올 수 있다. 그리고 다른 한편으로는 어떤 형태의 제도적 규칙성으로도 결정화되지 않는 지도자에 대한 사랑, 즉 정신분석학적 용어로 평범한 자아들에 의해 부분적으로 내면화되지 않은 자아 이상은 덧없는 인민적 정체성만을 낳을 수 있다. 1960년대로 더 깊이 들어갈수록, 우리는 페론주의가 이 두 번째 가능성에 위험하게 접합하고 있었다는 사실을 알 수 있다. 페론주의 혁명이 제도화의 세 번째 단계로 나아가야 할 필요성에 대한 (위에서 언급한) 페론의 성찰은 그가 이 잠재적 위협을 완전히 인식하지 못하지는 않았음을 보여준다.

그러나 1960년대 초반에 그 위험은 미래의 어딘가에 있었다. 당면 과제는 페론주의 안에서 '페론 없는 페론주의' 방향으로 밀어붙이는 정치 세력과 싸우는 것이었다. 주요 위협은 1958년에 헌정 통치가 회복되고, 아르투로 프론디시(Arturo Frondizi)의 대통령 취임 이후에 노동조합 운동이 정상화되는 조건에서 발생했다. (그의 당선은 페론(페론의 정당은 금지 상태였다)이 자신의 추종자들에게 거의 공식적인 후보였던 리카르도 발빈(Ricardo Balbín)에 반대하고 프론디시에게 투표할 것을 요청하면서 보장되었다.) 1959년 노동조합 활동은 법률 14,445호에 따라 합법화되었다.

새로운 노동법은 국가에 노동조합 운동에 대한 예외적 권한을 부여했다. 노조가 고용주와 단체 교섭할 수 있는 바로 그 능력은 **페르소네리아**(personería) 정부가 독점적으로 부여하는 공식 승인에 달려 있었다. 따라서 어떤 노동조합의 제도적 미래(그 필요의 미래 만족)도 국가와의 관계에 본질적으로 묶여 있었다. 결과적으로 법률 14,455호의 조항들은 노조 지도자들이 자신들의 이데올로기적 성향, 개인적 견해, 그리고 자신들의 직위에서 얻는 개인적 이점에도 불구하고, 실용적 현실주의를 채택하도록 하는 강력한 유인책이 되었다.[36]

실제로 노동조합 운동은 복잡한 상황에 놓여 있었다. 한편으로 조

---

36 Ibid., p. 79.

합원들은 정부에 대해 신중하게 행동해야 했다. 왜냐하면 조합원들의 법적 지위는 노동자들의 이익과 요구를 옹호하기 위한 전제 조건이었고, 노조 지도부가 성공하지 못하면 노동자들은 지지를 철회할 것이었기 때문이다. 다른 한편으로 사회적 기반이 확고하게 페론주의적이었기 때문에, 조합원들은 페론과의 공개적인 결별을 감당할 수 없었다. 이러한 상황에서 1960년대 전반기에 금속노조 사무총장 아우구스토 반도르(Augusto Vandor)가 이끄는 노조 간부들과 반대 편의 페론 및 페론주의 내 가장 급진화된 부문들 사이에 격렬한 갈등이 발생했다. 노조의 프로젝트는 (페론주의 안에서 누구도 페론과 공개적으로 대립할 수 없었기 때문에 명시적으로 공식화되지는 않았지만) 페론주의를 기존 정치체제 내로 점차 통합시키는 것이었다. 또한 페론은 순전히 의례적인 인물이 되고, 운동 내 실제 권력은 노조 지도부로 이전되는 것이었다. 이 갈등은 여러 우여곡절을 겪었고, 1966년 4월 멘도사주 선거에서 절정에 달했다. 선거에서 두 개의 페론주의자 명단(하나는 페론이 지지하고, 다른 하나는 반도르가 지지하는)이 서로 경쟁했는데, 정통 페론주의자 명단이 압도적인 승리를 거두었다.

그러나 다시 한번 이 갈등은 판을 엎어 버린 플레이어가 나타나면서 복잡해졌다. 1966년 군부는 아르투로 옴베르트 일리아(Arturo Umberto Illia) 대통령을 축출하고 후안 카를로스 온가니아(Juan Carlos Onganía) 장군의 통치 아래서 군사 독재를 시작했다. 이 군사 독재는 아르헨티나가 경험하게 될 가장 억압적인 정권은 아니었지만(그것을 보려면 1970년대까지 기다려야 했다), 분명히 가장 어리석고 비효율적인 정권이었다. 몇 달 만에 군사 독재는 소수 대기업 부문을 제외하고 나라의 모든 관련 세력을 소외시켰다. 온가니아 군사 독재는 모든 정치 조직을 해산하고 노조 운동을 야만적으로 탄압했으며, 대학에 개입했다. 집권 후 몇 달 지나, 사회적 요구를 표현할 제도적 통로가 더 이상 존재할 수 없으며, 제도적 질서를 완전히 벗어난 무언가 폭력적인 반응만이 이 정치적 막다른 골목에 대한 유일한 대응책이 될 것이라는 점이 모든 사람에게 분명해졌다.

사회적 저항은 1969년 소위 **코르도바소(Cordobazo)**, 즉 무장단체에 의한 코르도바시의 폭력적인 점거로 분출되었고, 나중에 아르헨티나 내륙의 다른 도시들로 퍼져 나갔다. 전개된 다른 사건들도 정권과의 폭력적인 대결에 이바지했다. 첫째, 새로운 좌파 페론주의 게릴라 그룹들이 출현했다. 페론은 이들을 자신의 '특별 조직들'이라 불렀다. 그러나 둘째로, 정부가 노조 운동에 대해 가한 바로 그 억압이 반도르와 신페론주의 그룹들의 활동 공간을 상당히 축소했고, 그들은 더 이상 성과를 낼 수 없었다. 이 상황은 마침내 좌파 페론주의 게릴라가 반도르를 암살하고, 노조 운동이 좌우익 분파로 분열되는 것으로 이어졌다. 어쨌든 이러한 사건들의 전개가 가져온 결과는 분명했다. 그 결과는 페론의 중심 역할 강화였다. 페론은 자신을 지지하는 사람들의 정치적 성향에 따라 사회주의 아르헨티나로 나아가는 첫 단계가 될 반제국주의 연합의 지도자로 제시되거나, 인민 운동이 관리할 수 있는 한계 안에서 억제되고 좌익적 혼란으로 변질되지 않을 유일한 보증으로 제시되었다.

　따라서 페론주의 게릴라 그룹과의 관계가 페론주의 좌파 노조 지도자들과의 관계에 존재했던 것과 유사한 정치적 모호함에 싸여 있었는데도, 페론은 자신의 귀환을 촉진할 정치적 조건을 만들기 위해 이러한 조직들을 지지할 필요가 있었다. 1971년 말까지 페론은 자신이 '내 양팔'이라고 부른 것을 쓸 수 있는 위치에 있었다. 그의 '오른팔'은 주로 페론주의 노조에 있었다. (중략) 페론의 '왼팔'은 주로 좌파 청년 조직과 페론이 그의 '특별 조직'이라고 부른 것들로 대표되었다. 이들은 지도자에 대한 충성을 선포하고, 그의 아르헨티나 귀환을 나라의 혁명적 변혁의 시작점으로 삼은 게릴라 그룹들이었다. 망명한 지도자는 참으로 위대한 숙달로 양팔을 사용했다. 1971년과 1972년 사이에 페론은 놀라운 방식으로 모든 정치적 재능을 발휘했다.[37]

　그때부터 사건은 빠르게 전개되었다. 페론주의 몬토네로스 게릴라에 의한 페드로 에후에니오 아름부르 실베티(Pedro Eugenio Aramburu Silveti) 전 대통령의 납치 및 처형은 온가니아 장군의 몰락으로 이어졌고, 온가니아 장군은 로베르토 마리오 레빙스톤(Roberto Mario Levingston) 장군으로 교체되었으며, 나중에는 알레한드로 라누

37 Ibid., pp. 138-9.

세(Alejandro Lanusse) 장군으로 교체되었다. 라누세는 마침내 1973년에 총선을 실시했고, 페론주의가 압도적인 승리를 거두었다. 그러나 페론주의적 등가가 구성된 방식에 내재한, 앞서 언급한 위험들이 바로 그때 그 치명적인 잠재력을 드러냈다. 아르헨티나로 일단 들어오자, 페론은 더 이상 비어 있는 기표일 수 없었다. 그는 공화국의 대통령이었고, 대통령으로서 결정을 내리고 대안들 사이에서 선택해야 했다. 각 그룹은 그의 말을 자신의 정치적 성향에 따라 재해석했고, 모든 해석으로부터 신중한 거리를 유지했던 망명 시절의 게임은 페론이 권력을 잡자마자 계속될 수 없었다. 결과는 빠르게 전개되었다. 한편으로 우익 노조 관료, 다른 한편으로 페론주의 청년들과 '특별 조직'은 공통점이 전혀 없었고, 그들은 서로를 치명적인 적으로 보았다. 그들 사이에 어떠한 등가도 내면화되지 않았으며, 그들을 같은 정치 진영 안에 유지시킨 유일한 힘은 지도자로서 페론과의 공통된 동일시였다. 그러나 이러한 동일시는 거의 의미가 없었다. 왜냐하면 페론이 각 분파에 완전히 양립 불가능한 정치 원칙을 구현했기 때문이다. 한동안 페론은 자신의 운동 전체를 일관된 방식으로 헤게모니화하려고 노력했지만 실패했다. 왜냐하면 적대적 분화 과정이 너무 멀리 가 버렸기 때문이다.

1974년 페론의 사망 후 다양한 페론주의 분파들 사이의 투쟁은 가속화되었고, 아르헨티나는 다시 급속한 탈제도화 과정에 들어섰다. 그 결과 1976년의 군사 쿠데타와 20세기 가장 잔인하게 억압적인 정권 중 하나가 수립되었다.

　나는 포퓰리즘 동원의 세 가지 사례를 제시했다. 이 사례들의 성취와 실패를 모두 고려했고, 그 차이점(멀리 떨어진 지리적 지역과 정치 문화에서 온다)과 담론 기저에 있는 논리 모두에서 이들 사이에 본질적인 비교 가능성이 있다고 주장했다. 말하자면 우선, 이 사례들은 분석에 도입된 변수들의 조합 안에서 가능한 대안들을 모두 다 보여주지는 않는다. 항상 다른 조합과 가능성이 존재한다. 더 폭넓은 유형학적 기술을 향한 나아감은 분명 완전히 발전된 포퓰리즘 이론의 목표이자 야망이어야 한다. 그러나 이 다양한 유형학으로 나아가는 데, 이론적 성찰과 경험적 분석 사이에 다리를 놓는 기본 요건으로서 내가 강조해야 할 몇 가지 전제 조건이 있다.

　첫째는 이 탐구에서 질문받은 다양한 이론적 전통들이 사회적 정체성 문제에 대한 모든 담론적 접근에서 놀라운 규칙성을 가지고 되풀이되는 결정적인 구분을 보여주었다는 점이다. 이는 언어학에서 통사(syntagms)와 계열(paradigms)의 구분이다(대체 관계 또는 결합 관계를 기반으로 생성된 정체성). 수사학에서는 환유와 은유의 구분이다. 정치학에서는 등가와 차이의 구분이다. 다른 이론적 기록들에서 동일한 구분이 이처럼 지속해서 재생산되는 현상은 명백히 하나의 문제(아마도 바로 그 **문제**)를 가리킨다. 바로, 오늘날 가장 시급한 과제로 다루어야 할 문제는 사회 존재론이라는 것이다. 어떻게 이 구분(개체들 사이의 새로운 관계를 포함하는)을 사유할 수 있도록 할 수 있을까?

그러나 둘째로, 만약 이 구분이 실제로 구체적인 분석에 영향을 끼치려면, 이 구분을 우리가 구체적 상황에서 단순히 **추적하기만** 하면 되는 초월적으로 고정된 엔텔레키로 간주해서는 안 된다. 구체적인 분석과 초월적 탐구가 서로를 끝없이 먹여 살려야 하는 비옥한 지형으로 간주해야 한다. 이론적 영향 없이 경험적 연구의 지위로 격하될 수 있는 구체적인 분석은 없다. 반대로 그 범주들이 지배할 수 있는 것의 조과, 즉 불순한 경험주의로 초월적 지평을 오염시키는 초과의 존재 없이 절대적으로 '순수한' 초월적 탐구는 없다. 정치 분석에서 포퓰리즘은 이 오염의 출현과 관련된 특권적인 장소 중 하나다. 매우 흥미로운 한 논문에서 마거릿 캐너번은 마이클 오크숏(Michael Oakshott)[38]의 구원적(redemptive) 정치와 실용적(pragmatic) 정치의 구별을 사용해, 포퓰리즘 정치가 구성되는 '무(無)지형(no-terrain)'을 특징지었다.[39] 나는 이 견해에 전적으로 동의한다. 그리고 앞에서 명확하게 밝혔을 것이라 희망하는 이유들을 따라, 나는 이 오염의 회색 지대를 무언가 주변적인 정치 현상으로 보지 않고 정치적인 것의 본질로 본다.

　아마도 우리의 정치 경험에서 떠오르는 하나의 가능성은 '정치의

---

38 마이클 오크숏(1901~1990)은 20세기 영국을 대표하는 보수주의 정치철학자다. 정치를 통해 완벽한 사회를 설계하려는 이성주의(rationalism)의 위험성을 비판하고, 오랜 기간 축적된 전통과 관습, 경험적 지식을 바탕으로 한 제한적인 정치를 옹호했다(옮긴이).

39 Margaret Canovan, 'Trust the People! Populism and the Two Faces of Democracy', *Political Studies*, XLVII, 1999, pp. 2-16.

종언'을 알리는 포스트모던 예언자들의 말과는 완전히 다르다. 그 가
능성은 완전히 정치적인 시대의 도래다. 왜냐하면 확실성의 표식들이
사라지면서 모든 정치 게임은 그 어떤 선험적으로 필연적인 지형에
묶여 있지 않고, 오히려 지형 자체를 끊임없이 재정의할 가능성이 생
겼기 때문이다.

결론적 논평

이제 우리의 분석에 대한 주요 결론들을 도출하고자 한다. '인민'을 사회적 범주로 사유하기 위해서는 우리가 탐구 과정에서 내려온 일련의 이론적 결정들이 필요하다. 아마도 우리가 사회적 **이질성**(**heterogeneity**)에 부여해 온 **구성적**(**constitutive**) 역할이 가장 결정적일 것이다. 만약 우리가 이질적인 것에 이러한 역할을 부여하지 않는다면, '인민'은 불투명함 속에서 그 자체로는 전적으로 동질적이고 투명할 궁극적 핵심의 단지 외형적 형태로 구상될 것이다. 즉 여러 역사철학이 번성할 수 있는 지형이 되었을 것이다. 반대로 이질성이 원초적이고 환원 불가능하다면, 이질성은 우선 **과잉**(**excess**)으로 나타날 것이다. 우리가 보았듯이 이질성은 변증법적 전환이나 다른 어떤 수단을 통해서도, 그 어떤 교묘한 술책으로도 통제될 수 없다. 그러나 이질성은 순수한 다수성(plurality)이나 다중성(multiplicity)을 의미하지 않는다. 왜냐하면 다중성은 다중성을 구성하기 위해 모인 요소들의 완전한 실정성과 양립할 수 있기 때문이다. 내가 구상하는 의미에서의 이질성은 그 정의적 특징 중 하나로서 **결핍된 존재(deficient being)** 또는 **실패한 단일성(unicity)**의 차원을 가진다. 만약 이질성이 한편에서 더 깊은 동질성으로 (궁극적으로) 환원될 수 없다면, 다른 한편에서 이질성은 단순히 부재하는 것이 아니라 **부재하는 것으로서 현존**한다. 단일성은 바로 그 부재를 통해 자신을 드러낸다. 우리가 보았듯이, 이러한 현존/부재의 결과는 이질적 집합체를 구성하는 다양한 요소들이 차별적으로 리비도적 투자가 이루어지거나 과잉결정된다는 것이다. 그러나 우리에게는 끊임없이 약해지는 총체성을 자신의 일부(partiality)를 통해서 구성하는 부분적 대상들(partial objects)이 있다. 이 총체성은 우연적(contingent) 사회의 구성을 요구하는데, 왜냐하면 이 총체성이 대상들 자체의 실증적·존재적 본질에서 나오지 않기 때문이다. 우리는 이를 접합과 헤게모니라고 불러 왔다. 우리는 단순히 지적 작용과는 거리가 먼 이 우연적 사회 구성에서 '인민'의 출현을 위한 출발점을 발견한다. 이러한 출현을 위한 주요 조건들을 요약해 보자. 첫째, '인민'과 같은 것을 이해하기 위해 일련의 **이론적** 결정들을 열거한 다음, '인민'과 같은 것의 출현을 가능하게 하는 역사적 조건들을 나열하겠다.

① 첫 번째 이론적 결정은 '인민'을 사회구조의 **주어진 사실(datum)**이 아닌, **정치적 범주**로 파악하는 것이다. 정치적 범주로서의 인민은

주어진 집단을 가리키는 것이 아니라, 수많은 이질적인 요소들로부터 새로운 행위자를 창조하는 제도화 행위(act of institution)를 지칭한다. 그래서 나는 처음부터 최소 분석 단위가 준거로서의 **집단**이 아니라 사회-정치적 요구(socio-political demand)가 될 것이라고 주장해 왔다. 이것은 '이러한 요구들은 어떤 사회 집단의 표현인가?'와 같은 질문들이 나의 분석에서 의미가 없는 이유를 설명해 준다. 왜냐하면 나에게 집단의 통일성이란 단순히 사회적 요구들이 집합(aggregation)된 결과일 뿐이며, 통일성은 침전된 사회적 실천들 속에서 결정화될 수 있기 때문이다. 이 통일성은 공동체 전체(**포풀루스**)와 약자(**플레브스**) 사이의 본질적인 비대칭을 전제한다. 나는 또한 플레브스가 왜 항상 공동체 전체와 자신을 동일시하는 부분성인지 설명한 바 있다.

② '인민'이 역사적 행위자로서 갖는 특이성은 바로 **플레브스**라는 부분성이 포풀루스라는 보편성을 오염시킨다는 것이다. 이것의 구성 논리가 바로 내가 '포퓰리즘 이성(populist reason)'이라고 불러온 것이다. 우리는 두 가지 각도에서 그 구체성에 접근할 수 있다. 부분적인 것의 보편성과 보편적인 것의 부분성이다. 이를 순서대로 다루어 보자. 어떤 의미에서 부분적인 것이 보편적인가? 우리는 이 질문에 적절히 답하기 위한 모든 요소를 이미 가지고 있다. 분명히 해야 할 것은 여기서 부분성은 거의 모순어법처럼 사용된다는 점이다. 부분성은 단지 부분적이라는 의미를 잃고 총체성의 이름 중 하나가 되었다. 어떤 인민적 요구는 잠재적으로 끝없는 등가 사슬을 통해 '공동체의

부재하는 충만함'을 구현하는 요구다. 바로 이것이 정치를 종식한다고 예고하는 두 가지 형태의 합리성(우리가 보았듯이 **정치적** 이성 **그 자체**와 같은)과 포퓰리즘 이성이 결별하는 이유다. 두 가지 형태의 합리성이란 사회 그 자체의 완전한 화해를 가져와 정치적 순간을 불필요하게 만들 총체적인 혁명적 사건, 또는 정치를 행정으로 축소하는 단순한 점진주의적 실천이다. 생시몽(Saint-Simon)의 점진주의적 좌우명인 '인간의 통치에서 사물의 행정으로'를 마르크스주의가 계급 없는 사회의 미래 상태를 묘사하기 위해 채택한 것은 결코 우연이 아니다. 그러나 우리가 보았듯이, 부분적 대상은 비-부분적 의미를 가질 수도 있다. 즉 전체의 한 부분이 아니라 전체**인** 부분이다. 일단 부분/전체 관계의 이러한 역전, 즉 라캉의 **대상 a**와 헤게모니 관계에 내재하는 역전이 달성되면, **포풀루스/플레브스** 관계는 각 항이 다른 항을 흡수하는 동시에 배제하는 근절 불가능한 긴장의 장소가 된다. 이 **무기한의 긴장(sine die tension)**이야말로 사회의 정치적 성격을 보장하며, 두 극의 어떤 궁극적인 화해, 즉 중첩으로도 이어지지 않는 **포풀루스**의 다수적 구현을 보장한다. 이것이 바로, 보편성의 흔적을 그 자체 안에 드러내지 않는 부분성이란 존재하지 않는 이유다.

③ 이제 다른 각도, 즉 보편적인 것의 부분성으로 넘어가 보자. 우리 분석의 기저에 있는 진정한 존재론적 선택을 여기서 발견할 수 있다. 우리가 존재론적 투자에서 어떤 존재적 내용을 특권화하기로 하든지 간에, 그 투자의 흔적을 완전히 감출 수는 없다. 우리가 특권화하는

부분성은 또한 보편성이 필연적으로 거주하는 지점이 될 것이다. 핵심 질문은 이것이다. 이 '거주하기'가 특수한 것의 구체성을 없애 버려서, 그러한 보편성이 무제한적인 **논리적** 매개를 위한 진정한 매체가 되고 특수성은 단지 **표현적** 매개의 외형적인 장이 될 뿐인가? 아니면, 특수성이 투명한 경험에 대해 비-투명한 매체를 대립시킴으로써 환원 불가능하게 불투명한 (비-)대표적 계기를 구성적으로 만드는가? 만약 이 마지막 대안을 채택한다면, (`인민`을 개념적으로 포섭하지 않는 명명을 통해 구성된) '인민'은 밑바탕이 되는 하부구조적 논리의 '상부구조적' 효과가 아니라 정치적 주체성을 구성하는 일차 지형이 된다.

보편성과 특수성의 상호 오염의 주요 효과 중 일부를 여기서 발견할 수 있다. 특수한 것은 초월적 보편성의 이름으로 그 자체의 부분성을 변형시켰다. 이것이 특수한 것의 존재론적 기능이 결코 존재적 내용으로 환원될 수 없는 이유다. 그러나 이 존재론적 기능은 존재적 내용에 부착될 **때만** 현존할 수 있으므로, 존재적 내용은 존재하는 모든 것의 지평, 즉 존재적인 것과 존재론적인 것이 우연적이지만 불가분한 통일체로 융합되는 지점이 된다. 이전의 예로 돌아가면, 어느 시점에서 폴란드 **솔리다르노시치**의 상징들은 '사회의 부재하는 충만함'의 상징이 되었다. 충만함으로서의 사회는 그러한 사회를 구현하는 존재적 내용들을 넘어서는 고유한 의미를 갖지 않으므로, 그 내용들은 자신에게 부착된 주체들에게 **존재하는 모든 것**이다. 따라서 그 내용들은 우리가 헛되이 기다리는 도달 불가능한 궁극적 충만함에 비해 경험적으로 달성될 수 있는 차선책이 아니다. 우리가 보았듯이, 이것이 헤게모니의 논리다. 부분적 대상과 총체성 사이의 이 융합의 순간은 어느 시점에서, 보편적 차원과 특수적 차원이라는 두 차원으로 분리될 수 없는 궁극적인 역사적 지평을 나타낸다. 따라서 역사는 궁극적인 목표를 향한 무한한 진보로 구상될 수 없다. 역사는 오히려 그 우연적 역사성을 초월하는 각본이 질서를 잡을 수 없는 헤게모니 구성체들의 연쇄다. '인민들'은 실제 사회구성체들이지만, 어떤 헤겔식 목적론에도 편입되기를 거부한다. 이것이 욕망과 충동에 대한 라캉식 구분을 주장하는 콥젝의 생각이 절대적으로 옳은 이유다. 욕망은 대상이 없고 충족될 수 없는 반면, 충동은 부분적 대상에 대한 급진적 투자를 수반하면서 만족을 불러온다. 우리가 나중에 보게 되겠지만, 또한 이것이 총체적 혁명과 점진주의적 개혁주의 사이의 대안 측면에서 정치를 양극화하려는 정치 분석들이 요점을 놓치는 이유이기도 하다. 이 분석들에서 벗어나 있는 것은 **대상 a**가 가진 대안적 논리다. 즉 부분성이 불가능한 총체성의 이름이 될 가능성, 다시 말해 헤게모니의 논리다.

④ 여기서 세 가지 간략한 설명을 덧붙여야 한다. 첫 번째는 **명명**과 **우연성**의 관계를 이제 완전히 이해할 수 있다는 것이다. 만약 사회적 행위자들의 통일성이 다양한 주체 위치들을 통일된 개념적 범주 아래 논리적으로 연결해서 포섭한 결과라면, '명명'은 순전히 선험적 수단이 그 통일성을 보장한 대상에 임의적으로 꼬리표를 선택해

서 다는 것에 불과하다 .그러나 만약 사회적 행위자의 통일성이 등가적(환유적) 인접 관계를 통해 함께 모인 다수의 사회적 요구의 결과라면, 명명이라는 우연적 계기가 절대적으로 중심적이고 구성적인 역할을 한다. 정신분석학의 과잉결정 범주도 같은 방향을 가리킨다. 이런 점에서 명명은 '인민' 구성의 핵심 계기이며, 그 경계와 등가적 구성 요소들은 영원히 변동한다. 예를 들어 민족주의가 인민적 정체성 구성에서 중심 기표가 될 것인지는 선험적 수단을 통해 설정되는 것이 불가능한 우연적인 역사에 달려 있다. 현재의 이라크에 관한 주장에서 보듯이, "민족주의 의식은 기껏해야 희미하며, 다른 형태의 집단적 충성심으로 쉽게 대체될 수 있다. 최근 수니파와 시아파 사이의 유대감 급증은 실제로 자기 정체성의 가변성을 보여준다. 민족의 존재라는 관념, 그리고 그에 대한 소속감은 끊임없이 옮겨 다니는 개념이다."[1] 이 글의 저자는 스탠퍼드대학교의 스티븐 D. 크래스너(Stephen D. Krasner) 교수의 글을 인용한다. "개인들은 시아파, 이라크인, 무슬림, 아랍인이라는 다중적 정체성을 가지고 있기 때문에, 항상 선택의 여지가 있다. 이 정체성들의 레퍼토리 중에서 개인들이 어떤 것을 선택하는지는 특정 정체성을 불러일으키는 것의 장단점, 즉 상황에 따라 달라질 수밖에 없다."[2] '민족주의'는 비어 있는 기표로서의 역할에

---

1   Edward Wong, 'Iraqi Nationalism Takes Root, Sort Of', *New York Times*, 25 April 2004, section 4, p. 1.

2   Ibid., p. 16.

서 다른 용어들로 대체될 수 있을 뿐 아니라, 그 의미도 민족주의와 연관된 등가 사슬에 따라 달라진다.

두 번째는 인민적 정체성 구성에서 정동의 역할에 관해서다. 언어의 조합적/상징적 차원이 자동으로 작동하는 것과 점점 더 거리가 멀어질 때마다, 정동적 유대(affective bond)는 더욱 중심이 된다. 이러한 관점에서 볼 때 정동은 언어의 대체적/계열적(substitutive/paradigmatic) 극의 작동을 설명하는 데 절대적으로 중요하며, 이 극의 작동 방식은 더 자유롭게 연상적(associative)이 된다(따라서 정신분석학적 탐구에 더 열려 있다). 우리가 보았듯이 등가 논리는 인민적 정체성 형성에 결정적이며, 이러한 대체적/등가적 작동에서 의미화 작용과 정동의 중첩이 가장 완전하게 드러난다. 우리가 기억하듯이, 이는 초기 대중사회 이론가들이 가장 큰 문제라고 보았고 사회적 합리성에 대한 주요 위협을 포함한다고 여겼던 차원이다. 그리고 이는 구조주의에서 합리적 선택 이론에 이르기까지, 현대 사회과학의 합리주의적 재구성에서도 '문법적' 또는 '논리적' 계산을 허용하는 조합적/상징적 극을 버리면서까지 체계적으로 격하되는 극이다.

마지막으로 한 가지를 더 짚고 넘어가야 한다. 하나의 헤게모니 구성체 또는 인민적 배열에서 다른 헤게모니 구성체로의 이행은 항상 급진적인 단절, 즉 **무로부터의 창조**(creatio ex nihilo)를 포함한다. 출현하는 구성체의 모든 요소가 전적으로 새로워야 한다는 뜻이 아니다. 헤게모니 구성체가 새로운 총체성으로 재구성되는 접합 지점인 부분적 대상은 이미 앞선 상황에서 작동하고 있던 어떤 논리로부터도 그 중심적 역할을 도출하지 않는다는 뜻이다. 여기서 우리는 실재계의 윤리(ethics of the Real)에 관한 최근 논의에서 중심적이었던 라캉의 **행위로의 이행**(passage à l'acte)에 가까워진다.[3] 알렌카 주판치치(Alenka Zupančič)[4]가 주장하듯이, "'자유의 행위(Aktus der Freiheit)', 진정한 윤리적 행위는 항상 전복적이다. 이것은 결코 단순히 '개선'이나 '개혁'의 결과가 아니다."[5]

등가적/접합적 계기는 각각의 요구가 다른 요구들로 이동해야 할 어떠한 논리적 필요성이 없다. 따라서 새로운 역사적 행위자로서 '인민'의 출현에 결정적인 것은 새로운 배열 안에서 여러 요구는 구성적으로 통일되지, 파생적으로 통일되지 않는다는 사실이다. 다시 말해 '인민'은 엄밀한 의미에서 **행위**(act)를 구성하는데, 왜냐하면 '인민'은 자기 자신 외의 어떤 것에도 그 원천을 두지 않기 때문이다. 따라서 역사적 행위자로서 '인민'의 출현은 항상 그 출현에 선행하는 상황에 대해 **위반적**(transgressive)이다. 이 위반은 새로운 질서의 출현이다. 주판치치가 오이디푸스에 대해 다음과 같이 단언하듯이 말이다. "오이디푸스의 행위, 그의 발화는 단순히 격분, 타자에게 던져진 반항의

---

3 Alenka Zupančič, *Ethics of the Real: Kant, Lacan*, London and New York, Verso, 2000.

4 알렌카 주판치치(1966~)는 슬로베니아의 철학자이자 '류블랴나 정신분석학파'의 핵심 이론가다. 라캉의 정신분석 이론을 바탕으로 윤리학, 존재론, 코미디 등을 연구한다(옮긴이).

5 Ibid., p. 11. 주판치치는 여기서 칸트를 언급하지만, 그는 이 점에서 칸트의 입장을 라캉의 입장과 동화시킨다. "라캉 자신의 행위로의 이행 개념이 그러한 칸트식 제스처에 기초하고 있지 않은가?"

말이 아니라, 타자(다른 타자)를 창조하는 행위이기도 하다. 오이디푸스는 '위반자'라기보다 새로운 질서의 '창시자'다."[6]

나는 진정한 행위에 대한 주판치치의 설명에 대부분 동의하지만, 위반된 상황의 본질에 관해서는 생각이 다르다. 주판치치는 행위가 초래한 단절의 급진성을 주로 강조하기 때문에, 그 행위가 확립하는 것의 새로움과 함께 행위의 위반적 기능을 강조하는 경향이 있다. 그러나 내 생각에, 이에 따라 주판치치는 **행위로의 이행**에 선행하는 상황을 실제보다 더 폐쇄적이고 단일체적(monolithic)으로 제시한다. 그런데 만약 그 상황이 내부적으로 탈구되어 있었고, 그 **행위**가 단순히 낡은 질서를 새로운 질서로 **대체하는 것**이 아니라 적어도 부분적으로 혼돈이 있던 곳에 질서를 **도입했다면** 어떨까? 이때 도입된 질서는 여전히 새로울 테지만, 그 질서는 또한 결여되어 있던 것으로서의 질서 **그 자체**(tout court)의 구현일 것이다. 이는 주판치치 분석의 한 핵심 지점, 즉 진정한 행위에는 분열된 주체가 없다는 그의 주장에서 중요하다. "의지의 분열이나 주체의 분열이 자유의 표식이라면, 그 분열은 그러나 행위의 표식은 아니다. **행위 속에는 분열된 주체가 없다.** 안티고네는 그녀의 행위 속에서 전체이거나 '전부'다. 그녀는 '분열되지도', '빗금 쳐지지도' 않았다. 이것은 그녀가 전적으로 대상의 편으로 넘어가고, 이 대상을 원하는 의지의 자리는 '빈 채로 남는다'라는 것

---

6 Ibid., p. 204.

을 의미한다."[7] 나는 이 정식화, 즉 '행위 속에서 주체가 전적으로 대상의 편으로 넘어간다'에 동의할 수 없다. 나는 **대상 자체가 분열되어 있다**'라고 본다. 행위는 한편으로 **새로운** (존재적) 질서를 초래하지만, 다른 한편으로 **질서 짓는** (존재론적) 기능이 있다. 따라서 행위는 구체적인 내용이 바로 그 구체성을 통해 자기 자신과는 전적으로 다른 어떤 것을 현실화하는 복잡한 게임의 장소다. 나는 이것을 '사회의 부재하는 충만함'이라고 불러 왔다. 이 게임의 그 복잡성 없이는 헤게모니도, 인민적 정체성도 없을 것이다.

⑤ 이제 인민적 정체성의 출현과 확장을 가능하게 하는 **역사적** 조건들에 대해 논의하겠다. 우리는 **구조적** 조건을 이미 알고 있다. 사회적 요구들의 증식, 그리고 오로지 등가적인 정치적 접합을 통해서만 어떤 형태의 통일성으로 귀결될 수 있는 이질성, 이것들이 그 조건이다. 따라서 역사적 조건에 관한 질문은 다음과 같아야 한다. 우리는 내재적인 하부구조적 메커니즘을 통해 사회적 동질성을 증가시키는 경향이 있는 사회에 살고 있을까? 반대로, 이질적인 파열과 적대 지점들의 확산을 위해 (**밑바닥에 깔린** 사회적 논리에 덜 의존하고, 내가 설명한 의미를 갖는 **행위**에 더 의존하는) 사회적 재집합의 **정치적** 형태가 점점 더 필요한 역사적 지형에 살고 있을까? 이 질문에는 거의 답변이 필요하지 않다. 다만, 점점 더 이질성 쪽으로 기울게 하는 조건들을 고려해야 한다. 상호 관련된 몇 가지 조건들이 있지만 만약 하나의 꼬리표 아래

---

7 Ibid., p. 255.

에 담아야 한다면, 그 꼬리표는 '세계화된 자본주의'일 것이다. 물론 자본주의를 더 이상 상품이라는 기본 형태의 모순에서 파생된 운동이 지배하는 자기 완결적 총체성으로 이해해서는 안 된다. 우리는 더 이상 자본주의를 순전히 경제적인 현실로 이해할 수 없으며, 경제적, 정치적, 군사적, 기술적 그리고 다른 결정 요인들(각각은 그 자체의 고유한 논리와 일정한 자율성을 가지고 있는)이 이 전체 자본주의 운동의 결정에 개입하는 복합체로 이해해야 한다. 다른 말로 하면, 이질성은 자본주의의 핵심, 즉 본질에서 헤게모니적인 부분적 안정화에 속한다.

앞서 언급한 문제들에 대해 논의하려면 또 다른 책을 써야 하므로, 여기서 논의를 시작할 수는 없다. 나는 단지 현대사회의 포퓰리즘을 고찰할 때 무시할 수 없는 몇 가지 측면들을 간략하게, 아주 짧고 빠르게 언급하고자 한다.[8] 첫째, 나의 여러 논의 지점에서 제기된 **개념**과 **이름** 사이의 불안정한 균형에 관한 문제다. 사회적 행위자들의 서로 다른 주체 위치들이 제한된 범위 안에서 수평적으로 변하기만 하는 사회에서는 주체 위치들이 **동일한** 사회적 행위자들의 정체성을 표현한다고 생각할 수 있다. 예를 들어 특정 동네에 살고 비슷한 직업에 종사하며 소비재, 문화, 여가 등에 동일하게 접근할 수 있는 노동자들은 그들의 이질성에도 불구하고, 모든 요구는 동일한 집단에서 나오고 그들 사이에 자연적이거나 본질적인 연결 고리가 있다는 환

---

8 이러한 논의는 상황과 운동의 유형학 방향으로 나아가야 한다. 《포퓰리즘 이성》의 목표는 더 제한적이다. 즉 포퓰리즘 이성의 기본 작동을 결정하는 것에 한해서다.

상을 가질 수 있다. 이러한 요구들이 사람들의 일상 경험 속에서 더욱 이질적이 될 때 의문시되는 것은 '당연한 것으로 여겨지는' 집단을 중심으로 한 그들의 통일성이다. 이 지점에서 '인민'을 우연적 실체로 구성하는 논리들은 사회적 내재성으로부터 더욱더 자율적이 되지만, 바로 그 이유 때문에 그 효과는 더욱 구성적이 된다. 이것이 고도로 리비도가 집중 투자된 집결점으로서의 **이름**이 집단의 통일성을 **표현하는** 것이 아니라, 그 통일성의 **근거**가 되는 시점이다.

둘째, 사회적 분할의 담론적 구성에 관한 문제다. 나는 적대적 경계가 등가 논리에 기반을 두는 인민적 정체성 형성을 구조적으로 설명해 왔다. 경계는 '인민'의 출현에 **필수불가결한 조건**이다. 경계 없이는 부분성/보편성의 전체 변증법이 간단히 무너질 것이다. 그러나 등가 사슬이 점점 더 확장될수록, 그 연결 고리들 사이의 접합은 덜 '자연스러워지고' (경계의 맞은 편에 있는) 적의 정체성은 더욱더 불안정해진다. 이는 내가 분석의 여러 지점에서 마주쳤던 사실이다. 국지적 맥락 안에서 만들어진 구체적 요구라면, 누가 적인지를 결정하는 것은 비교적 쉽다. 그러나 다수의 이질적 요구 사이에 등가가 존재한다면, 당신의 목표가 무엇이고 누구와 싸우고 있는지를 결정하는 것은 훨씬 더 어려워진다. 이 지점에서 '포퓰리즘 이성'이 완전히 작동한다. 포퓰리즘 이성을 통해, 내가 '세계화된 자본주의'라고 부른 것은 자본주의 역사에서 질적으로 새로운 단계를 나타내며 내가 설명해 온 정체성 형성의 논리를 심화하는 것으로 이어진다. 탈구적 효과들의 증식과 새로운 적대들의 확산은 반세계화 운동이 전적으로 새로운 방식으로 작동해야 하는 이유다. 이 새로운 운동은 이질적인 사회적 요구들 사이에 등가적 연결의 창출을 옹호하는 동시에, 공통의 언어를 정교하게 만들어야 한다. 새로운 국제주의가 떠오르고 있으며, 이 새로운 국제주의는 전통적인 제도화된 형태의 정치적 매개를 쓸모없게 만든다. 예를 들어 '정당' 형태의 보편성은 급진적으로 의심받고 있다.

마지막으로, 정치적인 것의 지위에 관한 문제다. 내 생각에 정치적인 것은 우연적 접합, 즉 차이 논리와 등가 논리 사이 변증법의 또 다른 이름이라고 불릴 수 있는 것과 연결되어 있다. 이런 의미에서 모든 적대는 본질적으로 정치적이다. 그러나 이때 정치적인 것은 예를 들어, 경제적인 것과 같은 지역적 유형의 갈등과는 연결되지 않는다. 왜 그럴까? 두 가지 주된 이유가 있다. 첫째, 현 상태에 의문을 제기하는 요구들이 경제적인 것의 논리에서 자연발생적으로 성장하지 않고 경제적인 것과의 단절로 이루어지기 때문이다. 더 높은 임금에 대한 요구는 자본주의적 관계의 논리에서 파생되는 것(예를 들어 정의에 관한 담론과 같은)이 아니라, 그 논리에 이질적인 용어들로 논리를 중단시킨다. 따라서 어떤 요구든 구성적인 이질성을 전제한다. 이는 상황 논리와 단절하는 사건이다. 그리고 이는 더 높은 임금에 대한 요구를 정치적인 것으로 만든다. 그러나 둘째, 기존 상황에 대한 요구가 지닌 이러한 이질성은 거의 특정 내용에 국한되지 않고, 처음부터 고도로 과잉결정될 것이다. 정의의 관점에서, 더 높은 수준의 임금을 요구하는 것은 다양한 다른 상황들과 연결된 더 넓은 정의감에 뿌리를 둘 것이다. 다른 말로 하면, 변화의 순수한 주체는 없다. 즉 주체들은 항상 등가 논리를 통해 과잉결정된다. 이는 정치적 주체들이 항상 어떤 식으로든 인민적 주체라는 것을 의미한다. 그리고 세계화된 자본주의의 조건 아래서 이 과잉결정의 공간은 명백히 확장된다.

지금까지 나는 인민적 정체성 형성을 결정하는 논리들에 대한 구상의 주요 특징들을 제시했다. 그러나 내 접근법의 구체성은 최근 몇년간 제안된 대안적 접근법들과 비교할 때 더 명확해질 수 있다. 먼저, 내가 근본적으로 동의하지 않는 두 가지, 즉 슬라보예 지젝, 그리고 마이클 하트와 안토니오 네그리가 제안한 접근법들을 논의한 다음에 이 책에서 제시한 비전에 좀 더 가까운 자크 랑시에르의 접근법으로 넘어가겠다.

지젝: 화성인을 기다리며

인민적 주체의 통일성 문제에 대한 첫 번째 접근법을 전통적 마르크스주의의 새로운 버전들에서 발견할 수 있다. 바로, 인민적 통일성은 계급 통일성으로 환원된다는 것이다. 나는 이 접근법의 대표 사례로 지젝의 작업을 들겠다.[9] 그는 내 연구에 대한 비판 과정에서 이 주

---

9 나는 주로 Judith Butler, Ernesto Laclau, Slavoj Žižek, *Contingency, Hegemony, Universality: Contemporary Dialogues on the Left*, London and New York, Verso, 2000에 있는 지젝의 개입을 참조할 것이다. 후속 참조를 본문에 괄호 안에 표시한다. 이 책을 쓰기 위해 우리가 설정한 절차 때문에, 나는 지젝의 최신 글을 《포퓰리즘 이성》을 쓴 뒤에 읽었다. 그래서 이 책의 맥락에서 그의 최신 비판에 답할 기회가 없었다. 따라서 다음 내용은 나의 '일정 수준'의 답

제에 대한 견해를 내놓는다. 그의 요점은 다음과 같다. ① 라클라우의 입장 뒤에는 약간 위장된 칸트주의가 놓여 있다.

라클라우의 주요 '칸트적' 차원은 정치적 개입이 지닌 불가능한 목표에 대한 열정과 정치적 개입의 실현 가능한 내용 사이의 메울 수 없는 간격을 받아들이는 데 있다. (중략) 내 주장은 만약 우리가 그러한 간격을 정치적 개입의 궁극적 지평으로 받아들인다면, 그러한 참여에 관해 우리에게 선택의 여지가 있지 않는가 하는 것이다. 우리는 우리 노력의 필연적인 궁극적 실패에 눈을 감거나(순진함으로 퇴행해 열정에 휩쓸리거나), 아니면 냉소적 거리 두기를 채택해 결과가 실망스러울 것임을 충분히 인지하면서 게임에 참여해야 한다(316~317쪽).

② 내 입장을 다문화주의적 정체성 정치의 입장과 거짓으로 동일시한 후 지젝은 다음과 같이 결론짓는다. "그러나 포스트-혁명 사회의 충만함에 대한 이러한 정당한 거부가 전반적 사회 변혁의 어떤 프로젝트도 포기하고, 부분적인 문제들을 해결하기 위해 우리 자신을 제한해야 한다는 결론을 정당화하지는 **않는다.** '현존의 형이상학(metaphysics of presence)' 비판에서 반(反)-유토피아적인 '개혁주의적' 점진주의 정치로의 도약은 비합법적인 지름길이다"(101쪽). ③ 고전적 본질주의 마르크스주의의 점진적 해체와 수많은 새로운 인민적 역사

변이다. 지젝의 비판 전체를 다루지는 않으며, 이 책의 주요 주제와 연결된 측면만을 다룬다.

행위자들의 출현이라는 역사적 서사 뒤에는 어떤 '체념', 즉 "자본주의를 '이 동네의 유일한 게임'으로 받아들이는 것, 현존하는 자본주의적 자유주의 체제를 극복하려는 모든 진정한 시도를 포기하는 것"이 있다고 지젝은 주장한다(95쪽). ④ "세계 자본주의, 즉 '자본의 논리'에 대한 비판가들에 맞서 라클라우는 자본주의가 우연한 역사적 성좌의 결과로 결합된 이질적 특징들의 비일관적인 혼합물이지, 밑바닥에 있는 공통 논리에 복종하는 동질적인 총체성이 아니라고 주장한다"(225쪽). ⑤ 그리고 마지막으로, 우리 둘의 사회적 정체성에 대한 서로 다른 개념들의 근거가 될 지젝 주장의 핵심은 다음과 같다. "여기서 라클라우에 대한 나의 논쟁은 헤게모니 투쟁에 들어가는 모든 요소가 원칙적으로 동등하다는 것을 나는 받아들이지 않는다는 점이다. (경제적, 정치적, 페미니스트적, 생태학적, 민족적 등) 일련의 투쟁들 속에는 항상 그 사슬의 일부이면서도, 그 지평 자체를 비밀리에 과잉결정하는 **한 가지**(계급투쟁)가 있다. 특수한 것에 의한 보편적인 것의 이러한 오염은 헤게모니 투쟁보다 더 강하다. (중략) (그것은) 다수의 특수한 내용들이 헤게모니를 위해 싸우는 **바로 그 지형**을 미리 구조화한다"(320쪽).

이러한 오해의 축적을 탐색해 보자. 우선, 이 책의 독자는 지젝이 내 작업을 근본적으로 잘못 읽고 있음을 쉽게 파악할 수 있을 것이다.[10] 나의 접근법을 특징지으면서 그는 '총체적 사회 변혁'을 부분

---

10 나는 이 오독이 다소 교활하다는 말을 반드시 하고자 한다. 왜냐하면 다른 작품에서 지젝은 내 논쟁을 완벽히 이해하고 있기 때문이다. 그는 다음과 같이 인정하듯이 말한다. "에르네스토 라클라우와 샹탈 무페의 업적은 《헤게모니와 사회주의 전략》에서 (중략) 그러한 적대

적 변화와 대립시키고, 부분적 변화를 점진주의적 개혁주의와 동일시한다. 이 대립은 말이 되지 않으며, 이 동일시는 순전히 자의적인 발명이다. 나는 '점진주의(gradualism)'에 대해 말한 적이 없다. 내 이론적 접근법에서 이 용어는 어떤 종류의 등가에도 방해받지 않는 차이의 논리를 의미하거나, 어떤 종류의 인민적 접합에도 들어가지 않을 것으로만 남아 있는 요구들(punctual demands)의 세계를 의미할 뿐이다. 나에게 인민적 정체성은 항상 총체성을 구성한다. 내가 부분적 투쟁과 요구에 대해 말한 것은 사실이지만, 이 부분성은 점진주의와 아무런 관련이 없다. 이 책이 명확히 하듯이, 나의 부분성 개념은 정신분석학에서 '부분적 대상(partial object)'이라 불리는 것, 즉 총체성으로 기능하는 부분성으로 수렴된다. 따라서 지젝이 무시하고 있는 것은 **대상 a**의 전체 논리이며, 내가 위에서 주장했듯이 이 전체 논리는 헤게모니 논리와 동일하다. 지젝은 대상이 '사물(the Thing)'의 존엄으로 격상된다'라는 것의 정치적 가능성을 배제하는 것처럼 보인다. 그가 제시하는 양자택일은 다음과 같다. '우리는 큰 사물 자체에 접근하거나, 아니면 어떤 총체화 효과로도 연결되지 않은 순수한 부분성들을 갖는다.' 내 생각에 지젝과 같은 라캉주의자라면 더 잘 알아야 한다.

같은 이유로, 헤게모니적 지평의 부분성은 어떤 종류의 체념도 포

개념에 기초한 사회적 영역의 이론을 발전시킨 것이다. 즉 상징화, 총체화, 상징적 통합에 저항하는 불가능한 핵심, 원초적 '트라우마'를 인정하는 것이다. (중략) 그들은 우리가 '급진적'이어서는 안 된다고 강조한다. 우리는 항상 중간 공간에서, 그리고 빌린 시간 속에서 살아간다. 모든 해결책은 일시적이고 임시적이며, 근본적 불가능성을 연기하는 일종의 무엇이다"(*The Sublime Object of Ideology*, London and New York, Verso, 1989, pp. 5-6).

함하지 않는다. 충동의 대상이 만족을 가져올 수 있다는 콥젝의 주장은 여기서 매우 적절하다. 헤게모니 구성체 안에 있는 주체에게 그 구성체는 존재하는 모든 것이다. 이상(Ideal)을 향한 끝없는 접근 속의 한순간이 아니다. 따라서 칸트에 대한 지젝의 언급은 완벽히 부적절하다. 칸트에게 이념(Idea)의 규제적 역할은 예지계(noumenal world)를 향한 무한한 접근을 낳지만, 헤게모니적 동일시에는 그런 일이 전혀 일어나지 않는다. 무엇을 향한 무한한 집근이란 밀인가? 지젝이 제시하는 양자택일, 즉 순진한 기대 또는 냉소주의는 부분적 대상에 급진적인 리비도적 투자가 이루어지는 순간(대상이 '큰 사물의 존엄으로 격상되는' 계기)에 붕괴한다. 그리고 이 대상은 비록 항상 부분적일지라도, 급진적 변화나 총체적 사회 변혁을 포함할 수 있으며, 심지어 그때에도 급진적인 리비도적 투자의 계기는 필연적으로 존재할 것이다. 어떤 지점에서도 큰 사물 자체가 대상을 통한 대표 없이 직접적으로 건드려지지는 않을 것이다. 사실상, 회고적 가정 외에 그러한 '큰 사물'은 없다. 그러나 대상의 이러한 부분성은 어떤 체념이나 포기를 포함하지 않는다.

지젝의 이런 이론적 불일치의 진정한 뿌리는 무엇일까? 내 생각에 그 뿌리는 지젝의 분석이 전적으로 절충적(eclectic)이라는 점에 있다. 절충적이 된 이유는 그의 분석이 두 개의 양립 불가능한 존재론, 즉 하나는 정신분석학 및 프로이트의 무의식 발견에 연결된 것과 다른 하나는 헤겔/마르크스적 역사철학에 연결된 것에 기반을 두고 있기 때문이다. 지젝은 이 둘을 합치기 위해 온갖 종류의 믿기 힘든 곡예를 수행하지만, 분명 성공과는 거리가 멀다. 지젝이 선호하는 방법은 피상적인 상동성(homologies)을 확립하려는 시도다. 예를 들어 어느 지점에서는 자본주의가 현대사회의 (라캉식 의미에서) 실재계라고 단언하는데, 왜냐하면 자본주의는 항상 되돌아오기 때문이다. 그러나 만약 무한한 반복이 실재계에 들어 있는 유일한 특징이라면, 추위도 겨울마다 돌아오므로 자본주의 사회의 실재계라고 똑같이 말할 수 있다. 진정한(인식론적 가치를 지닌) 은유적 유추라면, 자본주의가 사회적 상징화(social symbolization)를 넘어선다는 점을 보여주었을 것이다. 그러나 지젝은 이를 증명하기가 불가능하다고 생각했을 것이다.

　지젝에 따르면, 나는 자본주의가 수많은 이질적 특징의 우연적이고 비일관적인 결합이라고 주장하는 자다. 말할 필요도 없이, 나는 그런 어리석은 말을 한 적이 없다. 내가 실제로 **말해온** 것(그리고 이것은 전적으로 다른데)은 사회구성체로서 자본주의의 일관성은 상품 형태에 내재한 모순의 단순한 논리적 분석에서 파생될 수 없다는 점이다. 왜냐하면 자본주의의 사회적 효과는 불안정한 권력관계를 통해 통제될 수는 있지만, 그 자체의 내생적 논리로부터는 파생될 수 없는 이질적인 외부와의 관계에 의존하기 때문이다. 다시 말해 자본주의적 지배는 자기-결정적이거나 그 자신의 형태에서 파생되는 것이 아닌 헤게모니적 구성의 결과이므로, 사회의 다른 모든 것과 마찬가지로 그 중심성은 이질적 요소들의 과잉결정에서 파생된다. 따라서 사회에는 세력 관계와 같은 것, 즉 그람시적 의미에서 '진지전'이 존재할 수 있다. 만일 자본주의적 지배가 그 단순한 분석 형태로부터 나올 수 있다면, 즉 만일 우리가 동질적이고 자기-발전적인 논리에 직면해 있다면, 어떤 종류의 저항도 그 논리가 자체의 내부 모순을 발전시킬 때까지는 완전히 쓸모없을 것이다(제2인터내셔널의 마르크스주의가 희롱하고 있던 결론이며, 지젝도 사실상 이와 멀지 않은 곳에 있다).

　지젝은 자신이 나에게 동의하지 않는 이유는 헤게모니 투쟁에 개입하는 요소들이 서로 동등하지 않다는 사실에서 비롯된다고 말한다. 항상 '사슬의 일부이면서도 그 지평 자체를 과잉결정하는' 하나가 있다는 것이다. 지젝에 따르면, 이는 헤게모니 투쟁보다 더 근본적인 어떤 것, 즉 헤게모니 투쟁이 일어나는 지형을 구조화하는 어떤 것이 있다는 뜻이다. 나는 '헤게모니 투쟁에 들어가는 요소들에는 본질적인 불균등성이 있다'라는 주장에 확실히 동의할 수 있다. 헤게모니 이론은 바로 이 불균등성의 이론이다. 그러나 지젝은 역사적 주장이 아니라 초월론적(transcendental) 주장을 제시한다. 그에 따르면, 모든 가능한 사회에서 결정적 역할은 필연적으로 경제에 상응한다(이 지점에서 우리는 '최종심급에서의 결정', '지배적 역할', '상대적 자율성' 등과 같은 1960년대의 순진한 구분들로 돌아가는 것 같다). 고전 마르크스주의를 향한 지젝의 공허한 제스처에 대해 내가 첫 번째로 말할 수 있는 것은 프로이트의 과잉결정 범주를 오용한다는 사실이다. 프로이트에게 과잉결정되는 심급(instance)은 전적으로 개인의 역사에 의존한다. 그 자체로 과잉결정적인 요소는 없다. 그러나 만약 지젝이 이제 우리에게 어떤 요소들은 역사적 선험(historical a priori)이며 과잉결정되도록 예정되어 있다고 말한다면, 그는 전적으로 프로이트의 진영을 버리는 것이다. 지젝은 사실 융에 더 가깝다. '경제에 의한 최종심급에서의 결정'을 변호하려는 절박함 속에서 지젝은 때때로 유지되어야 할 자연주의의 궁극적인 보루에 대해 말한다. 하지만 이것은 변호되지 못할 것이다. 양립 불가능한 두 존재론을 함께 놓을 수는 없기 때문이다. 과잉결정은 그 효과에서 보편적(콥젝이 최근에 썼듯이, 충동 이론이 고전 존재론의 공간을 차지한다)이거나, 아니면 완전한 결정의 영역으로 둘러싸인 지역적 범주다. 과잉결정은 근본존재론(fundamental ontology)의 장이 되면서 그 장이 작동할 수 있는 한계를 규정한다.

자본주의 사회에서 경제 과정의 중심성을 보여주기 위해 지젝에게 이 어설픈 절충적 담론은 필요하지 않았다는 것은 아이러니다. 그 누구도 이 중심성을 심각하게 부정하지 않는다. 어려움은 그가 '경제'를 사회의 근거로서 작동하는 자기-규정적인 동질적 심급으로 변형시킬 때, 즉 경제를 헤겔식 설명 모델로 환원시킬 때 발생한다. 사회의 다른 모든 것과 마찬가지로 경제는 사회적 논리가 과잉결정되는 장소다. 경제가 중심이 되는 이유는 사회의 물질적 재생산이 다른 심급들보다 사회 과정에 더 많이 파급 효과를 내고 있기 때문이다. 그렇다고 자본주의적 재생산이 단일하고 자기-규정적인 메커니즘으로 환원되는 것은 아니다.

여기서 우리는 지젝 접근법이 지닌 어려움의 핵심에 도달한다. 그는 한편으로 자기 자신 외의 어떤 대상에도 투자되지 않은 채 자기 이름으로 작동할 완전한 혁명적 행위 이론에 전념하고 있다. 다른 한편으로 그에게 지배적이고 밑바닥에 깔린 메커니즘으로서의 자본주의 체제는 해방적 행위가 단절해야 할 현실이다. 두 전제로부터의 결론은 완전히, 그리고 직접적으로 반자본주의적인 투쟁 외에는 유효한 해방적 투쟁이 없다는 것이다. 그가 말하기를 "나는 반자본주의 투쟁의 중심적인 구조화 역할에 대한 신념을 가지고 있다."[11] 그러나 이것이 바로 문제다. 그는 반자본주의 투쟁이 무엇일 수 있는지에 대한 어떤 암시도 주지 않는다. 지젝은 다문화주의적·반성차별주의적·반인종주의적 투쟁을 직접적으로 반자본주의적이지 않다는 이유로 재빨리 일축한다. 그는 또한 경제와 더 직접적으로 연결된 전통적인 좌파의 목표들, 즉 더 높은 임금, 산업민주주의, 노동 과정 통제, 소득의 진보적 분배에 대한 요구 등을 반자본주의적인 것으로 승인하지도 않는다. 그는 모든 기계를 파괴하자는 러다이트(Luddites)의 제안이 자본주의를 끝낼 것이라고 상상하는 것일까? 지젝의 작업에는 그가 반자본주의 투쟁이라고 간주하는 것의 사례가 단 한 줄도 없다. 사람들은 그가 다른 행성에서 온 존재들의 침략을 예상하는지, 아니면 (그가 한때 제안했듯이) 세상을 전환하는 것이 아니라 무너뜨릴 어떤 종류의 생태학적 재앙을 예상하는지 궁금하다.

---

11 Slavoj Žižek & Glyn Daly, *Conversations with Žižek*, Cambridge, Polity, 2004, p. 149.

그렇다면 전체 논증이 어디서부터 잘못되었을까? 바로 그 전제들에서부터다. 헤게모니 논리를 전략·정치적 사고에 적용하기를 거부하는 지젝은 막다른 골목에서 좌초한다. 그는 모든 '부분적' 투쟁을 '체제'(그것이 무엇을 의미하든) 내적인 것으로 일축한다. 그리고 '큰 사물(Thing)'이란 도달할 수 없는 것이기에, 그는 자신의 반자본주의 투쟁을 수행할 아무런 구체적인 역사적 행위자도 없이 남겨진다. 결론을 말하자면, 지젝은 해방적 주체에 대한 어떤 이론도 제공할 수 없다.[12] 동시에 법칙들의 근거가 되는 체계적 총체성을 자체의 내부 법칙이 배타적으로 규제하므로, 그의 유일한 선택은 이 법칙들이 그 효과의 총체성을 생산하기를 기다리는 것이다. **그러므로(Ergo)** 정치적 허무주의(political nihilism)가 된다.

그러나 만약 지젝의 두 전제 모두에 의문을 제기한다면, 우리는 희망의 여지가 더 많은 시나리오를 만들어 낼 수 있다. 첫째, 투쟁의 부분성을 보자. 우리가 보았듯이, 등가적 방사 영역 없는 투쟁이나 요구는 없다. 다문화주의 투쟁과 같은 것들은 부차적이고 기존 체제 안에 완전히 통합될 수 있다는 지젝의 주장은 잘못이다. 문제를 어느 항이 더 근본적인가라는 질문으로 제시하는 것은 전적으로 부적절하다. 우리가 보았듯이, 중심성은 항상 민주적 요구들의 과잉결정일 뿐인 인민적 정체성의 형성과 연결되어 있다. 따라서 각각의 중심성은 지

---

12 *Contingency, Hegemony, Universality*에서 나는 지젝에게 반복적으로 해방적 주체가 누구인지, 그리고 논의를 더 정치적이고 덜 "형이상학적" 기반에서 진행하기 위해 그가 제안하는 일반적 전략적 노선이 무엇인지 명시해 달라고 요청했다. 답변은 없었다.

젝이 상상하듯이, 사회적 효과의 추상적인 기하학적 위치에 의존하지 않는다. 오히려 인민적 총체 안에서 다른 요구들과의 구체적인 접합에 의존한다. 이러한 중심성은 전체의 '진보적' 성격을 분명하게 보장하지 않지만, 다양한 헤게모니적 시도가 일어날 수 있는 지형을 창조한다.

둘째, 그 자체로 반자본주의 투쟁과 같은 것은 존재하지 않지만, 특정 파열 지점에서 여러 투쟁의 접합으로부터 파생될 수 있는 반자본주의적 효과가 존재하는지 그 이유를 명확히 볼 수 있다. 혁명 운동들만 언급하더라도, 지난 세기의 주요 격변(러시아, 중국, 쿠바, 베트남 혁명) 중 어느 것도 주로 반자본주의적이라고 선언하지 않았다. 내가 정신분석학적 논증에서 모유의 '젖가슴의 가치'에 대해 말했던 것을 여기서 정치적 투자의 '반자본주의적' 가치로 언급할 수 있다. 그러나 문제가 남는다. 그렇다면 '반자본주의'의 의미론적 내용은 무엇인가? 반자본주의는 비어 있는 기표인가? 위에서 언급한 결여의 이름 중 하나인가? 이때 '자본주의'는 반자본주의 운동의 구성물, 즉 반자본주의 등가 진영의 통일성을 구성하는 경계의 '다른 쪽'이 될 것인가? 아니면 자본주의는 오히려 전체 체제의 기저 논리이며, 이때 반자본주의는 자본주의 자체 논리의 내부 효과에 불과할 것인가? 여기서 지젝과 나는 정확히 분리된다. 그는 총체적 내재성(total immanence), 즉 헤겔식 용어로는 논리적 내재성일 수밖에 없는 장에 머무른다. 하지만 나에게 부정성의 계기(급진적 투자, 대표의 불투명성, 대상의 분열)는 환원 불가능하다. 따라서 나에게는 중심적인 역사적 행위자가 항상 일종의 '인민'(어떤 시점에서는 경험적으로 '계급'일 수도 있다)이지만, 지젝에게는 항상 '계급' 그 자체다. 이 점에서 그는 내가 라캉보다 헤겔에 더 가깝다고 말하지만, 나는 내가 헤겔보다 라캉에 더 가깝다고 생각한다.

하트와 네그리: 신께서 마련해 주시리라

지젝이 사회적 행위자들의 정체성을 최종심급에서의 결정이라는 '역사적 선험'에 근거하려는 반면, 하트와 네그리는 초월론적이고 존재론적인 특권을 부여하는 어떤 시도도 피한다.[13] 하트와 네그리에게 모든 사회적 투쟁은 비록 연결되어 있지 않더라도, 그들이 '다중(the multitude)'이라고 부르는 해방적 주체의 구성으로 수렴된다. 명백하게는 그들의 '다중'과 내가 이 책 전반에 걸쳐 '인민'이라고 불러온 것 사이에 어떤 유비가 있겠지만, 이 유비는 순전히 피상적이다. 우리의 연구 주제와 연관된 한에서, 그들 접근법의 주요 특징들을 간략히 고찰해 보자.

하트와 네그리의 출발점은 들뢰즈/니체적인 내재성(immanence) 개념이며, 그들은 이를 근대의 세속화 과정과 연결한다. 그러나 세속적 내재주의는 보편적 메커니즘의 작동과 어느 시점에서 보편적 역사적 행위자의 출현을 요구한다. 그러나 모든 것은 이 보편성이 어떻게

---

13 Michael Hardt & Antonio Negri, *Empire*, Cambridge, MA, Harvard University Press, 2000.

구상되는지에 달려 있다. 즉 부분적이고 정치적으로 구성된 보편성인가, 아니면 밑바닥에 깔려 있는 자생적인 보편성인가? 급진적 내재주의는 명백히 후자와만 양립할 수 있으며, 하트와 네그리는 단호하게 그것을 채택한다. 전자는 곧 내 입장으로, 사회적 기반을 파편화하고 순수한 내재성으로 환원할 수 없는 부정성을 요구한다. 하트와 네그리에게 급진적 내재성은 제국(Empire)의 구성과 함께 가시성의 최고점에 도달하는데, 제국은 경계가 없고 따라서 제국주의와는 반대로 중심이 없는 실체다. 이 형태 없지만 자기-규정적인 총체성의 특징들은 제국의 무덤을 파는 사람인 다중에게 전달된다. 이는 자본주의가 가져온 보편화가 보편 계급으로서 프롤레타리아트 출현의 서곡이라는 마르크스의 묘사를 연상시키는 방식이다. 근대의 주권(Sovereignty)은 다중에게 역사적 패배였을 것이다. 왜냐하면 주권은 절대 왕권의 재확립을 수반했을 것이며, 또한 다중의 통일성 창출을 가능케 하는 유일한 메커니즘인 저 자생적 수렴에 족쇄를 채웠을 대표 메커니즘들을 수반했기 때문이다. 이 통일 메커니즘은 어떻게 작동할까?《제국》에 따르면, 이 메커니즘은 어떤 종류의 정치적 매개도 포함하지 않는다. 저자들에 따르면, 억압받는 자들의 반란은 자연스러운 일이므로 그들의 통일성은 수렴하려는 자생적 경향의 표현일 뿐이다. 그들의 이론에서 '하늘로부터의 선물로서의 통일성'은 우리가 헤게모니적 접합에 부여하는 것과 동일한 자리를 차지한다. 수직적으로 분리된 투쟁들은 수평적으로 연결될 필요가 없으므로, 모든 정치적 구성은 사라진다. 공동의 목표 주위로 다중의 연합을 보장하는 유일한 원칙은 하트와 네그리가 '저항하기(being against)'라고 부르는 것이다. 그것은 모든 것에, 모든 곳에서 저항하는 문제다. 목표는 보편적 이탈(universal desertion)이다. 이 과정은 국경을 넘나드는 사람들의 유목적(nomadic), 리좀적(rhizomatic) 운동을 통해 이미 일어나고 있다.

이 이론적 연속을 어떻게 생각해야 할까? 전체 분석의 피상성에 충격받지 않을 수 없다. 너무나 명백한 약점들을 지적하기보다는 그 원천들을 밝혀 보자. 왜냐하면 이 약점들은 단순히 오류가 아니라, 실제적이고 중요한 문제들을 다루는 잘못된 방식의 결과이기 때문이다.

먼저 '저항하기'라는 범주를 살펴보자. 액면 그대로는 아무 의미가 없다. 사람들은 모든 것에, 모든 곳에서 저항하지 않는다. 그러나 만약 우리가 (마르크스를 의역해) '신비로운 껍질에서 합리적인 알맹이를 추출'하려 한다면, 이 서투른 정식화 뒤에 중요한 문제가 놓여 있음을 보게 될 것이다. 이 책에서 내가 '사회적 이질성'이라는 용어로 다루고자 했던 문제다. 마르크스에게 혁명적 주체, 즉 프롤레타리아트의 통일성은 자본주의 아래서 사회구조의 단순화가 낳은 본질적 동질성의 표현이었다. 반면 하트와 네그리의 다중은 사회적 행위자들의 이질성을 부정하지도 않고, 지젝처럼 하나의 투쟁이 다른 모든 투쟁에 대해 초월론적으로 확립된 우선순위를 갖는 것에 통일성의 근거를 두지도 않는다. 나 또한 '인민' 개념에서 사회적 요구들의 기본적 이질성을 인정했으며, 이질성들이 집단적 실체로 수렴되는 것은 그 이질성들의 접합 형태와 분리된 어떤 밑바닥 메커니즘의 표현이 아님을 인정했다. 심지어 구체적인 준거가 없는 '저항하기'라는 개념도 희미하게나마 내가 '비어 있는 기표'라고 부른 것을 연상시킨다. 그렇다면 차이점은 어디에 있을까? 아주 간단히 말해, 정치적 접합 문제에 대한 서로 다른 접근 방식에 있다. 나에게 이질성으로부터 통일성의 출현은 등가 논리의 확립과 비어 있는 기표의 생산을 전제한다. 그리고 《제국》에서는 억압에 맞서 싸우려는 사람들의 자연스러운 경향에서 나온다. 이 경향을 하늘의 선물이라고 부르든, 내재성의 결과라고 부르든 상관없다. 왜냐하면 '신 즉 자연(Deus sive Natura)'이기 때문이다. 중요한 것은 이 문제에 대한 하트와 네그리의 접근 방식이 정치 과정을 지나치게 단순화한다는 점이다. 만약 반란을 일으키려는 자연스러운 경향이 있다면, 반란 주체의 정치적 구성은 필요하지 않다. 그러나 사회는 이 단순한 정식화가 허용하는 것보다 훨씬 더 복잡하다. 사람들은 결코 그냥 '저항'하는 것이 아니라, 어떤 특정한 것들에 저항하고 다른 것들을 지지한다. 더 넓은 '저항의 구성', 즉 더 전반적인 인민적 정체성은 오직 장기적인 정치적 진지전의 결과일 수밖에 없다. (물론 실패할 수도 있다.) 권력의 내부 중심들이 사라져 버렸을 것이라는 '중심 없는 제국적 총체성(일종의 스피노자식 영원성)'에 대한 그림이 더 나은 것도 아니다. 우리는 9·11 이후 국제 무대에서 무슨 일이 일어났는지를 보기만 하면 된다.

하트와 네그리 주장의 또 다른 측면에 대해서도 비슷한 말을 할 수 있다. 그 주장은 전략(strategy)보다 전술(tactics)을 절대적으로 특권화한다. 다시 말하지만, 여기에는 내가 동의할 수 있는 어떤 것이 있다. 사회주의 전통은 장기 예측을 가능하게 하는 필연적 법칙의 작동에 기반을 둔 것으로 역사를 보고, 경직된 계급 위치 주위에 구성된 존재로 사회적 행위자들을 본다. 그 결과, 전술을 전략에 완전히 종속시켰다. 그러나 오늘날에는 미래가 우연적 변이들에 열려 있는 것처럼 보이고, 사회적 행위자들의 이질성이 점점 더 인정되고 있다. 그 결과, 전략과 전술의 관계가 역전되고 있다. 전략은 필연적으로 더 단기적인 것이 되었고, 전술적 개입의 자율성이 커졌다. 그러나 이는 하트와 네그리를 극단적인, 그리고 내 견해로는 잘못된 결론으로 이끌었다. 이제 전략은 완전히 사라지고, 연결되지 않은 전술적 개입들이 이 동네의 유일한 게임이 된다. 다시, 연대하지 못한 채 고군분투하는 투쟁만이 '투사로서의 관여(militant engagement)'의 대상으로 인정되는 반면, 투쟁들의 접합은 신 또는 자연에 맡겨진다. 다른 말로 하면, 우리는 정치의 완전한 종말(eclipse of politics)을 보게 된다. 하트와 네그리의 접근 방식은 1960년대 이탈리아 **자율주의(오페라시모 (operaismo))**의 최악의 한계를 보여준다.

이제 지젝의 접근법을 하트와 네그리의 접근법과 비교하면, 이 접근법들의 이론적·정치적 교착 상태가 동일한 이론적 뿌리, 즉 이 또는 저 형태의 내재성에 대한 궁극적인 의존에서 나온다는 사실을 알 수 있다. 물론 둘의 내재성은 다르다. 내가 지적했듯이, 지젝은 헤겔

유형의 논리적 내재성을 다루고 있다. 이는 사회적 불균등성을 사회적 선험이라는 초월론적 수준으로 이전하려는 그의 시도에 반영되어 있다. 실제로 지젝의 사상은 그의 초기 작업의 모든 고무적인 약속들로부터 후퇴한다. 내가 논의했던 명명 문제에 대한 그의 통찰력 있는 접근은 이 명명이 이미 초월론적으로 구성된 대상에 담긴 개념적 한계, 즉 어떤 명명도 넘어설 수 없는 한계를 발견하는 순간 그 예리함의 대부분을 잃는다. 또한 그는 정농의 근본적인 억할도 유지할 수 없다. 만일 선험적 틀이 투자의 대상이 될 어떤 실체를 결정한다면, **대상 a**에 대한 급진적 투자는 있을 수 없다. 마지막으로, 지젝은 부정성에 관한 한 견해를 바꾸었다. 그는 사회 이론의 장 안에서 라캉적 실재계의 재출현으로 보았던, 적대의 환원 불가능한 부정성에 대한 나의 분석을 열광적으로 환영했었다. 그런데 이제 나에게 맞서, 역사의 선험적 형태론이 적대의 주체들을 결정한다고 주장한다. 이것은 '상징계란 실재계가 작동할 수 있는 한계를 설정하는 궁극적인 틀'이라는 말과 같다. 전혀 라캉적이지 않다. 지젝의 프로젝트는 그가 평소에 하는 농담, 말장난, 상호참조가 감추려 해도 감출 수 없는 절충주의 속에서 무너져 버린다.

　하트와 네그리가 작동시키는 내재성은 헤겔적인 것이 아니라 스피노자-들뢰즈적인 것이다. 그들은 지젝의 라캉적 양심의 가책을 공유하지 않으므로, 이 점에서는 더 일관성 있고 비-절충적이다. 그러나 바로 그 이유로, 순전히 내재주의적 접근의 한계는 지젝의 작업에서보다 그들의 작업에서 더 명확하게 드러난다. 위에서 말했듯이, 《제국》의 저자들에게는 사회적 적대의 원천에 대한 어떤 일관된 설명이 없다. 그들이 할 수 있는 최선은 일종의 스피노자적 **코나투스** (conatus)[14]처럼, 사람들의 자연스럽고 건강한 반란 성향을 상정하는 것이다. 그러나 이 상정을 근거 없는 **명령**(fiat)으로 제시하는 것은 그들의 이론에 몇 가지 심각한 결과를 초래하며, 그중 일부를 내가 이미 지적했다. 첫째, 그들은 다중 안에서 작동하는 통일성을 향한 경향들을 지나치게 단순화하는 경향이 있다. 그들은 이러한 경향들에 대한 다소 승리주의적이고 과장되게 낙관적인 비전을 가지고 있다. 하지만 그들의 설명에 기초해 그 비전이 잠재적인지 실제적인지 결코 결정할 수 없다. 둘째, 그리고 같은 이유로 그들은 제국 안에서 일어나는 여러 대결의 중요성을 축소하는 경향이 있다. 그러나 셋째, 그리고 가장 중요하게도 그들은 제국에서 다중의 권력으로 이어질 단절의 본질에 대한 어떤 일관된 설명도 제공할 수 없다. 물론 나는 혁명적 단절에 대한 미래학적 묘사에 관해 말하는 것이 아니라, 더 기본적인 어떤 것, 즉 혁명적 단절은 무엇으로 구성되는가에 관해 말하는 것이다. 나는 사회-정치적 분석에 심각한 결과를 초래할 이 설명의 실패가 **제국** 에만 특유한 것이 아니라, 그 설명이 항상 **단절**과 **연속성** 사이의 미결정된 지형에 불안하게 매달려 있는 모든 급진적·내재주의적 접근에

---

14 서양철학 전통에서 코나투스는 주로 '사는 의지, 존재 의지, 자기 보존을 위한 능력'이며, 따라서 존재 그 자체의 힘이라고도 볼 수 있다. 17세기 네덜란드 철학자 스피노자에게 코나투스의 증가는 곧 행복과 기쁨이며, 그 반대의 경우가 슬픔이다.

있다고 주장한다. 헤겔의 변증법은 이 두 극단의 순간들을 통일성 속으로 재통합할 수 있는 종합을 제공하려는 실패한 시도였다. 우리가 지젝의 분석에서 발견한 대부분의 어려움도 이 문제로 거슬러 올라갈 수 있다.

이러한 어려움들은 급진적 내재성의 지형 위에서는 해결될 수 없다. 따라서 우리에게 필요한 것은 지형의 변화다. 그러나 이 변화는 완전히 발전된 초월성으로의 회귀로 구성될 수 없다. 내 생각에 사회적 지형은 완전히 내재적이거나 어떤 초월적 구조의 결과로서가 아니라, 우리가 **실패한 초월성**(failed transcendence)이라고 부를 수 있는 것을 통해 구조화된다. 초월성은 사회 안에서 부재의 현존으로 나타난다. 사회는 구성적 결핍(constitutive lack) 주위에서 조직된다. 우리는 여기서부터 우리 분석을 이끌어 온 주요 범주들, 즉 부재하는 충만함, 급진적 투자, **대상 a**, 헤게모니 등으로 이동할 수 있다. 이것이 이론적 범주로서 **다중**과 **인민**이 갈라서는 궁극적인 지점이다. 이제 나는 '인민'의 구체성을 사유하려는 또 다른 현대적 시도, 즉 내 생각에 가장 중요한 시도 중 하나로 넘어가겠다.

랑시에르: 인민의 재발견

랑시에르는 어떻게 자신의 '인민' 개념을 구성할까? 그는 정치철학과 정치의 결정적인 불화를 지적하는 것에서 시작한다. 정치철학은 정치에 대한 이론적 논의가 아니라, 정치의 파괴적인 사회적 효과를 무력화하려는 시도다. 불화는 어디에 있을까? 본질적으로 좋고 질서 잡힌 공동체라는 관념은 그 공동체의 부분들을 전체에 종속시키는 것, 즉 부분들을 부분으로 **셈하는 것**(counting)에 의존하지만, 이 셈하기 안에 역설적인 부분이 있다는 것에 있다. 이 '부분'은 부분이기를 멈추지 않으면서도 자신을 전체로 제시한다. 어떻게 이런 일이 일어날까? 랑시에르는 고대 그리스철학의 공동체 개념을 성찰하는 것으로 분석을 시작한다. 여기서 그는 산술적 평등 개념에 기반한 개인들 간의 관계(상업적 교환과 형법상의 처벌 할당을 지배하는)와 기하학적 조화 개념에 기반한 관계(각 부분에 전체의 경제 안에서 특정한 기능을 부여하는)의 대립을 발견한다. 좋고 질서 잡힌 공동체는 기하학적 원리가 궁극적인 지배 역할을 하는 공동체일 것이다. 이 가능성, 즉 기능에 따라 행위자들을 분배하거나 셈하는 이 가능성은 하나의 변칙에 의해 중단된다. 본질적으로 셈할 수 없고, 그 자체로 셈하기의 원리를 왜곡시키는 어떤 것의 출현이다. 이것이 데모스, 즉 '인민'의 출현이며, 이 데모스는 자신을 부분이면서 동시에 전체라고 주장한다.

《정치학(Politiká)》에서 아리스토텔레스는 공동체의 세 가지 가치기준(axiai)을 결정하고자 한다. 소수(과두(the oligoi))의 부, 귀족(the aristoi)의 덕 또는 탁월함, 그리고 모두에게 속한 자유다. 랑시에르가 지적하듯이, 여기서 어려움은 세 가지 원리가 일관된 존재론적 분류 안의 지역적 범주가 아니라는 데 있다. 부는 객관적으로 결정될 수 있는 범주지만, 덕은 덜 그러하며, '인민'의 자유에 이르면 우리는 결정할 수 있는 특수한 위치를 갖지 못하는 어떤 것으로 들어간다. 가치론적 원리로서의 자유는 공동체 구성원 전체의 속성이자, 동시에 특정 집단 사람들의 유일한 정의적 특징이다. 즉 **유일한** 공동체적 기능이다. 따라서 우리는 그 역할이 보편성의 구현인 특수성을 갖게 된다. 이는 좋은 공동체의 전체 기하학적 모델을 왜곡한다. 우리가 묘사했던, **포풀루스**이자 **플레브스**로서의 '인민' 사이의 모호성은 랑시에르가 말하는 바를 이해하도록 우리를 준비시켰다. 일단 이 지점에 도달하면, 우리는 **치안**(police)과 **정치**(politics)에 대한 그의 구분을 완전히 파악할 수 있다. 치안은 모든 차이를 공동체 전체 안의 부분성으로 환원하려는 시도, 즉 어떤 차이든 단순한 특수성으로 간주하고 보편성의 계기를 순수하고 오염되지 않은 심급(플라톤의 철인왕, 헤겔의 국가관료제, 마르크스의 프롤레타리아트)에 귀속시키려는 시도를 포함한다. 반면 정치는 근절할 수 없는 왜곡, 즉 동시에 전체로서 기능하는 부분을 포함한다. 전통적으로 정치철학의 과제가 정치를 치안으로 환원하는 것이었던 반면, 진정으로 정치적인 사상과 실천은 치안화된 사회적 틀에 대한 예속으로부터 정치적 계기를 해방하는 것으로 구성된다.

랑시에르의 분석이 나의 분석과 매우 가까워지는 두 가지 측면이 있다. 첫째, 전체로서 기능하는 부분에 대한 강조다. 우리가 헤게모니적 작용에 내재한 불균등성으로 특징지었던 것을, 랑시에르는 셈의 원리 자체를 파괴하는 셈할 수 없는 것(an uncountable)으로 개념화한다. 그리고 이렇게 파괴하는 방식으로, 이 셈할 수 없는 것은 저 구성적 불가능성 주변에서 일어나는 일련의 작용들인 정치적인 것의 출현을 가능하게 한다. 둘째, 계급이 아닌 계급, 즉 보편적 배제라는 본질, 다시 말해서 배제의 원리 그 자체를 특수한 규정성으로 갖는 계급이라는 랑시에르의 개념은 내가 '비어 있음'이라고 불렀던 것과 멀지 않다. 그는 특수한 투쟁들이 자신의 특수성을 초월하는 상징적 의미로 투자될 때 갖는 보편적 기능을 매우 예리하게 인식한다. 예를 들어 1849년 입법 선거에서 투표하려 했던 잔 드루앵(Jeanne Deroin)[15]의 사례를 언급하는데, 드루앵은 자신의 행동을 통해 보편적 참정권과 보편으로부터 성별화된 배제 사이의 모순을 폭로했다. 유사하게, 미등록 이주 노동자들은 노동자로서의 정체성을 박탈당하고 순전히 민족적 정체성으로 축소되어, 그들을 셈해지는 자들(counted)의 일부로 만들었을 정치적 주체성의 형태들을 박탈당한다.

비록 많은 면에서 나의 분석이 랑시에르의 분석과 가깝지만, 우리의 분석에는 두 가지 다른 지점이 있다. 첫째, '비어 있음'을 개념화하는 방식이다. 랑시에르는 정치적 갈등이 어떤 '이해관계'의 갈등과 다른 점은 항상 셈할 수 있는 것의 부분성이 이해관계의 갈등을 지배하는 반면, 정치적 갈등에서 문제시되는 것은 셈 가능성(countability)의 원리 그 자체라고 주장한다. 나는 이 지점까지 전적으로 지지한다. 그

---

15 잔 드루앵(1805~1894)은 프랑스의 사회주의 페미니스트이자 언론인, 노동운동가로, 1848년 프랑스 2월 혁명 당시 여성 참정권 운동을 적극적으로 주도했다. 본문의 '1849년 사건'은 드루앵이 여성에게 피선거권이 없다는 명시적 법 조항이 없음을 근거로 입법의회 선거에 입후보하려다 거부당한 일을 가리킨다(옮긴이).

러나 이 주장은 역사적 행위자로서의 '인민'이 (좌파의 관점에서) 진보적인 정체성을 중심으로 구성될 것이라는 선험적 보장이 없음을 의미한다. 문제는 셈해지는 것의 **존재적** 내용이 아니라 셈 가능성이라는 **존재론적** 원리 그 자체이므로, 이 문제 제기가 채택할 담론적 형태들은 대체로 불확정적일 것이다. 내 생각에 랑시에르는 정치의 가능성을 해방 정치의 가능성과 너무 많이 동일시해서 다른 대안들을 고려하지 않는다. 예를 들어 셈해지지 않는 자들은 '랑시에르나 내가 정치적으로 옹호하는 것과 이데올로기적으로 양립 불가능한 방식(예를 들어 파시스트적 방식)'으로 그들의 셈할 수 없음을 구성할 수도 있다는 대안을 고려하지 못한다. 파시스트적 대안이 전적으로 셈할 수 있는 자들의 영역에만 거주한다고 생각하는 것은 역사적으로나 이론적으로나 잘못이다. 대안들의 체계를 탐구하기 위해서는 랑시에르가 아직까지 취하지 않은 한 단계 더 나아간 조치가 필요하다. 즉 셈할 수 없음이 낳을 수 있는 대표의 형태들에 대한 검토다. 불가능하지만 필연적인 대상들은 항상(의심할 여지 없이 왜곡된 방식으로) 대표의 장에 접근하는 방법을 찾는다.

나의 견해가 랑시에르의 견해와 약간 다른 두 번째 지점은 '인민'의 개념화에 있다. 그는 다음과 같이 단언한다.

인민은 다른 당파들이 그들에게 행한 부당함(wrong)의 이름으로 공동체 전체와 자신을 동일시한다. 몫이 없는 자, 즉 고대의 가난한 자, 제3신분, 근대의 프롤레타리아트는 사실상 전부 아니면 전무 외에는 어떤 몫도 가질 수 없다. 게다가 바로 몫 없는 자들의 이 부분, 즉 전부인 이 무(nothing)의 존재를 통해서 공동체는 정치 공동체로서 존재한다. 근본적인 분쟁, 즉 그들의 '권리'보다 공동체의 부분들을 셈하는 것에 관한 분쟁이 분열시킨 공동체로서 말이다. 인민은 다른 계급 중 하나의 계급이 아니다. 그들은 공동체에 해를 끼치고, 그것을 정의로운 자와 부정한 자의 '공동체'로 확립하는 부당함의 계급이다.**16**

나는 인민적 주체성 형성에 관한 한 이 분석을 지지할 수 있다. 랑시에르가 '인민'의 형상들을 열거하는 방식은 매우 시사적이다. 우리가 사회학적 묘사, 즉 특정한 위치를 지닌 사회적 행위자들을 다루고 있지 않다는 것은 분명하다. 왜냐하면 '인민'의 존재가 기능과 장소의 모든 기하학적 차별화를 파괴하기 때문이다. 우리가 보았듯이, 등가 논리는 '인민'이 모두 적대적 경계의 같은 편에 있는 한 매우 다른 집단들을 가로지를 수 있다. 랑시에르가 묘사한 프롤레타리아트 개념은 '인민' 정체성의 비-사회학적 성격을 강조한다.

(따라서) 프롤레타리아트는 육체노동자도 노동계급도 아니다. 그들은 아무 가치가 없는 자들로 셈해지는 바로 그 선언 속에서만 존재하는, 셈해

---

16 Jacques Rancière, *Disagreement: Politics and Philosophy*, trans. Julie Rose 번역, Minneapolis, University of Minnesota Press, 1999, p. 9. 후속 참조를 본문에 괄호 안에 표시한다.

지지 않는 자들의 계급이다. 프롤레타리아라는 이름은 수많은 개인이 동등하게 공유할 속성들(육체노동, 산업노동, 빈곤 등)의 집합도, 그 개인들이 구성원이 될 원리를 구현하는 집단적 신체도 정의하지 않는다. (중략) '프롤레타리아적' 주체화는 부당함의 주체를 정의한다(38쪽).

그러나 랑시에르에게는 자신의 분석에서 도출될 수 있는 중요한 이론적 결과들을 제한하는 모호함이 있다. 그는 자신의 프롤레타리아트 개념, 그리고 집단에 대한 사회학적 묘사 사이의 모든 연결 고리를 깔끔하게 끊어낸 후 갑자기 어떤 사회학적 양보를 하기 시작한다. 예를 들어 그는 정치의 제도화를 계급투쟁의 제도화와 동일시한다. 물론 그는 즉시 이 진술을 다음과 같이 수식한다. "프롤레타리아트는 계급이라기보다는 모든 계급의 해체다. 마르크스가 말했듯이, 이것이 프롤레타리아의 보편성을 구성한다. (중략) 정치는 실제로는 계급이 아닌 계급들 사이의 계쟁(係爭, litige(프랑스어))을 설정하는 것이다. '진정한' 계급들은 사회의 실제 부분, 즉 기능에 상응하는 범주들이거나 그래야 한다"(18쪽). 그러나 이 정식화로는 충분하지 않다. 마르크스에 대한 참조는 특별히 도움이 되지 않는데, 왜냐하면 마르크스에게 프롤레타리아트의 중심성과 그 중심성이 모든 계급의 해체를 표시하는 것은 매우 정밀한 사회학적 용어로 묘사된 과정, 즉 자본주의 아래서 사회구조가 단순화된 결과였기 때문이다. 실제 노동자와 프롤레타리아의 관계는 랑시에르가 보는 관계보다 훨씬 더 긴밀하다. 물론 랑시에르에게 계급투쟁과 정치는 구별될 수 없지만, 마르크스에게 정치의 소멸과 국가의 사멸은 계급 없는 사회의 확립과 동질적이다. 마르크스에게 증가하는 사회적 동질성은 프롤레타리아 승리의 전제 조건이었지만, 랑시에르에게 환원 불가능한 이질성은 인민적 투쟁들의 조건이다. 이러한 성찰로부터 우리는 어떤 결론을 도출할 수 있을까? 단순하게는 '계급투쟁'이라는 관념을 넘어서고, 계급투쟁의 정치적 논리와 사회학적 묘사의 절충적 조합을 넘어서야 할 필요가 있다는 것이다. 랑시에르가 '계급이 아닌 계급들의 투쟁'이라고 덧붙이려고 굳이 계급투쟁에 관해 이야기하는 것의 요점을 나는 이해하지 못하겠다. 그람시에서 시작된, '계급'에서 '집합 의지'로의 초기 운동은 완성될 필요가 있다. 오직 그러고 나서야 랑시에르의 풍요로운 분석의 잠재적 결과들은 완전히 도출될 수 있다.

　이제 결론을 내릴 시간이다. 내 프로젝트를 앞에서 논의한 세 가지 접근법과 비교하면, 그 구체적인 성격과 차원이 더 잘 드러난다. 지젝에 맞서 나는 모든 정치적 정체성의 과잉결정된 본성은 초월론적 지평에서 선험적으로 확립되는 것이 아니라, 항상 구체적인 과정과 실천의 결과라고 주장한다. 이것이 명명과 정동에 그 구성적 역할을 부여한다. 《제국》의 저자들에 맞서 나는 접합의 계기가 비록 과거에 옹호되었던 (정당 매개와 같은) 단순한 공식들보다 확실히 더 복잡하지만, 그 적실성과 중심성을 전혀 잃지 않았다고 상정할 것이다. 랑시에르에 관해서는 답변이 더 어려운데, 왜냐하면 나는 그의 접근법의 일부 중심 전제들을 공유하기 때문이다. 나처럼 그에게도 '인민'은 정치의 중심 주인공이며, 정치는 사회가 그 자체의 명확한 구별과 기능이 정의한 완전히 성숙한 사회로 결정화되는 것을 막는 것이다. 내가 보기에 이것이 사회적 적대와 집단적 정체성을 개념화하는 것이 왜 그토록 중요하며, '계급투쟁'과 같은 상투적이고 거의 의미 없는 공식들을 넘어서야 할 필요가 왜 그토록 시급한지에 대한 이유다.

지적 작업에는 레오나르도 다빈치가 '부단히 엄격하라(ostinato rigore)'라고 부른 윤리적 명령이 존재한다. 이는 실천적 측면에서, 그리고 누군가 감정적으로 항상 고조되어 있는 정치적 문제를 다룰 때 사람들은 몇 가지 유혹에 저항해야 한다는 것을 의미한다. 이를 단 하나의 공식으로 요약할 수 있다. 결코 말의 테러리즘에 굴복하지 말라. 프로이트가 썼듯이 소심함에 양보하는 것을 피해야 한다. "그런 식으로 양보하다 보면 처음에는 말에서 양보하지만, 나중에는 내용에서도 점차 양보하게 된다."[17] 우리 시대에 이 소심함이 취하는 주요 형태 중 하나는 분석을 윤리적 비난으로 대체하는 것이다. 파시즘이나 홀로코스트와 같은 일부 주제들은 특히 이러한 유형의 행사에 취약하다. 물론 홀로코스트를 비난하는 데는 아무런 문제가 없다. 문제는 비난이 설명을 대체할 때 시작된다. 그때 일부 현상들은 이성적으로 파악할 수 있는 원인을 박탈당한 일탈로 보인다. 우리는 파시즘을 모든 이성적 설명을 넘어선 어떤 것이 아니라, 현대사회에 내재한 내적 가

---

17 지그문트 프로이트, 이상률 옮김, 2015, 《집단심리학과 자아분석》, 이책, 2015, 42쪽.

능성 중 하나로 볼 때만 비로소 이해할 수 있다. 긍정적인 감정적 함의를 가진 용어들도 마찬가지다. 좌파에게 '계급투쟁', '경제에 의한 최종심급에서의 결정' 또는 '노동계급의 중심성'과 같은 용어들은 (최근까지) 감정적으로 충전된 물신주의의 대상으로 기능했다. 그리고 그의미는 점차 불분명해졌지만, 그 담론적 호소력은 줄어들지 않았다.

　내가 오늘날 보는 정치-지성적 과제, 그리고 내가 어느 정도 기여하고자 했던 과제는 위에서 언급한 소심함이 그 찬사와 비난 속에서 그어놓은 지평을 넘어서는 것이다. 정치적 범주로서 '인민'의 귀환은 이 지평들의 확장에 대한 기여로 볼 수 있다. 왜냐하면 '인민'의 귀환은 계급과 같은 다른 범주들을 그 범주들이 존재하는 그대로 제시하는 데 도움을 주기 때문이다. 그 범주들은 요구들 자체의 본질을 설명할 수 있는 궁극적인 핵심이 아니라, 요구들을 접합하는 우연적이고 특수한 형태로 존재한다. 이 지평을 확대하는 것은 내가 세계화된 자본주의라고 부른 시대에 우리의 정치적 관여 형태를 사유하기 위한 전제 조건이다. 우리가 사는 세계의 사회적 관계에 내재한 탈구들은 과거보다 더 깊다. 그래서 과거의 사회 경험을 종합했던 범주들은 점점 더 쓸모없어지고 있다. 사회적 요구들의 자율성, 그것들의 접합 논리, 그리고 그것들로부터 비롯되는 집합적 실체들의 본질을 재개념화할 필요가 있다. 필연적으로 집단적인 이 노력이 우리 앞에 놓인 진정한 과업이다. 우리가 이 과업을 감당해 내기를 희망하자.

찾아보기

포퓰리즘 이성

1판 1쇄 발행 2026년 1월 21일
지은이 에르네스토 라클라우 | **옮긴이** 이승원 | **펴낸이** 임중혁 | **펴낸곳** 빨간소금
등록 2016년 11월 21일(제2016-000036호)
주소 (01021) 서울시 강북구 삼각산로 47, 나동 402호 | **전화** 02-916-4038
팩스 0505-320-4038 | **전자우편** redsaltbooks@gmail.com
ISBN 979-11-91383-64-5 (93330)

이 도서의 번역 작업은 2021년 대한민국 교육부와 한국연구재단(NRF-2021S1A5C2A03088606), 그리고 서울대학교 아시아연구소의 지원이 함께했습니다.